Die Kontrolle von Verwertungsgesellschaften

Europäische Hochschulschriften

Publications Universitaires Européennes
European University Studies

Reihe II
Rechtswissenschaft

Série II Series II
Droit
Law

Bd./Vol. 3362

PETER LANG
Frankfurt am Main · Berlin · Bern · Bruxelles · New York · Oxford · Wien

Martin Wirtz

Die Kontrolle von Verwertungsgesellschaften

Eine rechtsvergleichende Studie des Deutschen, Britischen und Europäischen Rechts

PETER LANG
Europäischer Verlag der Wissenschaften

Die Deutsche Bibliothek - CIP-Einheitsaufnahme

Wirtz, Martin :

Die Kontrolle von Verwertungsgesellschaften : eine rechtsvergleichende Studie des deutschen, britischen und europäischen Rechts / Martin Wirtz. - Frankfurt am Main ; Berlin ; Bern ; Bruxelles ; New York ; Oxford ; Wien : Lang, 2002
(Europäische Hochschulschriften : Reihe 2, Rechtswissenschaft ; Bd. 3362)
Zugl.: Köln, Univ., Diss., 1999
ISBN 3-631-37575-1

D 38
ISSN 0531-7312
ISBN 3-631-37575-1

www.peterlang.de

Die Jungfer Europa ist verlobt
Mit dem schönen Geniusse
Der Freiheit, sie liegen einander im Arm,
Sie schwelgen im ersten Kusse.

Und fehlt der Pfaffensegen dabei,
Die Ehe wird gültig nicht minder -
Es lebe Bräutigam und Braut,
Und ihre zukünftigen Kinder!

Heinrich Heine
Deutschland -
Ein Wintermärchen

Für Claudia!

INHALTSVERZEICHNIS

Einleitung

Die sogenannten Neuen Informationstechnologien stellen eine Herausforderung an das klassische Urheberrecht dar. Die Digitalisierungstechnik macht eine massenweise Nutzung von urheberrechtlich geschützten Werken ohne Wissen und Beteiligung des Schöpfers möglich. Obgleich angesichts dieser Techniken zum Teil ein Schwund der Tätigkeitsaufgaben der Verwertungsgesellschaften vorhergesagt wird,[1] da gerade die Digitalisierung auch eine Kontrolle der Nutzung durch den einzelnen Berechtigten erleichtern soll, wird weitüberwiegend ein Zuwachs der Tätigkeitsfelder und Aufgaben von Verwertungsgesellschaften in der Informationsgesellschaft erwartet.[2] Dies wird zum einen mit der Kontrollmöglichkeit der Verwertungsgesellschaften begründet,[3] zum anderen damit, daß die Verwertungsgesellschaften in der Lage sind, die für die neuen Nutzungsvorgänge erforderlichen umfangreichen Rechtepakete zur Verfügung zu stellen.[4] Die EU-Kommission hat sich deshalb auch in ihren Aktionsprogrammen und Gesetzgebungsinitiativen zum "Urheberrecht in der Informationsgesellschaft" nicht nur mit dem materiellen Urheberrecht beschäftigt, sondern darüber hinaus auch mit Aufgaben und rechtlichen Rahmen der Tätigkeit von Verwertungsgesellschaften.[5] Ob es allerdings zu einer Harmonisierung des Rechtes der Verwertungsgesellschaften kommt, bleibt abzuwarten. Nach Reinbothe soll zunächst das freie Spiel der Marktkräfte für einen Ausgleich sorgen und dann später entschieden werden, ob eine Gesetzgebungsinitiative notwendig ist.[6]

Der geschilderte Sachverhalt sollte Grund genug sein, sich mit dem (europäischen) Recht der Verwertungsgesellschaften und insbesondere deren Kontrolle zu befassen.

Das europäische Urheberrecht, bestehend aus den einzelnen nationalen Regelungen sowie den Harmonisierungsmaßnahmen der europäischen Institutionen, ist gekennzeichnet durch das Vorhandensein zweier Rechtskreise: des anglo-

---

1 Karnell EIPR 2001, S. 134 (136); Bechthold GRUR 1998, S. 18 (21); Schack Urheberrecht, Rdnr. 1196a.

2 Kreile in INTERGU, S. 135 (140/141); Leutheuser-Schnarrenberger ZUM 1995, S. 115 (117); Dördelmann GRUR 1999, S. 890 (892).

3 Karnell Copyright 1986, S. 45 (50).

4 Uchtenhagen in FS Kreile, S. 779 (786).

5 Übersicht in Reinbothe in INTERGU, S. 17 - 33.

6 Reinbothe in INTERGU, S. 17 (26/27).

amerikanischen *Copyright*-Systems und des kontinental-europäischen Urheber-/*droit d'auteur*-Systems.[7]

Auch bei der Harmonisierung des Rechtes der Verwertungsgesellschaften muß - unter Umständen - der grundsätzliche Gegensatz beider Systeme überwunden werden. Im folgenden werden daher das britische Recht der Verwertungsgesellschaften als Vertreter des ersten Systems und das deutsche Recht als Vertreter des letzteren Rechtskreises miteinander verglichen.[8] Dadurch sollen Gemeinsamkeiten und Unterschiede aufgezeigt, und so Grundlagen für eine Harmonisierung aufgezeigt werden.[9]

---

7 Ulmer Urheberrecht, S. 68 - 70/72; freilich bestehen auch innerhalb der Systeme große Unterschiede, so daß diese Einteilung nur grob erfolgen kann, vgl. Bußmann in Ulmer/ Bußmann/Weber Verwertungsgesellschaften, S. 10, i. ü. Dietz in INTERGU, S. 83 - 97.

8 Die genannten Systeme werden von Dietz in INTERGU, S. 83 (84) als zwei weit auseinander liegende Gegenpole des "Urheberrechts" bezeichnet.

9 Vgl. Schmeder, Rechtsangleichung, S. 17, der darauf hinweist, daß gefundene Gemeinsamkeiten am ehesten geeignet sind, Grundlage für eine Harmonisierung zu sein.

1. KAPITEL: Grundlegung: Die Kontrolle von Verwertungsgesellschaften

I. Das Urheberrecht und seine kollektive Wahrnehmung

1. Das Urheberrecht als individuelles Herrschaftsrecht

Das Urheberrecht dient dem Schutz der ideellen und materiellen Interessen des Schöpfers an seinem Werk.[10] Der Gesetzgeber bringt so den Respekt vor dessen Leistung zum Ausdruck und eröffnet dem Schöpfer die Möglichkeit, an der wirtschaftlichen Nutzung seines Werkes beteiligt zu werden, und dabei auch seine ideellen Interessen durchzusetzen.[11]

Um diesem Ziel gerecht zu werden, werden Urheberrechte i.d.R. als individuelle Herrschaftsrechte ausgestaltet.[12] Dieses Konzept besagt, daß dem Urheber auf der Grundlage eines gegen jedermann wirkenden Verbotsrechtes die umfassende rechtliche und gegebenenfalls auch physische Herrschaft am Werk zusteht.[13] Dem Schöpfer soll so die Kontrolle über das von ihm geschaffene Werk ermöglicht werden, um auf der Grundlage des Privatrechts autonom seine Interessen wahrnehmen und gegenüber Dritten durchsetzen zu können.

Rechtstechnisch wird dies durch die Gewährung von ausschließlichen Rechten erreicht.[14] Einerseits ermöglichen diese Rechte aufgrund ihres negativen Aspektes, Nichtberechtigte von der Nutzung auszuschließen. Andererseits gewähren sie durch ihren positiven Aspekt die Befugnisse, Dritten die Nutzung[15] zu gewähren, so daß auf diese Weise der Urheber seine ideellen und wirtschaftlichen Interessen gegenüber jedermann durchsetzen kann. Der eigentliche Sinn dieser Regelung besteht aber nicht darin, andere von der Nutzung auszuschließen. Dies würde auch dem Interesse des Urhebers an der Nutzung seines Werkes durch Dritte widersprechen. Vielmehr soll durch den Vorbehalt der Ausschlußmöglichkeit der Urheber in die Situation versetzt werden, die Nutzung von seiner Erlaubnis abhängig zu machen, und dadurch der Beachtung seiner Interessen

---

10 Krüger-Nieland GRUR 1957, S. 535 (535), für die Verwandten Schutzrechte gelten ähnliche Überlegungen, vgl. Gotzen GRUR Int.1980, S. 471 (478), von daher wird nachfolgend auch pauschal von Urheberrechten gesprochen.

11 Vgl. für den britischen Gesetzgeber: Whitford Committee Cmnd. 6732 (1977), S. 3 und für den deutschen: Begründung zum Regierungsentwurf, BT-Drucks IV/270, S. 28/29; allgemein Dietz Urheberrecht EG, S. 118; ders. Urheberrecht Spanien, S. 90.

12 Riklin Urheberrecht, S. 8.

13 Riklin Urheberrecht, S. 13/14.

14 Vgl. Art. 8, 9, 10, 11, 11 bis, 11ter, 12, 14 RBÜ; § 15 UrhG; s. 16 CDPA 1988; s. a. Möhring/Lieberknecht UFITA Bd. 29 (1959), S. 269 (273).

15 Vgl. zu diesen Begriffen Schricker in Schricker Einl. UrhG, Rdnr. 19.

Nachdruck zu verleihen. Auf diese Weise kann der Urheber einen gerechten Lohn für die Nutzung seiner schöpferischen Leistung auch durchsetzen.[16]

2. Individuelles Recht und kollektive Wahrnehmung

Mit der Ausgestaltung der Rechte als ausschließliche Rechte korrespondiert die privatautonome Wahrnehmung der Rechte durch den Urheber selber. Das Konzept des individuellen Herrschaftsrechtes gilt somit nicht nur für die Gewährung der Rechte, sondern auch für deren Durchsetzung. Wegen der nachfolgend genannten Vorteile, die dieses Konzept bietet, sollte es auch bei der Ausübung soweit wie möglich beachtet werden.[17]

Bei der in der Regel dreistufigen Verwertung der Rechte - der Urheber erlaubt dem Verwerter oder dem Werkmittler die Nutzung seines Werkes, welches das Publikum oder die Allgemeinheit dann konsumiert[18] - kann bei der individuellen Wahrnehmung der Urheber selber die Bedingungen der Nutzung festlegen. So ist am ehesten sichergestellt, daß seine Interessen auch beachtet werden. Die Nähe zu der Nutzungshandlung ermöglicht, daß die Verwertung den vom Urheber zugrundeliegenden Erwartungen entspricht. I.d.R. werden die sog. großen Rechte, z.B. die Rechte der szenischen Aufführung eines dramatischen Werkes,[19] individuell wahrgenommen.[20]

Neben dieser individuellen Wahrnehmungspraxis hat sich die kollektive Wahrnehmung durch Verwertungsgesellschaften etabliert. Grund dafür war und ist, daß wegen der Ubiquität des Werkes und der Geistigkeit der Nutzungshandlung die Nutzung ohne die Kenntnis des Urhebers erfolgen kann. Dies gilt insbesondere für bestimmte Nutzungsmöglichkeiten, angefangen von der nicht szenischen Aufführung von Werken über Vervielfältigung mittels Photokopierer, Tonbandgerät, CD-Brenner bis hin zur Nutzung im digitalen Bereich, bei denen die Nutzung immer mehr ohne die Zustimmung oder Kenntnis des Urhebers erfolgen kann.[21] Bereits 1851 schlossen sich von daher Komponisten und Textdichter zu einer Verwertungsgesellschaft, der französischen SACEM, zusammen, um ihr Recht zur öffentlichen Aufführung, das sie mangels Kontrollmög-

---

16 Krüger-Nieland GRUR 1957, S. 535 (536).

17 Ficsor Copyright 1985, S. 341 (341).

18 Vgl. Thurow ZUM 1987, S. 320 (321).

19 Zum Begriff Melichar Wahrnehmung, S. 21.

20 Ulmer in Ulmer/Bußmann/Weber Verwertungsgesellschaften, S. 5.

21 Vgl. Bogsch in Internationales Urheberrechtssymposium, S. 46 (48 - 50); Krüger-Nieland GRUR 1957, S. 535 (539/540).

lichkeit selbst nicht mehr wahrnehmen konnten, durch eine zentrale und starke Organisation auswerten zu lassen.[22]

Die Übertragung von Urheberrechten auf Verwertungsgesellschaften erfolgt daher vornehmlich nicht aus freiem Willen, sondern aus dem faktischen Zwang heraus, den gesetzlich gewährten Rechten in bestimmten Bereichen erst Wirkung zu verschaffen bzw. diese einer effektiven Wahrnehmung zuzuführen. Daher hat die kollektive Wahrnehmung in einigen Bereichen, wie z.B. bei den sog. kleinen Rechten,[23] die individuelle nahezu vollständig verdrängt.

Obwohl die kollektive Wahrnehmung der Verwirklichung der Urheberrechte als individuelle Herrschaftsrechte dient, hat diese auch Auswirkungen auf dieses Konzept der Urheberrechte selber.[24] Die kollektive Wahrnehmung durch Verwertungsgesellschaften führt zu einer Beschränkung des individuellen und ausschließlichen Charakters der Rechte. Zum einen wird die Beachtung ideeller Interessen der Urheber insbesondere im Bereich der Massennutzung schwierig sein.[25] Auch die Kontrollmöglichkeiten der Verwertungsgesellschaften sind nicht unbeschränkt. Zum anderen führt die Praxis der Verwertungsgesellschaften, für die von ihnen wahrgenommenen Rechte allgemeine Nutzungsbedingungen aufzustellen, zu einer Beschränkung des Konzeptes des individuellen Herrschaftsrechtes.[26] Dies liegt daran, daß die Tarife für bestimmte, umgrenzte Nutzungshandlungen allgemein gelten, und nicht zwischen der Nutzung der einzelnen Werke unterscheiden, die u.U. einen unterschiedlichen wirtschaftlichen Wert haben können. Auch werden die individuellen Urheber ganz unterschiedliche ideelle Vorstellungen mit ihrem Werk verbinden, die so durch die Tarife in ihrer Allgemeinheit nicht widergespiegelt werden können. Der wirtschaftliche Erfolg eines Werkes spiegelt sich so nicht in der Höhe der Vergütung für die Einzelnutzung, sondern in einer auf die Häufigkeit der Nutzung ausgelegten Berechnungsgrundlage wieder. Tarife werden so zu den großen Gleichmachern zwischen den Urhebern.[27]

---

22 Vgl. Ulmer in Ulmer/Bußmann/Weber Verwertungsgesellschaften, S. 5; Freegard in Steward/Sandison International Copyright, S. 350; Ficsor Collective Administration, S. 9/10. Einzelheiten in Schwab Verwertungsgesellschaften, S. 28 - 36.

23 Unter den kleinen Rechten werden verstanden, Aufführungen etc. nicht dramatischer Werke sowie nicht szenische Aufführungen etc. dramatischer Werke. Vgl. Melichar Wahrnehmung, S. 21.

24 Riklin Urheberrecht, S. 192/193; Hauptmann Vergesellschaftung, S. 41/42.

25 Hiestand UFITA Bd. 126 (1994), S. 293 (294); Hubmann UFITA Bd. 48 (1966), S. 22 (36); a.A.: Hauptmann Vergesellschaftung, S.57.

26 Vgl. Cohen Jehoram Copyright 1986, S. 214 (216).

27 Vgl. Cohen Jehoram Copyright 1986, S. 214 (216).

Diese Beschränkungen führen aber nicht zu der Beseitigung des Konzeptes des individuellen Herrschaftsrechtes, sondern lediglich zu dessen Modifizierung. Das Konzept bleibt auch bei der kollektiven Wahrnehmung grundsätzlich bestehen,[28] da das Verbotsrecht nicht aufgehoben wird. Es kann aber je nach Ausgestaltung der Wahrnehmungspraxis unterschiedlich stark beschränkt sein.[29] Mit der Übertragung seiner Rechte auf die Verwertungsgesellschaft verliert der Urheber zwar die Befugnis, das Recht selbst auszuüben, und damit sein Verbotsrecht. Das Recht ist mit der Übertragung aber nicht erschöpft,[30] da das Verbotsrecht dann von den Verwertungsgesellschaften wahrgenommen wird.

Die Verwertungsgesellschaft nimmt das Recht der Urheber aber nicht in ihrem eigenen Interesse wahr. Aufgrund der Treuhandstellung der Verwertungsgesellschaften den Urhebern[31] gegenüber sind diese verpflichtet, die Rechte den Interessen der Urheber entsprechend zu verwalten. Auch können die Urheber über eine gesellschaftsinterne Kontrolle der Verwertungsgesellschaft Einfluß auf die Gesellschaftspolitik und damit auf die Wahrnehmung ihrer Rechte ausüben.[32] So wird - im Idealfall - die Verwertungsgesellschaft zum verlängerten Arm der Urheber.[33]

Die Auffassung, nach der durch die kollektive Wahrnehmung der Charakter des Urheberrechts als individuelles Herrschaftsrecht aufgehoben wird, da die Verwertungsgesellschaften aufgrund von gesetzlichen Wahrnehmungsbedingungen gezwungen seien, Rechte zu lizenzieren, und so der Ausschlußcharakter des Herrschaftsrechtes verloren gehe,[34] ist abzulehnen. Diese Auffassung übersieht, daß nicht die kollektive Wahrnehmung als solche diese Aufhebung bewirkt, sondern vielmehr die Umstände der Wahrnehmung, die ungerechtfertigt das Konzept einschränken. Das Konzept als solches bleibt auch bei der kollektiven Wahrnehmung bestehen und kann lediglich durch die Wahrnehmungsbedingungen ungerechtfertigt beschränkt werden.

---

28 Riklin Urheberrecht, S. 193/194; Pollaud-Dulian GRUR Int. 1995, S. 361 (370); Ficsor Copyright 1985, S. 341 (341); ders. Collective Administration, S. 6.

29 Melichar Wahrnehmung, S. 20/21; Hauptmann Vergesellschaftung, S. 41/42/61/62; Ficsor Copyright 1985, S. 341 (344).

30 Brügger Individuum, S. 112; Riklin Urheberrecht, S. 193.

31 Kreile/Becker in Moser/Scheuermann in Handbuch, S. 628/629; Hauptmann Vergesellschaftung, S. 49; Pollaud-Dulian GRUR Int. 1995, S. 361 (370).

32 Nicht erforderlich ist, daß alle Urheber als Mitglieder aufgenommen werden, da sonst die Urheber, die nur gelegentlich schöpferisch tätig sind, die hauptberuflichen Schöpfer majorisierten könnten, vgl. Nordemann in Fromm/Nordemann, § 6 WahrnG, Rdnr. 4.

33 Wandtke GRUR 1995, S. 385 (392); Troller Eingriffe, S. 5/6.

34 Vgl. Cohen Jehoram Copyright 1990, S. 214 (214/216); s. a. Hiestand UFITA Bd. 126 (1994), S. 293 (294).

Die Verwertungsgesellschaften haben im Rahmen ihrer Tätigkeit darauf zu achten, daß es sich bei den ihnen übertragenen Befugnissen um auf den Schutz des individuellen Urhebers basierende Rechte handelt, und die ihnen übertragenden Rechte entsprechend ausüben. Dies ist Ausfluß des Konzeptes der Rechte. Neben der Verpflichtung zur treuhänderischen Wahrnehmung der Rechte und zur Eröffnung einer Kontrollmöglichkeit über die Verwertungsgesellschaft für die Urheber, verpflichtet das Konzept des individuellen Herrschaftsrechtes die Gesellschaften grundsätzlich auch, die eingenommenen Vergütungen nach Abzug der Verwaltungskosten, individuell nach dem Umfang der Nutzung des Werkes auszuschütten.[35] Das Konzept des individuellen Herrschaftsrechtes wird folglich zu einer Verpflichtung der Verwertungsgesellschaft, die übertragenen Rechte individuell zu verwalten, d.h., die Interessen der Urheber zu achten, und solche Beschränkungen in Form von Kollektivierungen der Rechte und Befugnisse zu unterlassen, die nicht für die effektive und reibungslose Wahrnehmung der Rechte notwendig sind. Das Konzept des individuellen Herrschaftsrechtes stellt so ein Schutzprinzip zugunsten der Urheber gegenüber der Verwertungsgesellschaft dar, das sie vor ungerechtfertigten Beschränkungen seitens der Verwertungsgesellschaften bewahrt. Inwieweit dieses Konzept beschränkt werden darf, hängt von einer Interessenabwägung und den Umständen des Einzelfalles ab, insbesondere davon, welche Kollektivierungen zur effektiven Wahrnehmung durch die Verwertungsgesellschaften unbedingt notwendig sind. Insofern bedarf es einer sorgfältigen Interessenabwägung, wobei natürlich fraglich ist, wer diese Interessenabwägung letztendlich vornehmen darf.

Dagegen unterliegt das Konzept des individuellen Herrschaftsrechts im Verhältnis zu den Verwertern geringeren Beschränkungen. Dies liegt daran, daß die Verwertungsgesellschaften aufgrund des Treuhandverhältnisses verpflichtet sind, die Rechte im Interesse der und für die Urheber auszuüben. Da der optimale Schutz der Interessen der Urheber über die Ausübung ausschließlicher Rechte nach dem Konzept des individuellen Herrschaftsrechtes verwirklicht wird, sind die Verwertungsgesellschaften verpflichtet, die ihnen übertragenen Rechte als ausschließliche und individuelle Rechte auch den Verwertern gegenüber durchzusetzen.[36] Beschränkungen dieses Konzeptes können aber auch in diesem Verhältnis zulässig sein, wenn es für die effektive Wahrnehmung zwingend erforderlich ist.[37] Verwertungsgesellschaften sollen aber vom Grundsatz den Verwertern gegenüber die Rechte privatautonom auf vertraglicher Grundla-

---

35 Vgl. zum ganzen Rickeston Berne Convention, S. 916; Hauptmann Vergesellschaftung, S. 31/61/62.

36 Hauptmann UFITA Bd. 126 (1994), S. 149 (155).

37 Vgl. Melichar Wahrnehmung, S. 21, zu den Pauschalverträgen; Karnell Copyright 1986, S. 45 (49); Ficsor Copyright 1985, S. 341 (344/345); Nordemann GRUR 1979, S. 280 (281).

ge unter Einsatz des Anschlußcharakters der Rechte durchsetzen.[38] Dies folgt aus deren dargestellten Charakter und der Verpflichtung der Verwertungsgesellschaft den Urhebern gegenüber. Auch im Verhältnis zu den Verwertern führt die Übertragung der Rechte auf die Verwertungsgesellschaft nicht zu deren Erschöpfung.

Folglich wirkt das Konzept der Urheberrechte als individuelles Herrschaftsrecht nach deren Übertragung auf die Verwertungsgesellschaften fort und bindet die Verwertungsgesellschaft bei der Verwaltung der Rechte sowohl den Urhebern als auch den Verwertern gegenüber.

3. Die kollektive Wahrnehmung durch Verwertungsgesellschaften

Verwertungsgesellschaften werden zunächst einmal im Interesse der Berechtigten tätig. Dadurch, daß sie Rechte in den Bereichen wahrnehmen, in denen eine Durchsetzung durch die Urheber selber nicht möglich oder praktikabel ist, realisieren die Verwertungsgesellschaften in bestimmten Bereichen den wirtschaftlichen Wert der Rechte. Zusätzlich verbessert die Zusammenfassung der Rechte bei den Verwertungsgesellschaften die Verhandlungsposition der Inhaber. Die Verwertungsgesellschaften können, wenn sie mit wirtschaftlich starken Verwertern, wie den Rundfunkunternehmen oder großen Musikverwertern, verhandeln, die Interessen der Urheber diesen gegenüber eher durchsetzen, als hierzu der einzelne Urheber in der Lage wäre.[39] Die starke Verhandlungsposition der Verwertungsgesellschaften bildet somit ein Korrelat zu der Marktmacht bestimmter Verwerter und ermöglicht eine auf die Privatautonomie fußende Verwertung der Rechte, die gleich starke Verhandlungspositionen voraussetzt. Schließlich erschöpft sich die Aufgabe der Verwertungsgesellschaften nicht nur in der reinen Inkassofunktion. Sie sind Interessenvertreter der Urheber[40] und verwirklichen darüber hinaus noch soziale und kulturelle Aufgaben.[41]

Die Tätigkeit der Verwertungsgesellschaften liegt auch im Interesse der Verwerter.[42] Unabhängig von der Tatsache, daß die Verwertungsgesellschaften es den Verwertern in bestimmten Bereichen erst ermöglichen, sich dem Urheberrecht entsprechend rechtskonform zu verhalten,[43] haben die Verwerter durch die

---

38 Ficsor Collective Administration, S. 77.

39 Vgl. Cohen Jehoram Copyright 1990, S. 214 (216); Becker ZUM 1995, S. 231 (237); Davies Copyright 1990, S. 81 (84).

40 Becker ZUM 1995, S. 231 (246).

41 Ficsor Copyright 1985, S. 341 (351).

42 Davies Copyright 1990, S. 81 (84).

43 Vgl. Haensel UFITA Bd. 33 (1961), S. 288 (293).

Tätigkeit der Verwertungsgesellschaften auch leichten und kostengünstigen Zugriff auf ein umfassendes Repertoire.[44] Durch die Zusammenfassung nationaler Rechte in den Händen der Verwertungsgesellschaften und durch die Gegenseitigkeitsverträge mit ausländischen Schwestergesellschaften, durch die die nationalen Verwertungsgesellschaften sich gegenseitig ermächtigen, die Rechte in ihrem jeweiligen nationalen Bereich mit wahrzunehmen, nehmen die Verwertungsgesellschaften nahezu das Weltrepertoire an Rechten wahr, auf das die Verwerter über die Verwertungsgesellschaften dann Zugriff haben.[45]

Schließlich liegt die kollektive Wahrnehmung durch Verwertungsgesellschaften auch im Interesse der Allgemeinheit und befriedigt deren Bedürfnis nach Teilhabe an kulturellen Werken, da sie die Gesamtheit der von ihnen wahrgenommenen Rechte der Allgemeinheit zur Nutzung zugänglich macht.[46] Des weiteren verbessert die Wahrnehmung durch Verwertungsgesellschaften die rechtliche und wirtschaftliche Situation der Urheber, und kann so zu einem Anreiz werden, nicht nur neue Werke zu schaffen, sondern diese auch der Allgemeinheit zugänglich zu machen.[47]

Die mit der Wahrnehmung durch Verwertungsgesellschaften zusammenhängenden Interessen können am besten verwirklicht werden, wenn im jeweiligen nationalen Bereich nur eine Verwertungsgesellschaft tätig ist.[48] Wie Erfahrungen in Deutschland vor 1933[49] und in den Vereinigten Staaten von Amerika[50] zeigen, führt die Konkurrenz mehrerer Verwertungsgesellschaften zu Verwaltungsschwierigkeiten. Die Verwerter wissen dann oft nicht, welche von mehreren Verwertungsgesellschaften die von ihnen benötigten Rechte wahrnimmt, oder sie sind gezwungen, ein von ihm benötigtes Rechtepaket von mehreren Verwertungsgesellschaften zu erwerben. Die Tätigkeit mehrerer Verwertungsgesell-

---

44 Nach Mestmäcker in FS Lukes, S. 445 (448), ist der Unterschied zwischen der Lizenzierung einzelner Rechte durch die Urheber und der der Gesamtheit der Rechte durch die Verwertungsgesellschaft so groß, daß dadurch ein neues Produkt entsteht.

45 Davies Copyright 1990, S. 81 (84/85).

46 Vgl. schon Hoffmann UFITA Bd. 6 (1933), S. 289 (290); Davies Copyright 1990, S. 81 (84); Whitford Committee Cmnd. 6732 (1977), S. 25; Davies Copyright 1990, S. 81 (84).

47 Vgl. allgemein Whitford Committee Cmnd.6732 (1977), S. 3; Lehmann GRUR Int. 1983, S. 356 (360).

48 Ficsor Collective Administration, S. 68/69; Karnell Copyright 1986, S. 45 (49); nach Reinbothe in FS Dietz, S. 517 (526) ist dies auch bei den Verwertern anerkannt.

49 Vgl. Plugge/Roeber Tantiemerecht, S. 27/28; Arnold/Rehbinder UFITA Bd. 118 (1992), S. 203 (204).

50 Vgl. Kernochan Copyright 1985, S. 389 (389 - 410).

schaften führt nicht zuletzt zu einem Anstieg der Verwaltungskosten, ohne daß Urheber oder Verwerter hiervon profitierten.[51]

Der Nachteil und die Gefahr der grundsätzlich wünschenswerten Alleinstellung[52] von Verwertungsgesellschaften liegt in deren Machtposition den Verwertern und auch Urhebern gegenüber. Da die Verwertungsgesellschaften Dienstleistungen sowohl den Urhebern (Wahrnehmung der Rechte) als auch den Verwertern (Lizenzierung der Rechte) gegenüber erbringen, und diese Gruppen auf das Tätigwerden der Verwertungsgesellschaften angewiesen sind, - die Rechte würden sonst nicht wahrgenommen bzw. könnten nicht von den Verwertern genutzt werden - haben die Verwertungsgesellschaften eine erhebliche Machtposition inne. Als Alleinanbieter besitzen die Verwertungsgesellschaften ein faktisches Monopol den Urhebern und Verwertern gegenüber.[53] Dieses Monopol kann zum Nachteil sowohl der Urheber als auch der Verwerter ausgeübt werden. Im Verhältnis zu den Urhebern kann es dadurch mißbraucht werden, daß die Verwertungsgesellschaften diesen Beschränkungen auferlegen, die für die effektive Wahrnehmung nicht unbedingt erforderlich sind, und so den individualrechtlichen Charakter der Rechte mehr als notwendig beschränken.[54] Solche Beschränkungen können im Rahmen der Kontrollmöglichkeit der Verwertungsgesellschaft durch die Urheber, der allgemeinen Wahrnehmungsbedingungen und der Ausschüttung der eingenommenen Vergütungen bestehen.[55] Daß die Verwertungsgesellschaften im übrigen Urheber nicht willkürlich unterschiedlich behandeln und die Wahrnehmung der Rechte nicht verweigern dürfen, versteht sich von selbst und ergibt sich aus dem Gleichbehandlungsprinzip aller Berechtigten und dem Umstand, daß die Urheber auf die Tätigkeit der Verwertungsgesellschaften angewiesen sind, so daß die Verwertungsgesellschaften dann auch keine unberechtigten Differenzierungen machen dürfen. Im Verhältnis zu den Verwertern können die Verwertungsgesellschaften die ihnen aufgrund des Charakters der Rechte als Herrschaftsrechte gegebene Machtposition insbesondere dadurch mißbrauchen, daß sie Verwertern grundlos die Lizenzierung der Rechte verweigern, diesen unberechtigte Nutzungsbedingungen auferlegen, und Verwertergruppen willkürlich unterschiedlich behandeln.[56] Da der Charakter der Rechte als individuelle Herrschaftsrechte auch bei der Wahrnehmung durch Verwertungsgesellschaften erhalten bleibt,[57] sind solche Eingriffe aber gerecht-

---

51 Arnold/Rehbinder UFITA Bd. 118 (1992), S. 203 (204).

52 Vgl. Begründung des Regierungsentwurfes BT-Drucks. IV/271, S. 8/9.

53 Nach Brinkmann Urheberschutz, S.112 FN 398, verbinden Verwertungsgesellschaften eine Nachfragestellung ("Monopson") mit der Anbieterstellung eines Monopolisten.

54 Vgl. oben 1. Kap. I 2.

55 Vgl. Ficsor Collecitve Administration, S. 76; Ricketson Berner Convention, S. 916.

56 Ficsor Collective Administration, S. 77.

57 Hauptmann Vergesellschaftung, S. 61/62/64; Ficsor Collective Administration, S. 77.

fertigt, wenn sie der Durchsetzung der legitimen Interessen der Urheber dienen.[58] Deshalb stellt z.B. die Verweigerung der Lizenzierung dann keinen Mißbrauch dar, wenn die Nutzung nicht den Interessen der Urheber entspricht.[59]

II. Kontrolle von Verwertungsgesellschaften

Dort, wo sich ein Machtpotential gebildet hat, wie es die Verwertungsgesellschaften innehaben, besteht auch immer das Bedürfnis nach seiner Kontrolle.[60]

1. Die Kontrolle von Verwertungsgesellschaften

Die Berechtigung zur Kontrolle von Verwertungsgesellschaften ist aufgrund der Tatsache, daß diese ausschließliche Herrschaftsrechte wahrnehmen, in Frage gestellt worden. Zum Teil wird gefordert, daß der Grundsatz der Privatautonomie, der im gesamten Urheberrecht gelte, auch im Bereich der kollektiven Wahrnehmung aufrechtzuerhalten sei. Eine die urheberrechtlichen Befugnisse einschränkende Kontrolle der Verwertungsgesellschaften sei daher abzulehnen. Ferner fehlt es am Regelungsbedürfnis, da Mißbräuche in diesem Bereich eher selten seien.[61]

Obwohl diese Argumente nicht von der Hand zu weisen sind, ergibt sich das Bedürfnis für eine Kontrolle daraus, die störungsfreie und effektive kollektive Wahrnehmung der Rechte durch Verwertungsgesellschaften im Interesse der Beteiligten zu sichern.[62] Die Kontrolle hat sicherzustellen, daß die Verwertungsgesellschaften die Rechte der Urheber keiner ungerechtfertigten Kollektivierung unterwerfen, und so ihre Rechte nicht mehr als nötig einschränken. Die Kontrolle dient so der Garantie und Aufrechterhaltung des individualrechtlichen Schutzkonzeptes im Interesse der Urheber.[63]

Auf der anderen Seite bildet gerade die Wahrnehmung der Urheberrechte als ausschließliche Herrschaftsrechte die Gefahrenquelle für Mißbräuche insbesondere den Verwertern gegenüber. Um zu verhindern, daß der Kreislauf urheber-

---

58 Vgl. Hubmann UFITA Bd. 48 (1966), S. 22 (39).
59 Beispiele in Möhring in FS Hirsch, S. 228 (240).
60 Becker in FS Kreile, S. 27 (37/38); ders. Gewaltenteilung, S. 250/251.
61 Vgl. vor allem Troller, Eingriffe, S. 106 - 108; Möhring in FS Hirsch, S. 228 (230/231).
62 Ficsor Collective Administration, S. 75.
63 Vgl. Hauptmann Vergesellschaftung, S. 62/63.

rechtlich geschützter Werke nicht unterbrochen oder beeinträchtigt wird, hat eine Kontrolle sicherzustellen, daß die Verwertungsgesellschaften ihre Befugnisse nicht zu ungerechtfertigten Zwecken einsetzen. Die Kontrolle des Verhältnisses zu den Verwertern dient so auch allgemeinen Interessen. Die Kontrolle des Verhältnisses zu den Verwertern führt zu einer Beschränkung des Konzeptes der von den Verwertungsgesellschaften wahrgenommenen Rechte und zu der des individuellen Herrschaftsrechtes, da diese die Rechte nicht mehr ungehindert ausüben können.[64] Im Hinblick darauf, daß das Konzept des individuellen Herrschaftsrechtes auch im Rahmen der kollektiven Wahrnehmung seine Berechtigung hat und gegenüber den Verwertern aufrechtzuerhalten ist,[65] - ermöglicht dieses doch die Wahrnehmung der Rechte auf Vertragsbasis im Interesse der Urheber - darf die Beschränkung des Konzeptes durch die Kontrolle der Verwertungsgesellschaften im Verhältnis zu den Verwertern nur insoweit erfolgen, wie dies für die Verhinderung von Mißbräuchen unbedingt notwendig und der Sicherung der Effizienz der kollektiven Wahrnehmung erforderlich erscheint. Dabei sollen insbesondere solche Mißbräuche verhindert werden, die mit der eigentlichen Wahrnehmung der Rechte nichts zu tun haben, wie Diskriminierung von einzelnen Verwertern, Auferlegung zweckfremder Lizenzbedingungen etc. Die effektive und faire Wahrnehmung der Rechte sowie die bestmögliche Interessenvertretung der Urheber kann dabei aber nicht als Mißbrauch angesehen werden, selbst wenn dies zu Lasten der Verwerter geht. Die allgemeinen Interessen an der Kontrolle von Verwertungsgesellschaften müssen dann nachrangig sein.

Das Erfordernis der möglichst weitgehenden Aufrechterhaltung des Konzeptes der Urheberrechte als individuelle Herrschaftsrechte bei der Kontrolle von Verwertungsgesellschaften entspricht auch den Anforderungen einer einheitlichen Rechtsordnung. Der Gesetzgeber kann in dieser nicht mit der anderen Hand das wieder nehmen, was er mit der einen gewährt hat.[66] Hat der Gesetzgeber sich daher für die Ausgestaltung der Urheberrechte als ausschließliche Herrschaftsrechte entschlossen, so hat er dieses Konzept auch bei der Kontrolle über die Ausübung dieser Rechte durch Verwertungsgesellschaften zu beachten. Im Hinblick darauf, daß das Recht der Verwertungsgesellschaften die Ausübung der durch das materielle Urheberrecht gewährten Rechte regelt, muß, um einen einheitlichen Urheberrechtsschutz zu gewähren, auch die Kontrolle der Verwertungsgesellschaften von dem Geist, den auch das Urheberrecht selbst beherrscht, bestimmt werden.[67]

---

64 Vgl. Becker in FS Kreile, S. 27 (33); Riklin Urheberrecht, S. 193.

65 Vgl. Ficsor Collective Administration, S. 77; ders. Copyright 1985, S. 341 (341).

66 Liermann UFITA Bd. 29 (1959), S. 315 (319).

67 Vgl. Ulmer in Ulmer/Bußmann/Weber Verwertungsgesellschaften, S. 8.

Das Konzept der Urheberrechte als ausschließliche Herrschaftsrechte bildet somit den Grund für die Kontrolle von Verwertungsgesellschaften und begrenzt diese gleichzeitig,[68] oder anders ausgedrückt, die Kontrolle hat die Interessen der Urheber an der Aufrechterhaltung dieses Konzeptes und der der Verwerter an dessen Begrenzung ins Gleichgewicht zu bringen.[69]

Die Kontrolle hat grundsätzlich die Privatautonomie zu achten. Urheberrechte sind Privatrechte. Verwertungsgesellschaften sind private Unternehmen. Auch im Rahmen der kollektiven Wahrnehmung der Rechte muß gewährleistet werden, daß die Rechte privatautonom wahrgenommen werden. Diese auf der Privatautonomie fußende Ausgestaltung der Rechte und deren Wahrnehmung entspricht dem Charakter der Urheberrechte als von der Kunstfreiheit geprägte Befugnisse,[70] und führt dazu, daß die Kontrolle des Verhältnisses zu den Verwertern, als Ausfluß der Privatautonomie der Urheber und des Konzeptes der Rechte, sehr vorsichtig vollzogen werden sollte.

Mittel der Sicherung des störungsfreien Funktionierens der kollektiven Wahrnehmung ist die Mißbrauchskontrolle. Dadurch wird sichergestellt, daß die Verwertungsgesellschaften ihr Machtpotential nicht zum Nachteil der Betroffenen ausüben und störungsfrei "funktionieren".

Soweit z.T. diese Mißbrauchskontrolle als eigentliches Ziel der Kontrolle angesehen wird,[71] wird die Tätigkeit von Verwertungsgesellschaften zu sehr mit möglichen Mißbrauchstatbeständen assoziiert, was die Zielrichtung grundsätzlich verkürzt.[72] Vielmehr sollte die Kontrolle, positiv formuliert, sicherstellen, daß die eingeräumte Befugnisse effektiv und fair für den Urheber wahrgenommen werden. Die Kontrolle sollte so vornehmlich als verlängerter Arm, insbesondere der Urheber verstanden werden, wobei allerdings erst an zweiter Stelle die Verwerter vor unangemessener Lizenzierungspraxis zu schützen sind.

2. Kontrolle nach allgemeinen und besonderen Vorschriften

Die Kontrolle von Verwertungsgesellschaften vollzieht sich am effektivsten und besten nach besonderen Vorschriften.[73] So können bereits in der Formulierung

68 Vgl. Hauptmann Vergesellschaftung S. 38/61/62.
69 Vgl. Troller Eingriffe, S. 100.
70 Vgl. Leisner UFITA Bd. 48 (1966), S. 46 (50); allgemein zum Verhältnis von Kunstfreiheit und Urheberrecht, Jacobs in FS Kreile, S. 307 (308 - 312).
71 Becker in FS Kreile, S. 27 (38/39).
72 Vgl. Troller Eingriffe, S. 121; Möhring in FS Hirsch, S. 228 (231/232).
73 Vgl. Dietz Urheberrecht EG, S. 276; Wallace GRUR Int. 1973, S. 357 (358).

dieses Gesetzes die unterschiedlichen Interessenlagen ihre Berücksichtigung und ihren Niederschlag finden. Das Verwertungsgesellschaftsgesetz sollte auf die grundsätzlichen Wertungen des materiellen Urheberrechtes aufbauen und dieses ergänzen.[74] Auch müßte dieses Gesetz die Privatautonomie der Verwertungsgesellschaften achten, die sich aus dem Charakter der Urheberrechte als Privatrechte[75] und der Geltung der Vertragsfreiheit im gesamten Urheberrecht[76] ergibt.

Eine Kontrolle nach allgemeinen Vorschriften ist zu einem solchem Interessensausgleich nicht im gleichen Maße in der Lage. Sie führt zu Rechtsunsicherheiten, da die Anwendung der Vorschriften immer wieder zu unterschiedlichen Wertungen führen kann, die sich dann nachteilig auf die kollektive Wahrnehmung durch Verwertungsgesellschaften auswirken kann.

Insbesondere gegen die Anwendung des Kartellrechts bestehen grundsätzliche Bedenken. Obwohl das Kartellrecht generell zur Begrenzung wirtschaftlicher Macht berufen und durch Rechtsanwendung und Rechtsprechung erprobt ist,[77] bestehen gegen dessen Anwendung auf Verwertungsgesellschaften Bedenken.[78] Dies liegt an den dem Kartellrecht zugrundeliegenden Wertungen, die sich nur schwer mit den Wertungen urheberrechtlicher Sachverhalte vereinbaren lassen.

Urheberrechte sind als ausschließliche Rechte ausgestaltet. Aufgrund dieses Ausschlußcharakters können sie als Monopolrechte i.S.d. Kartellrechtes angesehen werden. Das Kartellrecht ist seinerseits auf die Zerstörung monopolartiger Stellungen oder zumindest auf deren Begrenzung gerichtet.[79] Da aber diese urheberrechtliche Monopolstellung zur Sicherung der Interessen der Urheber notwendig ist, sind Urheberrecht und Kartellrecht an sich unvereinbar.[80] Hinzu kommt noch, daß das Kartellrecht ein Mittel der Wettbewerbssicherung ist, und sich bei der Anwendung auf das Urheberrecht die Frage stellt, welcher Wettbewerb gesichert werden soll.[81] Der Konflikt zwischen beiden wird daher befriedigend wohl nicht zu lösen sein.[82]

---

74 Vgl. Ulmer in Ulmer/Bußmann/Weber Verwertungsgesellschaften, S. 8.
75 Vgl. Riklin Urheberrecht, S.14/15.
76 Hauptmann Vergesellschaftung, S. 39; Hillig in Vertragsfreiheit, S. 1 (13).
77 Becker in FS Kreile, S. 27 (37/38).
78 Dietz Urheberrecht EG, S. 276; Wallace GRUR Int. 1973, S. 357 (358).
79 Vgl. Nipperdey NJW 1953, S. 881 (884).
80 Reinhardt in FS Uchtenhagen, S. 73 (77); Sack WRP 1999, S. 592 (593).
81 Nach Goldbaum Urheberrecht, S. 19, gibt es keinen Wettbewerb zwischen den Urhebern.
82 Haines EIPR 1994, S. 401 (403).

Im Interesse der Rechtssicherheit und Rechtsklarheit müßte daher die Kontrolle über Verwertungsgesellschaften nach besonderen Vorschriften erfolgen, während der Kontrolle nach dem Kartellrecht nur eine Lückenfunktion zukommen sollte.[83] Am besten wäre es dann natürlich, wenn die besonderen Regelungen so gefaßt sind, daß keine Lücke feststellbar ist, mithin auch die Anwendung des Kartellrechtes, nicht notwendig ist.

Bei der Darstellung der Kontrolle über Verwertungsgesellschaften nach deutschem und britischem Recht ist auch dieser Aspekt zu beachten. Im Vordergrund steht dabei die Frage, inwieweit die besonderen Regelungen den oben aufgeführten Grundsätzen gerecht werden können, und ob dadurch das Konzept des individuellen Herrschaftsrechtes nicht mehr als zur Sicherung der Effizienz der kollektiven Wahrnehmung beschränkt wird.

III. Methode und Ziel der Arbeit

Vor dem Hintergrund einer europäischen Harmonisierung des Urheberrechtes, die möglicherweise auch das Recht der Verwertungsgesellschaften miteinschließt,[84] soll anhand der Regelungen des Rechtes der Verwertungsgesellschaften in Deutschland und Großbritannien, sowie deren Kontrolle überprüft werden, inwieweit diese Regelungen dem Konzept des Urheberrechtes als individuelles Herrschaftsrecht und dem Gebot der geringsten Beschränkung der Rechte und Befugnisse der Berechtigten gerecht werden.

Unter Zuhilfenahme der Methode der Rechtsvergleichung soll aufgezeigt werden, welche Kontrollregelung sich im Hinblick auf eine solche Harmonisierung eignet, weil sie den erwähnten Geboten gerecht wird und in der Beschränkung nicht zu weit geht.[85]

Ausgehend von der Erkenntnis, daß jede gesetzliche Regelung der Lösung eines sozialen Konfliktes dient,[86] sollen zunächst die Verwertungsgesellschaften in

---

83 Dietz Urheberrecht EG, S. 276; Wallace GRUR Int. 1973, S. 357 (358); so i. ü. auch Pickrahn, Verwertungsgesellschaften, S. 182/183, der aber betont, daß das Eingreifen der Kartellbehörden in der Vergangenheit immer wieder erforderlich war.

84 Vgl. Kreile/Becker ZUM 1992, S. 581 (583/584/593); Vogel GRUR 1993, S. 513 (531); Löhr Aufsicht, S. 132 - 141; Nordemann in Fromm/Nordemann Einl. WahrnG, Rdnr. 11.

85 Vgl. zu dem Ziel der Rechtsvergleichung, eine Rechtsvereinheitlichung vorzubereiten, Zweigert/Kötz Rechtsvergleichung, S. 26/27; Koch/Magnus/Winkler von Mohrenfels IPR, S. 187 FN 5.

86 Zippelius Methodenlehre, S. 8; s. a. Radbruch Rechtsphilosophie, S. 131.

Deutschland und Großbritannien, sowie die kollektive Rechtewahrnehmung in beiden Ländern dargestellt werden. Erst wenn die tatsächlichen Gegebenheiten vergleichbar sind, ist auch die Reaktion des Gesetzgebers in Form eines Gesetzes hierauf vergleichbar. Daran schließt sich die Darstellung der Regelung des Rechtes der Verwertungsgesellschaften an, insbesondere die Darstellung ihrer Kontrolle nach besonderen und allgemeinen Regelungen unter Berücksichtigung der oben aufgezeigten Gesichtspunkte; und zwar nicht nur in der gesetzgeberischen Ausgestaltung, sondern auch in der Anwendung der Vorschriften.

Die Kontrolle selbst ist hinsichtlich der Gründungskontrolle und der Kontrolle über den Geschäftsbetrieb zu unterscheiden, wobei zwischen der Kontrolle im Hinblick auf die Verwerter und der im Hinblick auf die Urheber zu differenzieren ist.

IV. Begriffsbestimmung

Um den grundsätzlichen Unterschied zwischen dem angloamerikanischen und dem kontinental-europäischen Urheberrechtssystem nicht zu verwischen, werden im folgenden die Begriffe *copyright* und Urheberrecht nicht gleichgesetzt.[87]

Der Begriff der Berechtigten oder Wahrnehmungsberechtigten meint all diejenigen, mit denen die Verwertungsgesellschaften Wahrnehmungsverträge abschließen. Dies sind Urheber aber auch Inhaber verwandter Schutzrechte und (Primär)-Verwerter, wie z.B. Verleger.

---

87 Vgl. allgemein hierzu Boytha in FS Uchtenhagen, S. 53 (57 - 60); i. ü. allgemein zur Begrifflichkeit Sterling in INTERGU, S. 77 (77/78).

2. KAPITEL: DIE KONTROLLE VON VERWERTUNGSGESELLSCHAFTEN NACH DEUTSCHEM RECHT

Das Recht der Verwertungsgesellschaften in der Bundesrepublik Deutschland ist in einem speziellen Gesetz, dem WahrnG von 1965,[1] geregelt. Daneben befinden sich auch im UrhG Bestimmungen, die die Verwertungsgesellschaften betreffen.

I. Einleitung

1. Urheberrechte nach dem UrhG

Das Urheberrecht ist nach deutscher Vorstellung nichts anderes als die selbstverständliche Anerkennung der Bindung des Schöpfers an das von ihm geschaffene Werk, welches Ausdruck seiner Persönlichkeit ist.[2] Der Urheber soll die Nutzung seines Werkes kontrollieren, und so seine ideellen und wirtschaftlichen Interessen verfolgen können.[3] Dies wird dadurch verwirklicht, daß dem Urheber nach § 15 UrhG jede Form der körperlichen und unkörperlichen Verwertung durch die Gewährung von ausschließlichen Rechten zugeordnet wird.[4]

Die grundsätzlich als ausschließliche Rechte gewährten Befugnisse werden wegen übergeordneter Interessen der Allgemeinheit,[5] aber auch aus Praktikabilitätsgründen,[6] eingeschränkt, wodurch der ausschließliche Charakter, insbesondere der Verbotsanspruch,[7] aufgehoben bzw. beschränkt wird.[8] Zum Teil wird der Urheber dabei durch die Gewährung von Vergütungsansprüchen "entschädigt". Das UrhG enthält eine Reihe solcher Ansprüche, die neben die ausschließlichen Verwertungsrechte treten und ebenfalls der Sicherung der wirtschaftlichen Beteiligung in den Fällen dienen, in denen der Gesetzgeber das ausschließliche Verbotsrecht aufgehoben hat, die Interessen der Allgemeinheit aber nicht auch

---

1 Gesetz über die Wahrnehmung von Urheberrechten und verwandten Schutzrechten (Urheberrechtswahrnehmungsgesetz) vom 9. September 1965, BGBl. I S. 1294, zuletzt geändert durch Gesetz vom 08.05.1998, BGBl I, S. 902.

2 Möhring/Lieberknecht UFITA Bd. 29 (1959), S. 269 (275).

3 Vgl. zur Frage, ob dem Urheber von Natur aus schon ein Urheberrecht an seinem Werk zusteht, Nordemann in Fromm/Nordemann § 1 Rdnr. 4; allgemein zur Lehre vom geistigen Eigentum: Ulmer Urheberrecht, S. 105 - 109.

4 Vgl. Vogel GRUR 1993, S. 513 (514).

5 Vgl. §§ 47, 48 UrhG.

6 Vgl. §§ 53, 54 UrhG.

7 Nordemann in Fromm/Nordemann vor § 45 UrhG, Rdnr. 7.

8 Vgl. allgemein Rehbinder Urheberrecht, S. 184 - 186.

den Verlust der finanziellen Beteiligung rechtfertigen.[9] Der Sache nach handelt es sich auch bei den Vergütungsansprüchen um eine gesetzliche Lizenz. Die Nutzungserlaubnis wird nicht vertraglich gewährt, sondern folgt aus dem Gesetz.[10]

Wie Erfahrungen zeigen, ist der Vergütungsanspruch nicht wie ein Ausschlußrecht in der Lage, die wirtschaftlichen Interessen marktgerecht zu berücksichtigen. Die gezahlten Vergütungen sind niedriger als sie wären, wenn sie frei ausgehandelt worden wären.[11] Für die Inhaber von verwandten Schutzrechten gelten entsprechende Bestimmungen.[12]

Mit der dargestellten Ausgestaltung des UrhG weist auch der deutsche Gesetzgeber Urheberrechte grundsätzlich als individuelle und ausschließliche Herrschaftsrechte aus. Die dem Urheber verliehenen Befugnisse werden vom Grundsatz her als ausschließliche Rechte ausgestaltet, Beschränkungen nur dort vorgenommen, wo dies im Interesse der Allgemeinheit oder aus Praktikabilitätsgründen erforderlich erscheint.

Während die Vergütungsansprüche ebenfalls faktisch oder rechtlich[13] nur kollektiv wahrgenommen werden können, werden die den Urhebern zustehenden ausschließlichen Rechte, wie das der Vervielfältigung (§ 16 UrhG), der Verbreitung (§ 17 UrhG), Ausstellung (§ 18 UrhG), Aufführung, Vorführung, des Vortrages (§ 19 UrhG) und der Sendung (§ 20), je nach Werkkategorie und Nutzungsart, ebenfalls kollektiv wahrgenommen. Die typischen Zweitverwertungsrechte, wie die Rechte der Werkwiedergabe durch Bild- und Tonträger bzw. der Wiedergabe von Funksendungen (§§ 21, 22 UrhG) werden in der Regel kollektiv wahrgenommen.[14]

2. Verwertungsgesellschaften in Deutschland

Nach § 1 WahrnG ist unter einer Verwertungsgesellschaft eine natürlich oder juristische Person zu verstehen, die Nutzungsrechte, Einwilligungsrechte oder Vergütungsansprüche, die sich aus dem UrhG ergeben, für Rechnung mehrerer

---

9 Vogel GRUR 1993, S. 513 (514).

10 Ulmer Urheberrecht, S. 293; Rehbinder Urheberrecht, S. 185.

11 Nordemann in Fromm/Nordemann Vor. § 45, Rdnr. 7/8; Bundesregierung 2. Vergütungsbericht UFITA 2000 III, S. 733/741/742.

12 Vgl. Vogel GRUR 1993, S. 513 (514).

13 Viele Vergütungsansprüche unterliegen der Verwertungsgesellschaftspflicht, vgl. §§ 26, 27, 49 I, 54 h UrhG; i. ü. Reber GRUR 2000, S. 203 (205/206).

14 Vogel GRUR 1993, S. 513 (514).

Urheber oder Inhaber verwandter Schutzrechte zur gemeinsamen Auswertung wahrnimmt. In der Bundesrepublik Deutschland sind elf Verwertungsgesellschaften - GEMA, GVL, VG Musikedition, VG Wort, VG Bild Kunst, VFF, VGF, GWFF, GÜFA, AGICOA und die VG Satellit - tätig.[15]

a) Gesellschaft für musikalische Aufführungs- und mechanische Vervielfältigungsrechte - GEMA

Die größte und älteste Verwertungsgesellschaft ist die GEMA. Sie ist die Nachfolgerin der 1933 gegründeten STAGMA.[16]

Die GEMA ist im musikalischem Bereich tätig und nimmt für Komponisten, Textdichter und Musikverleger Rechte an musikalischen Werken wahr. Hierzu gehören das musikalische Aufführungsrecht, das Senderecht, das Recht der öffentlichen Wiedergabe durch Bild- und Tonträger sowie von Hörfunk- und Fernsehsendungen, das mechanische Vervielfältigungs- und Verbreitungsrecht, das Herstellungs- und Synchronisationsrecht an Filmen und Multimediaprodukten einschließlich das Vorführungsrecht.[17] Die GEMA nimmt insbesondere nicht das Recht zur bühnenmäßigen Aufführung[18] sowie Rechte zum Einsatz in der Werbung wahr.[19]

b) Gesellschaft zur Verwertung von Leistungsschutzrechten m.b.H. - GVL

Die GVL wurde 1959 von der Deutschen Orchestervereinigung e.V. und der deutschen Landesgruppe der IFPI[20] e.V. gegründet, und nimmt für ausübende Künstler, Tonträgerhersteller, Hersteller von Videoclips und für Veranstalter i.S.d. § 81 UrhG insbesondere deren Aufführungs-, Sende- und Vervielfältigungsrechte wahr.[21]

---

15 Vgl. Jahresbericht DPMA 2000, S. 53.

16 Einzelheiten bei Menzel Aufsicht, S. 4 - 6; Nordemann in FS GRUR, S. 1197 (1198/1199).

17 Vgl. § 1 GEMA - Berechtigungsvertrag; vgl. auch Schulze GRUR 1993, S. 255 - 269, insb. S. 259 - 264.

18 BGH GRUR 2000, S. 228 (230).

19 OLG München ZUM 1997, S. 275 (278); zum ganzen Kreile/Becker in Moser/Scheuermann Handbuch, S. 468 - 483, Rehbinder Urheberrecht, S. 341.

20 International Federation of Phonogram and Videogram Producers.

21 Einzelheiten bei Dünnwald in Moser/Scheuermann Handbuch, S. 680 - 685.

c) VG Musikedition/ Verwertungsgesellschaft zur Wahrung von Nutzungsrechten an Editionen (Ausgaben) von Musikwerken r. V.

Ebenfalls auf dem Gebiet der Leistungsschutzrechte ist die 1965 gegründete VG Musikedition tätig. Sie nimmt insbesondere die Rechte der Verfasser, Herausgeber und Verleger wissenschaftlicher Ausgaben von Musikwerken aus §§ 16, 17, 27, 46, 49, 52, 54, 70, 71, 88 UrhG wahr.[22]

d) Verwertungsgesellschaft Wort r. V. - VG Wort

Die 1958 gegründete VG Wort, seit 1978 vereint mit der VG Wissenschaft,[23] nimmt für Autoren, Übersetzer und Verleger von literarischen und wissenschaftlichen Werken u.a. deren Vortragsrecht, Senderecht, Recht zur öffentlichen Wiedergabe durch Bild- und Tonträger und von Hörfunk- und Fernsehsendungen, das Recht zur integralen Kabeleinspeisung und EDV-Verwertung sowie das Recht der Vervielfältigung und Wiedergabe erstmals in Zeitungen erscheinenden Artikeln, sowie die Vergütungsansprüche aus §§ 27, Abs. 1, 49 Abs. 1 S. 2, 54a UrhG wahr.[24]

e) Verwertungsgesellschaft Bild-Kunst r. V. - VG Bild - Kunst

Die VG Bild-Kunst wurde 1968 gegründet, und ist für drei verschiedene Berufsgruppen tätig: bildende Künstler und deren Verleger, Bildjournalisten, Graphikdesigner und Illustratoren sowie für Filmurheber und Filmproduzenten. Obwohl sie in der Hauptsache die Jungfilmer vertritt, steht sie in der zu letzt genannten Berufsgruppe, mit den anderen Filmverwertungsgesellschaften, insbesondere VGF, VFF und GWFF, in Konkurrenz.[25]

Die VG Bild-Kunst nimmt insbesondere das Vervielfältigungs- und Verbreitungsrecht, Ausstellungs-, Vorführungs- und Senderecht, einschließlich des Verbreitungsrechts über Kabel und Satellit, das Recht der öffentlichen Wiedergabe durch Bild- und Tonträger sowie die Vergütungsansprüche aus §§ 26, 27, 46 Abs. 3, 49 Abs. 1 S. 2, 53, 54 UrhG wahr.[26]

---

22 § 1 Berechtigungsvertrag VG Musikedition; Sülwald in 25 Jahre VG Musikedition, S. 10.

23 Vgl. zur Geschichte Nordemann in FS GRUR, S. 1197 (1199/1200).

24 Vgl. § 1 Wahrnehmungsvertrag VG Wort; Melichar Wahrnehmung, S. 88 - 111.

25 Nordemann in FS GRUR, S. 1197 (1200/1201).

26 § 1 Wahrnehmungsvertrag VG Bild-Kunst.

f) Verwertungsgesellschaft für Nutzungsrechte an Filmwerken m.b.H. - VGF

Die VGF wurde 1982 vom Verband der Spielfilmproduzenten e.V. und dem Verband der Filmverleiher e.V. zur Wahrnehmung der Rechte im Videobereich gegründet.[27] Sie nimmt insbesondere das Recht der öffentlichen Wiedergabe von Fernsehsendungen gem. § 22 UrhG, die Vergütungsansprüche aus §§ 27, 46, 53, 54 UrhG sowie das Recht der Kabel- und Satellitenweitersendung wahr.[28]

g) Gesellschaft für Wahrnehmung von Film- und Fernsehrechten m.b.H. - GWFF

Die 1982 von Filmverleihern gegründete GWFF nimmt vor allem die Rechte ausländischer Produzenten, insbesondere die an Lizenzhändler abgetretenen Rechte und Nutzungsrechte der Produzenten wahr.[29] Dabei handelt es sich insbesondere um die Rechte aus §§ 21, 22 UrhG sowie um Vergütungsansprüche aus §§ 27 und 54 UrhG.[30]

h) Verwertungsgesellschaft der Film- und Fernsehproduzenten m.b.H. - VFF

Die VFF wurde 1979 vom Bundesverband Deutscher Fernsehproduzenten gegründet, um die Rechte von selbständigen Filmherstellern, von Fernsehanstalten bzw. deren Werbegesellschaften wahrzunehmen.[31] Gesellschafter sind neben dem Bundesverband Deutscher Filmproduzenten das ZDF und der SDR. Sie nimmt insbesondere die Rechte aus §§ 85, 87, 94, 95 UrhG wahr, einschließlich der Vergütungsansprüche aus §§ 53, 54 UrhG.[32]

---

27 Häußer Mitt. 1984, S. 64 (66).

28 Vgl. § 1 Wahrnehmungsvertrag VGF; Mauhs Wahrnehmung, S. 15 FN 14.

29 Nordemann in Fromm/Nordemann Einl.WahrnG, Rdnr. 9; ders. FS GRUR, S. 1197 (1201).

30 Stolz Sendeunternehmen, S. 181.

31 Nordemann in FS GRUR, S. 1197 (1200); Häußer Mitt. 1984, S. 64 (66).

32 Nr. 2 Wahrnehmungsvertrag VFF; Stolz Sendeunternehmen, S. 179.

i) Gesellschaft zur Übernahme und Wahrnehmung von Filmaufführungsrechten m.b.H. - GÜFA

Als fünfte Gesellschaft im Filmbereich ist die GÜFA tätig. Sie wurde 1976 gegründet, um Rechte und Vergütungsansprüche wie öffentliche Vorführung, Vermietung und Verleihung sowie die Geräte- und Leerkassettenabgabe, im Bereich des erotischen und pornographischen Filmes wahrzunehmen.[33]

j) Association des Gestion Internationale Collective des Ouevres Audiovisuelles - AGICOA GmbH

Die AGICOA ist ein internationaler Zusammenschluß von Filmproduzentenverbänden mit Sitz in Genf die Kabelweitersendungsrechte, vorwiegend von ausländischen Rechteinhabern, wahrnimmt.[34] Die AGICOA wurde Anfang 1995 vom DPMA als Verwertungsgesellschaft zugelassen. In der Bundesrepublik war die AGICOA im Jahre 1987 an dem Vertrag über die Weiterübertragung von Fernsehsendungen im Breitbandkabel der (damaligen) Deutschen Bundespost neben deutschen Verwertungsgesellschaften und Sendeunternehmen beteiligt gewesen.[35]

k) Gesellschaft zur Verwertung der Leistungsschutzrechte von Sendeunternehmen m.b.H. - VG Satellit

Die jüngste Gesellschaft ist die VG Satellit, die die Rechte der Sendeunternehmen aus den §§ 20a und 20b wahrnimmt. Sie wurde 1997 gegründet, nachdem die genannten Leistungsschutzrechte in das UrhG aufgenommen wurden.[36] Sie tritt somit mit den bereits bestehenden Verwertungsgesellschaften in Wettbewerb.[37]

---

33 Häuser Mitt 1984, S. 64 (66); Stolz Sendeunternehmen, S. 179.

34 Vgl. zum ganzen: v. Hartlieb Videorecht, S.555; Hillig in Fuhr/Rudolf/Wasserburg, S. 408/409; Vogel GRUR 1993, S. 513 (516); Pfenning in Verwertungsgesellschaften, S. 63 (69/70); Schwarz in FS Schwarz, S. 75 - 83.

35 Hillig in: Fuhr/Rudolf/Wasserburg, S. 409; Schwarz FS Schwarz, S. 75 (78).

36 Nordemann in Fromm/Nordemann, Einl., WahrnG, Rdnr. 9.

37 Vgl. LG München ZUM 1998, S. 76 (76/77).

l) Die Inkassostellen

Die 1970 gegründete Zentralstelle für private Überspielrechte - ZPÜ - nimmt für GEMA, GVL, VG Wort, VG Bild-Kunst, GÜFA, GWFF, VFF und VGF das Inkasso für die Vergütungsansprüche aus § 54 Abs. 1 UrhG wahr. Sie ist eine Gesellschaft bürgerlichen Rechts, deren Geschäftsführung bei der GEMA liegt.[38] Die von ihr eingezogenen Beträge werden nach einem bestimmten Schlüssel an die Verwertungsgesellschaften ausgeschüttet. Die GEMA erhält für ihre Verwaltungstätigkeit eine Kommission von 7%.[39]

Obwohl die ZPÜ zunächst die Erlaubnis zum Geschäftsbetrieb nach § 1 WahrnG besaß, wird sie heute aufgrund einer Satzungsänderung[40] nicht mehr als Verwertungsgesellschaft angesehen.[41]

Neben der ZPÜ bestehen weitere Inkassogesellschaften, die ähnlich wie die ZPÜ organisiert sind und für ihre Gesellschafter urheberrechtliche Vergütungsansprüche verwalten. Dabei handelt es sich insbesondere um die Zentralstelle Bibliothekstantieme (ZBT), die die Bibliothekstantieme gemäß § 27 UrhG geltend macht,[42] sowie die Zentralstelle Fotokopieren an Schulen (ZFS), die die Rechte aus §§ 53 Abs. 3 i.V.m. 54 Abs. 2 S. 2, 53 Abs. 3 und 54a UrhG geltend macht,[43] und die Zentralstelle für Videovermietung (ZVV), die die Rechte aus § 27 UrhG geltend macht.[44] [45]

---

38 §§ 1, 3 und 5 ZPÜ - Gesellschaftsvertrag.

39 Vgl. Inkassovertrag vom 10. September 1989, abgedruckt in Hillig Textbuch, S. 279/280.

40 Melichar Wahrnehmung, S. 69.

41 So Häußer FUR 1980, S. 57 (60); ders. Mitt. 1984, S. 66 (67); Reinbothe in Schricker Vor. §§ 1 ff. WahrnG, Rdnr. 14; Wenzel Urheberrecht, S. 208; Melichar Wahrnehmung, S. 69; a.A: Haertel UFITA Bd. 50 (1967), S. 7 (15); Vogel GRUR 1993, S. 513 (517).

42 Vgl. §§ 1, 3 und 4 ZBT - Gesellschaftsvertrag, abgedruckt in Hillig Textbuch, S. 222/223.

43 Vgl. §§ 1, 3 und 4 ZFS - Gesellschaftsvertrag, abgedruckt in Hillig Textbuch, S. 224/225.

44 V. Hartlieb Videorecht, S. 245; Satzung in: GEMA - Jahrbuch 2000/2001, S. 466/467.

45 Einzelheiten und weitere Gesellschaften in Vogel GRUR 1993, S. 513 (515); Nordemann in Fromm/Nordemann Einl. WahrnG, Rdnr. 3 - 9.

m) CMMV - Clearingstelle Multimedia für Verwertungsgesellschaften von Urheber- und Leistungsschutzrechten GmbH

Die CMMV ist ein Zusammenschluß von Verwertungsgesellschaften, die die Lizenzierung im Bereich Multimedia durch eine Zentralisierung erleichtern will.[46] Dabei lizenziert die CMMV die Rechte aber nicht selber. Sie ist lediglich als Informationsvermittlungsstelle tätig.[47] Sie nimmt also keine Rechte i.S.d. § 1 WahrnG wahr und ist somit keine Verwertungsgesellschaft i.S.d. WahrnG.

3. Die kollektive Verwertung von Urheberrechten durch Verwertungsgesellschaften in der Bundesrepublik Deutschland

Verwertungsgesellschaften bestehen in fast jedem urheberrechtlichen Gebiet und in vielen leistungsschutzrechtlichen Bereichen. Allein im Filmbereich, in dem mittlerweile sechs Verwertungsgesellschaften tätig sind, überschneiden die Wahrnehmungsbereiche sich zum Teil. Anders verhält es sich im Tätigkeitsbereich der übrigen Verwertungsgesellschaften, wo jede Gesellschaft in dem von ihr "betreuten" Bereich ohne Konkurrenz ist und somit eine Monopolstellung innehat.

Die einzelnen Verwertungsgesellschaften sind entweder als wirtschaftliche Vereine i.S.d. § 22 BGB[48] oder als GmbH[49] organisiert.

Der einzelne Wahrnehmungsberechtigte schließt mit der jeweiligen Verwertungsgesellschaft den Wahrnehmungsvertrag ab, durch den dessen Rechte an diese übertragen werden. Eine Aufteilung der Übertragung nach Gruppen von Rechten und Ländern ist i.d.R. möglich.[50] Meist sind Satzung und Verteilungsplan der Verwertungsgesellschaft sowie künftige Änderungen des Wahrnehmungsvertrages, Bestandteile des Wahrnehmungsvertrages.[51]

Bei wenigen Gesellschaften ist eine sogenannte kollektiv-individuelle Wahrnehmung möglich. Bei dieser Wahrnehmungsform können die Berechtigten

---

46 §§ 2 und 3 Gesellschaftervertrag CMMV.

47 Kreile GRUR 1999, S. 885 (889).

48 GEMA, VG Wort, VG Bild-Kunst und VG Musikedition.

49 GVL, VFF, VGF, GWFF, GÜFA, AGICOA und VG Satellit.

50 Vgl. Seifert in Handbuch, S. 693/694.

51 Vgl. nur § 6 Berechtigungsvertrag der GEMA, abgedruckt in GEMA - Jahrbuch, 2000/2001, S. 195; sog. Einbeziehungsklauseln, Seifert in Moser/Scheuermann Handbuch, S. 924; Mauhs Wahrnehmung, S. 111/141/157.

Sondervereinbarungen für die Nutzung ihrer Werke treffen.[52] Die Verwertungsgesellschaft ist dann bei der Wahrnehmung der Rechte an diese Vereinbarungen gebunden. So kann der Berechtigte zum Teil die Nutzungsbedingungen der kollektiv wahrgenommenen Rechte festlegen.[53]

In der Regel existieren drei oder vier Organe: Mitglieder- bzw. Gesellschaftsversammlung, Geschäftsführung und bis zu zwei Kontrollorgane, Aufsichtsrat bzw. Beirat.[54] [55]

Grundsätzlich kann nicht jeder Wahrnehmungsberechtigte Mitglied oder Gesellschafter werden. Dadurch soll verhindert werden, daß die hauptberuflichen Schöpfer von den übrigen Berechtigten, die nur einen geringen Anteil am Aufkommen haben, beherrscht werden.[56] Bei einigen Verwertungsgesellschaften, wie GEMA und VG Wort, kann Mitglied nur werden, wer die in der Satzung aufgestellten Voraussetzungen für die (ordentliche) Mitgliedschaft, wie ein bestimmtes Aufkommen,[57] erfüllt. Bei den als GmbH organisierten Gesellschaften ist der Erwerb der Gesellschafterstellung für den einzelnen Wahrnehmungsberechtigten noch schwieriger. Gesellschafter sind i.d.R. lediglich die Interessenvereinigungen.

Durch die Mitgliedschaft bzw. dem Gesellschafterstatus besteht eine direkte Einflußmöglichkeit auf die Geschäftspolitik, welche an das Stimmrecht in der Mitglieder- bzw. Gesellschafterversammlung, gebunden ist.[58] Dagegen haben die sonstigen Wahrnehmungsberechtigten lediglich einen indirekten Einfluß auf die Gesellschaft. Ihre Einflußmöglichkeit variiert von Gesellschaft zu Gesellschaft und beschränkt sich auf die Teilnahme an der Mitgliederversammlung über Delegierte (GEMA/VG Wort/VG Bild-Kunst)[59] und/oder über das Kontrollorgan Beirat (GVL/GÜFA/GWFF/VFF/VGF/AGICOA/VG Satellit)[60] bzw.

---

52 Vgl. § 18 Wahrnehmungsvertrag VG Bild-Kunst; Vogel GRUR 1993, S. 513 (523).

53 Zum ganzen Hauptmann Vergesellschaftung, S. 59; Riklin Urheberrecht, S. 159/160.

54 Vgl. zum Beirat: Hillig in FS Kreile, S. 295 (296 - 300); Dördelmann in FS Hertin, S. 31 - 52.

55 Vgl. im einzelnen 10, 13 und 14 GEMA - Satzung; § 7 GVL - Gesellschaftsvertrag; § 6 VG-Musikedition - Satzung; § 4 VG Wort - Satzung; §§ 7 - 10 VG - Bild-Kunst - Satzung; §§ 7 und 11 VG Satellit - Satzung; §§ 8, 10 und 11 AGICOA - Satzung.

56 Vgl. Begründung zum Regierungsentwurf des WahrnG BT-Drucks. IV/271, S. 16.

57 Einzelheiten: § 6 Nr. 3 und 4 GEMA - Satzung; § 2 (IV) VG Wort - Satzung.

58 Vgl. § 10 GEMA - Satzung; § 5 VG Wort - Satzung; § 7 VGF - Satzung.

59 § 12 GEMA - Satzung; § 8 VG Wort - Satzung; § 10 VG Bild- Kunst - Satzung.

60 Allgemein hierzu Hillig in FS Kreile S. 295 - 305, der Aufsichtsrate bei der VFF besteht nur aus Gesellschaftern und ist somit kein Kontrollorgan der Wahrnehmungsberechtigten, vgl. § 8 VFF - Gesellschaftsvertrag.

Aufsichts- oder Verwaltungsrat (GEMA/VG Wort/VG Bild-Kunst),[61] dessen Zusammensetzung und Zuständigkeiten unterschiedlich ausgestaltet sind.[62]

Um zu verhindern, daß eine Berufsgruppe von Wahrnehmungsberechtigten die Gesellschaft dominiert, findet die Abstimmung innerhalb der Mitgliederversammlung (GEMA/VG Wort)[63] und die Zusammensetzung des Beirates, Aufsichtsrates- bzw. Verwaltungsrates (GEMA/VG Wort/VG Bild-Kunst/GVL/GWFF/VFF/VGF)[64] nach Berufsgruppen statt.[65]

Die Verwertungsgesellschaften schließen mit Verwertern Verträge über die Nutzung der von ihnen wahrgenommenen Rechte ab. Neben Einzelnutzungsverträgen, bezogen auf die Nutzung einzelner Werke, schließen sie z.T. auch Pauschalverträge mit bestimmten Gruppen von Verwertern ab, durch die diese den Zugang zu dem gesamten, von der Verwertungsgesellschaft wahrgenommenen Repertoire erhalten.[66] Auch schließen die Verwertungsgesellschaften mit Verwertervereinigungen sog. Gesamtverträge ab, durch welche die Arbeit der Verwertungsgesellschaften erleichtert wird. Im Gegenzug erhalten die Mitglieder dieser Vereinigungen bevorzugte Nutzungsbedingungen, insbesondere Vorzugstarife, die durch eine Erleichterung der Verwaltungstätigkeit der Verwertungsgesellschaft gerechtfertigt werden.[67]

Die von den Verwertern zu zahlenden Vergütungen werden anhand von Angaben (Meldungen) der Verwerter sowie anhand der von den Verwertungsgesellschaften für die jeweilige Nutzungsart vorher einseitig aufgestellten Tarife errechnet. Diese Tarife sind i.d.R. Bestandteil des Nutzungsvertrages. Insbesondere im Bereich der Vergütungsansprüche, die von mehreren Verwertungsgesellschaften für ihre Berechtigten wahrgenommen werden, bedienen sich die Verwertungsgesellschaften der Hilfe von Inkassostellen.

---

61 §§ 13 und 14 VG Bild-Kunst - Satzung, § 10 VG Wort - Satzung; § 13 GEMA - Satzung.

62 Vgl. § 7 GVL - Gesellschaftsvertrag; § 11 GÜFA - Gesellschaftsvertrag; § 7 GWFF - Gesellschaftsvertrag; § 9 VGF - Gesellschaftsvertrag; §§ 10 und 11 VFF - Gesellschaftsvertrag; § 11 AGICOA - Gesellschaftsvertrag in § 11 VG Satellit - Gesellschaftsvertrag.

63 Vgl. § 10 und 11 GEMA - Satzung; §§ 5 bis 7 VG Wort - Satzung, - abgewandelt bei der VG Bild-Kunst, vgl. §§ 8 und 9 VG Bild-Kunst - Satzung.

64 Vgl. §§ 11 und 13 GEMA - Satzung; § 10 VG Wort - Satzung; § 13 VG Bild-Kunst - Satzung; § 7 GVL - Gesellschaftsvertrag; § 7 GWFF - Gesellschaftsvertrag; § 9 VGF - Gesellschaftsvertrag; § 9 VFF - Gesellschaftsvertrag; § 11 AGICOA - Gesellschaftervertrag und § 11 VG Satellit - Gesellschaftsvertrag.

65 Sog. Kuriensystem bei der GEMA, vgl. Schack, Urheberrecht Rdnr. 1165.

66 Menzel Aufsicht, S. 21/22; Kreile/Becker in Moser/Scheuermann Handbuch, S. 627.

67 Vgl. Pietzko FS Hertin, S. 171 (195).

Nach Abzug der Verwaltungskosten und i.d.R. eines Anteils für soziale und/oder kulturelle Zwecke[68] werden die eingenommenen Gelder anhand der vorher für die jeweilige Sparte aufgestellten Verteilungspläne ausgeschüttet.[69] Dabei soll Grundlage der Ausschüttung i.d.R. die tatsächliche Nutzung des Werkes sein. Ist diese mit angemessenen Mitteln nicht feststellbar, so erfolgt die Ausschüttung nach Pauschalgrundsätzen. Dabei obliegt es den Verwertungsgesellschaften festzulegen, wann eine individuelle Ausschüttung noch erfolgen kann, bzw. die Angemessenheit der Mittel zu Feststellung nicht mehr besteht.[70]

Bei der Ausschüttung wird vielfach auch die künstlerische Bedeutung des Werkes berücksichtigt (GEMA/VG Wort/VG Bild-Kunst/VG Musikedition).[71] Sind durch die Nutzung Rechte mehrerer Rechteinhaber betroffen, so erfolgt die Ausschüttung nach Quoten. Dabei schwankt der Anteil des Urhebers, abhängig von der betroffenen Nutzungsart, von Verwertungsgesellschaft zu Verwertungsgesellschaft.[72]

Die Verwertungsgesellschaften unterhalten eine Reihe von Einrichtungen, die aus dem Gebührenaufkommen gespeist werden, und sozialen und kulturellen Zwecken dienen.[73] Dabei können die Abzüge für diese Einrichtungen in den einzelnen Sparten erheblich variieren.[74] Empfänger von Zuwendungen können z.T. nur ordentliche Mitglieder sein.[75]

Einzelne Verwertungsgesellschaften haben untereinander GbR's gegründet, die für sie bestimmte Aufgaben wahrnehmen, wie insbesondere das Inkasso für bestimmte Vergütungsansprüche übernehmen.

---

68 In der Regel zwischen 5% und 10%, vgl. § 9 Abs. 2 und 3 VG Wort - Satzung; § 4 Abs. 3 VFF – Gesellschaftsvertrag; § 4 Abs. 3 VGF - Gesellschaftsvertrag.

69 Vgl. im einzelnen Vogel GRUR 1993, S. 513 (522/523).

70 Vgl. zu den Ausschüttungsgrundsätzen der GEMA Kreile/Becker in Moser/Scheuermann Handbuch, S. 676/677; für die VG Wort, § 9 VG Wort - Satzung; vgl. auch § 10 VG Musikedition - Satzung.

71 Vgl. Menzel Aufsicht, S. 20; § 18 Abs.1 VG Bild-Kunst - Satzung; Kreile/Becker in Moser/Scheuermann Handbuch, S. 677.

72 Vgl. § 2 Abs. 4 Nr. 1 und 2 GVL-Satzung 50% Tonträgerhersteller 50% ausübende Künstler; §§ 30 - 40 Verteilungsplan VG Wort 30% Verleger 70% Autor bzw. 35% Autor und 35% Übersetzer; Einzelheiten in Vogel GRUR 1993, S. 513 (523).

73 Vgl. die Übersicht für die GEMA Kreile/Becker in Moser/Scheuermann Handbuch, S. 676/677; für die VG Wort, Melichar Wahrnehmung, S. 121 - 126.

74 Vgl. z.B. die Abzüge für im Rahmen der Bibliothekstantieme, siehe Vogel GRUR 1993, S. 513 (524).

75 Schack Urheberrecht Rdnr. 1224.

Bis auf wenige Verwertungsgesellschaften[76] haben alle Verwertungsgesellschaften Gegenseitigkeitsverträge mit ausländischen Gesellschaften abgeschlossen, in denen die Verwertungsgesellschaften sich gegenseitig ermächtigen, die Rechte für die jeweils andere Gesellschaft in ihrem Land wahrzunehmen.[77]

4. Verwertungsgesellschaften im Lichte der deutschen Gesetzgebung

a) Entwicklung bis 1965 / STAGMA-Gesetzgebung

Vor dem Inkrafttreten des STAGMA-Gesetzes im Jahre 1933 war die Situation in Deutschland durch ein Nebeneinander von mehreren Verwertungsgesellschaften im musikalischen Bereich gekennzeichnet. Dadurch kam es zu Schwierigkeiten bei der kollektiven Wahrnehmung der Rechte, was sich insbesondere durch höhere Verwaltungsgebühren zum Nachteil der Berechtigten auswirkte. Auch wurde die Tarifpolitik der Verwertungsgesellschaften von den Verwertern kritisiert, da die Verwertungsgesellschaften durch die Forderung überhöhter Nutzungsgebühren die Nutzung der Werke verhindern konnten.[78] Diese Mißstände sollte das STAGMA-Gesetz von 1933 und die Verordnung von 1934 beseitigen.[79] Das Nebeneinander mehrerer Verwertungsgesellschaften im musikalischen Bereich sollte die Einführung einer Genehmigungspflicht, die dann lediglich der Einheitsgesellschaft STAGMA erteilt wurde, verhindern. Zum anderen sollte das Monopol dieser Einheitsgesellschaft kontrolliert werden.[80]

Durch das STAGMA-Gesetz wurde das Interesse der Allgemeinheit an dem Genuß der wahrgenommenen musikalischen Werke anerkannt. Es sollte nicht in der Hand der Verwertungsgesellschaften liegen, auf die Verwertung in einer diese verhindernde Weise Einfluß zu nehmen. Dies sollte insbesondere die zu errichtende Schiedsstelle sicherstellen.[81]

Nach § 1 des STAGMA-Gesetzes unterlag die gewerbsmäßige Vermittlung von musikalischen Werken der Genehmigungspflicht, die der Reichsminister für Propaganda und Aufklärung erteilte. Diese wurde der STAGMA 1933/34 erteilt.[82] Die STAGMA erhielt dadurch das staatliche Monopol für die Verwertung

---

76 Mauhs Wahrnehmungsvertrag, S. 16 FN 17.

77 Vgl. für die GEMA Kreile /Becker in Moser/Scheuermann Handbuch, S. 672/673.

78 Vgl. Menzel Aufsicht, S. 4/5; Reinbothe Schlichtung, S. 2; Plugge/Roeber Tantiemerecht, S. 24 - 26; v. Erffa GRUR 1933, S. 693 (694); Löhr Ausicht, S. 2/3.

79 Klauer UFITA Bd. 6 (1933), S. 291 (294).

80 V. Erffa GRUR 1933, S. 693 (694); Klauer UFITA Bd. 6 (1933), S. 291 (294).

81 Hoffmann UFITA Bd. 6 (1933), S. 289 (290).

82 Menzel Aufsicht, S. 6; Reinbothe in Schricker Vor §§ 1 ff. WahrnG Rdnr. 3.

von Urheberrechten.[83] Das STAGMA-Gesetz nahm auf die Organisation, die Verteilungspläne etc. der STAGMA keinen Einfluß. Lediglich die Höhe der Tarife unterlag einer Kontrolle durch eine, von Verwertungsgesellschaft und Verwertern, paritätisch besetzte Schiedsstelle.[84] Die Genehmigungspflicht, die das STAGMA-Gesetz vorsah, führte zu einer Privilegierung der Verwertungsgesellschaft, da die Genehmigung nur dieser erteilt wurde, andere Gesellschaften also nicht tätig werden konnten. Zum anderen ermöglichte sie einen Einfluß auf die Satzung. Einfluß auf die Statuten oder auf das Verhältnis zu den Berechtigten nahm das Gesetz nicht.[85] Folglich diente das STAGMA-Gesetz vornehmlich dem Interesse der Allgemeinheit und der Verwerter. Die Belange der Rechteinhaber, oder deren Schutz gegenüber dem staatlichen Monopol der STAGMA, wurden nicht berücksichtigt.

Nach dem Ende des Zweiten Weltkrieges wurde der Genehmigungszwang aufgrund des STAGMA-Gesetzes in der Bundesrepublik aufgehoben. Gleichzeitig erlosch das staatliche Monopol der STAGMA. Deren Nachfolgeorganisation, die heutige GEMA, unterstellte sich im Jahre 1952 durch Vertrag freiwillig der Aufsicht des Bundesministeriums der Justiz.[86]

b) Die Urheberrechtsreform 1965 und das WahrnG

Im Rahmen der Urheberrechtsreform nach dem Krieg wurde schon früh erkannt, daß eine umfassende Reform des Urheberrechtes auch das Recht der Verwertungsgesellschaften mit einschließen müsse.[87] Grundlage der Regelung eines Verwertungsgesellschaftsgesetzes war die Erkenntnis, daß Verwertungsgesellschaften marktbeherrschende Unternehmen i.S.d GWB seien.[88] Da in jedem urheberrechtlichen Bereich nur eine Verwertungsgesellschaft tätig sei, erlangten die Verwertungsgesellschaften das Monopol für die Vergabe der von ihnen wahrgenommenen Rechte, das aufgrund der Gegenseitigkeitsverträge mit ausländischen Verwertungsgesellschaften zum Weltmonopol werde.[89]

---

83 Vgl. v. Erffa GRUR 1933, S. 693 (694).

84 Vgl. § 4 STAGMA-Gesetz; zu Einzelheiten Weber in Ulmer/ Bußmann/Weber, S. 29 - 31; Reinbothe Schlichtung, S. 2.

85 Weber in Ulmer/Bußmann/Weber Verwertungsgesellschaften, S. 29/30.

86 Häußer FUR 1980, S. 57 (58); Melichar Wahrnehmung, S. 32; Möhring UFITA Bd. 36 (1962), S. 407 (409).

87 Reinbothe in Schricker Vor. §§ 1 ff. WahrnG, Rdnr. 5; vgl. auch Ulmer in Ulmer/Bußmann/Weber, Verwertungsgesellschaften S. 8.

88 Vgl. Begründung zum Regierungsentwurf des GWB BT-Drucks. I/3462 S. 33; Begründung zum Regierungsentwurf des WahrnG BT-Drucks. IV/271, S. 9/17.

89 Vgl. BT-Drucks. IV/271, S. 9/17.

Der Gesetzgeber legte diese Erkenntnis seiner Reform zugrunde. Er anerkannte auf der einen Seite die Vorteile der Wahrnehmung durch Verwertungsgesellschaften für Urheber und Verwerter.[90] Das System der Wahrnehmung durch Verwertungsgesellschaften garantiere die Wahrnehmung der Rechte, die der Urheber faktisch selber nicht wahrnehmen könne. Die Verwertungsgesellschaften entlasteten so den Staat von einer ihm obliegenden Aufgabe, nämlich der Sicherung des Bestandes von Urheberrechten und deren Wahrnehmungsmöglichkeit.[91] Darüber hinaus ersparten Verwertungsgesellschaften Verwaltungskosten und machten die Nutzungsrechte den Verwertern leicht zugänglich. Der Gesetzgeber akzeptierte diese Situation nicht nur, sondern stärkte darüber hinaus die Stellung der Verwertungsgesellschaften innerhalb des Verwertungssystems, indem er festlegte, daß bestimmte Rechte und Nutzungsansprüche nur durch eine Verwertungsgesellschaft wahrgenommen werden konnten.[92]

Auf der anderen Seite erkannte er auch, daß die kollektive Wahrnehmung durch Verwertungsgesellschaften eine Vielzahl von Mißbrauchsmöglichkeiten den Urhebern und Verwertern gegenüber, die beide auf eine reibungslose Wahrnehmung durch Verwertungsgesellschaften angewiesen sind, eröffnet. Um Nachteile für Urheber und Verwerter zu vermeiden und Mißbräuche erst gar nicht entstehen zu lassen, legte er die Rechte und Pflichten der Verwertungsgesellschaften in einem besonderen Gesetz nieder, dem Gesetz über die Wahrnehmung von Urheberrechten und Verwandten Schutzrechten (WahrnG) und unterwarf sie außerdem einer staatlichen Aufsicht.[93] Von dem im Regierungsentwurf enthaltenen Vorschlag, den Verwertungsgesellschaften ein gesetzliches Monopol einzuräumen, nahm der Gesetzgeber wegen verfassungsrechtlicher Bedenken später Abstand.[94]

Nach der Vorstellung des Gesetzgebers ist die Monopolstellung der Verwertungsgesellschaften aber nicht allein Grund für ihre Kontrolle, sondern in erster Linie die Tatsache, daß die Verwertungsgesellschaften ein Bündel von ausschließlichen Rechten verwalten, an deren Auswertung die Allgemeinheit ein besonderes Interesse hat.[95] Die Kontrolle von Verwertungsgesellschaften dient damit auch dazu, die verwalteten Rechte der Allgemeinheit zugänglich zu machen.

---

90 Vgl. BT-Drucks. IV/271, S. 9.

91 Reinbothe Schlichtung, S.4 m.w.N.

92 Vgl. §§ 26 , 27, 49 Abs. 1, 53, 54 a.F., 61 UrhG; Reinbothe in Schricker Vor. §§ 1 ff. WahrnG, Rdnr. 8.

93 Vgl. BT-Drucks. IV/271, S. 9/10; Reinbothe in Schricker Vor §§ 1 ff. Rdnr. 9.

94 Vgl. BT-Drucks. IV/271, S. 11.

95 Reischel UFITA Bd. 46 (1966), S. 201 (227).

c) Verwertungsgesellschaften und die jüngsten Urheberrechtsreformen

Die Stellung und Bedeutung von Verwertungsgesellschaften werden durch die jüngsten Urheberrechtsreformen weiter gestärkt. Durch das 4. UrheberÄndG vom 08.05.1998[96] wurde im Rahmen der Umsetzung der Kabel- und Satellitenrichtlinie[97] auch das WahrnG geändert und durch § 13b WahrnG um Vorschriften zur Behandlung der Außenseiter bei Kabelweiterverbreitung ergänzt. Ebenfalls wurde die Zuständigkeit der Schiedsstelle auf Verträge zwischen Sendeunternehmen und Kabelunternehmen erweitert.[98] Das Kabelweitersenderecht gem. § 20b UrhG wurde in Umsetzung von Art. 9 Abs. 1 der Richtlinie der Wahrnehmung durch Verwertungsgesellschaften unterworfen.[99]

Eine Besonderheit findet sich in § 20b Abs. 2 UrhG, wie auch in § 27 UrhG, d.h. der Vergütungspflicht für das Vermieten und Verleihen nach § 17 UrhG. Diese Ansprüche können nicht nur von Verwertungsgesellschaften geltend gemacht werden und im voraus an eine Verwertungsgesellschaft abgetreten werden. Die Verwertungsgesellschaften sind auch verpflichtet, den Urhebern eine angemessene Vergütung für die Nutzung zu zahlen, selbst wenn der Urheber dem Erstverwerter, d.h. Sendeunternehmen, Tonträger- oder Filmhersteller, bereits die entsprechenden Rechte eingeräumt hat. Nach dem Willen des Gesetzgebers haben Verwertungsgesellschaften sich somit unter Umständen über bereits bestehende vertragliche Regelungen zwischen Urheber und Verwerter hinwegzusetzen, und die Einkünfte an der Wahrnehmung aus §§ 27 und 20b UrhG angemessen auch an die Urheber zu verteilen.[100] Den Verwertungsgesellschaften wird somit als Treuhänder der Urheber die Aufgabe übertragen, die genannten Rechte für diese auch gegenüber den Erstverwertern durchzusetzen, wenn die Urheber beispielsweise aufgrund von schwächeren Verhandlungspositionen diese Rechte bereits dem Erstverwerter übertragen haben.[101] Dies bedeutet eine Anerkennung der Verwertungsgesellschaften als Interessenvertreter der Urheber durch den deutschen Gesetzgeber und eine neuerliche Bestätigung der Stellung dieser im Bereich der Rechtewahrnehmung.

---

96 BGBl. I S. 902.

97 Richtlinie 93/83/EWG des Rates vom 27. September 1993 zur Koordinierung bestimmter urheber- und leistungsschutzrechtlicher Vorschriften betreffend Satellitenrundfunk und Kabelweiterverbreitung.

98 §§ 14 Abs. 1 Nr. 2, 14a Abs. 1 und 4, 14d und 16 Abs. 4 WahrnG.

99 Vgl. zum ganzen Hillig UFITA Bd. 138 (1999), S. 5 (15 - 20).

100 Vgl. Rebbinder Urheberrecht, S. 346; Schack Urheberrecht, Rdnr. 461.

101 Hillig UFITA Bd. 138 (1999), S. 5 (20/21).

Der sogenannte Professorenentwurf[102] zur Reform des Urhebervertragsrechtes macht sich diese Gedanken zu eigen. Danach soll zur Sicherung der wirtschaftlichen Existenz der Schöpfer in § 32 UrhG ein gesetzlicher Vergütungsanspruch eingeführt werden, der unabhängig von vertraglichen Vereinbarungen besteht, und dem Berechtigten eine angemessene Vergütung für die Nutzung seines Werkes sichern soll.[103] Der Anspruch ist unverzichtbar und im voraus nur an eine Verwertungsgesellschaft abtretbar, der somit nach den Vorstellungen des Entwurfes wiederum die Aufgabe zukommt, im Rahmen des abgetretenen Anspruches eine angemessene Vergütung für den Schöpfer zu erzielen. Dasselbe gilt gemäß § 29 Abs. 3 des Professorenentwurfes. Danach kann auf gesetzliche Vergütungsansprüche im Voraus nicht verzichtet werden, und die Ansprüche können nur an eine Verwertungsgesellschaft im Voraus übertragen werden[104] Sollten die genannten Vorschläge Gesetz werden, käme somit den Verwertungsgesellschaften im Bereich des reformierten Urhebervertragsrechtes eine bereits gesetzgeberisch gewollte, wichtige Stellung zur Verwirklichung des Gesetzeszieles zu, die Verhandlungsposition der Urheber zu verbessern, und ihnen eine angemessene Vergütung für die Nutzung ihres Werkes zu sichern. Die Reformüberlegungen kommen somit zu einer durchweg positiven Einschätzung der Verwertungsgesellschaften und ihrer Tätigkeit für die Berechtigten, ohne allerdings auch zu berücksichtigen, daß der Urheber unter Umständen auch vor seiner Verwertungsgesellschaft geschützt werden muß. Dies könnte notwendig sein, wenn Mißstände bei der Wahrnehmungstätigkeit der Verwertungsgesellschaften, beispielsweise im Hinblick auf die Verteilung der Vergütung an die Urheber oder auch der Einfluß dieser auf die Gesellschaft, auftreten.[105] Von daher wurde der sog. Professorenentwurf auch als "Mittel zur Stärkung der Verwertungsgesellschaften"[106] bezeichnet.

II. Die Kontrolle von Verwertungsgesellschaften nach dem WahrnG

Wesentliche Elemente des WahrnG sind die gesetzliche Regelung der Rechte und Pflichten der Verwertungsgesellschaften den Urhebern und Verwertern gegenüber (§§ 6 - 17 WahrnG), die Einführung einer Erlaubnispflicht zum Geschäftsbetrieb (§§ 1 - 5 WahrnG) und die Errichtung einer Aufsicht über den Geschäftsbetrieb, die vom DPMA ausgeübt wird (§§ 18 - 20 WahrnG). Schließ-

---

102 Entwurf eines Gesetzes zur Stärkung der vertraglichen Stellung von Urhebern und ausübenden Künstlern vom 22. Mai 2000 (Stand 17. August 2000) - Professorenentwurf, vorgelegt von Dietz/Loewenheim/Nordemann/Schricker/Vogel.

103 S. Professorenentwurf, S. 37/38.

104 S. Professorenentwurf, S. 35/36.

105 Vgl. hierzu Schack ZUM 2001, S. 453 (456) m.w.N.

106 Schack ZUM 2001, S. 453 (464).

lich enthält das WahrnG noch kartellrechtliche Sondervorschriften für Verwertungsgesellschaften (§§ 24 a.F. WahrnG bzw. § 30 n.F. GWB).

1. Gründungskontrolle nach §§ 1 - 3, 5 WahrnG

Verwertungsgesellschaften, die in der Bundesrepublik tätig sind, bedürfen der Erlaubnis des DPMA. Durch das Erlaubnisverfahren soll sichergestellt werden, daß die Organisation der Verwertungsgesellschaft mit den Bestimmungen des WahrnG in Einklang steht. Auch soll überprüft werden, ob die Verwertungsgesellschaften in der Lage sind, ihre Aufgabe effektiv zu erfüllen. Diese Zielsetzung ist offenbar Folge der Erfahrung mit der deutschen Verwertungsgesellschaft GELU,[107] die aufgrund der Mißwirtschaft der Geschäftsführung in Konkurs ging.[108]

Die Erlaubnis wird auf Antrag erteilt. Die Erlaubnis kann nur aus den in § 3 WahrnG abschließend normierten Gründen versagt werden. Daher ergeben sich die Voraussetzungen für die Erteilung und der Prüfungsumfang des DPMA aus § 3 WahrnG. Liegen keine der Versagungsgründe vor, so hat das DPMA die Erlaubnis zu erteilen.[109]

a) Verwertungsgesellschaft i.S.d. WahrnG

Da lediglich Verwertungsgesellschaften der Erlaubnispflicht unterliegen, hat das DPMA zunächst zu prüfen, ob die antragstellende Gesellschaft eine Verwertungsgesellschaft i.S.d § 1 WahrnG ist.[110] Nach der Legaldefinition in § 1 WahrnG ist unter Verwertungsgesellschaft eine juristische und natürliche Person der eine Personengemeinschaft zu verstehen, die nicht nur gelegentlich oder kurzfristig Nutzungsrechte oder Vergütungsansprüche, die sich aus dem UrhG ergeben, für Rechnung mehrerer Urheber oder Inhaber verwandter Schutzrechte zur gemeinsamen Auswertung in eigenem oder fremden Namen wahrnimmt.

aa) Kollektive Wahrnehmung

Typisches Merkmal einer Verwertungsgesellschaft ist die kollektive Wahrnehmung von Rechten. Der Begriff ist weit gefaßt, um möglichst viele Formen der

---

107 Gesellschaft zur Wahrung literarischer Urheberrechte mbH.

108 Vgl. Melichar Wahrnehmung, S. 73; Haensel UFITA Bd. 45 (1965), S. 68 (77).

109 Häußer in FS Roeber, S. 113 (123).

110 Haertel UFITA Bd. 50 (1967), S. 7 (14).

gemeinsamen Verwaltung von Rechten mehrerer Berechtigter dem Anwendungsbereich des WahrnG zu unterstellen. Bei den Rechten handelt es sich nicht nur um Nutzungsrechte und Vergütungsansprüche, sondern auch um andere urheberrechtliche Ansprüche, wie solche auf Schadensersatz nach § 97 UrhG.[111] Da die Wahrnehmung kollektiv erfolgt und auf Dauer angelegt sein muß, unterliegt weder die individuelle noch die gelegentlich kollektive Verwaltung von Rechten dem WahrnG.[112] Obwohl die Tätigkeit als Verwertungsgesellschaft voraussetzt, daß Rechte von Urhebern und Leistungsschutzberechtigten wahrgenommen werden, ist nicht ausgeschlossen, daß Verwertungsgesellschaften auch Rechte anderer Rechteinhaber, wie z.B. Verleger, wahrnehmen.[113] Soweit die Verwertungsgesellschaften VGF und GWFF in der Hauptsache die abgeleiteten Rechte für die Produzenten im Filmbereich wahrnehmen, und somit nicht für Berechtigte i.S.d. § 1 Abs. 1 WahrnG, bestehen gegen diese Zulassung als Verwertungsgesellschaft mit Recht Bedenken.[114] Deren Zulassung ist auf eine sehr liberale Erteilungspraxis des DPMA zurückzuführen.

Wie sich aus den Ausführungen zu den Verwertungsgesellschaften weiter oben[115] ergibt, nehmen diese - trotz teilweiser Bedenken - kollektiv Rechte i.S.d. WahrnG wahr.[116]

bb) Treuhandstellung

Das zweite wichtige Merkmal einer Verwertungsgesellschaft ist deren Treuhandstellung gegenüber den Berechtigten.[117]

Unter Treuhandstellung ist ein Rechtsverhältnis zu verstehen, aufgrund dessen der Treugeber dem Treuhänder Rechte anvertraut, über die der Treuhänder selbst verfügen kann, die er aber nicht im eigenen Interesse, sondern im Inter-

---

111 Nordemann in Fromm/Nordemann § 1 WahrnG, Rdnr. 2; Reinbothe in Schricker, § 1 WahrnG, Rdnr. 3.

112 Nordemann in Fromm/Nordemann § 1 WahrnG, Rdnr. 4, Reinbothe in Schricker, § 1 WahrnG, Rdnr. 11; vgl. auch § 1 Abs. 2 WahrnG.

113 Reinbothe in Schricker, § 1 WahrnG, Rdnr. 6; vgl. auch Schulze FUR 1980, S. 179 - 181; Melichar UFITA Bd. 117 (1991), S. 5 (12/13).

114 Vogel GRUR 1993, S. 513 (516); Nordemann in Fromm/Nordemann, § 3 WahrnG, Rdnr. 1; vgl. auch DPMA ZUM 1989, S. 506 ff.

115 Siehe 2. Kap. I 2/3.

116 Vgl. zum Streit, ob die AGICOA eine Verwertungsgesellschaft ist, Vogel GRUR 1993, S. 513 (516); Pfennig in Verwertungsgesellschaften, S. 63 (68); allgemein v. Hartlieb, Videorecht, S. 555; Schwarz in FS Schwarz, S. 75 (77); Hillig in Recht der Neuen Medien, S. 409.

117 Vgl. Begründung zum Entwurf des WahrnG, BT-Drucks. IV/271, S. 12/14.

esse des Treugebers oder für objektive Zwecke ausüben soll.[118] Dadurch, daß die Berechtigten ihre Rechte den Verwertungsgesellschaften zur Verwaltung übertragen, d.h. Kontrolle und Ausschüttung an jene, besteht zwischen dem Berechtigten und diesen ein typisches Treuhandverhältnis.[119] Diese Treuhandstellung gegenüber den Berechtigten und insbesondere die Gefahr einer mißbräuchlichen Ausnutzung derselben erfordert und rechtfertigt nach Vorstellung des Gesetzgebers eine staatliche Kontrolle dieses Verhältnisses.[120]

Gesellschaften, die zwar Wahrnehmungstätigkeiten ausüben, aber keine Treuhänder sind, unterliegen folglich nicht der Kontrolle und Erlaubnispflicht. Daher werden, z.B. Verlage, die Rechte mehrerer Urheber erworben haben, selbst wenn sie diese Rechte zusammengefaßt verwerten, nicht als Verwertungsgesellschaften angesehen, da sie die Rechte zu eigenen Zwecken ausüben und somit keine Treuhandstellung dem Urheber gegenüber besteht.[121]

(1) Rundfunkanstalten

Ebenfalls nicht als Treuhänder können nationale Rundfunkunternehmen angesehen werden, die für ihre ausländischen Schwesterunternehmen die diesen zustehende Vergütung für die Kabelweitersendung einziehen und an diese ausschütten.

Dies liegt daran, daß die nationalen Rundfunkunternehmen lediglich die mit der Deutschen Telekom vereinbarten Kabelentgelte für Hörfunk- und Fernsehsendungen für die ausländischen Schwesterunternehmen einziehen und nach einem vorher festgelegten Schlüssel an diese weiterleiten.[122] Da es sich bei dieser Tätigkeit lediglich um das Inkasso von vorher vertraglich festgelegten Vergütungsanteilen ohne sonstige Verpflichtungen handelt,[123] fehlt es an der Treuhandstellung. Rundfunkanstalten unterliegen daher nicht der Aufsicht durch das DPMA.[124]

---

118 Coing Treuhand, S. 1, vgl. auch Liebich/Mathews Treuhand, S. 55/56.

119 Liebich/Mathews Treuhand, S. 204/205; Coing Treuhand, S. 83/84; Kreile/Becker Handbuch, S. 460; RGZ 141, S. 231 (250); LG Köln ZUM 1998, S. 168 (169).

120 Samson UFITA Bd. 47 (1966), S. 1 (120/121); Reinbothe in Schricker § 1 WahrnG, Rdnr. 4.

121 Begründung zum Entwurf des WahrnG BT-Drucks. IV/271, S. 14; Reinbothe in Schricker § 1 WahrnG, Rdnr. 7.

122 Vgl. Aufteilungsschlüssel der Kabelentgelte der Deutschen Bundespost Telekom für die Kabeleinspeisung von Hörfunk- und Fernsehprogrammen in Deutschland vom 03.12.1993; freundlicherweise von Herrn RA Hillig zur Verfügung gestellt.

123 Vgl. Nordemann in Fromm/Nordemann § 1 WahrnG, Rdnr. 1.

124 A.A. Vogel GRUR 1993, S. 513 (516); ders. ZUM 1993, S. 199 (199).

(2) Inkassostellen: ZPÜ etc.

Umstritten ist, ob die von den Verwertungsgesellschaften gegründeten Gesellschaften bürgerlichen Rechts, die für die Verwertungsgesellschaften das Inkasso für bestimmte Rechte ausüben, wie z.B. ZPÜ und ZBT,[125] der Erlaubnispflicht nach § 1 WahrnG unterliegen. Dabei kommt es darauf an, ob diese als Treuhänder und damit als Verwertungsgesellschaften anzusehen sind.

Die ZPÜ war früher als Verwertungsgesellschaft ausgestaltet und auch vom DPMA zugelassen, änderte aber später ihre Satzung, wonach heute nur noch Verwertungsgesellschaften, nicht aber einzelne Berechtigte, Mitglieder der ZPÜ werden können.[126]

Die ZPÜ wird von den einzelnen Verwertungsgesellschaften beauftragt, das Inkasso für die Ansprüche aus §§ 54 Abs. 1 UrhG zu übernehmen. Die Verteilung erfolgt nach einem festgelegten Verteilungsschlüssel.[127]

Obwohl die ZPÜ über das reine Inkasso hinaus z.B. Freistellungserklärungen gegenüber Verwertern abgibt und durch die Festlegung von Ausschüttungsquoten Verteilungspläne aufstellt, was für eine Treuhandstellung spricht,[128] so besteht diese Treuepflicht nicht den Berechtigten, sondern nur den Verwertungsgesellschaften gegenüber, für die sie tätig wird. Da Anknüpfungspunkt der Kontrolle nach dem WahrnG aber nur die Treuhandstellung gegenüber den Berechtigten ist - denn nur in diesem Verhältnis sollen die Treugeber durch das WahrnG geschützt werden[129] - sind die ZPÜ und die anderen Inkassostellen nicht als Verwertungsgesellschaften i.S.d. WahrnG anzusehen.[130]

Würde man diese, den Verwertungsgesellschaften gegenüber obliegende, Treuepflicht direkt oder über die Konstruktion einer mittelbaren Wahrneh-

---

125 Vgl. 2. Kap. I 2 j.

126 Melichar, Wahrnehmung, S. 69; Vogel GRUR 1993, S. 513 (517); vgl. § 1 Abs. 2 ZPÜ - Gesellschaftervertrag.

127 Vgl. Nr. I Abs. 1 und 2, III Inkassovertrag ZPÜ, abgedruckt in Hillig Textbuch, S. 279/280.

128 Vogel GRUR 1993, S. 513 (517); vgl. auch Nordemann in Fromm/Nordemann Einl. WahrnG, Rdnr. 4.

129 Begründung zum Entwurf des WahrnG BT-Drucks. IV/271, S. 14.

130 So Häußer FUR 1980, S. 57 (60); ders. Mitt. 1984, S. 66 (67); Reinbothe in Schricker Vor. §§ 1 ff. WahrnG, Rdnr. 12, Wenzel Urheberrecht, S. 208; Melichar Wahrnehmung S. 69; a.A.: Haertel UFITA Bd. 50 (1967), S. 7 (15); Nordemann in Fromm/ Nordemann Einl.WahrnG, Rdnr. 4; Vogel GRUR 1993, S. 513 (517); neuerdings wohl auch das DPMA; vgl. auch Ulmer Urheberrecht, S. 413.

mung[131] auf die Berechtigten erweitern, so wäre dies zum einen nicht von den tatsächlichen Gegebenheiten gedeckt, da zwischen ZPÜ und Berechtigten keine direkten Rechtsbeziehungen bestehen. Zum anderen würde man die Tätigkeit der Verwertungsgesellschaften, wie z.B. gemeinsame Gesellschaften zu gründen, erheblich einschränken, ohne daß dies im Hinblick auf den Schutzzweck des WahrnG erforderlich ist. Da die ZPÜ als Vertreter der bestehenden Verwertungsgesellschaften der Kontrolle des DPMA nach §§ 18, 19 WahrnG unterliegt,[132] entstehen weder Kontrollücken noch wird die Aufsichtstätigkeit des DPMA erschwert[133] oder eingeschränkt, wenn man die ZPÜ nicht als Verwertungsgesellschaft ansieht und der Aufsicht durch das DPMA unterstellt.

Die Kontrolle der ZPÜ und anderer Inkassogesellschaften im Rahmen des Erlaubnisverfahrens ist daher weder vorgeschrieben noch notwendig.

b) Voraussetzung der Erlaubniserteilung

Da die Erlaubnis lediglich aus den in § 3 WahrnG abschließend geregelten Gründen versagt werden kann, prüft das DPMA anhand der nach § 2 WahrnG eingereichten Unterlagen,[134] ob keine Versagungsgründe vorliegen. Dies richtet sich danach, ob die Satzung dem WahrnG entspricht, die Vertretungsberechtigten die erforderliche Integrität besitzen und die Verwertungsgesellschaft die für die effektive Wahrnehmung notwendige wirtschaftliche Grundlage aufweist.
Die Versagung aus anderen Gründen ist nicht möglich. Daher ist im Rahmen der Prüfung zunächst unerheblich, ob bereits eine Verwertungsgesellschaft in dem fraglichen urheberrechtlichen Gebiet tätig ist. Das WahrnG enthält kein Monopol für bestehende Verwertungsgesellschaften.[135] Jedoch kann diese Tatsache bei der Überprüfung der wirtschaftlichen Gesichtspunkte eine Rolle spielen.[136] Letztlich haben diese Gesichtspunkte aber in der Vergangenheit keine Rechtfertigung für eine Versagung der Erlaubnis gegeben. Sonst wären im Filmbereich trotz drohender Erhöhung der Verwaltungskosten sowie sachfremder Konkurrenz nicht mehrere Verwertungsgesellschaften tätig, die zwar für unterschiedliche Gruppen, aber dem Grunde nach dieselben Rechte wahrnehmen.[137] Kartell-

131 So Haertel UFITA Bd. 50 (1967), S. 7 (15).
132 Vogel GRUR 1993, S. 513 (517).
133 So aber Haertel UFITA Bd. 50 (1967), S. 7 (15).
134 Vogel GRUR 1993, S. 513 (515/516).
135 Nordemann in Fromm/Nordemann § 3 WahrnG, Rdnr. 4.
136 Vgl. ähnliche Überlegungen Begründung zum Entwurf des WahrnG in Begründung zum Entwurf des WahrnG BT-Drucks. IV/271, S. 12.
137 Vgl. Vogel GRUR 1993, S. 513 (516).

rechtliche Überlegungen bleiben bei dem Erlaubnisverfahren unberücksichtigt.[138] Nach § 3 WahrnG sind folgende Prüfungspunkte zu unterscheiden:

aa) Vereinbarkeit der Satzung mit dem WahrnG (§ 3 Abs. 1 Ziff. 1 WahrnG)

Das DPMA überprüft in erster Linie, ob die von der Verwertungsgesellschaft eingereichte Organisationsgrundlage, wie Satzung (Verein), Gesellschaftsvertrag (GmbH) oder bei natürlichen Personen der Berechtigungsvertrag,[139] den Anforderungen entspricht, die das WahrnG an sie stellt. Solche Anforderungen an die Satzung bzw. Gesellschaftsvertrag enthalten insbesondere §§ 6 Abs. 2 und 7 S. 3 WahrnG.

(1) § 6 Abs. 2 WahrnG: Vertretung von "Nichtmitgliedern"

Nach § 6 Abs. 2 WahrnG sind Verwertungsgesellschaften verpflichtet, eine Vertretung derjenigen Berechtigten zu bilden, die nicht Mitglieder bzw. Gesellschafter der Verwertungsgesellschaft sind. Die Satzung der Gesellschaft hat nach § 6 Abs. 2 S. 2 WahrnG Regelungen über die Wahl und die Befugnisse dieser Vertretung zu enthalten. Dadurch soll sichergestellt werden, daß die Interessen der Nichtmitglieder hinsichtlich der Verwertung der Rechte gesichert werden.[140]

Das DPMA überprüft im Hinblick auf den Schutzzweck des § 6 WahrnG nicht nur rein formal, ob die Satzung tatsächlich diese Regelungen enthält, sondern inhaltlich, ob die Regelung sicherstellt, daß die Interessen der Nichtmitglieder angemessen berücksichtigt sind.[141] Dies ergibt sich aus dem präventiven Charakter der Gründungskontrolle, welche Mißbräuche gar nicht erst entstehen lassen will.[142]

Bei der Ausgestaltung der Vertretung nach § 6 Abs. 2 WahrnG steht den Verwertungsgesellschaften ein weiter Ermessensspielraum zu.[143] In der Praxis haben sich eine Reihe von unterschiedlichen Beteiligungsformen gebildet. Sie reichen von dem Delegiertensystem (GEMA/VG Wort/VG Bild-Kunst) über die

---

138 Reinbothe in Schricker § 3 WahrnG, Rdnr. 1.
139 Häußer Mitt. 1984, S. 64 (67).
140 Begründung zum Entwurf des WahrnG, BT-Drucks. IV/271, S. 16.
141 Vgl. Vogel GRUR 1993, S. 513 (516).
142 Vgl. Begründung zum Entwurf des WahrnG, BT-Drucks. IV/271, S. 10.
143 Vgl. Begründung zum Entwurf des WahrnG, BT-Drucks. IV/271, S. 16.

unterschiedlichen Ausgestaltungen des Beiratsystems (GVL/GÜFA/VFF/VGF/WFF).[144]

(2) § 7 S. 3 WahrnG: Verteilungsgrundsätze

Verwertungsgesellschaften sind nach § 7 WahrnG verpflichtet, ihre Einnahmen nach festen Regeln gemäß Verteilungsgrundsätzen auszuschütten, um eine willkürliche Verteilung der Einkommen zu verhindern. Die Grundsätze des Verteilungsplanes sind in die Satzung aufzunehmen. Dem DPMA steht auch hier neben der formalen Prüfung eine inhaltliche Überprüfung der Grundsätze des Verteilungsplanes zu.[145]

(3) Überprüfung weiterer Vorschriften

Neben der Überprüfung der §§ 6 und 7 WahrnG überprüft das DPMA auch, ob die Satzung nicht gegen sonstige Vorschriften des WahrnG verstößt und insbesondere ob die Satzung nicht verhindert, daß die Verwertungsgesellschaft ihren Pflichten aus dem WahrnG, wie z.B. den Wahrnehmungs- und Abschlußzwang (§§ 6 Abs. 1 und 11 WahrnG), nachkommen kann.[146] Beinhaltet die Satzung konkrete Bestimmungen, die sich auf die Pflichten des WahrnG beziehen, so ist das DPMA auch zur inhaltlichen Überprüfung derselben berechtigt.[147]

Zu einer allgemeinen Überprüfung der Satzung über diese Anforderungen hinaus ist das DPMA aber nicht befugt.[148] Die Verwertungsgesellschaften können zudem ihre Rechtsform frei wählen, ohne dabei der Kontrolle durch das DPMA zu unterliegen,[149] obwohl mitunter die Verwertungsgesellschaften als typische wirtschaftliche Vereine nach § 22 BGB angesehen werden, wovon auch wohl der Gesetzgeber ausging.[150]

---

144 Vgl. zu den unterschiedlichen Ausgestaltungen der Beiräte, Hillig in FS Kreile, S. 295 - 301; zu Einzelheiten unten, 2. Kap. II 2 b aa (2).

145 Vgl. zu den Anforderungen an den Verteilungsplan, unten, 2. Kap. 2 b aa (3).

146 Reinbothe in Schricker § 3 WahrnG, Rdnr. 6.

147 Haertel UFITA Bd. 50 (1967), S. 7 (16).

148 Reinbothe in Schricker § 3 WahrnG Rdnr. 4.

149 Häußer Mitt. 1984, S. 64 (67/68); BT-Drucks. IV/271, S. 14.

150 Begründung zum Entwurf des WahrnG, BT-Drucks. IV/271, S. 14; Schmidt Verbandszweck, S. 163/164.

bb) Integrität der Vertretungsberechtigten (§ 3 Abs. 1 Ziff. 2 WahrnG)

Nach § 3 Abs. 1 Ziff. 2 WahrnG müssen die Vertreter der Verwertungsgesellschaft die für die Wahrnehmung erforderliche persönliche Zuverlässigkeit aufweisen. Dies ist eine Wertungsfrage. Dem DPMA steht daher bei der Prüfung der Unzuverlässigkeit ein gewisser Ermessensspielraum zu.[151]

cc) Wirtschaftliche Grundlage (§ 3 Abs. 1 Ziff. 3 WahrnG)

Das DPMA prüft schließlich, ob die Verwertungsgesellschaft die für die Wahrnehmung erforderliche wirtschaftliche Ausstattung aufweist. Durch diese Prüfung soll verhindert werden, daß Berechtigte einer Verwertungsgesellschaft Rechte anvertrauen, die diese nicht wirksam wahrnehmen kann.[152] [153] Hauptprüfungspunkt ist daher die wirtschaftliche Leistungsfähigkeit der Gesellschaft.[154]

Da zum Zeitpunkt der Prüfung, d.h. vor Aufnahme des Geschäftsbetriebes, die Verwertungsgesellschaft noch nicht tätig ist, hat das DPMA eine Prognose über deren zukünftige Leistungsfähigkeit anzustellen. Ihm kommt insoweit ein Ermessensspielraum zu, der auf der einen Seite die Freiheit der zuzulassenden Verwertungsgesellschaft, auf der anderen Seite den Schutz der Wahrnehmungsberechtigten zu beachten hat.[155]

Prüfungsgrundlage sind die nach § 2 WahrnG vorgelegten Unterlagen und insbesondere die Anzahl der (zukünftigen) Wahrnehmungsberechtigten sowie die interne Struktur der Gesellschaft.[156] Auf Grundlage dieser Kriterien hat das DPMA eine Zukunftsprognose anzustellen, wobei ihm erst aus dem Zusammenspiel einzelner Kriterien, wie Auftragslage, finanzielle Ausstattung etc. eine angemessene Aussage möglich ist.[157]

Die wirtschaftliche Grundlage fehlt in der Regel, wenn die antragstellende Verwertungsgesellschaft keine Wahrnehmungsaufträge von nennenswertem Um-

---

151 Nordemann in Fromm/Nordemann § 3 WahrnG, Rdnr. 2; Reinbothe in Schricker § 3 WahrnG, Rdnr. 9.

152 Begründung zum Entwurf des WahrnG BT-Drucks. IV/271, S. 14/15.

153 Vgl. zur Kritik an dieser Bevormundung der Berechtigten, Möhring in FS Hirsch, S. 229 (235).

154 Reinbothe in Schricker § 3 WahrnG, Rdnr. 11.

155 Häußer in FS Roeber, S. 113 (125); Bay VGH in Schulze RzÜ VG 13, S. 5/6.

156 Reinbothe in Schricker § 3 WahrnG, Rdnr. 11.

157 Ridder in Schulze, Anmerkung zu RzÜ VG 13, S. 10/13.

fang aufweisen kann und solche auch in Zukunft nicht zu erwarten sind,[158] oder die Kosten für den Kontrollapparat in keinem vernünftigen Verhältnis zu den eingenommen Gebühren stehen.[159] Wie das Beispiel der VG Bild-Kunst verdeutlicht, ist die Erwartung eines Bilanzverlustes allein nicht Grund genug, die wirtschaftliche Grundlage zu verneinen. Deren Anfangsverluste beruhten auf der mangelhaften Zahlungsmoral der Verwerter, und nicht auf ihrer Organisation oder Effektivität.[160] Für die Beurteilung der wirtschaftlichen Lage kann schließlich auch bedeutend sein, daß in dem fraglichen Bereich bereits eine Verwertungsgesellschaft tätig ist. Ist diese fest etabliert, so wird es für die neue Gesellschaft schwer sein, die notwendige wirtschaftliche Grundlage nachzuweisen.[161] Abgesehen von der Auftragslage dieser neuen Gesellschaft, wird der Nachweis eines angemessenen Verhältnisses zwischen Kosten und Gebührenaufkommen wegen der konkurrierenden Gesellschaft schwierig sein.[162] Auch diese Gesichtspunkte haben das DPMA in der Vergangenheit nicht abgehalten, im Filmbereich immer neue Verwertungsgesellschaften, die zueinander in Konkurrenz stehen, zuzulassen.

c) Praxis der Erteilung

Liegen keine Versagungsgründe vor, so hat die Verwertungsgesellschaft einen Anspruch auf Erteilung der Erlaubnis.[163]

In der Vergangenheit hat das DPMA großzügig die Erlaubnis erteilt und lediglich in Fällen, bei denen Einzelpersonen die Erlaubnis beantragten, die Erlaubnis aufgrund fehlender wirtschaftlicher Grundlage versagt.[164] Wegen der den Verwertungsgesellschaften zustehenden Privatautonomie, die auch das WahrnG beachtet, werden die vom DPMA gefällten Ermessensentscheidungen und Prognosen nur dann die Versagung der Erlaubnis rechtfertigen, wenn eindeutig feststeht, daß die Verwertungsgesellschaften die Anforderungen des § 3 WahrnG nicht erfüllen. Hinzu kommt der Umstand, daß sich sichere Aussagen zur wirtschaftlichen Leistungsfähigkeit, der Vereinbarkeit der Organisationsakte mit dem WahrnG etc. erst machen lassen, wenn die Verwertungsgesellschaft bereits

---

158 Bay VGH in Schulze RzÜ VG 13, S. 6.
159 Menzel Aufsicht, S. 72.
160 Vgl. Horzenek in FS Haertel, S. 67 (71).
161 Menzel Aufsicht, S. 67.
162 Vogel GRUR 1993, S. 513 (516); Nordemann in Fromm/Nordemann § 3 WahrnG, Rdnr. 4.
163 Bay VGH in Schulze VG 13, S. 4/5.
164 Häuser FUR 1980, S. 57 (60); vgl. auch Bay VGH in Schulze VG 13, S. 1 - 9.

tätig ist. Daher wird das DPMA allein bei groben Verstößen die Erlaubnis verweigern können und in Zweifelsfällen erst einmal die Erlaubnis erteilen.

Zum Teil ist die Praxis, mehrere Verwertungsgesellschaften in einem Bereich zuzulassen, zu Recht kritisiert worden.[165] Die Kritik wird darauf gestützt, daß die faktische Monopolstellung der Verwertungsgesellschaften aus guten Gründen erhalten bleiben solle. Die Konkurrenz mehrerer Gesellschaften sei für alle Beteiligten schädlich. Dieser Kritikpunkt widerspricht zwar den Wertungen des WahrnG. Es wurde, so wünschenswert auch eine Monopolstellung ist, von der Einräumung eines gesetzlichen Monopols aufgrund verfassungsrechtlicher Bedenken abgesehen.[166] Daher ist die Erlaubniserteilung an eine konkurrierende Gesellschaft, insbesondere wenn gegen deren wirtschaftliche Grundlage keine Bedenken bestehen, nicht zu beanstanden.[167] Das WahrnG schützt nicht das faktische Monopol einer Verwertungsgesellschaft. Gleichwohl sollte aber bei der Erteilungspraxis vermehrt darauf geachtet werden, daß ein weiterer wichtiger gesetzgeberischer Zweck der Schutz des Urhebers und Inhabers von Leistungsschutzrechten ist, so daß beispielsweise reine Produzentengesellschaften oder Gesellschaften von sonstigen Inhabern abgeleiteter Rechte nicht zugelassen werden sollten. Auch sollte zum Schutz der Berechtigten, trotz grundsätzlicher Nichtgewährung eines gesetzlichen Monopols, eine konkurrierende Gesellschaft nicht zu einer bereits bestehenden Verwertungsgesellschaft zugelassen werden, wenn dies Verwaltungskosten erhöht, die Wahrnehmung erschwert, und somit den berechtigten Interessen der Urheber und Leistungsschutzberechtigten widerspricht.

aa) Zuständige Behörde (§ 18 WahrnG)

Die Erlaubnis wird vom DPMA im Einvernehmen mit dem BKartA erteilt (§ 18 Abs. 3 S. 1 WahrnG). Unter Einvernehmen ist Zustimmung zu verstehen.[168] Die Beteiligung des BKartA soll die Bewältigung kartellrechtlicher Probleme, die die Erteilung aufwerfen könnte, erleichtern.[169]

---

165 Vogel GRUR 1993, S. 513 (516); vgl. auch DPMA ZUM 1989, S. 506 ff.

166 Begründung zum Entwurf des WahrnG BT-Drucks. IV/271, S. 11.

167 Die Begründung zum Entwurf des WahrnG schließt aber nicht aus, daß die Erlaubnis einer konkurrierenden Verwertungsgesellschaft verweigert wird, BT-Drucks. IV/271, S. 12.

168 Reinbothe in Schricker § 18, Rdnr. 5.

169 Begründung zum Entwurf des WahrnG, BT-Drucks. IV/271, S. 20; vgl. zum Prüfungsumfang des BKartA unten, 2.Kap. III 3 a.

bb) Erteilung der Erlaubnis

Das DPMA erteilt die Erlaubnis für den in der Satzung festgelegten Zweck.[170] Nur für diesen hat das DPMA geprüft, ob die rechtliche Organisation eine Tätigkeit im Rahmen des WahrnG erwarten läßt.[171] Will die Verwertungsgesellschaft ihren Tätigkeitsbereich erweitern, so ist eine neue Prüfung zu der Frage erforderlich, ob die Verwertungsgesellschaft in der Lage ist, auch in diesem Bereich erfolgreich tätig zu werden.

Nach § 4 WahrnG kann die erteilte Erlaubnis widerrufen werden, wenn ein Versagungsgrund i.S.d § 3 WahrnG später auftritt oder die Verwertungsgesellschaft wiederholt gegen Vorschriften des WahrnG verstoßen hat (§ 4 Abs. 1 Ziff. 1 und 2). Unter bestimmten Voraussetzungen kann das DPMA die Erlaubnis auch widerrufen, wenn die Versagungsgründe schon bei der Erteilung vorlagen, dem DPMA aber nicht bekannt waren.[172]

cc) Versagung der Erlaubnis

Liegen Versagungsgründe vor, so hat das DPMA die Erlaubnis zum Geschäftsbetrieb zu versagen. Gegen die Versagung, die wie die Erteilung Verwaltungsakt ist, steht der Verwaltungsrechtsweg offen.[173]

d) Zusammenfassung/Kritik

Verwertungsgesellschaften bedürfen, um tätig zu werden, einer staatlichen Genehmigung, die auf Antrag erteilt wird. Antragsverpflichtet ist jede Gesellschaft, die die Voraussetzungen des § 1 WahrnG erfüllt. Hierbei kann es immer wieder zu Schwierigkeiten kommen, ob ein Unternehmen diese Voraussetzungen erfüllt.

Das DPMA prüft bereits im Gründungsstadium, ob die Verwertungsgesellschaft von ihrer Organisation her in der Lage ist, ihren Verpflichtungen aus dem WahrnG nachzukommen und eine gesunde wirtschaftliche Wahrnehmung erwarten läßt. Da sich eindeutige Aussagen hierzu erst bei Tätigwerden der Ver-

---

170 A.A. wohl Nordemann in Fromm/Nordemann § 1 Rdnr. 1.

171 Vogel GRUR 1993, S. 513 (516); Schreiben des DPMA vom 01.10.1987 abgedruckt in ZUM 1990, S. 233 (233).

172 Einzelheiten in Nordemann in Fromm/Nordemann § 4 WahrnG, Rdnr. 3; Vogel ZUM 1993, S. 513 (516); vgl. auch Hübner/Stern GEMA-Nachrichten 1978, S. 85 (88 - 92).

173 Reinbothe in Schricker § 3 WahrnG, Rdnr. 13 und 14.

wertungsgesellschaften machen lassen werden und im Hinblick darauf, daß den Verwertungsgesellschaften ein aus ihrer Privatautonomie zufließender Gestaltungsspielraum im Hinblick auf ihre Organisation und Struktur zusteht, ist der Prüfungsumfang des DPMA im Rahmen der Gründungskontrolle auf die Feststellung grober und eindeutiger Verstöße beschränkt. Auch ist das DPMA grundsätzlich nicht berechtigt, eine Genehmigung zu versagen, wenn eine andere Verwertungsgesellschaft bereits in dem fraglichen Gebiet tätig ist.

Die Ausgestaltung der Gründungskontrolle nach dem Wahrnehmungsgesetz stößt auf Bedenken. Gesetzgeberisches Ziel der Gründungskontrolle ist es, die Urheber und sonstigen Berechtigten zu schützen. Durch die Gründungskontrolle soll sicher gestellt werden, daß bereits im Gründungsstadium Mißstände verhindert werden und insbesondere die Urheber und Leistungsschutzberechtigten vor finanziellen Nachteilen, die durch Mißwirtschaft der Verwertungsgesellschaften entstehen können, geschützt werden.[174] Darüber hinaus ist das Institut der Gründungskontrolle grundsätzlich auch geeignet, die Interessen der Urheber und Leistungsschutzberechtigten dadurch zu wahren, daß im Rahmen einer präventiven Überprüfung der das Verhältnis der Verwertungsgesellschaften zu den Urhebern bestimmenden Regelungen, diese vor den Verwertungsgesellschaften geschützt werden, d.h. vor ungerechtfertigten Einschränkungen ihrer Rechte und Einflußmöglichkeiten auf die Gesellschaft und somit vor ungerechtfertigten Verteilungsplänen, Ausschüttungen, Abzügen etc. Es ist somit geeignet, den Schöpfer vor zuweitgehenden Kollektivierungen seiner als individuelle Herrschaftsrechte ausgestalteter Rechte zu bewahren.

Die Ausgestaltung des Wahrnehmungsgesetzes ist hierzu aber nicht ausreichend in der Lage. Zum einem fehlen konkrete Vorgaben im Gesetz, welche die Verwertungsgesellschaften verpflichten, den Urhebern einen tatsächlichen Einfluß auf die Gesellschaft zu gewähren. § 6 Abs. 2 WahrnG spricht lediglich von der Bildung einer Vertretung, ohne auch deren tatsächliche Einflußmöglichkeiten fest zu schreiben. § 7 WahrnG bestimmt lediglich, daß die Grundsätze der Verteilungspläne, die im übrigen angemessen sein sollen, in die Satzung aufzunehmen sind. Zum anderen sieht das Wahrnehmungsgesetz auch keine konkreten Eingriffsmöglichkeiten des DPMA vor, entsprechende Bestimmungen in Satzung, Verteilungsplänen, etc. aufzunehmen. Es ist lediglich von der Vorlage bestimmter Unterlagen die Rede, wobei nach Prüfung, das DPMA dann die Erlaubnis erteilen oder versagen kann. Wegen dieser sehr allgemeinen Vorgaben im Wahrnehmungsgesetz, wird ein Verstoß gegen §§ 6 Abs. 2 und 7 WahrnG in der Regel nur bei ganz eindeutigen und groben Verstößen feststellbar sein, zu-

---

174 Begründung zum Entwurf des WahrnG BT-Drucks. IV/271, S. 10/15; vgl. auch Brügger Individuum, S. 109/110.

mal ein Verstoß unter Umständen auch erst bei der nicht rechtmäßigen Umsetzung der vielleicht noch im Grenzbereich zulässigen Bestimmung in Satzung und Verteilungsplan gegeben sein mag. Die so gestaltete Regelung der Gründungskontrolle mag zwar mit einem Respekt des Gesetzgebers vor der Autonomie der Verwertungsgesellschaften begründbar sein, dem Schutz der Urheber und Leistungsschutzberechtigten dient diese Ausgestaltung der Gründungskontrolle nicht. Die Verwertungsgesellschaft ist zwar Treuhänder. Auf der anderen Seite kann aber das DPMA dem Urheber im Rahmen der Gründungskontrolle nicht einmal einen ausreichenden Einfluß auf die Gesellschaft garantieren. So wurden dann ja auch in der Vergangenheit zum einen reine Produzentenverwertungsgesellschaften zugelassen, zum anderen solche Verwertungsgesellschaften, die bis heute den Primärberechtigten, dem Urheber und Leistungsschutzberechtigten, keine ausreichenden Einflußmöglichkeiten auf die Gesellschaft gewähren. In der jüngsten Vergangenheit hat sich das DPMA aber, trotz fehlender eindeutiger gesetzlicher Ansatzpunkte bemüht, die Interessen der Urheber und Leistungsschutzberechtigten bereits bei der Gründungskontrolle weitgehend zu berücksichtigen. So wurde auf Initiative des DPMA mit der AGICOA GmbH und der VG-Satellit eine detaillierte Ausgestaltung der Vertretungsorgane ausgehandelt, die einen größeren Einfluß der Nichtgesellschafter auf die Verwertungsgesellschaft sichern sollten und in die Satzung aufgenommen, wurden.[175] Diese Bemühungen des DPMA gehen zwar in die richtige Richtung, um den Schutz des Urhebers sicherzustellen, sollten aber durch gesetzliche Vorgaben weiter untermauert werden.

Auch ist zu beanstanden, daß die Gründungskontrolle den weiteren Zweck einer Kontrolle der Verwertungsgesellschaft - der Sicherung der Effizienz der kollektiven Wahrnehmung - nicht sicherstellen kann. Aufgrund überzogener verfassungsrechtlicher Bedenken[176] kann das DPMA einer weiteren Gesellschaft grundsätzlich nicht verweigern, in demselben Bereich zugelassen zu werden, in welchem bereits eine Verwertungsgesellschaft tätig ist. Dies ist vor dem Hintergrund, daß die Effizienz der kollektiven Wahrnehmung erfordert, daß nur jeweils eine Verwertungsgesellschaft in einem Bereich tätig wird,[177] abzulehnen.[178]

Die derzeitige Ausgestaltung der Gründungskontrolle nach dem Wahrnehmungsgesetz ist nicht geeignet, den Urheber und Leistungsschutzberechtigten ausreichend zu schützen. Bereits im Gründungsstadium der Gesellschaft ist der

175 Dördelmann in FS Hertin, S. 31 (42).

176 Vgl. Begründung zum Entwurf des WahrnG, BT-Drucks. IV/271, S. 12/15.

177 Vgl. oben 1. Kap. 3.

178 Ähnlich Nordemann in Fromm/Nordemann § 3 WahrnG, Rdnr. 4; Vogel GRUR 1993, S. 513 (516).

Berechtigte vor einer zu weitgehenden Kollektivierung seiner als individuellen Herrschaftsrechte ausgestalteten Rechte zu schützen. Von daher sollte das Wahrnehmungsgesetz reformiert werden.

Im Rahmen der Gründungskontrolle sollten die Verwertungsgesellschaften verpflichtet werden, die das Verhältnis zwischen Urheber und Verwertungsgesellschaften sämtlich bestimmenden Dokumente, d.h. Satzung, Verteilungsplan und Wahrnehmungsvertrag, dem DPMA vorzulegen. Die Vorlage der Satzung allein genügt insofern nicht, da die Satzung selber, auch wenn sie Bestimmungen zu den Verteilungsplänen enthält, nicht allein das Verhältnis zwischen Urheber und Verwertungsgesellschaft bestimmt. Das DPMA müßte dann diese Unterlagen im einzelnen überprüfen, wobei das Wahrnehmungsgesetz genaue Richtlinien an die Ausgestaltung der Vertretung der Berechtigten, der Verteilungsgrundsätze zugunsten von Urhebern, etc. enthalten sollte. Für den Fall, daß das DPMA eine Klausel in Satzung, Verteilungsplan und Wahrnehmungsvertrag wegen Verstoßes gegen die genannten Vorschriften beanstandet, hat die Verwertungsgesellschaft diese zu ändern. Das Wahrnehmungsgesetz hätte eine entsprechende Befugnis des DPMA zu formulieren. Bei zweifelhaften Bestimmungen, die nicht eindeutig verletzen, sollte das DPMA diese in der Begründung zum Zulassungsbescheid aufführen, wobei das DPMA dann auch ausführt, wie diese zweifelhafte Bestimmung im Sinne des Wahrnehmungsgesetzes zu verstehen und umzusetzen ist. Das DPMA sollte von daher einen ausführlich begründeten Zulassungsbescheid erteilen. Weiterhin sollte das DPMA auch berücksichtigen, wer genau Antragsteller ist, um auch insofern eine reine Produzentenverwertungsgesellschaft auszuschließen. Schließlich wären auch die Marktverhältnisse zu berücksichtigen, so daß, sollte es bereits eine Verwertungsgesellschaft in dem Bereich geben, eine weitere Gesellschaft nur unter ganz engen Grenzen zugelassen werden.

Die so ausgestaltete Gründungskontrolle mag zwar formalistisch sein und in die Befugnisse der Verwertungsgesellschaften zu sehr eingreifen. Nach richtigem Verständnis des Wahrnehmungsgesetzes ist dies aber erforderlich, um den Zweck des Wahrnehmungsgesetzes, den Schutz des Urhebers, zu verwirklichen, und diesen bereits präventiv bei der Gründung der Verwertungsgesellschaft zu schützen. Eine solchermaßen ausgestaltete umfangreiche Gründungskontrolle ist auch unter dem Gesichtspunkt erforderlich, daß eine einmal erteilte Erlaubnis aus den Gründen, die bereits bei der Gründungskontrolle vorlagen und vom DPMA geprüft wurden, nicht mehr oder nur sehr schwer widerrufen werden kann. Folglich muß eine echte Kontrolle dann auch bereits im Gründungsstadium bestehen.

2. Kontrolle über den Geschäftsbetrieb durch das DPMA

Nach Erlaubniserteilung unterliegen Verwertungsgesellschaften der Aufsicht über ihren Geschäftsbetrieb nach §§ 18 und 19 WahrnG.

a) Gegenstand der Aufsicht

Zur Durchführung der Aufsicht ist in § 20 WahrnG eine umfangreiche Unterrichtungsverpflichtung der Verwertungsgesellschaften gegenüber dem DPMA normiert,[179] die durch Informationsbefugnisse des DPMA nach § 19 Abs. 2 WahrnG ergänzt wird.

aa) Umfang der Aufsicht im allgemeinen

Die Aufsicht erstreckt sich nicht nur auf die Einhaltung der im WahrnG normierten Verpflichtungen, wie z.B. die in §§ 6, 7, 10 und 11 WahrnG, sondern auch darauf, ob Anhaltspunkte das Vorliegen eines Versagungsgrundes begründen.[180] Das DPMA hat daher u.a. auch die wirtschaftliche Entwicklung der Verwertungsgesellschaft zu beobachten.[181]

Der Umfang der Aufsicht ist davon abhängig, welche Vorschriften des WahrnG betroffen sind. Das WahrnG unterscheidet vom Wortlaut her zwischen sog. Istvorschriften, wie §§ 6, 7 S. 1 und 3, 13 Abs. 1 und 2 WahrnG, und sog. Sollvorschriften, wie §§ 7 S. 2, 8, 13 Abs. 3 S. 1 und 4 WahrnG.[182] Während bei den sog. Istvorschriften die Verwertungsgesellschaft zur Einhaltung der normierten Verhaltensweise verpflichtet ist und vom DPMA zur Beachtung angehalten werden kann, handelt es sich bei den Sollvorschriften um unverbindliche Empfehlungen und Ermunterungen zur Verwirklichung. Das DPMA kann die Umsetzung dieser nicht erzwingen.[183] Die gegenteilige Ansicht, nach der auch die Sollvorschriften verbindliche gesetzliche Verpflichtungen enthalten sollen,[184] findet keine Stütze im Gesetz. Der Gesetzgeber hat u.a. wegen verfassungs-

---

179 Zu Einzelheiten: Arnold/Rehbinder UFITA Bd. 118 (1992), S. 203 (208).

180 Vgl. § 4 Abs. 1 Ziff. 1 WahrnG.

181 DPMA UFITA Bd. 81 (1978), S. 348 (356); Menzel Aufsicht, S. 71/72.

182 Reinbothe in Schricker § 19 WahrnG, Rdnr. 1.

183 Nordemannn in Fromm/Nordemann §§ 7 WahrnG, Rdnr. 1; Reinbothe in Schricker § 8 Rdnr. 2; Hauptmann Vergesellschaftung, S. 71; Mauhs Wahrnehmungsvertrag, S. 150.

184 Becker in FS Kreile, S. 27 (34/35); vgl. auch Häußer in FS Kreile, S. 281 (285).

rechtlicher Bedenken davon abgesehen, die als Sollvorschriften normierten Verhaltensweisen als zwingende Vorschriften auszugestalten.[185]

Die Aufsicht des DPMA erstreckt sich daher in erster Linie auf die Einhaltung der sog. Istvorschriften.[186] Daher unterliegen insbesondere der doppelte Kontrahierungszwang (§§ 6 Abs. 2 und 11 WahrnG), die interne Organisation (§ 6 Abs. 2), die Verteilungspläne (§ 7 S. 1 und 3 WahrnG) und die Tarifpraxis der Verwertungsgesellschaft der uneingeschränkten Aufsicht durch das DPMA.[187]

(1) Aufsicht über Tochterunternehmen etc.

Die Aufsicht des DPMA beschränkt sich nicht nur auf die Tätigkeit von Verwertungsgesellschaften, sondern erstreckt sich auch auf Tochterunternehmen und selbständige Organisationen, die für die Verwertungsgesellschaften Aufgaben wahrnehmen, welche unter Vorschriften des WahrnG fallen. Dies ergibt sich daraus, daß die gesamte Wahrnehmungstätigkeit der Aufsicht des WahrnG unterliegen muß und es den Verwertungsgesellschaften nicht möglich sein kann, sich der Kontrolle durch das DPMA durch die Verlagerung von Wahrnehmungstätigkeiten zu entziehen.[188]

Soweit daher Inkassostellen, wie die ZPÜ, wahrnehmungspflichtige Tätigkeiten ausüben, unterliegen auch diese der Kontrolle durch das DPMA. Obwohl deren Verteilungsschlüssel aufgrund ihrer vertraglichen Grundlage keine echten Verteilungspläne i.S.d. § 7 WahrnG darstellen,[189] so bilden sie doch zusammen mit den Verteilungsplänen der Verwertungsgesellschaften die Grundlage für die Ausschüttung an die Berechtigten. Sie unterliegen daher auch der Kontrolle nach § 7 S. 1 und 3 WahrnG.

---

185 Vgl. Begründung zum Entwurf des WahrnG BT-Drucks. IV/271, S. 16; Nordemann in Fromm/Nordemann § 7 WahrnG, Rdnr. 1.

186 Mestmäcker/Schulze § 19 WahrnG, Anm. 1.

187 Vogel GRUR 1993, S. 513 (529).

188 Häußer FUR 1980, S. 57 (67/68); s. a. Mauhs Wahrnehmungsvertrag, S. 151; Haertel UFITA Bd. 50 (1967), S. 7 (15).

189 Vgl. Häußer FUR 1980, S. 57 (60).

(2) Erstreckung der Aufsicht auf sog. Sollvorschriften

Die Aufsicht des DPMA erstreckt sich auch auf die Sollvorschriften, wenn die Verwertungsgesellschaften von den Empfehlungen Gebrauch gemacht und Sozialeinrichtungen etc. errichtet haben.[190]

Das Erfordernis der Aufsicht ergibt sich daraus, daß diese Förderung aus dem allgemeinen Gebührenaufkommen der Gesellschaft gespeist wird.[191] Bei der Verfolgung der sozialen Zwecke werden also Gelder verwendet, die eigentlich den Urhebern zustehen und deren Verteilung nach § 7 S. 1 und 3 WahrnG der uneingeschränkten Kontrolle durch das DPMA unterliegen, so daß auch die Verwendung für soziale und kulturelle Zwecke als eine Form der Ausschüttung an die Berechtigten der Kontrolle durch das DPMA unterliegt.[192] Die Tätigkeit der Vorsorge- und Unterstützungseinrichtung i.S.d. § 8 WahrnG sowie die Förderung kultureller Werke nach § 7 S. 2 WahrnG und § 13 Abs. 3 WahrnG unterliegt daher der uneingeschränkten Kontrolle durch das DPMA.

Für die Aufsicht unerheblich ist, ob die sozialen und kulturellen Zwecke durch rechtlich unselbständige Sondervermögen innerhalb der Verwertungsgesellschaft oder durch selbständiges Tochterunternehmen verwirklicht werden, da beide der uneingeschränkten Kontrolle durch das DPMA unterliegen.[193]

bb) Prüfungsumfang des DPMA

Nach § 19 WahrnG hat das DPMA zu prüfen, ob die Verwertungsgesellschaften ihren gesetzlichen Verpflichtungen nachkommen. Da das WahrnG selber keine Einzelheiten zu den Prüfungskriterien des DPMA enthält, ist unklar, wie weit dessen Prüfungsbefugnis reicht.

Zweck des Wahrnehmungsgesetzes ist es, die Macht der Verwertungsgesellschaften zu begrenzen und Mißbräuche zu verhindern. Dies soll durch die Normierung eines allgemeinem Angemessenheitsgebotes verwirklicht werden, das sich daraus ergibt, daß sowohl der Wahrnehmungsvertrag mit den Berechtigten, als auch der Nutzungsvertrag mit den Verwertern, die die Grundlage des jewei-

---

[190] Die Ansicht Mestmäcker/Schulze § 8 WahrnG, Anm. 2, die eine solche Kontrollbefugnis ablehnt, übersieht, daß es nicht um die Einhaltung dieser Vorschriften selber, sondern darum geht, bei der Verwirklichung der Empfehlung die Vorschriften des WahrnG zu beachten.

[191] Reinbothe in Schricker § 8 WahrnG, Rdnr. 3; Mauhs Wahrnehmungsvertrag, S. 151.

[192] Mauhs Wahrnehmungsvertrag, S. 151; Menzel Aufsicht, S. 53/54.

[193] Vgl. Häußer FUR 1980, S. 57 (67/68); Menzel Aufsicht, S. 53/54.

ligen Verhältnisses zur Verwertungsgesellschaft bilden,[194] einem Angemessenheitsgebot nach §§ 6 und 7 WahrnG unterliegen. Besondere Angemessenheitsgebote sind in §§ 6 Abs. 2, 12, 13 WahrnG normiert.

Das WahrnG definiert den Begriff der Angemessenheit nicht.[195] Der Gesetzgeber verwendet diesen Begriff dort als Generalklausel, wo eine abschließende gesetzliche Festlegung aufgrund vielschichtiger Umstände der Einzelfälle, vor allem der im einzelnen unterschiedlich zu bewertenden Interessenlagen, nicht möglich und auch nicht opportun ist.[196] Indem der Gesetzgeber sich so einer eindeutigen gesetzlichen Festlegung enthalten hat, überläßt er es dem jeweilig zuständigen Entscheidungsorgan, die "Angemessenheit" durch Anwendung weiter zu bestimmen.[197]

Bei dem Begriff der Angemessenheit handelt es sich um einen unbestimmten Rechtsbegriff mit Beurteilungsspielraum.[198] Er eröffnet dem Entscheidungsträger keinen Ermessenspielraum. Darunter ist die Freiheit zu verstehen, bei Vorliegen des gesetzlichen Tatbestandes zwischen mehreren in Betracht kommenden rechtlichen Maßnahmen wählen zu können.[199] Da die Hauptpflichten der Rechtsbeziehung zu den Berechtigten und Verwertern, wie Rechteübertragung, etc. schon vor Vertragsschluß feststehen, besteht kein Ermessensspielraum, sondern nur ein Beurteilungsspielraum,[200] der sich auf die Ausgestaltung dieser Pflichten bezieht.[201]

Ein unbestimmter Rechtsbegriff mit Beurteilungsspielraum ist dadurch gekennzeichnet, daß der Gesetzgeber auf eine unzweideutige Festlegung der gesetzlichen Voraussetzungen verzichtet hat. Dadurch, daß eine feste Größe zur Bestimmung der Angemessenheit fehlt, gibt es einen Bereich, innerhalb dessen die Entscheidung in zwei Richtungen ausfallen kann, was letztlich vom Verwender abhängt,[202] wobei mehrere Lösungen vertretbar sind.

Für den Umfang der Kontrollbefugnisse des DPMA kommt es darauf an, wer letztlich entscheidet, welcher von mehreren vertretbaren Lösungen der Vorrang

---

194 Vgl. Mauhs Wahrnehmungsvertrag, S. 10.

195 Vgl. Begründung zum Entwurf des WahrnG BT-Drucks. IV/271, S. 15/16/17.

196 Reinbothe Schlichtung S. 40/41; Wolf/Bachof Verwaltungsrecht, S. 189.

197 Reinbothe Schlichtung, S. 41, vgl. auch Larenz Methodenlehre, S. 171.

198 Mauhs Wahrnehmungsvertrag, S. 53; vgl. auch BGH MDR 1956, S. 544 (545), LG Krefeld NJW 1971, S. 207 (208); Löhr Aufsicht, S. 39.

199 Larenz Methodenlehre S. 283; Zippelius Methodenlehre, S. 96.

200 Nordemann GRUR 1973, S. 306 (307/308); ähnlich auch Reinbothe Schlichtung, S. 50.

201 Mauhs Wahrnehmungsvertrag, S. 54.

202 Larenz Methodenlehre, S. 171; Erichsen DVBL 1985, S. 22 (26).

zu geben ist, d.h. wem die Letztentscheidungskompetenz zusteht. Das WahrnG sagt nichts darüber, wer Entscheidungsträger ist, d.h. wer letztlich bestimmt, wann etwas angemessen ist. Dies ist daher nach Sinn und Zweck der gesetzlichen Regelung zu ermitteln. Grundsätzlich liegt die Entscheidungskompetenz bei übergeordneten Kontrollstellen, wie den Gerichten.[203] Eine davon abweichende Entscheidung ist möglich, bedarf aber einer besonderen Rechtfertigung, die sich auch aus dem Gesetzeszusammenhang ergeben kann.[204] Bei der Aufsicht nach dem WahrnG handelt es sich um eine solche über private Unternehmen. Das WahrnG enthält nur beschränkte Kontrollmechanismen. Im Hinblick auf die Vereinsfreiheit ist dem DPMA ein Hineinregieren in die Angelegenheiten der Verwertungsgesellschaften nach herrschender Meinung verwehrt.[205] Dies ergibt sich u.a. aus § 20 WahrnG, wonach der Verwertungsgesellschaft lediglich bestimmte Informationspflichten auferlegt werden, eine darüber hinausgehende Einflußnahme aber nicht möglich ist.[206] Das DPMA ist daher auch nicht ermächtigt, selbst Verstößen gegen das WahrnG abzuhelfen, es kann lediglich die Verwertungsgesellschaft dazu anhalten.[207] Mit dieser Selbständigkeit der Verwertungsgesellschaften dem DPMA gegenüber ist es nach der Konzeption des WahrnG nicht zu vereinen, daß das DPMA rechtmäßige ("vertretbare") Maßnahmen der Verwertungsgesellschaft durch eigene ersetzen kann. Die Autonomie der Verwertungsgesellschaften, die auch das WahrnG achtet, beruht auf verfassungsrechtlichen Gesichtspunkten, die der Gesetzgeber der Kontrolle zugrunde gelegt hat.[208] Die Aufsicht nach dem WahrnG ist eben nur auf die Verhinderung von Mißbräuchen, d.h. eindeutigen Verstößen gegen das WahrnG beschränkt. Hat die Verwertungsgesellschaft rechtmäßig gehandelt, so hat das DPMA auch keine Einwirkungsmöglichkeit. Das DPMA ist daher nicht befugt, eigene subjektive Kriterien der Aufsicht nach dem WahrnG zugrundezulegen.[209] Danach liegt die Letztentscheidungskompetenz bei den Verwertungsgesellschaften. Allein deren "vertretbare" Lösung ist ausschlaggebend.[210]

Obwohl das DPMA grundsätzlich berechtigt ist, bei der Durchführung der Angemessenheitsprüfung einen eigenen Beurteilungsspielraum anzuwenden,[211] so

---

203 Vgl. Larenz Methodenlehre, S. 172.

204 Erichsen DVBL 1985, S. 22 (26); s. a. Franssen in FS Zeidler, S. 429 (451).

205 Häußer in FS Roeber, S. 113 (115).

206 Vgl. Nordemann in Fromm/Nordemann § 19 WahrnG, Rdnr. 2, s. a. Häußer FUR 1980, S. 57 (62).

207 Melichar Wahrnehmung, S. 53; Reinbothe in Schricker § 19 WahrnG, Rdnr. 2.

208 Vgl. Löhr Aufsicht, S. 44, m.w.N.; Begründung zum Entwurf des WahrnG, BT-Drucks. IV/271, S. 15/20.

209 Menzel Aufsicht, S. 35.

210 Im Ergebnis auch Löhr Aufsicht, 42; Häußer FUR 1980, S. 57 (62); Reinbothe in Schricker § 19 WahrnG, Rdnr. 2, die allerdings von Ermessen sprechen.

211 So Häußer FUR 1980, S. 57 (62).

beschränkt sich die Eingriffsmöglichkeit des DPMA auf die Feststellung eindeutiger Verstöße gegen das WahrnG.[212] Darüber hinaus hat das DPMA keine Einwirkungsmöglichkeit.[213]

cc) Eingriffsbefugnisse des DPMA

Stellt das DPMA einen Verstoß gegen das WahrnG fest, so hat es die Erlaubnis zum Geschäftsbetrieb unter den Voraussetzungen des § 4 WahrnG zu widerrufen. § 4 WahrnG unterscheidet zwei Arten des Widerrufs, dem bei Vorliegen eines Versagungsgrundes nach § 3 WahrnG (§ 4 Abs. 1 Ziff. 1) und dem bei mehrfachem Verstoß gegen das WahrnG (§ 4 Abs. 1 Ziff. 2).

Für den Widerruf nach § 4 Abs. 1 Ziff. 1 WahrnG ist erforderlich, daß das DPMA der Verwertungsgesellschaft eine Frist zur Beseitigung der beanstandeten Maßnahme gesetzt hat, die diese fristlos hat verstreichen lassen.[214]

Für den Widerruf nach § 4 Abs. 1 Ziff. 2 WahrnG ist Voraussetzung, daß die Verwertungsgesellschaft gegen eine ihr nach dem WahrnG obliegende Verpflichtung verstoßen und nach Abmahnung durch das DPMA erneut dasselbe Gebot verletzt hat.[215] Erforderlich und ausreichend für den Widerruf sind demnach zwei Verstöße gegen das WahrnG.[216]

Eine Differenzierung nach Art und Schwere der Verstöße ist nicht vorgesehen, und von daher für das DPMA unbeachtlich.[217] Dem DPMA steht im Rahmen des § 4 WahrnG kein Entschließungsermessen zu.[218] Der Verhältnismäßigkeitsgrundsatz, der auch für § 4 WahrnG gilt, kann es aber gebieten, bei leichteren Verstößen der Abmahnung einen formlosen Hinweis vorauszuschicken.[219] Die-

---

212 Vgl. auch Löhr Aufsicht, S. 44.

213 Vgl. Häußer Mitt. 1984, S. 64 (68), der die Befugnisse des DPMA mit einer Verwerfungskompetenz unter der Überschrift "Du sollst nicht" umschreibt.

214 Mestmäcker/Schulze § 4 WahrnG, Anm. 2; Reinbothe in Schricker § 4 WahrnG, Rdnr. 5.

215 Reinbothe in Schricker § 4 WahrnG, Rdnr. 7.

216 Arnold/Rehbinder UFITA Bd. 118 (1992), S. 203 (209).

217 Vogel GRUR 1993, S. 513 (530), s.a. Melichar Wahrnehmung, S. 54; a.A. Fritsch GRUR 1984, S. 22 (24).

218 Arnold/Rehbinder UFITA Bd. 118 (1992), S. 203 (210/211).

219 Arnold/Rehbinder UFITA Bd. 118 (1992), S. 203 (211); vgl. auch Vogel GRUR 1993, S. 513 (530), der diesen Hinweis auch auf den Widerruf nach § 4 Abs. 1 Ziff. 2 WahrnG erstrecken will.

ser Hinweis bereitet die Abmahnung vor. Nach fruchtlosem Hinweis ist das DPMA dann gezwungen, die Abmahnung auszusprechen.[220]

Das DPMA hat keine andere Möglichkeit zum Eingreifen. Ein Hineinregieren in die Angelegenheiten der Gesellschaft steht ihm nicht zu, insbesondere kann es nicht Beschlüsse aufheben oder Verträge ändern, sondern nur verlangen, daß die Verwertungsgesellschaft dies tut.[221] Obwohl sich in der Praxis die meisten Aufsichtsmaßnahmen durch einen formlosen Hinweis erledigt haben, hat das DPMA tatsächlich nur das Druckmittel des Widerrufs, um die Verwertungsgesellschaften zur Erfüllung ihrer Verpflichtungen aus dem WahrnG anzuhalten.

dd) Subjektives Recht auf Einschreiten des DPMA

Umstritten ist, ob dem einzelnen Verwerter und Berechtigten, der einen Verstoß gegen das WahrnG festgestellt hat, auch ein subjektiv-öffentliches Recht auf Einschreiten des DPMA zusteht. Ein solches subjektiv-öffentliches Recht setzt voraus, daß die fragliche Norm auch dem Interesse einzelner Betroffener dient.[222]

Ein Anspruch wird zum Teil mit der Begründung abgelehnt, daß das WahrnG dem Interesse der Allgemeinheit diene und das Tätigwerden des DPMA in deren Ermessen liege.[223]

Dem ist nicht zu folgen. Liegen die Voraussetzungen des § 4 WahrnG vor, so hat das DPMA einzuschreiten. Ein Ermessensspielraum besteht dann nicht. Auch wird aus dem Gesetzesmaterial deutlich, daß das WahrnG dem Schutz der Urheber und der Verwerter dienen soll.[224] Folglich muß den Berechtigten und Verwertern ein aus § 19 WahrnG folgendes einklagbares, subjektiv-öffentliches Recht auf Einschreiten des DPMA zustehen, wenn die Verwertungsgesellschaften gegen eine Verpflichtung des WahrnG verstoßen haben.[225] Voraussetzung für den Anspruch der Berechtigten ist, daß ein eindeutiger Verstoß gegen §§ 6

220 Arnold/Rehbinder UFITA Bd. 118 (1992), S. 203 (211).

221 Arnold/Rehbinder UFITA Bd. 118 (1992), S. 203 (212), Vogel GRUR 1993, S. 513 (530).

222 BVerGE 39, S. 235 (238).

223 Nordemann in Fromm/Nordemann § 19 WahrnG, Rdnr. 3.

224 Vgl. Begründung zum Entwurf des WahrnG BT-Drucks. IV/271, S. 10; vgl. auch Fritsch GRUR 1984, S. 22 (26/27); DPMA UFITA Bd. 81 (1978), S. 348 (348).

225 Arnold/Rehbinder UFITA Bd. 118 (1992), S. 203 (213/214); Fritsch GRUR 1984, S. 22 (26); Vogel GRUR 1993, S. 513 (530); Ruzika FS Roeber, S. 355 (357/358/360).

und 7 WahrnG vorliegt,[226] was in Anbetracht des Beurteilungsspielraumes, den der Begriff der Angemessenheit eröffnet, nicht immer unzweideutig zu bestimmen ist. Bei Streitigkeiten hierüber entscheidet das Verwaltungsgericht.[227]

Obwohl das WahrnG auch dem Interesse der Verwerter dient, wird der Anspruch auf Einschreiten des DPMA durch das Verfahren vor der Schiedsstelle beim DPMA verdrängt. Die Schiedsstelle ist dem Verfahren der ordentlichen Gerichte unterworfen. Nach dem Willen des Gesetzgebers sollen daher Streitigkeiten zwischen diesen Gruppen ausschließlich dem Zivilgericht zugeordnet werden. Ein Verfahren vor dem Verwaltungsgericht und daher auch ein einklagbares subjektiv-öffentliches Recht ist in diesem Verhältnis nicht vorgesehen,[228] und wegen der Möglichkeit die Schiedsstelle anzurufen auch nicht erforderlich. Ein einklagbarer Anspruch auf Einschreiten des DPMA steht daher nur den Berechtigen zu.[229]

b) Aufsichtstätigkeit des DPMA

Die Aufsicht nach § 19 WahrnG läßt sich in die Aufsicht über das Verhältnis der Verwertungsgesellschaft zu den Berechtigten und dem zu den Verwertern unterteilen. Die Aufsicht bezieht sich dabei auf die Einhaltung der Vorschriften, die diesen Verhältnissen zugrunde liegen. Dem Schutz der Berechtigten dienen insbesondere §§ 6 und 7 WahrnG, dem der Verwerter vor allem §§ 11 und 12 WahrnG.[230]

aa) Berechtigte

Mißbräuche im Verhältnis zu den Berechtigten sind dadurch möglich, daß die Verwertungsgesellschaften durch die Ausgestaltung des Wahrnehmungsvertrages, der Satzung, und des Verteilungsplanes, die Urheber und sonstigen Berechtigten im Hinblick auf ihren Einfluß auf die Gesellschaft und auf die Ausschüttung zu stark beschränkt bzw. benachteiligt, und so die eingebrachten Rechten einer ungerechtfertigten Kollektivierung unterwerfen.[231]

---

226 Arnold/Rehbinder UFITA Bd. 118 (1992), S. 203 (214).
227 Vogel GRUR 1993, S. 513 (530).
228 Arnold/Rehbinder UFITA Bd. 118 (1992), S. 203 (214).
229 Vgl. Mestmäcker/Schulze § 6 WahrnG, Anm. 4d.
230 Ulmer Urheberrecht, S. 416/417; Mestmäcker in FS Lukes, S. 445 (455/457/458).
231 Vgl. Menzel Aufsicht, S. 41/42; Mauhs Wahrnehmungsvertrag, S. 45.

(1) Wahrnehmungsvertrag

Der Wahrnehmungsvertrag bildet die Grundlage des Verhältnisses der Verwertungsgesellschaft zu den Berechtigten. Durch ihn werden der Verwertungsgesellschaft die Rechte zur Wahrnehmung übertragen und die allgemeinen Wahrnehmungsbedingungen festgelegt. Darüber hinaus werden durch die sog. Einbeziehungsklauseln, Satzung und Verteilungsplan Bestandteil des Vertrages.[232] Diese unterliegen dann, wie der Wahrnehmungsvertrag selbst, der Kontrolle nach § 6 WahrnG.

(a) Wahrnehmungszwang

Nach § 6 Abs. 1 WahrnG unterliegen Verwertungsgesellschaften einem allgemeinem Wahrnehmungszwang. Dieser gewährt den Berechtigten einen Anspruch gegenüber der Verwertungsgesellschaft, ihre Rechte wahrnehmen zu lassen. Er soll die Berechtigten vor wirtschaftlichen Nachteilen schützen, die durch die Weigerung der Verwertungsgesellschaften, die Rechte wahrzunehmen, entstehen können.[233] Der Wahrnehmungzwang besteht aber nicht uneingeschränkt. Ein Anspruch besteht nur, wenn die Voraussetzungen des § 6 Abs. 1 WahrnG erfüllt sind.[234]

(aa) Tätigkeitsbereich

Der Wahrnehmungszwang ist dadurch eingeschränkt, daß die Verwertungsgesellschaften nur zur Wahrnehmung solcher Rechte und Ansprüche verpflichtet sind, die in ihren Tätigkeitsbereich fallen.

Der Tätigkeitsbereich einer Verwertungsgesellschaft ergibt sich insbesondere aus ihrer Satzung bzw. ihrem Gesellschaftsvertrag.[235] In deren Gestaltung ist die Verwertungsgesellschaft grundsätzlich frei.[236] Um jedoch zu verhindern, daß sie sich dem Wahrnehmungszwang entzieht, darf die Verwertungsgesellschaft ihren Tätigkeitsbereich nur nach objektiven Kriterien,[237] wie Werk- oder Nutzungsar-

---

232 Mauhs Wahrnehmungsvertrag, S. 111/141; Seifert in Moser/Scheuermann Handbuch, S. 924.

233 Begründung zum Entwurf des WahrnG, BT-Drucks. IV/271, S. 15.

234 OLG Hamburg ZUM 1997, S. 43 - 46.

235 Vgl. z.B. § 2 Abs. 1 VG-Wort Satzung; s. a. Vogel GRUR 1993, S. 513 (517); Mauhs Wahrnehmungsvertrag, S. 30.

236 Reinbothe in Schricker § 6 WahrnG, Rdnr. 2.

237 Z.B. nur kleine Rechte, Melichar Wahrnehmung S. 22/23/109/110.

ten, nicht aber nach subjektiven Kriterien, wie Mitgliedschaft in der Gesellschaft, beschränken.[238]

(bb) Kollektive Wahrnehmung

Der Wahrnehmungszwang bezieht sich weiter nur auf die Rechte, die rechtlich (wie §§ 26, 27 UrhG) oder faktisch, (wie § 19 UrhG) durch Verwertungsgesellschaften wahrgenommen werden können.[239]

Soweit in einem Bereich, wie im Filmbereich, mehr als eine Gesellschaft tätig ist, richtet sich der Wahrnehmungszwang gegen jede der Gesellschaften, soweit sie dieselben Rechte wahrnehmen. Der Umstand, daß mehrere Verwertungsgesellschaften in einem Bereich tätig sind, stellt keine andere Möglichkeit der Wahrnehmung dar und damit keine Einschränkung des Wahrnehmungszwanges.[240] Dies folgt aus dem Schutzzweck des WahrnG, wonach der Wahrnehmungszwang eine effektive Verwertung der Rechte sicherstellen soll.[241] Sollten mehrere Verwertungsgesellschaften in einem Bereich tätig sein, so rechtfertigt dies nicht eine Einschränkung des Wahrnehmungszwanges, da der Berechtigte immer noch auf die Wahrnehmung durch eine Gesellschaft angewiesen ist und ihm daher nicht zuzumuten ist, sich zunächst vergeblich an alle Gesellschaften zu wenden und sich dann erst auf den Wahrnehmungszwang berufen zu dürfen.[242]

Der Wahrnehmungszwang steht nicht nur den Urhebern und Inhabern verwandter Schutzrechte zu, sondern auch Zessionaren, wie Verlegern, Produzenten und anderen Primärverwertern.[243] Dafür spricht zum einem, daß § 6 WahrnG nicht zwischen Urhebern und sonstigen Berechtigten unterscheidet. Das UrhG geht vom Grundsatz der freien Übertragbarkeit der Urheberrechte aus, der dem Zessionar auch die Möglichkeit geben muß, mit der Auswertung der Rechte eine

---

238 Haertel UFITA Bd. 50 (1967), S. 7 (17/18); Peinemann UFITA Bd. 52 (1969), S. 153 (158/159); Vogel GRUR 1993, S. 513 (517).

239 Reinbothe in Schricker § 6 WahrnG, Rdnr. 10; Peinemann UFITA Bd. 52 (1969), S. 153 (160/161); Vogel GRUR 1993, S. 513 (517).

240 Mauhs Wahrnehmungsvertrag, S. 36/37; Nordemann in Fromm/Nordemann § 6 WahrnG, Rdnr. 3a.

241 Vgl. Begründung zum Entwurf des WahrnG, BT-Drucks. IV/271, S. 15.

242 So aber Peinemann UFITA Bd. 52 (1969), S. 153 (161/162); Melichar Wahrnehmung, S. 35; Samson UFITA Bd. 47 (1966), S. 1 (128), vgl. auch Begründung zum Entwurf des WahrnG, BT-Drucks. IV/271, S. 15.

243 Vgl. DPMA UFITA Bd. 94 (1982), S. 364 (365/366/369); Melichar UFITA Bd. 117 (1991), S. 5 (13).

Verwertungsgesellschaft zu betrauen.[244] Die Übertragung der Rechte für Nutzungsarten durch die Berechtigten, die in der Regel von Verwertungsgesellschaften wahrgenommen werden, wäre andernfalls wertlos. Gegen diese Ausweitung des Wahrnehmungszwangs spricht auch nicht die Gefahr der Übervorteilung der Urheber, die ihre Rechte günstig einem Verwerter übertragen, der dann die eigentlich dem Urheber zustehenden Ausschüttungen von der Verwertungsgesellschaft erhält.[245] Einer Übervorteilung kann durch die Ausgestaltung der Verteilungspläne begegnet werden, da diese eine Quotelung der Ausschüttung vorsehen und so eine Beteiligung des Urhebers sicherstellen.[246]

(cc) Anspruchsberechtigter

Der Wahrnehmungszwang besteht gegenüber Deutschen sowie gegenüber Staatsangehörigen anderer Mitgliedsstaaten der Europäischen Union oder eines anderen Vertragsstaates des Abkommens über den Europäischen Wirtschaftsraum.[247] In der Praxis nehmen die Verwertungsgesellschaften auch Rechte von Staatsangehörigen aus Drittländern wahr.[248] Ob der Wahrnehmungszwang auch Angehörigen aus Mitgliedsstaaten der RBÜ und WUA zusteht, ist umstritten,[249] wegen der Wahrnehmungspraxis der Verwertungsgesellschaften aber letztlich wenig relevant. Die Ausdehnung des Wahrnehmungszwanges ergibt sich jedenfalls aus dem Inländergrundsatz der BRÜ und WUA, der sich auch auf die Wahrnehmung der Rechte durch Verwertungsgesellschaften bezieht.[250] [251]

---

244 Häußer FUR 1980, S. 57 (60/61); Reinbothe in Schricker § 6 WahrnG, Rdnr. 11.

245 Vgl. Nordemann in Fromm/Nordemann § 6 WahrnG, Rdnr. 3 f; Mauhs, Wahrnehmungsvertrag, S. 37/38.

246 Vogel GRUR 1993, S. 513 (518); vgl. auch die Neufassung des § 6 WahrnG durch das Vierte Gesetz zur Änderung des Urhebergesetzes, Gesetzentwurf BR-Drucks. 98/95, S. 9, der den Anwendungsbereich auch auf Zessionare erstreckt.

247 Vgl. die Neufassung des § 6 WahrnG durch das Vierte Gesetz zur Änderung des Urhebergesetzes, Gesetzentwurf BT-Drucks. 98/95, S. 9. Zum alten Streitstand, Mauhs Wahrnehmungsvertrag, S. 32.

248 Vogel GRUR 1993, S. 513 (518); Mauhs Wahrnehmungsvertrag, S. 35.

249 Vgl. zum Streitstand, Dittrich Kontrahierungszwang, S. 30 - 33, der dies allerdings verneint, ebenso Melichar Wahrnehmung, S. 36; bejahend, insbesondere Nordemann/Vinck/Hertin Copyright, Art. 5 BC, Rdnr. 2; ähnlich v. Ungern-Sternberg GRUR Int. 1973, S. 61 (64/65).

250 Vgl. Mauhs Wahrnehmungsvertrag, S. 34; v. Ungern-Sternberg GRUR Int. 1973, S. 61 (65); vgl. schon Hoffmann UFITA Bd. 6 (1933) S. 372 (378).

251 Eine eindeutige gesetzliche Festlegung durch den Gesetzgeber, wie neuerdings für "europäische" Berechtigte, erscheint daher auch für solche, die BRÜ und WUA unterliegen wünschenswert.

(dd) Angemessene Bedingungen

Die wichtigste Einschränkung des Wahrnehmungszwanges liegt darin, daß die Verwertungsgesellschaft nur zur Wahrnehmung zu angemessenen Bedingungen verpflichtet ist. Mehr kann der Berechtigte nicht verlangen, weniger braucht er nicht hinzunehmen.[252] Die Berechtigten können daher der Verwertungsgesellschaft nicht die Bedingungen des Vertrages vorschreiben. Auf der anderen Seite bedeutet das Gebot der Angemessenheit ein Instrument der Inhaltskontrolle der Wahrnehmungsverträge,[253] die von den Verwertungsgesellschaften einseitig formuliert werden, und auf deren Gestaltung der Berechtigte daher keinen Einfluß hat.[254]

Der Begriff der Angemessenheit ist im Gesetz nicht definiert und seine Definition im Schrifttum umstritten.[255] In Anbetracht dessen, daß der Gesetzgeber die Generalklausel als Regelungsinstrument immer dort verwendet, wo ihm eine abschließende gesetzliche Festlegung aufgrund der Vielschichtigkeit des Problems nicht möglich ist,[256] ist eine abstrakte Definition des Begriffs Angemessenheit, die allen Einzelfällen gerecht wird, nicht möglich.[257] Der Begriff der Angemessenheit läßt sich daher nur mit dem Blick auf einen bestimmten Sachverhalt bestimmen.

Angemessen sind Bedingungen jedenfalls dann, wenn sie Art und Umfang der wahrgenommenen Rechte entsprechen, d.h., wenn sich die Leistung der Berechtigten (Einbringung der Rechte) und Gegenleistung der Verwertungsgesellschaft (Ausschüttung etc.) entsprechen. Dabei sind Einschränkungen zugunsten der Effizienz der kollektiven Wahrnehmung zulässig.[258] Zu beachten ist aber, daß aufgrund der Konzeption des WahrnG die Verwertungsgesellschaften entscheiden, welche Bedingungen angemessen sind. Auch legen sie fest, wann Einschränkungen zugunsten der kollektiven Wahrnehmung zulässig sind. Dies ergibt sich zum einem daraus, daß das WahrnG den Verwertungsgesellschaften bei der Bestimmung der Angemessenheit einen weiten Gestaltungsspielraum zugesteht,[259] und das WahrnG wegen der Privatautonomie der Verwertungsge-

---

252 Vogel GRUR 1993, S. 513 (518).

253 Vgl. Mauhs Wahrnehmungsvertrag, S. 49.

254 Vgl. zur Anwendbarkeit des AGBG, unten, 2. Kap. III 1.

255 Vgl. Nachweis bei Dünnwald in FS Kreile, S. 161 (165); Nordemann in Fromm/Nordemann § 6 WahrnG, Rdnr. 5.

256 Vgl. Reinbothe Schlichtung, S. 40/41.

257 So auch Kreile/Becker in Moser/Scheuermann Handbuch, S. 640; Seifert in Moser/Scheuerann Handbuch, S. 913.

258 Nordemann in Fromm/Nordemann § 6 WahrnG, Rdnr. 6; Dünnwald in FS Kreile, S. 161 (164/165).

259 Vgl. Begründung zum Entwurf zum WahrnG, BT-Drucks. IV/271, S. 16.

sellschaften auf die interne Organisation nur wenig Einfluß nimmt.[260] Auch enthält das WahrnG keine näheren Vorgaben dazu, wann eine Bestimmung angemessen ist, so daß letztlich die Verwertungsgesellschaften verbindlich die Angemessenheit festlegen.

(b) Einzelne Bestimmungen des Wahrnehmungsvertrages

Im folgenden soll kurz dargestellt werden, inwieweit die Verwertungsgesellschaften dem Angemessenheitsgebot i.S.d. § 6 Abs. 1 WahrnG nachkommen.

(aa) Umfang der Rechteübertragung

Die Angemessenheit des Umfanges der Rechtsübertragung bestimmt sich danach, inwieweit die Interessen der Berechtigten an einer möglichst weitgehenden Verfügbarkeit über ihre Rechte und der der Verwertungsgesellschaften an einer möglichst umfangreichen Übertragung und Kollektivierung der Rechte in Einklang gebracht werden.[261] Den Interessenausgleich nehmen ausschließlich die Verwertungsgesellschaften vor.

Unabhängig von der Frage, ob die Berechtigten ein (finanzielles) Interesse an der freien Verfügbarkeit ihrer Rechte und an der Einräumung der Rechte an ausländischen Verwertungsgesellschaften haben,[262] muß den Urhebern als Ausfluß des individuellen Herrschaftsrechtes doch die Freiheit zugestanden werden, frei darüber zu bestimmen, durch wen sie ihre Rechte wahrnehmen lassen wollen, also auch andere als inländische Verwertungsgesellschaften mit der Wahrnehmung ihrer Rechte zu betrauen.

Nicht alle Verwertungsgesellschaften sehen eine sachlich und räumlich eingeschränkte Rechteübertragung als Regel vor.[263] Zum Teil wird die unbeschränkte Rechteübertragung als unangemessen angesehen, da sie die Verfügungsfreiheit

---

260 Vgl. Dünnwald in FS Kreile, S. 161 (166); Hillig in FS Kreile, S. 295 (298/299).

261 Vgl. Vogel GRUR 1993, S. 513 (525).

262 Bejahend Rehbinder DVBL 1992, S. 216 (218/219); verneinend Nordemann GRUR 1992, S. 584 (585), zur Haltung von Europäischer Kommission und EuGH, s. unten, 5. Kap. 2 b bb (1).

263 Vgl. Ziff. I (2) Wahrnehmungsvertrag "ausübende Künstler" GVL § 2 (2) S. 2 Gesellschaftsvertrag GVL uneingeschränkte Beschränkung möglich; § 16 Wahrnehmungsvertrag GEMA Beschränkung durch Individualvereinbarung; vgl. auch Vogel GRUR 1993, S. 513 (525).

der Berechtigten zu sehr einschränke.[264] Für die Angemessenheit spricht das Funktionsinteresse der kollektiven Wahrnehmung durch Verwertungsgesellschaften, die auf einem möglichst lückenlosen Repertoire baut.[265] Daneben ist auch bei den Verwertungsgesellschaften, die eine unbeschränkte Rechteübertragung in ihren Wahrnehmungsverträgen vorschreiben, z.T. eine Beschränkung der Rechteübertragung als Ausnahmeregelung möglich.[266] Gerade diese Ausnahmeregelung verhindert, daß der Berechtigte im Hinblick auf die Verwaltung der Rechte zu sehr beschränkt wird, auf der anderen Seite wird die Arbeit der Verwertungsgesellschaften nicht eingeschränkt.

Unbestritten angemessen ist nach herrschender Meinung die Praxis der Verwertungsgesellschaften, sich auch die Rechte an zukünftig entstehenden Werken einräumen zu lassen.[267] Diese Praxis erspart insbesondere Verwaltungskosten, die sonst durch den dann notwendigen Abschluß eines neuen Wahrnehmungsvertrages entstehen würden.[268]

Umstritten ist die Praxis der Verwertungsgesellschaften, sich auch die Rechte der zum Zeitpunkt des Vertrages noch unbekannten Nutzungsarten einräumen zu lassen.[269] Die Unangemessenheit dieser Praxis wird damit begründet, daß nach § 31 Abs. 4 UrhG, der auch auf Wahrnehmungsverträge anwendbar sei,[270] die Übertragung künftiger Nutzungsarten unwirksam sei.[271] Dagegen spricht, daß § 31 Abs. 4 UrhG von seinem Schutzzweck her nicht auf Wahrnehmungsverträge anwendbar ist.[272] Wie die kollektive Wahrnehmung durch Verwertungsgesellschaften auch, dient § 31 Abs. 4 UrhG der Sicherung der finanziellen Beteiligung des Urhebers.[273] § 31 UrhG will ausschließen, daß der Urheber bei der Rechteübertragung übervorteilt wird und ihm die Mehrerträge, die der Fortschritt der Technik für sein Werk bringt auch zufließen.[274]

---

264 Rehbinder DVBL 1992, S. 216 (219); Mauhs Wahrnehmungsvertrag, S. 92/93.

265 Vgl. Nordemann GRUR 1992, S. 584 (586); Vogel GRUR 1993, S. 513 (525).

266 Vgl. § 1 Abs. 2, Wahrnehmungsvertrag VG Bild-Kunst; Vogel GRUR 1993, S. 513 (525).

267 Vgl. § 1 Wahrnehmungsvertrag GEMA; § 1 Wahrnehmungsvertrag VG Bild-Kunst.

268 Vogel GRUR 1993, S. 513 (525); Mauhs Wahrnehmungsvertrag, S. 96; Seifert in Moser/Scheuermann Handbuch, S. 920/921.

269 Vgl. etwa § 1 Ziff. 1 Wahrnehmungsvertrag GEMA.

270 Vgl. BGH GRUR 1986, S. 62 (65) GEMA - Vermutung I, BGH GRUR 1986, S. 296 (298) GEMA - Vermutung III.

271 Rehbinder DVBL 1992, S. 216 (219); Mauhs Wahrnehmungsvertrag, S. 99/100; Schack Urheberrecht, Rdnr. 1206.

272 Vgl. Scheuermann Videoauswertung, S. 70; Schricker in Schricker §§ 31/32, Rdnr. 29.

273 Vgl. BT-Drucks. IV/271, S. 56.

274 Hertin in Fromm/Nordemann §§ 31/32, Rdnr. 9.

Diesem Zweck dient auch die kollektive Wahrnehmung durch Verwertungsgesellschaften. Gerade in den von der technischen Entwicklung betroffenen Bereichen werden erst die Verwertungsgesellschaften aufgrund ihrer Erfahrung und Ausstattung in der Lage sein, die technische Entwicklung im Auge zu behalten und fällige Vergütungen für die neuen Nutzungsarten auch durchsetzen können.[275] Die Einräumung der Rechte auch für unbekannte Nutzungsarten dient gerade deren Durchsetzung. Die Klausel dient also sowohl der effektiven Wahrnehmung, als auch den Interessen der Berechtigten und ist somit als angemessen anzusehen.[276]

Allerdings sollten auch hier Ausnahmeregelungen möglich sein, die den individuellen Bedürfnissen der Berechtigten im Einzelfall gerecht werden. Dem Berechtigten sollte durch einfache Erklärung gegenüber den Verwertungsgesellschaften die Möglichkeit gegeben werden, die Rechte an den neuen Nutzungsarten kurzfristig von der Verwaltung durch die Verwertungsgesellschaft auszunehmen.[277] Eine solche Ausnahmeregelung erschwert die Arbeit der Verwertungsgesellschaften auch nicht zu stark, da, sollte eine entsprechende Erklärung nicht abgegeben werden, die Rechte durch die Verwertungsgesellschaften wahrgenommen werden, und der Berechtigte auch nicht im Bereich der neuen Nutzungsarten schutzlos bleibt, da seine Rechte nicht wahrgenommen werden.

(bb) Sonstige Bestimmungen

Zu begrüßen ist die Praxis einiger Verwertungsgesellschaften in bestimmten Bereichen eine individuell-kollektive Wahrnehmung zuzulassen, durch die die Berechtigten die Beachtung ihrer individuellen Interessen auch bei der kollektiven Wahrnehmung sicherstellen können.[278]

Als unangemessen werden z.T. die sog. Einbeziehungsklauseln in den Wahrnehmungsverträgen angesehen, wonach künftige Änderungen der Satzung, der Verteilungspläne und des Wahrnehmungsvertrages selbst, Vertragsbestandteil werden.[279] [280] Diese Bestimmungen seien dann unangemessen, wenn die Berechtigen an den Änderungen nicht beteiligt worden seien.[281]

---

275 Vgl. auch Nordemann GRUR 1992, S. 584 (586).

276 So auch Nordemann GRUR 1992, S. 584 (586); s. a. Vogel GRUR 1993, S. 513 (525).

277 Schricker in Schricker §§ 31/32 Rdnr. 29.

278 Vgl. oben, 1. Kap. I 1.

279 Vgl. § 6 Wahrnehmungsvertrag GEMA; § 5 Abs. 1 und 2 Wahrnehmungsvertrag VG Wort.

280 Mauhs Wahrnehmungsvertrag, S. 159.

281 Vogel GRUR 1993, S. 513 (526).

Für die Einbeziehungsklauseln spricht, daß die Einbeziehung die Arbeitsweise der Verwertungsgesellschaften erleichtern. Da die Satzung etc. Bestandteil des Wahrnehmungsvertrages sind, müßten die Gesellschaften ohne diese Klauseln nach jeder Satzungsänderung, etc. neue Verträge mit den Berechtigten schließen.[282] Die Einbeziehungsklausel ist aber nicht die einzig mögliche Praxis, um künftige Satzungsänderungen etc. zum Bestandteil des Vertrages zu machen. Da die Einwilligungsmöglichkeit von Berechtigten, die Nichtmitglieder bzw. Nichtgesellschafter der Verwertungsgesellschaften sind, bei Satzungsänderungen beschränkt sind, entspricht es eher ihrer Privatautonomie ihnen ein Widerspruchsrecht zu der Einbeziehung der Satzungsänderung einzuräumen. Dadurch werden Satzungsänderungen, etc. nicht automatisch Vertragsbestandteil, sondern erst nach Ablauf der Widerspruchsfrist.[283] Dies führt auch nicht zu einer unangemessenen Belastung der Arbeit der Verwertungsgesellschaften, deren Organisation und Arbeitsweise durch den Einsatz von Datenverarbeitung erheblich erleichtert ist. So ist es auch möglich, Wahrnehmungsverträge mit unterschiedlichen Vertragsbestandteilen zu verwalten, ohne daß dies zu einem unverhältnismäßigen Ansteigen der Verwaltungskosten führt.

Es erscheint daher angemessen, die Einwilligungsklauseln um ein Widerspruchsrecht, insbesondere der Nichtmitglieder, zu erweitern.[284] Ansonsten müßte der Berechtigte Änderungen des Wahrnehmungsvertrages widerspruchslos hinnehmen, auf die er als Nichtmitglied bzw. Nichtgesellschafter u.U. gar keinen Einfluß hat. Die Aufsicht über die Satzungsänderung etc. durch das DPMA[285] allein kann den individuellen Bedürfnissen der Berechtigten nicht ausreichend Rechnung getragen.

Auch die Kündigungsfristen der Verwertungsgesellschaften sind zum Teil als unangemessen zu beanstanden.[286] Die Kündigungsfristen betragen zwischen ein und sechs Jahren. Obwohl eine lange Laufzeit der Wahrnehmungsverträge der Effizienz der kollektiven Wahrnehmung dient, da sie zu einer Senkung der Verwaltungskosten führt und den Verwertungsgesellschaften ermöglicht, Verwertern über einen langen Zeitraum ein umfangreiches Rechtepaket einzuräumen, darf dies nicht dazu führen, daß die Berechtigten u.U. erst nach sechs Jahren über ihre Rechte verfügen können. Wenngleich die Kündigungsfrist nur in Ausnahmefällen sechs Jahre beträgt,[287] führen die langen Kündigungsfristen, d.h.

282 Vgl. Mauhs Wahrnehmungsvertrag, S. 157.
283 Schack Urheberrecht Rdnr. 1205.
284 A.A.: Mauhs Wahrnehmungsvertrag, S. 158/159.
285 Vgl. Vogel GRUR 1993, S. 513 (526).
286 Rehbinder DVBL 1992, S. 216 (218); Mauhs Wahrnehmungsvertrag, S. 77.
287 Die Laufzeit von sechs Jahren gilt nur für Nichteuropäer, vgl. § 10 Wahrnehmungsvertrag - GEMA; § 3 Ziff. 2 GEMA - Satzung.

mehr als drei Jahre,[288] generell zu einer ungerechtfertigten Beschränkung der Freiheit der Berechtigten, die Verwertungsgesellschaft kurzfristig zu verlassen und zu einer anderen zu wechseln. Eine solch lange Kündigungsfrist kann, da sie die Verfügungsfreiheit der Berechtigten erheblich einschränkt, nicht mit den Erfordernissen der kollektiven Wahrnehmung gerechtfertigt werden. Sie sind daher als unzulässig abzulehnen.[289] Im übrigen sehen ja auch die Wahrnehmungsverträge einzelner Verwertungsgesellschaften sehr viel kürzere Kündigungsfristen vor, was dafür spricht, daß längere Kündigungsfristen für die Arbeit der Verwertungsgesellschaften nicht unbedingt notwendig sind.[290]

(c) Zwischenergebnis und Kritik

Wie die Übersicht gezeigt hat, ist die Aufsicht durch das DPMA nicht vollständig in der Lage, die Urheber und sonstige Berechtigte vor übermäßiger Einschränkung ihrer Positionen und Rechte und somit vor ungerechtfertigten Kollektivierungen zu schützen.[291] Das Interesse der Verwertungsgesellschaften, ungehindert über möglichst viele Rechte verfügen zu können, führt insbesondere bei der Ausgestaltung des Wahrnehmungsvertrages zu einer übermäßigen Kollektivierung der Rechte und teilweisen Bevormundung der Urheber und Leistungsschutzberechtigten, was sich in der Auferlegung unangemessener Wahrnehmungsbedingungen niederschlägt. Hierzu zählt die Praxis der Einbeziehung von Änderungen der Satzung und des Verteilungsplanen in den Wahrnehmungsvertrag und z.T. die Laufzeit der Verträge. Diese sind als unangemessen i.S.d. § 6 WahrnG anzusehen.

Daneben ist der Begriff der Angemessenheit wegen seiner weiten Fassung zu kritisieren. Aufgrund der Konzeption des WahrnG steht es letztlich den Verwertungsgesellschaften zu, die Angemessenheit verbindlich festzulegen. § 6 WahrnG verfolgt erst in zweiter Linie das Ziel, den Urheber vor ungerechtfertigten Kollektivierungen seiner Rechte und Einschränkung seiner Freiheit zu schützen.[292] So mag zwar die generelle Einbeziehung neu geschaffener Werke in

---

288 Vgl. § 11 Wahrnehmungsvertrag VGF.

289 Im Ergebnis auch Mauhs Wahrnehmungsvertrag, S. 75/76/77, Rehbinder DVBL 1992, S. 216 (218); i. ü. EG-Kommission, Entscheidung vom 02.06.1971, GRUR 1971, S. 86, 88.

290 Nach § 10 VG-Wahrnehmungsvertrag ist eine Kündigung zum Jahresende mit einer 12-monatigen Kündigungsfrist möglich; Schack Urheberrecht Rdnr. 1202.

291 Vgl. auch Rehbinder DVBL 1992, S. 216 (218/219); Vogel GRUR 1993, S. 513 (524/525/526).

292 In der Begründung zum Regierungsentwurf wird hierauf nicht eingegangen, vgl. BT-Drucks. IV/271, S. 10/15; im Vordergrund steht der Schutz vor wirtschaftlichen Schäden.

den Wahrnehmungsvertrag ohne die Möglichkeit, diese von der kollektiven Wahrnehmung auszunehmen sowie die Nichtbeachtung der Möglichkeit die Rechte auch kollektiv-individuell wahrnehmen zu lassen, dem Angemessenheitsgebot entsprechen, dem Schutz des Urhebers vor unberechtigten Kollektivierungen wird hierdurch nicht ausreichend Rechnung getragen.[293] Die Aufsicht des DPMA über die Wahrnehmungsverträge nach der Konzeption des WahrnG vermag daher nicht die Aufrechterhaltung des Konzeptes des individuellen Herrschaftsrechtes und den Schutz der Freiheit des Urhebers in vollem Umfange zu garantieren.

Die Frage, ob Satzung und Verteilungsplan der Verwertungsgesellschaft, die ja auch Bestandteil des Wahrnehmungsvertrages sind, angemessen sind, wird gesondert behandelt.

(2) Satzung/Gesellschaftsvertrag

Durch Satzung bzw. Gesellschaftsvertrag wird der Umfang des Einflusses des Berechtigten auf die Gesellschaft und daher auch der des Urhebers auf die Wahrnehmung des von ihm geschaffenen Werkes bestimmt. Als Bestandteil des Wahrnehmungsvertrages unterliegen Satzung und Gesellschaftsvertrag, wie der Vertrag selber, dem Angemessenheitsgebot nach § 6 Abs. 1 WahrnG.

Der Wahrnehmungszwang gibt lediglich einen Anspruch auf Abschluß eines Wahrnehmungsvertrages, nicht aber auf Aufnahme als Mitglied.[294] Dadurch soll sichergestellt werden, daß Berechtigte, die nur einen geringen Anteil am Gesamtaufkommen haben, die Verwertungsgesellschaft nicht dominieren.[295] Um auch diesen Berechtigten einen Einfluß auf ihre Rechtewahrnehmung zu sichern, sind die Verwertungsgesellschaften nach § 6 Abs. 2 WahrnG verpflichtet, für diese eine Vertretung zu bilden.

(a) Mitgliedschaftsstellung

Die Aufnahme von Verlegern als Mitglieder in die Verwertungsgesellschaft verstößt nicht gegen das Angemessenheitsgebot nach § 6 Abs. 1 WahrnG.[296] Nach

---

293 Vgl. zu diesem Kriterium der Aufsicht Leisner UFITA Bd. 48 (1966), S. 46 (57).

294 Reinbothe in Schricker § 6 WahrnG, Rdnr. 3.

295 Begründung zum Regierungsentwurf des WahrnG BT-Drucks. IV/271, S. 16.

296 DPMA UFITA Bd. 81 (1978), S. 348 (358); Schulze FUR 1980, S. 179 (180); Melichar UFITA Bd. 117 (1991), S. 5 (13); Ulmer GEMA-Nachrichten 1978, S. 99 (105).

Auffassung des DPMA gibt die Aufnahme als Mitglied den Verlegern keinen unverhältnismäßigen Einfluß auf die Verwertungsgesellschaft und ist daher auch nicht unangemessen.[297] Da Urheber und Verleger voneinander abhängig sind, würde dieses Zusammenspiel Schaden nehmen, wenn man den Verlegern die Mitgliedschaft verweigert.[298] Die Gewährung der Mitgliedschaftsrechte an Verleger darf aber nicht dazu führen, daß diese etwa wegen ihrer u.U. größeren wirtschaftlichen Erfahrung die Geschäftsführung der Verwertungsgesellschaften dominieren und die sonstigen Berechtigten übervorteilen.[299] Das DPMA hat dies bei der Prüfung von Satzungsänderungen zu beachten.

Die Verwertungsgesellschaften haben diesem Problem teilweise dadurch Rechnung getragen, daß der Einfluß der Nicht-Urheber durch Verfahrensvorschriften bei der Abstimmung in der Mitgliederversammlung und/oder durch die Einführung von Quoten bei der Besetzung von Organen zahlenmäßig und damit auch inhaltlich beschränkt wird.[300]

Der Einfluß der Mitglieder bei den als Vereinen organisierten Verwertungsgesellschaften wird insbesondere über die Mitgliederversammlung ausgeübt. Die Kompetenzen dieser variieren. Gemeinsam ist allen, daß sie über die Wahl und Entlastung des Aufsichtsrates bzw. Verwaltungsrates, über Satzungsänderungen, über Änderungen des Wahrnehmungsvertrages und über die Änderung der Verteilungspläne entscheiden.[301] Die Mitgliederversammlung entscheidet nicht über die Grundsätze der Wahrnehmung der Rechte durch die Verwertungsgesellschaft, d.h. Lizenzierungspraxis und Tarifaufstellung, etc. Hierüber entscheidet ein Kontrollorgan, Aufsichtsrat bzw. Verwaltungsrat, der von den Berechtigten gewählt wird.[302] Diesem Verwaltungsorgan obliegen weitere Mitbestimmungsrechte, die die Wahrnehmung der Rechte betreffen.

---

297 So aber Ruzika zitiert bei DPMA UFITA Bd. 81 (1978), S. 348 (351/352); ders. FUR 1979, S. 507 (508/509).

298 DPMA UFITA Bd. 81 (1978), S. 348 (359/360); s. a. Menzel Aufsicht, S. 19; Nordemann in Fromm/Nordemann § 1 WahrnG, Rdnr. 2; Mestmäcker/Schulze § 3 WahrnG, Anm. 1c.

299 Vgl. zum Problem Mauhs Wahrnehmungsvertrag, S. 131.

300 Vgl. z.B. §§ 11, 12 Ziff. 2, 13 Ziff. 1 GEMA - Satzung; kritisch zum Kuriensystem, da dieses Veränderungen erschwere, Schack Urheberrecht, Rdnr. 1199;

301 Vgl. § 10 Abs. 6 GEMA - Satzung; § 6 VG Wort - Satzung; § 8 Abs. 4 VG Bild-Kunst - Satzung; § 7 Abs. 2 VG Musikedition - Satzung; s.a. Vogel GRUR 1993, S. 513 (520).

302 § 13 Abs. 3 GEMA - Satzung; § 10 Abs. 4 VG Wort - Satzung; § 14 VG Bild-Kunst - Satzung.

Diese Ausgestaltung der Mitgliederbefugnisse ist angemessen und genügt den Anforderungen des Konzeptes des individuellen Herrschaftsrechtes.[303] Eine weitere Einflußnahme der Mitglieder, etwa im Rahmen der Mitgliederversammlung, erscheint wegen der Vielzahl der unterschiedlichen Interessen der Urheber wenig praktikabel. Da bei den als GmbH organisierten Verwertungsgesellschaften nur die Gründungsmitglieder, i.d.R. Interessenvereinigungen, Gesellschafter sind, üben die Berechtigten ihren Einfluß auf die Wahrnehmung ihrer Rechte nur über die Kontrollorgane aus.[304] Zum Teil kommt aber bei den als GmbH organisierten Gesellschaften, deren Gesellschafter Interessenverbände der Berechtigten sind, ein indirekter Einfluß der Berechtigten insofern in Betracht, als die Berechtigten ihre Interessenverbände verpflichten, ihre Interessen im Rahmen von deren Gesellschafterstellung zu beachten und durchzusetzen.[305]

(b) Rechte von Nichtmitgliedern

§ 6 Abs. 2 soll den Einfluß der Nichtmitglieder bzw. Nichtgesellschafter auf die Gesellschaft sicherstellen. Die zu bildende Vertretung muß daher einen Einfluß auf die Entscheidungsorgane ausüben können.[306] Dabei steht den Verwertungsgesellschaften im Hinblick auf ihre Selbstautonomie ein weiter Gestaltungsspielraum zu.[307]

Bei den als Vereinen organisierten Verwertungsgesellschaften wird der Einfluß der Nichtmitglieder durch eine Teilnahme an der Mitgliederversammlung über Delegierte ausgeübt.[308] Die Anzahl der Delegierten in der Mitgliederversammlung ist auf Kritik gestoßen, da diese nicht das tatsächliche Aufkommen der Nichtmitglieder an dem Gesamtaufkommen widerspiegelt.[309] Die Festlegung der Vertreterzahl unabhängig vom Tantiemeaufkommen, benachteilige so die Nichtmitglieder ohne rechtlichen Grund.[310] Obwohl die Festlegung der Einflußmöglichkeit auf Grundlage des Tantiemeaufkommens die einzig verläßliche Größe ist, eine dem Wert der Rechte entsprechende Einflußnahme sicherzustel-

303 Vgl. zu den Anforderungen an die Mitbestimmung über die Wahrnehmung der Rechte, oben 1. Kap. I 1/2 und Ficsor Collective Administration, S. 76.

304 Vgl. Rehbinder DVBL 1992, S. 216 (221).

305 Dördelmann in FS Hertin, S. 31 (35).

306 Häußer FUR 1980, S. 57 (66); Haertel UFITA Bd. 50 (1967), S. 7 (16); Peinemann UFITA Bd. 52 (1969), S. 153 (164).

307 Dünnwald in FS Kreile, S. 161 (162/163/165).

308 Vgl. dazu oben, 2. Kap. I 3. Freilich sind diese Delegiertensysteme unterschiedlich ausgestaltet; vgl. Dördelmann in FS Hertin, S. 31 (39 - 41).

309 Rehbinder DVBL 1992, S. 218 (220); vgl. auch Menzel Aufsicht, S. 59; Mauhs Wahrnehmungsvertrag, S. 19/120.

310 Rehbinder DVBL 1992, S. 218 (220).

len,[311] findet dieses Erfordernis aber keine Grundlage im Gesetz. § 6 Abs. 2 WahrnG soll lediglich sicherstellen, daß die Nichtmitgliedern überhaupt einen Einfluß auf die Geschicke der Gesellschaft haben, wobei sie die Mitglieder nicht dominieren dürfen.[312] Bei der Ausgestaltung des Einflußorgans haben die Verwertungsgesellschaften einen weiten Gestaltungsspielraum und sind nicht an die Tantiemeaufkommen als Richtgröße der Einflußnahe gebunden. Dem gesetzgeberischem Zweck des § 6 Abs. 2 WahrnG dient die Ausgestaltung der Delegiertensysteme in ihrer jetzigen Form daher vollständig,[313] vorausgesetzt, die Delegierten können im Rahmen der Mitgliederversammlung die Interessen auch tatsächlich vertreten.

Bei den als GmbH organisierten Verwertungsgesellschaften können, infolge der geringen Gesellschafterzahl, die Berechtigten nur Nichtgesellschafter werden. § 6 Abs. 2 WahrnG gilt daher für alle Berechtigten.[314]

Die Gesellschafter üben ihren Einfluß auf die Gesellschaft über die Gesellschafterversammlung und die Beiräte aus,[315] während die Nichtgesellschafter nur in letzterem vertreten sind. Um die Anforderungen des § 6 Abs. 2 WahrnG zu erfüllen, haben die Verwertungsgesellschaften einen Beirat zu bilden.[316] Der Beirat muß so ausgestaltet sein, daß die Wahrnehmungsberechtigten einen Einfluß auf die Gesellschaft ausüben, ohne die Gesellschafter überstimmen zu können.[317] Den Verwertungsgesellschaften steht bei der Ausgestaltung der Beiräte ein weiter Gestaltungsspielraum zu.[318]

Die bestehenden Beiräte beschließen u.a. Änderungen des Wahrnehmungsvertrages, die Verteilungspläne und beraten z.T. über die Lizenzierungspraxis und Tarife.[319] Die Beiräte entscheiden nicht über Änderungen des Gesellschafterver-

311 Kritisch Nordemann GRUR 1992, S. 584 (587).

312 Begründung zum Entwurf des WahrnG BT-Drucks. IV/271, S. 16.

313 So auch Menzel Aufsicht, S. 60; Nordemann GRUR 1992, S. 584 (587); Häußer FUR 1980, S. 57 (66); Peinemann UFITA Bd. 52 (1969), S. 153 (164); Vogel GRUR 1993, S. 513 (520); Dördelmann in FS Hertin, S. 31 (40/41).

314 Rehbinder DVBL 1992, S. 216 (221).

315 Vogel GRUR 1993, S. 513 (520/521).

316 Hillig in FS Kreile, S. 295 (296/301).

317 Nordemann in Fromm/Nordemann § 6 WahrnG, Rdnr. 10.

318 Hillig in FS Kreile, S. 295 (296).

319 Vgl. § 7 (4) GVL - Gesellschaftervertrag; § 10 VFF - Gesellschaftervertrag; § 7.5 GWFF Gesellschaftervertrag, nur über Verteilungspläne, § 11 (4) GÜFA - Gesellschaftervertrag.

trages und die Abberufung des Geschäftsführers. Dies ist ihnen z.T. aus gesellschaftsrechtlichen Gründen verwehrt.[320]

Die Beiräte der bestehenden, als GmbH organisierten, Verwertungsgesellschaften bestehen sowohl aus Vertretern von Wahrnehmungsberechtigten und von Gesellschaftern. Bei der GVL und GÜFA[321] ist der Beirat paritätisch besetzt, d.h. besteht zur Hälfte aus Vertretern der Wahrnehmungsberechtigten und zur Hälfte aus Vertretern der Gesellschafter. Bei der VGF und GWFF[322] sind der Beirat zu 2/3 aus Vertretern von Wahrnehmungsberechtigten und zu 1/3 aus denen von Gesellschaftern zusammengesetzt. Bei der VFF besteht der Beirat aus 6 Vertretern von Gesellschaften und 4 von Berechtigten, wobei die Abstimmung nach Kurien erfolgt.[323] Bei der AGICOA sowie VG - Satellit besteht der Beirat aus 2 Vertretern von Gesellschaftern und 4 der Wahrnehmungsberechtigten, bzw. 3 Mitgliedern der Gesellschafter und 4 Mitglieder der Wahrnehmungsberechtigten.[324]

Sowohl die Kompetenz der Beiräte als auch deren Zusammensetzung sind zu recht kritisiert worden. Zum einen würden den Wahrnehmungsberechtigten durch die Ausgestaltung der Kompetenz der Beiräte ein echter Einfluß auf die Willensbildung und auf die Entscheidungsprozesse der Gesellschaft vorenthalten.[325] Zum anderen ist auch die Besetzung der Beiräte kritisiert worden, da in den meisten Beiräten, die ja gerade Interessenvertreter der Nichtgesellschafter sein sollen, die Vertreter der Gesellschafter dominieren. Eine Ausnahme bilden insofern die Beiräte von AGICOA und VG - Satellit, was auf eine Intervention des DPMA zurückzuführen ist.[326] Wegen der dargestellten beschränkten Kompetenz und Übermacht der Gesellschaftervertreter im übrigen, sind folglich die Beiräte in ihrer Zusammensetzung nicht in der Lage, die Interessen der Nichtgesellschafter ausreichend gegenüber der Verwertungsgesellschaft wahrzunehmen. Nicht nur sind die Kompetenzen der Beiräte beschnitten, die Gesellschafter dominieren häufig aufgrund Ihrer Mehrzahl die Vertretung der Nichtmitglieder, so

---

320 Vgl. §§ 53 Abs. 1 GmbHG, aber § 46 Nr. 5 GmbHG, vgl. Lutter/Hommelhoff GmbHG § 46 Rdnr. 11, s. a. Nordemann GRUR 1992, S. 584 (588); Hillig in FS Kreile, S. 295 (298/299).

321 Vgl. § 7 (1) und (4) GVL - Gesellschaftervertrag; §§ 11 (1) und (4) GÜFA - Gesellschaftervertrag.

322 §§ 9 und 10 VGF - Gesellschaftervertrag; §§ 7.2 und 7.5 GWFF Gesellschaftervertrag

323 Vgl. § 11 Gesellschaftervertrag VFF; s. a. Hillig in FS Kreile S. 292 (296/297).

324 vgl. § 11 AGICOA Gesellschaftervertrag und § 11 VG - Satellit - Gesellschaftsvertrag.

325 vgl. Rehbinder DVBL. 1992, S. 216 (221), Mauhs Wahrnehmungsvertrag, S. 140; Peinemann UFITA Bd. 52 (1969), S. 153 (164/165); im übrigen Dördelmann in FS Hertin, S. 31 (48/49).

326 Dördelmann in FS Hertin, S. 31 (42).

daß der Beirat als Interessenvertretung gegenüber der Gesellschaft praktisch ausscheidet.[327]

Folglich sollte der Beirat als Organ, welches die Interessen der Nichtgesellschafter gegenüber den Gesellschaften wahrnehmen soll, in der Mehrzahl mit Vertretern von Nichtgesellschaftern und somit Wahrnehmungsberechtigten besetzt sein,[328] wenn nicht sogar sämtliche Mitglieder von den Wahrnehmungsberechtigten zu bestimmen sind.[329] Nur durch eine stimmenmäßige Überzahl der Vertreter der Wahrnehmungsberechtigten kann der Beirat als Vertretungsorgan der Nichtmitglieder überhaupt funktionieren und die Interessen der Berechtigten gegenüber den Organen der Gesellschaft, dem Geschäftsführer und der Gesellschafterversammlung, wahrnehmen. Weiterhin sind auch die Kompetenzen der Beiräte zu erweitern, um ein Mitbestimmungsrecht zumindest in allen für die Wahrnehmung wichtigen Fragen zu garantieren.[330] Zu diesem Mindestrechten gehört eine Mitbestimmung über den Umfang der wahrzunehmenden Rechte, Gestaltung der Wahrnehmungsbedingungen, Satzungs- und Gesellschaftsänderungen, Aufstellung und Änderung von Verteilungsplänen, Anrufung der Schiedsstelle nach § 14 ff. WahrnG, das Führen von Musterprozessen, Feststellung des Jahresabschlusses, Verabschiedung des Geschäftsberichtes, des Budgets und der Entlastung der Geschäftsführung, die Bestellung der Abschlußprüfer, die Bestellung und Abberufung der Geschäftsführer sowie Mitbestimmung bei Eingehen von finanziellen Verpflichtungen.[331] Soweit die Kompetenz des Beirates, wie beispielsweise die Bestimmung über die Änderung des Gesellschaftervertrages, mit dem Gesellschaftsrecht in Konflikt gerät, so genügt es, die Entscheidungen grundsätzlich in die Kompetenz der Gesellschafterversammlung zu stellen, wenn vorher der Beirat zumindest bei der jeweiligen Änderung konsultiert und gehört wurde.

(c) Zwischenergebnis und Kritik

Die Kontrolle der Angemessenheit von Satzung bzw. des Gesellschaftsvertrages ist durch einen weiten Gestaltungsspielraum der Verwertungsgesellschaften und einer dadurch beschränkten Kontrolle des DPMA gekennzeichnet. Das WahrnG

---

327 Kritisch von daher Schack Urheberrecht, Rdnr. 1164; vgl. auch Rehbinder DVBL. 1992, S. 216 (221); Vogel GRUR 1993, S. 513 (521); im Ergebnis auch Dördelmann in FS Hertin, S. 31 (54/56/48/49).

328 Dördelmann in FS Hertin, S. 31 (45/46).

329 So Rehbinder DVBL. 1992, S. 216 (221).

330 Vgl. Reinbothe in Schricker, § 6 WahrnG, Rdnr. 15; a.A. Dünnwald in FS Kreile, S. 161, 164 ff.

331 Vgl. Übersicht bei Dördelmann in FS Hertin, S. 31 (48/49).

hat davon abgesehen, den Gestaltungsspielraum der Verwertungsgesellschaften einzuengen und hat insoweit keine Inhaltsbestimmung für die organisatorische Struktur der Verwertungsgesellschaften aufgestellt.[332]

Die den Mitgliedern und Nichtmitgliedern gewährten Einflußmöglichkeiten auf die Verwertungsgesellschaft und auf die Wahrnehmung ihrer Rechte mögen zwar dem weit gefaßten Angemessenheitsgebot des § 6 Abs. 1 und 2 WahrnG entsprechen. Es fragt sich aber zu Recht, ob insbesondere in Anbetracht der eingeschränkten Kontrollmöglichkeiten der Nichtmitglieder, vor allem in Beiräten der meistens als GmbH organisierten Verwertungsgesellschaften, diese Ausgestaltung der Kontrolle die Urheber ausreichend vor übermäßiger Bevormundung und Kollektivierung der Rechte schützt, und so den Anforderungen entspricht, die das Konzept des individuellen Herrschaftsrecht an diese stellt.[333] Eine echte Mitbestimmung erfordert, daß die Nichtmitglieder tatsächlich Einfluß auf Entscheidungen nehmen können, so daß die Wahrnehmung ihrer Rechte deren Wertigkeit entspricht. Dies ist durch die Kompetenzen und personellen Besetzungen der meisten Beiräte nicht der Fall.[334] Sie spiegeln nicht den Einfluß wieder, den das Konzept des individuellen Herrschaftsrechts den Rechteinhabern einräumt. So stellt die Ausgestaltung der Einflußorgane eine unberechtigte Kollektivierung dar, vor der auch § 6 WahrnG nicht ausreichend schützt, da diese für die Angemessenheit viel zu allgemeine Kriterien aufstellt und letztlich die Verwertungsgesellschaften entscheiden läßt, was angemessen i.S.d. § 6 WahrnG ist.

(3) Verteilungspläne

Nach § 7 S. 1 WahrnG sind Verwertungsgesellschaften verpflichtet, für die Ausschüttung ihrer Einnahmen Verteilungspläne aufzustellen, die ein willkürliches Vorgehen ausschließen. Daneben enthält das WahrnG Regelungen in Form von Sollvorschriften, kulturell bedeutende Werke zu fördern (§ 7 S. 2 WahrnG) sowie Vorsorge- und Unterstützungseinrichtungen zu etablieren (§ 8 WahrnG).

Obwohl umstritten ist, was unter dem Willkürverbot i.S.d. § 7 WahrnG zu verstehen ist - nach der einen Auffassung handelt es sich um eine sprachlich mißglückte Betonung des Angemessenheitsgebotes,[335] die andere möchte die Kon-

---

332 Dünnwald in FS Kreile, S. 161 (166).

333 Vgl. dazu oben, 1. Kap. II 1.

334 Im Ergebnis auch Mauhs Wahrnehmungsvertrag, S. 138, die allerdings von einem anderen Angemessenheitsbegriff ausgeht.

335 Nordemann GRUR Int. 1973, S. 306 (308); ders. in Fromm/Nordemann § 7 Rdnr. 2; s. a. Mauhs Wahrnehmungsvertrag, S. 57; Vogel GRUR 1993, S. 513 (521).

trolle nur auf die Verhinderung von Willkür beschränken,[336] - braucht dieser Streit nicht entschieden zu werden, da in der Praxis die Verteilungspläne als Bestandteil des Wahrnehmungsvertrages[337] dem allgemeinen Angemessenheitsgebot des § 6 Abs. 1 WahrnG unterliegen.[338] Die Frage, ob sich das Angemessenheitsgebot auch aus § 7 S. 1 WahrnG ergibt, ist daher irrelevant.

Soweit die Verwertungsgesellschaften von der Empfehlung in §§ 7 S. 2 und 8 WahrnG Gebrauch machen, unterliegt die Ausgestaltung auch dem Angemessenheitsgebot nach §§ 6, 7 WahrnG.[339]

Schutzzweck des § 7 WahrnG ist es sicherzustellen, daß die Einnahmen gerecht verteilt werden.[340] Da das WahrnG keine näheren Angaben dazu macht, wann ein Verteilungsplan die Anforderungen von §§ 6, 7 WahrnG erfüllt, steht den Verwertungsgesellschaften auch insoweit ein Entscheidungsspielraum bei deren Ausgestaltung zu. Ein angemessener Verteilungsplan i.S.d. WahrnG hat das Interesse der Berechtigten an einer möglichst der Nutzung ihrer Rechte entsprechenden individuellen Ausschüttung und der an einer effektiven und kostengünstigen Verteilung in Einklang zu bringen. Die Ausschüttung hat von daher der Nutzung der eingebrachten Rechte entsprechend so individuell und kostengünstig wie möglich zu erfolgen. Verteilungspläne müssen so gerecht wie möglich sein, dürfen auf der anderen Seite aber nicht zu einem großen Verwaltungsapparat führen.[341]

(a) Anteilsbemessung

Bei der Verteilung der Einnahmen ist zwischen der nach individuellen Gesichtspunkten und der nach pauschalisierten Grundsätzen zu unterscheiden.

Bei der individuellen Ausschüttung weist die Verwertungsgesellschaft dem Berechtigten die durch die Nutzung seines Werkes tatsächlich eingenommenen Vergütungen nach Abzug der Kosten der Rückstellungsbeträge und nach Abzü-

---

336 Reinbothe in Schricker § 7 WahrnG, Rdnr. 5; Häußer FUR 1980, S. 57 (68); Menzel Aufsicht, S. 52; Melichar UFITA Bd. 117 (1991), S. 5 (15/16); Mestmäcker/Schulze § 7 WahrnG, Rdnr. 1; KG Berlin WuW 1988, S. 56 (59); so zunächst auch das DPMA in UFITA Bd. 81 (1978), S. 348 (360/361).

337 Vgl. § 6a, Wahrnehmungsvertrag GEMA; § 5 Wahrnehmungsvertrag VG Wort.

338 Vgl. DPMA ZUM 1989, S. 506 (509), das nun bei Bestimmungen von Verteilungsplänen von "im Sinne von §§ 6, 7 WahrnG angemessen spricht"; vgl. auch Vogel GRUR 1993, S. 513 (525).

339 Nordemann in Fromm/Nordemann § 7 WahrnG, Rdnr. 2.

340 Begründung zum Entwurf des WahrnG BT-Drucks. IV/271, S. 10/16.

341 Melichar Wahrnehmung, S. 44.

gen für soziale und kulturelle Zwecke zu.[342] Voraussetzung für diese Form der Ausschüttung ist, daß die Nutzungen überhaupt oder mit wirtschaftlich vertretbaren Mitteln feststellbar sind.[343] Individuell ausgeschüttet werden z.B. Einnahmen aus dem Senderecht[344] und aus der mechanischen Vervielfältigung.[345] [346]

Soweit die tatsächliche Nutzung nicht oder nicht mit wirtschaftlich vertretbaren Mitteln festgestellt werden kann, erfolgt die Verteilung nach pauschalisierten Grundsätzen, bei denen anhand von verschiedenen Umständen auf den Umfang der Nutzung geschlossen wird.[347] So erfolgt z.B. die Ausschüttung der Bibliothekstantieme und der Photokopievergütung bei wissenschaftlichen Werken[348] anhand von gemeldeten Schreibmaschinenseiten eines Artikels oder nach dem Erscheinen von Büchern.[349] Der Berechtigte erhält einmal pro Jahr eine pauschale Vergütung zur Abgeltung seiner Ansprüche aus §§ 27 und 54 UrhG. Die Ausschüttung basiert auf der Vermutung, daß das Werk photokopiert oder ausgeliehen wurde, ohne daß dies tatsächlich der Fall sein muß.[350] Daneben werden auch die Einnahmen aus öffentlichen Hör- und Rundfunksendungen bei der VG Wort nach pauschalisierten Grundsätzen ausgeschüttet.[351]

Die Frage, nach welchem der beiden Verteilungsarten, individuell oder nach pauschalisierten Grundsätzen, die Verwertungsgesellschaft verfährt, ist eine Wertungsfrage, die allein die Verwertungsgesellschaft beantwortet. Dabei können unterschiedliche Verwertungsgesellschaften auch zu verschiedenen Ergebnissen kommen. So schüttet z.B. die GVL im Gegensatz zu den anderen Verwertungsgesellschaften das Senderecht für den ausübenden Künstler nicht anhand der individuellen Nutzung, sondern nach den für die Aufnahmen von den Tonträgerherstellern erzielten Vergütungen (Erstvergütungen) aus.[352]

---

342 Vogel GRUR 1993, S. 513 (522).

343 Melichar Wahrnehmung, S. 65.

344 Vgl. Ziff. V 3a Ausführungsbestimmungen zum Verteilungsplan GEMA für das Aufführungs- und Senderecht; § 13 Verteilungsplan VG Wort; Nr. 3 Verteilungsplan VG Bild-Kunst; § 4 (4) GÜFA - Satzung; Ziff. II - IV Ausführungsbestimmungen zum Verteilungsplan VG Musikedition.

345 Vgl. § 3 Ziff. 5 Verteilungsplan GEMA für mechanische Vervielfältigungsrechte; s. a. Kreile/Becker in Moser/Scheuermann Handbuch, S. 676.

346 Vgl. auch die Übersicht in Vogel GRUR 1993, S. 513 (523).

347 Vogel GRUR 1993, S. 513 (523).

348 Vgl. § 10 Verteilungsplan VG Wissenschaft.

349 Melichar Wahrnehmungsvertrag, S. 100.

350 Mauhs Wahrnehmungsvertrag, S. 145.

351 Melichar Wahrnehmungsvertrag, S. 105/106; vgl. auch die Übersicht in Vogel GRUR 1993, S. 513 (523).

352 Sog. Zweitverwertungszuschlag, vgl. Mauhs Wahrnehmungsvertrag, S. 144; Vogel GRUR 1993, S. 513 (523).

Die Verwertungsgesellschaften sollten aber beachten, daß die individuelle Ausschüttung dem Charakter der Urheberrechte als ausschließliche Rechte am besten gerecht wird.[353] Dadurch kann nämlich sichergestellt werden, daß der Schöpfer an jeder Nutzung, und damit an den Früchten seines Werkes, tatsächlich beteiligt wird. Ziel der Ausschüttung nach pauschalisierten Grundsätzen ist es dagegen, die Verwaltungskosten nicht in die Höhe zu treiben und insbesondere einen allzu teuren Verwaltungsapparat zu vermeiden.[354] Die Vorschrift des § 7 WahrnG enthält hierzu nichts konkretes, so daß es allein den Verwertungsgesellschaften obliegt, festzulegen nach welchen Grundsätzen ausgeschüttet wird.

(b) Quote

Sind neben dem Urheber insbesondere auch die Primärverwerter, wie Verleger oder sonstiger Inhaber von Rechten an dem genutzten Werk beteiligt, so erfolgt die Verteilung anteilig an diese Gruppen. Die in den Verteilungsplänen festgelegten Quoten gehen Individualvereinbarungen vor.[355]

Die Quotelung der Verwertungsgesellschaften unterliegt wie der Verteilungsplan, dem Angemessenheitsgebot nach §§ 6, 7 WahrnG.[356] Die Ausschüttung nach festgelegten Quoten, unabhängig von den getroffenen Individualvereinbarungen, entspricht diesem Grundsatz, da dies auf der einen Seite Verwaltungskosten erspart, die entstehen würden, wenn die Verwertungsgesellschaften gezwungen wären, die getroffenen Individualvereinbarungen aufzunehmen und bei der Ausschüttung auszuwerten. Auf der anderen Seite schützt die Regelung den Urheber vor Übervorteilung durch Primärverwerter.[357] In der Vergangenheit hat insbesondere die Quotelung bei der Ausschüttung für die mechanische Vervielfältigung[358] sowie die Aufteilung der Einnahmen der ZPÜ für die private Vervielfältigung nach § 54 Abs. 1 UrhG im Filmbereich[359] zu Streit geführt.

---

353 Vgl. Vogel GRUR 1993, S. 513 (522).

354 Melichar Wahrnehmungsvertrag, S. 144.

355 So ausdrücklich § 18 Ziff.1d VG Bild-Kunst - Satzung; vgl. auch Melichar UFITA Bd. 119 (1992), S. 5 (14/15); Mauhs Wahrnehmungsvertrag, S. 146; Vogel GRUR 1993, S. 513 (522).

356 Vgl. DPMA ZUM 1989, S. 506 (509); BVerfGE 79, S. 1 (17/18).

357 DPMA ZUM 1989 S. 506 (508); Mauhs Wahrnehmungsvertrag, S. 146; Vogel GRUR 1993, S. 513 (522).

358 Vgl. DPMA UFITA Bd. 81 (1978), S. 348 ff.

359 Vgl. Clausen Vergütung, S. 60 - 198; Nordemann in FS Voyaume, S. 173 (177 - 185); Rehbinder ZUM 1990, S. 234 - 238; DPMA ZUM 1989, S. 506 - 510; Häußer in FS Kreile, S. 281 (287/288); Reber GRUR 2000, S. 203 (208 - 211).

Anhaltspunkte für die Bestimmung der Angemessenheit einer Quote fehlen. Eine Auffassung fordert, daß eine Quote dann als angemessen i.S.d. §§ 6 und 7 WahrnG anzusehen ist, wenn sie dem Grundsatz der Wertigkeit der Rechte, sowie allgemeinen urheberrechtlichen Grundsätzen, wie dem Prinzip der angemessenen Beteiligung des Urhebers an der Nutzung des Werkes,[360] Rechnung trägt.[361] Daher sei eine Beteiligung des Urhebers, abhängig von der Nutzungsart und dem Zusammenspiel von Urheber und Verwerter, von mindestens 50% als angemessen anzusehen.[362] Die Quotelungen in den Verteilungsplänen von GEMA,[363] VG Wort,[364] VG Bild-Kunst[365] und GVL[366] entsprächen dieser Regel und seien daher als angemessen anzusehen.[367]

Soweit dagegen bei der Ausschüttung der Einnahmen der ZPÜ an die Berechtigten im Filmbereich bei VGF und GWFF die Urheber abhängig von der Sparte zwischen 10% und 35%,[368] bzw. bei GWFF in der Sparte amerikanischer Film[369] und bei GÜFA generell nicht beteiligt werden, so ist nach der oben aufgeführten Auffassung diese Quotelung nicht mehr vertretbar.[370] Aufgrund dieser Quoten würden die Urheber nicht angemessen an der Nutzung beteiligt, vielmehr wird der überwiegende Teil an andere, wie die Filmproduzenten, ausgeschüttet. Eine Quotelung von weniger als 50% zu Lasten der Urheber widerspräche den Grundgedanken des UrhG, das die Person des Urhebers in den Vordergrund stellt und anderen lediglich ein untergeordnetes Recht gewährt. Es sei daher als unangemessen abzulehnen.

---

360 Nordemann in FS Voyame, S. 173 (183/184).

361 Vogel GRUR 1993, S. 513 (522).

362 DPMA ZUM 1989, S. 506 (509/510); s. a. DPMA UFITA Bd. 81 (1978), S. 348 (360/361/362) und Clausen Vergütung, S. 191/192; vgl. i. ü. Professorenentwurf zum Urhebervertragsrecht S. 14/56/57, mit einem entsprechenden Vorschlag zur Neuregelung des § 7 WahrnG, der allerdings im Regierungsentwurf zur Änderung des UrhG nicht aufgenommen wurde.

363 Z.B. § 3 Ziff.5 Verteilungsplan mechanische Rechte: 60% für Komponisten und 40% für Verleger; vgl. auch Kreile GRUR Int. 1992, S. 24 (36).

364 § 2 Ziff. b Allgemeine Grundsätze Verteilungsplan: 70% für Autoren und 30% für Verleger.

365 Ziff. 5 Nr. 5 Verteilungsplan; 70% für Urheber und 30% Verleger.

366 Nach Ziff. II Verteilungsplan Nr. 1, mindestens 50% für ausübende Künstler.

367 Nordemann in FS GRUR, S. 1197 (1209); Vogel GRUR 1993, S. 513 (522); DPMA ZUM 1989, S. 506 (510); Clausen Vergütung, S. 191/192. Vgl. auch Reinbothe in Schricker § 7 WahrnG, Rdnr. 6.

368 Nachweis in Clausen Vergütung, S. 55 - 57.

369 Clausen Vergütung, S. 57; s. a. Häußer in FS Kreile, S. 281 (288).

370 Vogel GRUR 1993, S. 513 (523); Nordemann in FS GRUR, S. 1197 (1209); vgl. auch DPMA ZUM 1989, S. 506 (510); i. ü. Reber GRUR 2000, S. 203 (209/210) und Vogel in FS Schricker, S. 117 (141).

Diese Auffassung findet aber keine Stütze im Gesetz. § 7 WahrnG stellt nur allgemeine Regeln auf, ohne diese zu konkretisieren. Auch § 6 WahrnG enthält keine näheren Anhaltspunkte.

Den Verwertungsgesellschaften steht wegen der eingeschränkten Prüfungskontrolle des DPMA ein weiter Gestaltungsspielraum zu. Obwohl die oben dargestellten Verteilungspläne mit dem Grundsatz des UrhG nicht übereinstimmen, hat das DPMA keine Möglichkeit, diese zu beanstanden, da sie als angemessen i.S.d. §§ 6 und 7 WahrnG angesehen werden müssen.[371] Diese vom Ergebnis her ungerechtfertigte Benachteiligung der Urheber an der Ausschüttung der von den Verwertungsgesellschaften erzielten Einnahmen zeigt erneut, die Schwäche des WahrnG, das auch in diesem Bereich eine klare Regelung zum Schutz der Urheber vermissen läßt. Das Institut des Angemessenheitsgebotes im Rahmen des § 7 WahrnG, so wie es nach der herrschenden Meinung zu verstehen ist, ist auch in diesem Bereich zu einem umfassenden Schutz des Urhebers nicht in der Lage. Indem das Angemessenheitsgebot lediglich darauf abstellt, daß der Anteil an der Vergütungsmasse Art und Umfang der eingebrachten Rechte entsprechen soll,[372] kann es dem Schutz des Urhebers nicht im ausreichenden Masse Rechnung tragen. Rechte, in Form von den Rechten, die von den Schöpfern abgeleitet sind, können nämlich auch Primärverwerter und weitere Zessionare in die Verwertungsgesellschaft einbringen, so daß nach den gesamten Kriterien des WahrnG deren Beteiligung, auch wenn hierdurch die Schöpfer nicht berücksichtigt werden, dann auch angemessen i.S.d. WahrnG ist. Der sogenannte Professorenentwurf zum Urhebervertragsrecht[373] hat dann auch eine Reform des § 7 WahrnG vorgesehen, nach dem Urheber und sonstige Leistungsschutzberechtigte den überwiegenden Anteil an der Ausschüttung erhalten sollen.[374] Dieser Vorschlag ist nicht in den Regierungsentwurf übernommen worden.

(c) Abzüge für soziale und kulturelle Zwecke

Wie bereits erwähnt, führen die Verwertungsgesellschaften, bevor sie die Einnahmen ausschütten einen bestimmten Prozentsatz zur Förderung kultureller und sozialer Zwecke ab.[375] Daneben fördern GEMA, VG Wort ,VG Bild-Kunst und

371 Im Ergebnis auch Nordemann in FS GRUR, S. 1197 (1297).

372 BVerfG ZUM 1997, S. 555 (555/556) m.w.N.

373 Entwurf eines Gesetzes zur Stärkung der vertraglichen Stellung von Urhebern und ausübenden Künstlern vom 22.05.2000, in der Fassung vom 17.08.2000.

374 Professorenentwurf zum Urhebervertragsrecht S. 14/56/57; vgl. auch Dietz in FS Schricker, S. 1 (45).

375 Vgl. z.B. §§ 2 und 3 Verteilungspläne VFF; Nr. 4 Verteilungspläne GVL, allgemein Melichar in Verwertungsgesellschaften, S. 47 (47 - 57).

VG Musikedition kulturell bedeutende Werke durch ein Punktesystem, das diesen einen höheren Anteil am Aufkommen zukommen läßt.[376]

Obwohl die Verwertungsgesellschaften hierzu nach §§ 7 S. 2 und 8 WahrnG nicht verpflichtet sind, unterliegen sowohl die Abzüge als auch die Förderung selbst dem Angemessenheitsgebot nach §§ 6 und 7 WahrnG. Dies ist auch darauf zurückzuführen, daß die Förderung aus Mitteln erfolgt, die sonst an die Berechtigen ausgeschüttet würden.[377] Dabei ist unerheblich, ob die Verwertungsgesellschaft die Förderung selbst oder durch Tochterunternehmen wahrnimmt, da auch diese einer uneingeschränkten Kontrolle unterliegen.[378] Welche Werke eine kulturelle Förderung genießen sollen, ist eine kulturpolitische Frage, die die Verwertungsgesellschaften entscheiden. Die Ausgestaltung der Förderung hat angemessen zu sein.

Obwohl die Abzüge je nach Verwertungsart variieren,[379] wird von der herrschenden Meinung als Obergrenze in der Regel ein Abzug in Höhe von 10% als angemessen angesehen.[380] Ein höherer Abzug würde die Solidaritätsbereitschaft der Berechtigten, die der Förderung kultureller und sozialer Zwecke zugrunde liegt, mehr als nötig belasten und ist vor dem Hintergrund, daß ein höherer Abzug die zur Ausschüttung stehenden Summen weiter schmälert, nicht gerechtfertigt.[381] Ein Abzug, von mehr als 10%, wie sie VG Bild-Kunst und VG Wort z.T. vornehmen,[382] beruht soweit dies in der Sparte Bibliothekstantieme erfolgt, auf Vorgaben des Gesetzgebers.[383] Obwohl die Praxis der Abzüge zu sozialen und kulturellen Zwecken zum Selbstverständnis der Verwertungsgesellschaften gehören und vom Gesetz in §§ 7 und 8 WahrnG ausdrücklich erwähnt worden sind,[384] ist diese Praxis zu Recht kritisiert worden.[385] Durch diesen Abzug wird nicht nur dem individuellen Urheber das aus der Nutzung seines Werkes zustehende Entgelt teilweise vorenthalten, ohne daß dieser hierauf einen Einfluß hät-

---

376 Vgl. Ziff. X, XI, XII Ausführungsbestimmungen zum Verteilungsplan GEMA für Aufführungs- und Senderecht, Ziff. IX Verteilungsplan VG Musikedition, s. a. Kreile/Becker in Moser/Scheuermann Handbuch, S. 677; Vogel GRUR 1993, S. 513 (524).

377 Vgl. allgemein zu diesem Aspekt, Hauptmann Vergesellschaftung, S. 65 - 157.

378 Mauhs Wahrnehmungsvertrag, S. 151/152; Menzel Aufsicht, S. 53.

379 Nachweise in Vogel GRUR 1993, S. 513 (524).

380 Melichar in Verwertungsgesellschaften, S. 47 (55/56); Ficsor Collective Administration, S. 82.

381 Nordemann in Fromm/Nordemann § 8 WahrnG, Rdnr. 1.

382 Nachweise in Vogel GRUR 1993, S. 513 (524).

383 Hauptmann Vergesellschaftung, S. 72/73.

384 Ausführlich hierzu Lerche in GEMA Jahrbuch 1997/1998, S. 80 - 127.

385 Schack, Urheberrecht Rdnr. 1223/1224; Hauptmann, Vergesellschaftung, S. 156/157; ders. UFITA 126 (1994), S. 175 ff;

te. Verschärfend kommt noch hinzu, daß viele der Leistungen dieser so unterhaltenden Sozialeinrichtungen nur ordentlichen Mitgliedern zu Gute kommen.[386] Folglich werden z.T. Berechtigten Einnahmen aus der Nutzung ihrer Werke vorenthalten, die ihnen nicht einmal im Rahmen von sozialen Unterstützungen zugute kommen können. Dies widerspricht dem Angemessenheitsgebot, nach dem der Anteil an der Verteilung dann angemessen ist, wenn er der Art und dem Wert der eingebrachten Rechte entspricht,[387] da ja die Einnahme wegen der Abzüge nicht vollständig ausgeschüttet werden, so daß der Wert der Rechte bei der Ausschüttung auch nicht ausreichend berücksichtigt ist. Die genannten Abzüge mögen zwar üblich und historisch bedingt sein, mit dem Angemessenheitsgebot sind sie nicht zu vereinen, zumal im übrigen auch eine privatautonome Legitimation fehlt, da der Abzug kraft Bezugnahme auf Satzung und Verteilungsplan fester Bestandteil des Wahrnehmungsvertrages ist, der inhaltliche vom einzelnen Berechtigten nicht beeinflußt werden kann.[388] Folglich wird zumindest eine gesonderte Vereinbarung mit den einzelnen Berechtigten gefordert.[389] Nicht nur wegen des Verstosses gegen das Angemessenheitsgebot, sondern auch wegen der fehlenden ausschließlichen Zustimmung des Berechtigten führt der Sozialabzug zu ungerechtfertigter Kollektivierung und widerspricht somit dem Charakter der eingebrachten Urheberrechte als individueller Herrschaftsrechte. Vor diesen Einschränkungen wird der einzelne Urheber und Leistungsschutzberechtigte nicht ausreichend durch das WahrnG geschützt. Im Gegenteil, das WahrnG begünstigt diese noch durch die Regelungen in den sog. Sollvorschriften der §§ 7 und 8 WahrnG.

(d) Zwischenergebnis

Die Kontrolle über die Ausschüttung der eingezogenen Vergütungen erfolgt nach §§ 6 und 7 WahrnG.

Aufgrund der fehlenden Kriterien und des weiten Gestaltungsspielraumes der Verwertungsgesellschaften ist diese Kontrolle nicht in der Lage, eine Ausschüttung, die auf der Grundlage des Urheberrechtes als individuelles Herrschaftsrecht beruht, sicherzustellen. Dies zeigt insbesondere die Ausschüttung für die private Vervielfältigung im Filmbereich und die Praxis der Abzüge insbesondere zu sozialen Zwecken. Obwohl diese gegen Grundprinzipien des UrhG versto-

---

386 Z.B. Alterssicherung und Sozialkasse der GEMA: Hauptmann Vergesellschaftung, S. 122 - 124; Vogel GRUR 1993, S. 513 (524).

387 BVerfG ZUM 1997, S. 555 (555/556) m.w.N.

388 Schack Urheberrecht, Rdnr. 1124.

389 Hauptmann Vergesellschaftung, S. 121, 156.

ßen, sind sie doch als angemessen i.S.d. §§ 6, 7 WahrnG bzw. als §§ 7 und 8 WahrnG vereinbar anzusehen.

(4) Zusammenfassung und Kritik

Das gesamte Verhältnis von Verwertungsgesellschaften zu den Berechtigten unterliegt der allgemeinen Angemessenheitskontrolle nach §§ 6 und 7 WahrnG. Diese ist durch eine weite Fassung des Angemessenheitsgebotes, und dem weiten Gestaltungsspielraum der Verwertungsgesellschaften bei der Festlegung der angemessenen Bedingungen gekennzeichnet.

Diese Regelung entspricht zwar der Privatautonomie der Verwertungsgesellschaften, ist aber nicht in der Lage, den eigentlichen Zweck der Kontrolle, den Schutz des Urhebers vor zu starker Kollektivierung seiner Position und Rechte, und somit die Aufrechterhaltung des Konzeptes des Urheberrechtes als individuelles Herrschaftsrecht sicherzustellen. Der Schutz vor einer übermäßigen Kollektivierung der Rechte der Urheber wird so nicht als Ziel der Kontrolle verwirklicht.[390]

Aufgrund der Ausgestaltung der Kontrollbefugnisse, des Prüfungsumfanges des DPMA und des weiten Gestaltungsspielraumes der Verwertungsgesellschaften können die Urheber vor einer unberechtigten Kollektivierung durch die Verwertungsgesellschaften nicht geschützt werden. So ist auch nicht verwunderlich, daß die Regelungen des Wahrnehmungsvertrages auf die individuellen Bedürfnisse der Urheber zu wenig Rücksicht nehme und die Ausgestaltung der Beteiligungsorgane, insbesondere der Beiräte der GmbH-Verwertungsgesellschaften, nicht adäquat sicherstellt, daß die Urheber ein ihrem Recht als individuelles Herrschaftsrecht entsprechende Kontrollmöglichkeit erhalten.[391]

Auch die Kontrolle der Ausschüttung kann nicht sicherstellen, daß die Urheber das zurückerhalten, was ihnen aufgrund der Nutzung ihres Werkes zusteht. So obliegt es ausschließlich den Verwertungsgesellschaften festzulegen, wann eine Ausschüttung nach der Nutzung des individuellen Werkes und wann nach pauschalisierten Grundsätzen erfolgt. Ebenfalls entspricht die Ausschüttung durch die vorgenommene Quotelung und Abzüge nicht immer dem Wert der Rechte.

---

390 Vgl. Leisner UFITA Bd. 48 (1966), S. 46 (57).

391 Dies ist insbesondere problematisch bei den als GmbH organisierten Verwertungsgesellschaften (außer GVL), da die Organisation des Vereins eher sicherstellt, daß die Urheber über ihre (abgestufte) Mitgliedsschaft einen Einfluß auf die Verwertungsgesellschaften ausüben können, vgl. Nordemann in FS GRUR, S. 1197 (1209).

Aufgrund der Einwirkungsmöglichkeiten der Urheber auf die Gesellschaft ist es ihnen nicht möglich, hierauf wirklich Einfluß zu nehmen.

Die aufgezeigten Mißstände und Verstöße sind mehrfach kritisiert worden, ohne daß diese allerdings von den Verwertungsgesellschaften abgestellt wurden. In der Vergangenheit ist dann auch das DPMA als Aufsichtsbehörde z.T. heftig kritisiert worden,[392] wobei insbesondere auch die Personalausstattung beanstandet wurde. Wie aufgezeigt sind aber die aufgezeigten Mängel nicht so sehr auf die Tätigkeit des DPMA zurückzuführen, sondern auf die Konzeption des WahrnG, das den Verwertungsgesellschaften einen erheblichen Freiraum läßt, ohne die Urheber ausreichend zu schützen. Nicht nur die Personalausstattung des DPMA, sondern auch die sehr eingeschränkten Aufsichtsbefugnisse des DPMA, sind hier zu nennen.

Zum Teil wird versucht, den Mißständen der Aufsicht dadurch abzuhelfen, daß der Begriff der Angemessenheit enger gefaßt wird, und die Gestaltungsbefugnis der Verwertungsgesellschaften so einzuschränken.[393] Eine solche einschränkende Auslegung des Angemessenheitsbegriffs widerspricht aber der Konzeption des WahrnG, nach der den Verwertungsgesellschaften ein weiter Gestaltungsspielraum zukommt, der nur einer eingeschränkten Kontrolle durch das DPMA unterliegt. Sie ist daher aufgrund der Konzeption des WahrnG,[394] abzulehnen.

Die Kontrolle des WahrnG ist daher als nicht den Erfordernissen einer Kontrolle des Verhältnisses der Verwertungsgesellschaft zu den Berechtigten entsprechend zu kritisieren. Obwohl das WahrnG zum Teil Vorschriften enthält, die dem Schutz der Urheber und Leistungsschutzberechtigten dienen und in der Lage sind, das Konzept des individuellen Herrschaftsrechts zu verwirklichen, so sind die Bestimmungen des WahrnG wohl wegen übertriebenen Respektes vor der Privatautonomie der Verwertungsgesellschaften zu allgemein gefaßt.[395] Das WahrnG erscheint insofern reformbedürftig.

---

392 Vgl. Nachweise in Dördelmann GRUR 1999, S. 890 (895 FN 27); Rehbinder DVBL. 1992, S. 216 (217); gegen ihn Nordemann GRUR 1992, S. 584 (584/585).

393 Rehbinder DVBL 1992, S. 216 (217/218); s. a. Mauhs Wahrnehmungsvertrag, S. 50/51.

394 Im Ergebnis auch Dünnwald in FS Kreile, S. 161 (165/166).

395 Vgl. zu konkreteren Vorschriften, die das Verhältnis Verwertungsgesellschaft zu den Urhebern betreffen, Art. 49 Schweizer Urhebergesetz vom 09.10.1992 - für die Ausschüttung.

bb) Verwerter

Mißbräuche den Verwertern gegenüber sind in Form der Weigerung der Verwertungsgesellschaften, Nutzungsrechte einzuräumen, durch die Ausgestaltung des Nutzungsvertrages und die Höhe der Nutzungsgebühr möglich.[396] Um die Verwerter vor solchen Mißbräuchen zu schützen, unterliegen Verwertungsgesellschaften nach § 11 WahrnG einem Abschlußzwang. Nach § 13 WahrnG sind sie verpflichtet, Tarife nach bestimmten Grundsätzen aufzustellen. Weitere Pflichten, die die Verwerter schützen sollen, finden sich in §§ 10 (Auskunftspflicht) und 12 WahrnG (Gesamtverträge).[397]

(1) Abschlußzwang nach § 11 Abs. 1 WahrnG

Nach § 11 Abs. 1 WahrnG sind Verwertungsgesellschaften verpflichtet, Verwertern auf Verlangen die zu ihrem Repertoire gehörenden Rechte und Ansprüche zu angemessenen Bedingungen einzuräumen.

Wie bereits oben ausgeführt, läßt sich der Begriff der Angemessenheit nicht abstrakt definieren.[398] Bedingungen werden dann angemessen sein, wenn im Verhältnis zum Verwerter und zur Verwertungsgesellschaft Leistung und Gegenleistung in einem ausgeglichenen Verhältnis stehen.[399] Der Angemessenheitsgrundsatz kann eine Ausnahme vom Abschlußzwang begründen, wenn das Interesse der Verwertungsgesellschaft unter Berücksichtigung der Belange der Verwerter als vorrangig anzusehen ist.[400] Daher ist es angemessen, wenn die Verwertungsgesellschaft notorischen Rechtsbrechern den Abschluß eines Nutzungsvertrages verweigert.[401] Diese sind angesichts der Tatsache, daß sie das Repertoire der Verwertungsgesellschaft mehrfach genutzt haben, ohne eine Vergütung hierfür zu entrichten, weniger schutzwürdig. Eine Verwertungsgesellschaft kann die Lizenzierung auch verweigern, wenn die Nutzung berechtigten Interessen der Berechtigten zuwiderlaufen oder diese berühren, wie beispielsweise die Lizenzierung persönlichkeitsverletzender oder rufschädigender Fäl-

---

396 Ficsor Collective Administration, S. 77.

397 Mestmäcker in FS Lukes, S. 445 (455); Rehbinder DVBL. 1992, S. 216 (217).

398 Vgl. oben, 2. Kap. II 2 b aa (1).

399 Vgl. Reinbothe in Schricker § 11 WahrnG, Rdnr. 5; ders. Schlichtung, S. 44/46.

400 Vgl. OLG München GRUR 1994, S. 118 (120).

401 Nordemann in Fromm/Nordemann § 11 WahrnG, Rdnr. 2; Vogel GRUR 1993, S. 513 (526); Reinbothe in Schricker § 11 WahrnG, Rdnr. 7; einschränkend OLG München GRUR 1994, S. 118 (120).

schungen.[402] Dasselbe gilt, wenn die Nutzung gegen gesetzliche Gebote verstoßen würde.[403]

Der Abschlußzwang wird durch die Regelung des § 11 Abs. 2 WahrnG ergänzt. Kommt eine Einigung über die Tarifhöhe nicht zustande, so können die Nutzer die Werke trotzdem nutzen, wenn sie den zwischen Verwertungsgesellschaften und ihnen unstreitigen Betrag vorbehaltlos und die streitige Differenz unter Vorbehalt hinterlegen. Dadurch soll verhindert werden, daß die Verwertungsgesellschaften den Verwertern überhöhte Tarife auferlegen können.

Der Vorbereitung eines Vertragsschlusses dient die Verpflichtung nach § 10 WahrnG, den Verwertern Auskunft über das von ihnen wahrgenommene Repertoire zu geben. Die Verwertungsgesellschaft hat gegenüber dem Verwerter einen Auskunftsanspruch über den Umfang der Nutzung.[404] Zur Erleichterung der Durchsetzung dieses Anspruches steht der Verwertungsgesellschaft die gesetzliche Vermutung nach § 13b WahrnG zur Seite, nach der vermutet wird, daß die Verwertungsgesellschaft in diesem Fall die Rechte aller Berechtigten wahrnimmt.[405]

(2) Gesamtverträge

Nach § 12 WahrnG sind Verwertungsgesellschaften zusätzlich verpflichtet mit Verwertervereinigungen Gesamtverträge zu angemessenen Bedingungen abzuschließen. Dieser enthält für die Mitglieder der Verwertervereinigung rechtlich nicht bindende Rahmenbedingungen, welche den Inhalt der noch zu schließenden Nutzungsverträge standardisieren.[406] Aufgrund der fehlenden bindenden Wirkung ist der einzelne Verwerter auch nicht gehindert, gegen einzelne Bestimmungen des Nutzungsvertrages vorzugehen, wenn er diese für unangemessen hält.[407]

---

402 OLG Hamburg ZUM 1998, S. 938 (942); Pfennig ZUM 1998, S. 942 (943).

403 OLG München ZUM 1994, S. 304 (306); Schulze ZUM 1999, S. 827 (833).

404 Vogel GRUR 1993, S. 513 (527).

405 Zur Widerlegung der Verwertung nach § 13b WahrnG OLG Köln ZUM 1998, S. 659 (660).

406 Reinbothe in Schricker § 12 WahrnG Rdnr. 6; ders. Schlichtung, S. 24/32; Vogel GRUR 1993, S. 513 (527).

407 Beschluß der Schiedsstelle Sch-Urh 8/87 ZUM 1988, S. 351 (352); Sch-Urh 1/86 ZUM 1987, S. 183 (184); vgl. auch OLG München GRUR 1990, S. 358 (360); a.A.: Schulze ZUM 1990, S. 123 (123/124).

Keine Gesamtverträge i.S.d. § 12 WahrnG sondern Verträge i.S.d. § 11 WahrnG sind die Pauschalverträge oder "unechten Gesamtverträge", durch die die Verwerter bereits rechtlich verpflichtet werden.[408] Da diese die Bedingungen des einzelnen Nutzungsvertrages festlegen, unterliegen sie auch der Angemessenheitskontrolle nach § 11 WahrnG.[409]

Durch den Gesamtvertrag wird die Arbeit der Verwertungsgesellschaften durch die Mithilfe der Verwertervereinigung erleichtert und so der Kontroll- und Verwaltungsaufwand reduziert.[410] Wie die anderen Verträge auch, unterliegt ebenfalls der Abschluß von Gesamtverträgen dem Angemessenheitsgebot (§ 12 WahrnG). Die Verwertungsgesellschaft ist daher nur verpflichtet, den Vertrag zu angemessenen Bedingungen abzuschließen. Als angemessen ist insbesondere anzusehen, daß die Verwertungsgesellschaften durch den Gesamtvertrag den Mitgliedern der beteiligten Vereinigung Sonderkonditionen, insbesondere einen günstigeren Tarif (bis zu 20%), im Hinblick auf die Hilfestellung bei der Wahrnehmung und die dadurch gesparten Aufwendungen einräumt.[411]

Weiterhin ist es angemessen, daß die Verwertungsgesellschaft dann den Abschluß eines Gesamtvertrages verweigert, wenn die Mitgliederzahl der Verwertervereinigung zu gering ist.[412] Der Zweck des Gesamtvertrages, die Kostenersparnis, kann dann aufgrund der zu geringen Mitgliederzahl nicht erreicht werden.[413] Die Mitgliedschaft der Verwerter in einer anderen Verwerterorganisation, mit der bereits ein Gesamtvertrag abgeschlossen wurde, rechtfertigt es nicht, den Abschluß des Gesamtvertrages zu verweigern, da auch insoweit eine Kostenersparnis möglich ist.[414]

(3) Tarifaufstellung

Nach § 13 Abs. 1 S. 1 WahrnG sind Verwertungsgesellschaften verpflichtet für die Nutzung ihres Repertoires Vergütungssätze, d.h. Tarife aufzustellen. Dies

---

408 Melichar Wahrnehmung, S. 41.
409 Reinbothe in Schricker § 12 WahrnG, Rdnr. 7.
410 Nordemann in Fromm/Nordemann S 12 WahrnG, Rdnr. 1; Mestmäcker/Schulze § 12 WahrnG, Anm. 1.
411 Vogel GRUR 1993, S. 513 (527).
412 Beschluß der Schiedsstelle in Schulze RzÜ Sch-Urh 1, S. 7/8 (6 Mitglieder), bestätigt durch OLG München Schulze OLGZ 216, S. 1/2; Beschluß der Schiedsstelle Sch-Urh 11/87 ZUM 1989, S. 358 (359) (40 bzw. 50 Mitglieder); bestätigt durch OLG München GRUR 1990, S. 358 (359).
413 V. Gamm in FS Nirk, S. 315 (315/316).
414 Beschluß der Schiedsstelle Sch-Urh ZUM 1989, S. 358 (359); bestätigt durch OLG München GRUR 1990, S. 358 (359).

umfaßt aber nicht die Pflicht, für jeden möglichen Nutzungsvorgang einen Tarif aufzustellen.[415] Dies wäre für die Verwertungsgesellschaft unzumutbar. Besteht für eine Nutzungsart kein Tarif, so kommt der Tarif der Nutzungsart, die der betroffenen am ehesten entspricht, zur Anwendung.[416]

Die aufgestellten Tarife entfalten für die Verwerter keine Rechtswirkung. Sie legen vielmehr abstrakt die Vergütungsregelung für eine Nutzungsart fest. Durch Abschluß eines Nutzungsvertrages wird er zum Vertragsbestandteil und unterliegt dann auch dem Angemessenheitsgebot nach § 11 WahrnG.[417] Der einzelne Verwerter kann daher grundsätzlich die Angemessenheit der Tarife überprüfen lassen, es sei denn, er hat sich mit der Verwertungsgesellschaft über einen bestimmten Tarif geeinigt.[418]

Als Bestandteil des Nutzungsvertrages unterliegen die Tarife grundsätzlich auch der Kontrolle des DPMA. Da dem DPMA aber die hierfür erforderliche fachliche Qualifikation und wohl auch die personelle Ausstattung fehlt,[419] findet die Angemessenheitsüberprüfung in der Praxis durch die Schiedsstelle beim DPMA statt.[420] Dagegen überwacht das DPMA, ob die Verwertungsgesellschaften Tarife aufstellen und diese nicht offensichtlich gegen das WahrnG verstoßen.[421]

Die Tarife sollen nach § 13 Abs. 3 WahrnG so transparent und breit wie möglich gefächert sein, um für die Nutzer einfach verständlich und für eine Reihe von Fällen anwendbar sein. Neue Tarife sollten dann aufgestellt werden, wenn sich Schwierigkeiten bei der Anwendung bestehender Tarife, möglicherweise bezogen auf neue Nutzungsformen, zeigen. Um einheitliche Preise für die Nutzung festzulegen, sollten die Verwertungsgesellschaften ihre Tarife auch einheitlich anwenden.[422]

---

415 BGH GRUR 1983, S. 565 (567) - Tarifüberprüfung II; v. Gamm in FS Nirk S. 315 (317).

416 BGH GRUR 1983, S. 565 (567) - Tarifüberprüfung II.

417 Menzel Aufsicht, S. 63; v. Gamm in FS Nirk S. 315 (316/317).

418 BGH GRUR 1984, S. 52 (54); Ullmann GRUR 1983, S. 568 (568).

419 Vgl. Häußer FUR 1980, S. 57 (66); Löhr Aufsicht, S. 65.

420 Vgl. Vogel GRUR 1993, S. 513 (529).

421 Häußer FUR 1980, S. 57 (66); Löhr Aufsicht, S. 65.

422 Vgl. zu diesen Voraussetzungen Pietzko in FS Hertin, S. 171 (174-179); i. ü. unten 2. Kap. II 3e.

(4) Zusammenfassung und Kritik

Wie das Verhältnis zu den Berechtigten unterliegt auch das zu den Verwertern einer allgemeinen Kontrolle, die sich auf die Lizenzierung der Rechte und die Tarife erstreckt. Wegen praktischer Schwierigkeiten wird die Kontrolle in der Regel durch die Schiedsstelle beim DPMA ausgeübt.

Die Kontrolle des Verhältnisses zu den Verwertern ist durch den Abschlußzwang gekennzeichnet, dem alle Verwertungsgesellschaften unterliegen. Dieser stößt wegen des Konzeptes der Urheberrechte als individuelle Herrschaftsrechte, die auch im Verhältnis zu den Verwertern gelten,[423] auf umfangreiche Bedenken.

Der Abschlußzwang führt zu einer ungerechtfertigten Beschränkung dieses Konzeptes. Da die Verwertungsgesellschaften verpflichtet sind, jedem Interessenten auf Anfrage die Rechte zur Nutzung einzuräumen, hebt der Abschlußzwang den Ausschlußcharakter der Rechte auf. Eine Einschränkung der Rechte zur Sicherung der Interessen der Urheber wird in der Praxis, wie aufgezeigt, dann zugelassen, wenn die Nutzung gegen übergeordnete Interessen der Verwertungsgesellschaft oder der Urheber verstößt.

Mit der Aufhebung des Verbotsrechtes verliert der Urheber, der seine Rechte einer Verwertungsgesellschaft zur kollektiven Wahrnehmung "nur" übertragen hat, jeden Einfluß und jede Kontrolle über die Nutzung seines Werkes und somit über die Beachtung seiner (ideellen) Interessen.[424] Auch die Verwertungsgesellschaften sind oft nicht in der Lage, diese durchzusetzen, da sie erst einmal verpflichtet sind, die Rechte einzuräumen. Die Verwertungsgesellschaft ist zwar grundsätzlich berechtigt, bei möglichen Verstößen gegen das ideelle Interesse des Urhebers, die Lizenzierung des Werkes zu verweigern. Sie ist aber über den Abschlußzwang erst einmal verpflichtet, die Lizenzierung zu gestatten. Indem eine Verweigerung der Lizenzierung nur im Ausnahmefall möglich und zulässig ist, hat die Verwertungsgesellschaft dann festzustellen und gegebenenfalls zu beweisen, daß sie die Lizenzierung verweigern darf. Eine solche Umkehr der Darlegungs- und Beweislast ist aber nicht interessensgerecht, da den Verwertungsgesellschaften vor Nutzung der betroffenen Rechte oft nicht alle Umstände bekannt sind, etwa wenn der Verwerter diese verschweigt, die eine Verweigerung rechtfertigen würden. Die gesamten Umstände werden meist erst nach der Nutzung bekannt sein, so daß der Eingriff, etwa in die Persönlichkeitsrechte des Schöpfers, bereits stattgefunden hat. Dies benachteiligt den Urheber unangemes-

---

423 Vgl. oben 1. Kap. I 2/ II 1.
424 Schulze ZUM 1993, S. 255 (258).

sen, da er Interessen, die ja gerade die gesetzlich gewährten, urheberrechtlichen Ausschußbefugnisse sichern sollen, faktisch nicht durchsetzen kann. So stellt der Abschlußzwang einen schwerwiegenden Eingriff in das Konzept des individuellen Herrschaftsrechts dar.

Indem der Gesetzgeber den Charakter des Urheberrechts als individuelles Herrschaftsrecht dann aufhebt, wenn diese Rechte kollektiv wahrgenommen werden, setzt er sich zu den, dem Konzept des individuellen und ausschließlichen Herrschaftsrechte zugrundeliegenden Gedanken in Widerspruch. Dies liegt daran, daß gerade die kollektive Wahrnehmung der Verwirklichung des Konzeptes dient. So ergänzt das WahrnG nicht das materielle Urheberrecht sondern schränkt dieses ein. WahrnG und UrhG widersprechen sich so.

Da im übrigen auch keine Anhaltspunkte dafür vorliegen, die einen solch weitgehenden Kontrollmechanismus rechtfertigen - auch die Verwertungsgesellschaften sind grundsätzlich an der Einräumung der von ihnen wahrgenommenen Rechte interessiert, - ist der Abschlußzwang des § 11 WahrnG grundsätzlich abzulehnen.[425]

cc) Zusammenfassung: Die Aufsicht über die Tätigkeit von Verwertungsgesellschaften durch das DPMA nach dem WahrnG

Das WahrnG enthält Vorschriften, die dem Schutz der Berechtigten und der Verwerter dienen sollen, über deren Einhaltung das DPMA insbesondere im Verhältnis zu den Berechtigten wacht. Die Kontrolle nach dem WahrnG schützt im Ergebnis nicht ausreichend den Urheber und Leistungsschutzberechtigten und entspricht somit auch nicht den Anforderungen, die das Konzept der Urheberrechte als individuelle Herrschaftsrechte an eine solche Kontrolle stellt.

Während die Kontrolle des Verhältnisses zu den Urhebern und sonstigen Berechtigten zu allgemein gehalten ist und aufgrund des weiten Gestaltungsspielraum der Verwertungsgesellschaft und der eingeschränkten Aufsichtsbefugnisse des DPMA nicht in der Lage ist, die Berechtigten vor unberechtigten Kollektivierungen ihrer Rechte und Positionen zu schützen und ihnen einen wirksame Einflußmöglichkeit auf die Wahrnehmung ihrer Rechte zu sichern, sind die Vorschriften, die das Verhältnis zu den Verwertern betreffen, insbesondere aufgrund

---

425 So auch Melichar Wahrnehmung, S. 38/37; Schulze in FS Möhring, S. 428 (429); Hubmann UFITA Bd. 48 (1966), S. 22 (45); Möhring in FS Hirsch, S. 228 (240); Gotzen GRUR 1980, S. 471 (484); einschränkend Mentha UFITA Bd. 45 (1965), S. 61 (66/67); a.A. Reinbothe in Schricker § 11 WahrnG, Rdnr. 2; Nordemann in Fromm/Nordemann § 11 WahrnG, Rdnr. 1.

des Abschlußzwanges, zu weitgehend. So stellt das WahrnG keine Ergänzung der Schutzgedanken des UrhG dar, sondern steht zu diesen in Widerspruch. Das WahrnG ist so wegen seiner Systemwidrigkeit zu kritisieren.

Soweit die Aufsicht durch das DPMA in der Vergangenheit kritisiert wurde,[426] so ist dem insoweit zuzustimmen, als sich die Mißstände aus dem WahrnG selbst herleiten lassen, und nicht so sehr aus der gesetzlich ohnehin eingeschränkten Tätigkeit des DPMA.

3. Schiedsstelle

Die Bestimmungen über die Schiedsstelle, die beim DPMA besteht, sind in §§ 14 bis 16 WahrnG und der Verordnung über die Schiedsstelle für Urheberrechtsstreitfälle (UrhSchiedsV) vom 20. Dezember 1985[427] enthalten.

a) Geschichte

Bereits die STAGMA-Gesetzgebung von 1933/1934 enthielt neben den Regelungen über das Erlaubnisverfahren auch Vorschriften über eine Schiedsstelle. Deren Errichtung erfolgte im Interesse der Verwerter, die so vor Machtmißbräuchen seitens der Verwertungsgesellschaften geschützt werden sollten.[428]

In Anlehnung an diese Schiedsstellenregelung wurde im Rahmen der Urheberrechtsreform 1965 die Schiedsstelle beim DPMA errichtet.[429] Deren Kompetenz war nach § 14 WahrnG a.F. auf Streitigkeiten zwischen Verwertungsgesellschaften und Sendeunternehmen sowie Verwertervereinigungen beschränkt. Dadurch sollte sichergestellt werden, daß die Schiedsstelle nur mit Verfahren von allgemeiner Bedeutung beschäftigt war.[430] Schon vor Verfahrensbeginn[431] sollte der Vorsitzende auf eine gütliche Einigung zwischen den Parteien hinwirken. Gelang dies nicht, so setzte die Schiedsstelle den gesamten Vertragsinhalt und insbesondere Art und Höhe der Tarife fest.[432] Die Entscheidung konnte inner-

---

426 So Rehbinder DVBL 1992, S. 216 (216-219); a.A.: Nordemann GRUR 1992, S. 584 (584/585/586).

427 BGBl I. S. 2543.

428 V. Erffa GRUR 1933, S. 694 (695).

429 Vgl. Begründung zum Entwurf des WahrnG, BT-Drucks. IV/271, S. 18; Reinbothe Schlichtung, S. 14/15.

430 Begründung zum Entwurf des WahrnG, BT-Drucks. IV/271, S. 18.

431 Vgl. § 3 Abs. 3 UrhSchiedsV a.F.

432 Vgl. § 14 Abs.4 S. 1 WahrnG a.F.

halb eines Monats vor dem OLG München in letzter Instanz angefochten werden.[433] Die Schiedsstelle war kein Gericht, sondern ein Verwaltungsorgan mit der Befugnis zur Gestaltung von Privatrechtsverhältnissen.[434] Die Schiedsstelle war Vertragshelfer. Ein Verfahren vor den Gerichten war grundsätzlich ausgeschlossen, da das streitige Verfahren für die Verwirklichung dieser Aufgabe nicht zweckmäßig erschien.[435]

Die Schiedsstelle wurde insbesondere wegen deren unklaren Rechtsnatur, der Beschränkung der Kompetenzen, der Unklarheit über das anzuwendende Verfahrensrecht (ZPO, FGG oder VwGO) sowie wegen der langen Verfahrensdauer und der paritätischen Besetzung - die Beisitzer wurden von den Parteien bestimmt - kritisiert.[436]

Ziel der Novellierung der Schiedsstellenregelung im Rahmen der Urheberrechtsreform 1985 war es, diese Mängel abzustellen. In der Hauptsache wurde daher auch das Verfahren reformiert und die Kompetenz der Schiedsstelle erweitert.[437] Im Rahmen der Urheberrechtsreform 1998 wurden auch die Bestimmungen über die Schiedsstelle geändert, und insbesondere die Kompetenz der Schiedsstelle auf den Abschluß von Verträgen über Kabelweitersendung erweitert.[438]

b) Zusammensetzung der Schiedsstelle

Nach § 14 Abs. 2 WahrnG wird die Schiedsstelle beim DPMA als selbständige Institution gebildet. Sie unterliegt nicht dessen Aufsicht.[439] Die Schiedsstelle ist Verwaltungsorgan und übt keine Rechtsprechung aus.[440] Der Gesetzgeber hat wegen verfassungsrechtlicher Bedenken und insbesondere wegen Art. 92, 96

433 Vgl. zum gesamten Verfahren: Ulmer Urheberrecht, S. 422 - 424; Reinbothe Schlichtung, S. 14/15; Nordemann in Fromm/Nordemann 6. Aufl. Anm. zu §§ 14/15 WahrnG.

434 Reinbothe Schlichtung, S. 77/97/102.

435 Vgl. Begründung zum Entwurf des WahrnG, BT-Drucks. IV/271, S. 18.

436 Möller Urheberrechtsnovelle, S. 59; Schulze FUR 1981, S. 25 (26/27); Melichar Wahrnehmung, S. 51/52; Nordemann in Fromm/Nordemann 6. Aufl. §§ 14/15 WahrnG, Rdnr. 2.

437 Vgl. Möller Urheberrechtsreform, S. 59/60; Begründung zum Regierungsentwurf BT-Drucks. X/837, S. 12.

438 Vgl. Hillig UFITA 138 (1999), S. 5 (8 - 28).

439 Reinbothe in Schricker § 14 WahrnG, Rdnr. 3; ders. Schlichtung, S. 88.

440 Vgl. Begründung zum Regierungsentwurf BT-Drucks IV/271, S. 24.

GG davon abgesehen, die Schiedsstelle als verbindlich entscheidendes Gericht auszugestalten.[441]

Die Schiedsstelle besteht aus einem Vorsitzenden, seinem Stellvertreter und zwei Beisitzern. Sie entscheidet in einer Besetzung von drei Mitgliedern (§ 14 Abs. 2 S. 2 WahrnG). Mitglieder der Schiedsstelle können nur Volljuristen sein. Sie werden vom Bundesjustizminister für 4 Jahre berufen, wobei eine Wiederberufung zulässig ist. Durch diesen Berufungsmodus soll eine Einheitlichkeit der Entscheidungen sowie die erforderliche Qualifikation gewährleistet werden.[442] Der Sicherung der Unabhängigkeit der Schiedsstelle dient insbesondere der Umstand, daß sie nicht mehr paritätisch besetzt ist.[443]

c) Zuständigkeit der Schiedsstelle

Die Schiedsstelle ist nach § 14 Abs. 1 WahrnG für alle urheberrechtlichen Streitigkeiten zuständig, an denen eine Verwertungsgesellschaften beteiligt ist, sofern der Streit die Nutzung eines Werkes oder den Abschluß oder die Änderung eines Gesamtvertrages betrifft. Dadurch beschränkt sich die Kompetenz weitgehend auf das Verhältnis der Verwertungsgesellschaften zu den Verwertern. Antragsberechtigt sind daher auch nur Verwerter und deren Organisationen sowie Verwertungsgesellschaften.[444] Daneben ist die Schiedsstelle jetzt auch zuständig bei Streitigkeiten zwischen Kabelunternehmen und Sendeunternehmen, soweit der Abschluß von Verträgen über die Kabelweitersendung betroffen ist.[445]

aa) Streitigkeit mit Verwertern/Verwerterorganisationen

Obwohl nach Vorstellung des Gesetzgebers das Schwergewicht der Tätigkeit auf der Überprüfung der Anwendung und Angemessenheit von Tarifen liegen soll, um so eine einheitliche und sachkundige Beurteilung der von den Verwertungsgesellschaften aufgestellten Tarife zu ermöglichen,[446] ist nach der weiten

---

441 Vgl. hierzu Reimer GRUR Int. 1982, S. 215 (215/216); Reinbothe in Schlichtung, S. 109/110, zur "alten" Schiedsstelle.

442 Reinbothe in Schricker § 14 WahrnG, Rdnr. 4; Reimer GRUR 1982, S. 215 (218); Kretschmer GRUR 1982, S. 28 (29); s. a. Kaube/Volz RdA 1981, S. 213 (216).

443 Vgl. aber Strittmatter Schiedsstelle, S. 48/49.

444 Reinbothe in Schricker § 14 WahrnG, Rdnr. 1.

445 Vgl. § 14 Abs. 2 WahrnG; die Erweiterung der Kompetenz erfolgte in Umsetzung der Richtlinie 93/83/EWG betreffend Satellitenrundfunk und Kabelweiterverbreitung; nur in diesem Fall kann dann auch nur ein Urheber beteiligt sein, vgl. Nordemann in Fromm Nordemann §§ 14 - 16 WahrnG, Rdnr. 4.

446 Begründung zum Regierungsentwurf, BT-Drucks. X/837, S. 12.

Fassung des § 14 Abs. 1 WahrnG die Schiedsstelle umfassend für alle Streitigkeiten zwischen Verwertungsgesellschaften und Verwertern zuständig, soweit sie sich auf die Nutzung von Werken beziehen. Die Schiedsstelle kann daher wegen urheberrechtlicher Ansprüche aller Art, wie Vergütungs-, Schadensersatz- oder Bereicherungsansprüchen, angerufen werden[447] Dabei können neben der Anwendbarkeit[448] und Angemessenheit von Tarifen, die Verletzung von Nutzungsrechten, die Aktivlegitimation der Verwertungsgesellschaft, aber auch reine Rechtsfragen[449] Gegenstand des Verfahrens sein.[450] Nach dem Grundsatz *pacta sunt servanda* ist die Anrufung der Schiedsstelle in den Fällen ausgeschlossen, bei denen die Parteien ihre Unstimmigkeiten über die Angemessenheit des Tarifes vertraglich beigelegt haben.[451]

Neben der Zuständigkeit im Hinblick auf die einzelnen Verwerter ist die Schiedsstelle auch für Abschluß und Änderung von Gesamtverträgen nach § 12 WahrnG zuständig.

bb) Kompetenzen der Schiedsstelle

Die Schiedsstelle leistet Vertragshilfe. Sie hat in erster Linie auf eine gütliche Einigung zwischen den Parteien hinzuwirken.[452]

Kommt diese nicht zustande, so soll sie durch ihren Einigungsvorschlag dem dann zuständigen Gericht eine Entscheidungshilfe an die Hand geben.[453] Um einen Vergleich zwischen den Parteien zu fördern, kann die Schiedsstelle auch einen Vergleichsvorschlag erlassen. In beiden Vorschlägen hat die Schiedsstelle darzulegen, was nach ihrer Ansicht, bezogen auf den Fall als angemessen anzusehen ist. Sowohl der akzeptierte Vergleichsvorschlag als auch der Einigungs-

---

447 Strittmatter Schiedsstelle, S. 93 - 103; Nordemann in Fromm/Nordemann §§ 14 - 16 WahrnG Rdnr.4; BGH ZUM 2000, S. 952 (954).

448 Sch-Urh 29/96 ZUM-RD 1998, 197 Konzert der 3 Tenöre, vgl. auch LG Mannheim ZUM-RD 1998, 222; Schulze ZUM 1999, 827, Witz/Schmidt ZUM 1999, 819.

449 Vgl. Sch-Urh 5/87 ZUM 1987, S. 353 - Readerprinter, bestätigt durch BGH ZUM 1994, S. 497; Sch-Urh 124/90 ZUM 1993, S. 149 - Herstellerabgabe für Telefaxgeräte, bestätigt durch LG Düsseldorf ZUM 1993, S. 436; Sch-Urh 12/99 ZUM 2000, S. 599 (602/606/607) CD-Brenner, bestätigt durch LG Stuttgart ZUM 2001, S. 614 (616/617/618/619), vgl. auch Kröber ZUM 2000, S. 545 (548 - 550); kritisch Strittmatter Schiedsstelle, S. 100/101 m.w.N.

450 Reinbothe in Schricker § 14 WahrnG, Rdnr. 1.

451 Vgl. Strittmatter Schiedsstelle, S. 97/98 m.w.N.

452 Vgl. § 14 Abs. 5 WahrnG; Möller Urheberrechtsnovelle, S. 61.

453 Begründung zum Regierungsentwurf, BT-Drucks. X/837, S. 12; Seifert in FS Kreile S. 627 (628).

vorschlag schließen das Verfahren ab. Auch der Einigungsvorschlag ist für die Parteien rechtlich unverbindlich.[454] Die Schiedsstelle kann daher nur durch ihre Sachkompetenz die Parteien zur Annahme ihrer Vorschläge bewegen.

cc) Verhältnis zu anderen Verfahren

Das Verfahren vor der Schiedsstelle ist dem Verfahren vor den ordentlichen Gerichten vorgeschaltet. Letzteres wird durch das Schiedsstellenverfahren nicht verdrängt.

Das Verfahren vor der Schiedsstelle nach § 16 WahrnG ist zwingende Prozeßvoraussetzung in den Fällen, in denen die Anwendbarkeit und Angemessenheit eines Tarifes im Streit steht.[455] Das gleiche gilt für Gesamtvertragsstreitigkeiten nach § 14 Abs. 1 Nr.2 WahrnG.[456] § 16 WahrnG greift nicht ein, wenn nur Vergütungsansprüche betroffen sind.[457] Stellt sich während eines Verfahrens vor den ordentlichen Gerichten heraus, daß die Angemessenheit eines Tarifes Streitgegenstand ist, so ist dieses Verfahren nach § 16 WahrnG auszusetzen und das Schiedsstellenverfahren durchzuführen.[458] Wird kein Schiedsstellenverfahren durchgeführt, so ist die Klage unzulässig.[459] Hintergrund dieser zwingenden Prozeßvoraussetzung ist, die besondere Sachkunde der Schiedsstelle in möglichst großem Umfang nutzbar zu machen und die Gerichte soweit wie möglich zu entlasten.[460] Gleichzeitig kann durch das vorherige Durchlaufen des Schiedsstellenverfahrens die Sachkompetenz der Schiedsstelle auch den ordentlichen Gerichten in den u.U. nachgeschalteten Klageverfahren in Form der Entscheidung der Schiedsstelle zur Verfügung gestellt werden.

In der Praxis findet die Überprüfung von Tarifen durch die Schiedsstelle statt.[461] Dadurch wird die Aufsicht des DPMA jedoch nicht gänzlich verdrängt, vielmehr beschränkt sich das DPMA bei der Aufsicht über die Tarife auf offensichtliche Verstöße gegen das WahrnG.[462] Zuständigkeitskollisionen kommen daher nicht vor.[463]

---

454 Begründung zum Regierungsentwurf, BT-Drucks. X/837, S. 23/24.
455 Vogel GRUR 1993, S. 513 (528); Möller Urheberrechtsnovelle, S. 62/63.
456 Vgl. Strittmatter Schiedsstelle, S. 78/79 m.w.N.
457 BGH ZUM 2000, S. 952 (953).
458 Zur Kritik wegen der Gefahr des Mißbrauchs; Seifert in FS Kreile, S. 627 (640/641).
459 OLG Karlsruhe ZUM 1993, S. 236 (237).
460 BGH ZUM 2000, S. 952 (955).
461 Vogel GRUR 1993, S. 513 (529); Strittmatter Schiedsstelle, S. 89/99.
462 Häußer FUR 1980, S. 57 (66); Reimer GRUR Int.1982, S. 215 (217).
463 Nach Löhr Aufsicht, S. 65 verweist in der Praxis das DPMA Beschwerdeführer auf das Schiedsstellenverfahren.

d) Ablauf des Verfahrens

Das Verfahren vor der Schiedsstelle ist in der Hauptsache in der UrhSchiedsV geregelt. Um eine gütliche Einigung zwischen den Parteien zu ermöglichen, hat der Gesetzgeber darauf verzichtet, das Verfahren vor der Schiedsstelle stark zu formalisieren.[464] Nach § 10 UrhSchiedsV ist die Schiedsstelle ermächtigt, das Verfahren nach billigen Ermessen unter Beachtung der UrhSchiedsV und in Anlehnung an die ZPO selbst zu bestimmen. Letzteres ergibt sich daraus, daß das Schiedsstellenverfahren Prozeßvoraussetzung für das Verfahren vor den ordentlichen Gerichten ist.[465]

aa) Verfahrenseinleitung

Das Verfahren wird nach § 1 Abs. 1 UrhSchiedsV durch einen schriftlichen Antrag eingeleitet. Der Antrag soll Namen und Anschrift des Gegners enthalten sowie eine kurze Darstellung des Sachverhaltes.[466] Die Schiedsstelle stellt den Antrag dem Antragsgegner zu und fordert ihn auf, sich innerhalb eines Monats schriftlich zu äußern (§ 1 Abs. 2 UrhSchiedsV).

Beantragt eine Verwertungsgesellschaft, über den Abschluß eines Gesamtvertrages zu entscheiden, so ist nach § 1 Abs. 3 UrhSchiedsV die Verwerterorganisation darüber zu belehren, sich innerhalb einer bestimmten Frist zu äußern, ob sie zum Abschluß eines Gesamtvertrages bereit ist. Stellt sich heraus, daß die Verwerterorganisation zum Abschluß eines Gesamtvertrages nicht bereit ist, so stellt die Schiedsstelle das Verfahren ein. Die positive Erklärung der Verwerterorganisation ist daher Verfahrensvoraussetzung.[467]

Diese Regelung ist vom Standpunkt der Verwertungsgesellschaften aus als zu einseitig kritisiert worden.[468] Im Gegensatz zur Regelung für die Verwertungsgesellschaften genüge bei Streitigkeiten über den Abschluß von Gesamtverträ gen eine einfache Erklärung der Verwerterorganisation, um das Verfahren einzustellen. Die Vorschrift gründet sich zwar im Kontrahierungszwang der Verwertungsgesellschaften. Nur die Verwerterorganisationen kann den Abschluß eines Gesamtvertrages verweigern. Vor dem Hintergrund, daß der Abschluß ei-

---

464 Vgl. Kaube/Volz RdA 1981, S. 213 (216); s. a. Reinbothe in Schricker § 14 WahrnG, Rdnr. 9.

465 Möller Urheberrechtsreform, S. 62.

466 Nordemann in Fromm/Nordemann §§ 14 - 16 WahrnG, Rdnr. 5.

467 Reinbothe in Schricker § 14 WahrnG, Rdnr. 8.

468 Vgl. für die Regelung der "alten" Schiedsstelle, Melichar Wahrnehmung, S. 51; Schulze in FS Möhring, S. 427 (430).

nes Gesamtvertrages der effektiven kollektiven Wahrnehmung der Rechte durch Verwertungsgesellschaften dient,[469] ist eine solch uneingeschränkte Befugnis auf Seiten der Verwerterorganisation aber in Frage zu stellen.

Nach § 2 UrhSchiedsV kann der Antrag auf Anrufung der Schiedsstelle jederzeit zurückgenommen werden. Für den Fall, daß schon eine mündliche Verhandlung stattgefunden hat, ist dies nur mit Einwilligung des Gegners möglich. Im Falle der Rücknahme trifft den Antragsteller die Kostenpflicht nach § 2 Abs. 2 UrhSchiedsV.

bb) Intervention Dritter

In Einzelfällen kann es hilfreich sein, daß neben den Parteien, insbesondere den Verwertungsgesellschaften und Einzelnutzern, auch andere Organisationen, wie z.B. eine Urhebervereinigung, die ein Interesse an der Feststellung der Angemessenheit der Tarife haben, aktiv am Verfahren beteiligt werden. Da die UrhSchiedsV hierfür keine besondere Regelung vorsieht, kann die Schiedsstelle nach § 10 UrhSchiedsV eine Intervention Dritter in Anlehnung an §§ 66 ff ZPO nach pflichtgemäßem Ermessen zulassen.[470] Dies ist aber in der Praxis selten.

cc) Prozeßvertretung

Da weder das WahrnG noch die UrhSchiedsV Regelungen über die Prozeßvertretung enthalten, ist die Vertretung durch einen Rechtsanwalt oder anderen Rechtsbeistand entsprechend §§ 78 ff ZPO nicht obligatorisch. Dies ist auch in Anbetracht der Tatsache sinnvoll, daß jedem Verwerter die Anrufung der Schiedsstelle einfach und kostengünstig möglich sein sollte. Die Schiedsstelle kann aber nach §§ 78 ff ZPO i.V.m. 10 UrhSchiedsV verfahren und die Vertretung durch einen Rechtsanwalt anordnen, wenn dies z.B. wegen schwieriger Rechtsfragen erforderlich erscheint.[471]

---

469 Vgl. zum Aspekt der Kostenersparnis und der Verbesserung der Kontroll- und Einwirkungsmöglichkeiten der Verwertungsgesellschaften, oben 2. Kap. I 3 und II 2b bb) (2).

470 Vgl. zu den Voraussetzungen (rechtliches Interesse i.S.d. § 66 ZPO) Thomas/Putzo § 66 ZPO, Rdnr. 5.

471 Vgl. zu dessen Gebührenfestsetzung OLG München ZUM 1995, S. 279 (279/280).

dd) Gang des Verfahrens

Nach Zuleitung des Antrages an den Gegner hängt der weitere Gang des Verfahrens davon ab, ob die Nutzung durch einzelne Verwerter (§ 14 Abs. 1 Nr. 1 UrhG) oder der Gesamtvertrag (§ 14 Abs. 1 Nr. 2 WahrnG) Streitgegenstand ist.

Lediglich bei Streitigkeiten über Gesamtverträge ist die Durchführung einer mündlichen Verhandlung nach § 3 UrhSchiedsV vorgesehen. Die Parteien können aber auf deren Durchführung verzichten. Der Vorsitzende der Schiedsstelle kann die Parteien nach § 5 UrhSchiedsV vor der mündlichen Verhandlung zu einem Vergleichsversuch ohne Zuziehung der Beisitzer laden.[472]

Bei Einzelnutzerverfahren entscheidet nach § 4 UrhSchiedsV die Schiedsstelle grundsätzlich im schriftlichen Verfahren. Eine mündliche Verhandlung findet nur statt, wenn die Parteien dies übereinstimmend wünschen oder es zur Aufklärung des Sachverhaltes erforderlich ist.[473] Diese Regelung ist vor dem Hintergrund, daß die Aufgabe der Schiedsstelle die Vertragshilfe ist, kritisiert worden. Da die Bereitschaft der Parteien zur Einigung in einer mündlichen Verhandlung größer ist als im schriftlichen Verfahren, erscheint die obligatorische Durchführung einer mündlichen Verhandlung gerade im Hinblick auf die Vertragshilfe durch die Schiedsstelle dienlich zu sein.[474]

Bei dem Verfahren vor der Schiedsstelle gilt der Untersuchungsgrundsatz.[475] Nach § 8 Abs. 1 UrhSchiedsV ist die Schiedsstelle an Beweisanträge nicht gebunden. Sie kann von sich aus Beweis erheben, insbesondere durch Ladung von Zeugen und Einholen von Gutachten. Auch kann sie Verwerterorganisationen und Verwertungsgesellschaften, die nicht Parteien des Verfahrens sind, hören.[476]

Die Verfahrensregelungen sind im Hinblick darauf, daß Beschleunigungsfristen, abgesehen von der Monatsfrist des § 1 Abs. 2 und 3 UrhSchiedsV fehlen, kritisiert worden.[477] Um den Vorteil des Schlichtungsverfahrens nicht durch die Länge der Verfahren zu gefährden, sollten die Verfahren innerhalb von sechs

---

472 Vgl. zu Einzelheiten zum mündlichen Verfahren, §§ 6 und 7 UrhSchiedsV.

473 Vgl. § 4 S. 2 UrhSchiedsV.

474 Vgl. Nordemann in Fromm/Nordemann §§ 14 - 16 WahrnG Rdnr. 5; a.A. wohl Strittmatter Schiedsstelle, S. 58/59 mit dem Hinweis auf die u.U. weite örtliche Entfernung der Schiedsstelle für die Verwerter.

475 Vgl. zu Einzelheiten Thomas/Putzo ZPO Einl. I 6.

476 Vgl. § 8 Abs. 2 UrhSchiedsV; i. ü. zum Verfahren vor der Schiedsstelle Strittmatter Schiedsstelle, S. 59/60; s. a. Bartenbach/Volz § 33 ArbEG, Rdnr. 43; Kaube/Volz RdA 1981, S. 213 (216) zur Schiedsstelle für Arbeitnehmererfindungen.

477 Vgl. auch schon Schulze FUR 1981, S. 25 (27); Reimer GRUR Int. 1982, S. 215 (218) für die "alte" Schiedsstelle.

Monaten abgeschlossen werden.[478] Obwohl eine Verkürzung des Verfahrens grundsätzlich wünschenswert ist, hat der Gesetzgeber doch im Hinblick auf die Tätigkeit der Schiedsstelle von Beschleunigungsvorschriften abgesehen.[479] Aufgabe der Schiedsstelle ist die Vertragshilfe. Der zeitliche Druck, zu einer Einigung kommen und das Verfahren abschließen zu müssen, kann diesem Zweck widersprechen. Ein wie auch immer gearteter Druck vermindert in der Regel die Einigungsbereitschaft der Parteien. Das Fehlen von Beschleunigungsvorschriften ist daher nicht zu kritisieren.

Die Schiedsstelle ist nach § 16 Abs. 3 WahrnG nicht befugt, einstweilige Verfügungen der Anordnungen zu erlassen. Derartige Sicherungsmaßnahmen obliegen den Gerichten.[480] Die Ausnahme nach § 14c Abs. 2 S. 1 WahrnG ergibt sich aus den Besonderheiten bei Gesamtverträgen.[481]

ee) Entscheidungen der Schiedsstelle

Nach § 14 Abs. 5 WahrnG ist Aufgabe der Schiedsstelle, auf eine gütliche Einigung zwischen den Parteien hinzuwirken. Dieser Verpflichtung kann die Schiedsstelle durch den Erlaß eines schriftlichen Vergleichsvorschlages gerecht werden.[482] Inhaltlich gibt der Vergleichsvorschlag das wieder, was die Schiedsstelle auf den Fall bezogen für angemessen und rechtmäßig erachtet. Dadurch, daß in diesem Vergleich die besondere Sachkompetenz der Schiedsstelle einfließt, soll er für beide Parteien akzeptabler sein und somit eine Streitschlichtung ermöglichen.[483] Nehmen die Parteien den Vergleich an, so ist das Verfahren beendet. Nach § 14 Abs. 5 S. 2 WahrnG kann aus dem angenommenen Vergleichsvorschlag vollstreckt werden.[484] Die Akzeptanz der Vergleichsvorschläge ist in der Praxis aber gering.[485]

Scheitern die Vergleichsverhandlungen, so endet das Verfahren mit der Vorlage eines Einigungsvorschlages nach § 14a WahrnG. Dieser ist zwar formell nicht identisch mit dem Vergleichsvorschlag, kann aber inhaltlich gleich sein,[486] da

---

478 Nordemann in Fromm/Nordemann §§ 14 - 16 WahrnG, Rdnr. 5.

479 Möller Urheberrechtsreform, S. 60.

480 Vgl. Reimer GRUR Int. 1982, S. 215 (218).

481 Vgl. Möller Urheberrechtsreform, S. 62.

482 Nordemann in Fromm/Nordemann §§ 14 - 16 WahrnG, Rdnr. 5, der allerdings von einer Verpflichtung spricht.

483 Vgl. Nordemann in Fromm/Nordemann §§ 14 - 16 WahrnG, Rdnr. 1; Begründung zum Regierungsentwurf, BT-Drucks. X/837, S. 24.

484 Zu Einzelheiten Möller Urheberrechtsnovelle, S. 61.

485 Vgl. Strittmatter Schiedsstelle, S. 64/65.

486 Nordemann in Fromm/Nordemann §§ 14 - 16 WahrnG, Rdnr. 5.

bereits im Vergleichsvorschlag eine angemessene und rechtmäßige Entscheidung zu treffen war. Der Einigungsvorschlag muß schriftlich abgefaßt sein, eine ordnungsgemäße Belehrung enthalten und den Parteien zugestellt werden.[487] Widersprechen die Parteien dem Einigungsvorschlag nicht innerhalb der Monatsfrist nach § 14a Abs. 3 WahrnG, so gilt der Einigungsvorschlag als angenommen. Aus ihm findet dann auch die Zwangsvollstreckung statt.[488] Der angenommene Einigungsvorschlag stellt materiell-rechtlich einen Vertrag zwischen den Parteien dar.[489] Inhaltlich ist er, wie auch der Vergleichsvorschlag,[490] nicht durch ein Nachgeben der beiden Parteien gekennzeichnet, sondern gibt das wieder, was die Schiedsstelle als auf den Fall bezogen für angemessen betrachtet. Dies ergibt sich daraus, daß die Schiedsstelle ein Instrument der Angemessenheitskontrolle von Tarifen ist,[491] der Einigungsvorschlag also auch diesem Angemessenheitserfordernis zu entsprechen hat.[492]

Widerspricht eine der Parteien innerhalb der Monatsfrist dem Einigungsvorschlag, so entfaltet dieser keine formelle Rechtswirkung.[493] Aufgrund der Unabhängigkeit und Sachkompetenz der Schiedsstelle kann der Einigungsvorschlag aber als Entscheidungshilfe für ein Gericht angesehen werden, sollte das Klageverfahren dann fortgesetzt werden. Der Fortgang des weiteren Verfahrens hängt im übrigen davon ab, ob bereits Klage erhoben wurde oder nicht und ob ein Gesamtvertrag Streitgegenstand ist.[494]

Da die Schiedsstelle in der Hauptsache ein Instrument der Tarifüberprüfung ist,[495] kann die Schiedsstelle ihre Entscheidung beschränken oder von einem Einigungsvorschlag absehen, wenn Streitgegenstand nicht die Anwendbarkeit oder Angemessenheit von Tarifen ist. Dadurch soll verhindert werden, daß die

---

487 Vgl. § 14a Abs. 2 WahrnG; zu Einzelheiten Reinbothe in Schricker § 14a WahrnG, Rdnr. 9.

488 Vgl. § 14 Abs. 4 WahrnG; Möller Urheberrechtsreform, S. 61.

489 Vgl. Bartenbach/Volz § 34 ArbEG, Rdnr. 12; Kaube/Volz RdA 1981, S. 213 (218).

490 Vgl. Reinbothe in Schricker § 14 a WahrnG, Rdnr. 8.

491 Vgl. Begründung des Regierungsentwurfs zum WahrnG BT-Drucks. IV/271, S. 12/24; Möller Urheberrechtsreform, S. 60.

492 Vgl. zur Frage, ob die Schiedsstelle auch mehr zusprechen kann, als die Parteien beantragt haben, unten, 2. Kap. II 3 e.

493 Nordemann in Fromm/Nordemann, §§ 14 - 16 WahrnG, Rdnr. 5.

494 Vgl. zu Einzelheiten: Strittmatter in Moser/Scheuermann Handbuch, S. 695; dies. Schiedsstelle, S. 87/88; Vogel GRUR 1993, S. 513 (528); LG Düsseldorf ZUM 1993, S. 436 (436/437).

495 Vgl. Begründung zum Regierungsentwurf BT-Drucks. X/837, S. 12/24.

Schiedsstelle mit anderen Streitfragen belastet wird und sich dadurch die anderen anhängigen Verfahren in die Länge ziehen.[496]

ff) Kosten des Verfahrens

Die Schiedsstelle entscheidet über die Kosten nach Verfahrensbeendigung. Sie erhebt für das Verfahren Gebühren und Auslagen. Dadurch soll sichergestellt werden, daß die Schiedsstelle kostendeckend arbeitet.[497] Sie entscheidet über die Verteilung der Kosten nach billigem Ermessen. Die Kosten der Schiedsstelle werden in der Regel nach dem Obsiegen und Unterliegen verteilt. Die den Parteien entstandenen sonstigen Kosten hat üblicherweise jede Partei selbst zu tragen.[498] Dies erscheint insoweit gerechtfertigt,[499] als die Einschaltung eines Rechtsanwaltes bei den meisten Verfahren nicht vorgeschrieben ist. Diese Kosten kann die Partei dann auch nicht ersetzt verlangen.[500]

gg) Rechtsbehelfe

Gegen die Entscheidungen der Schiedsstelle, sind mit Ausnahme des Widerspruches gegen den Einigungsvorschlag, keine Rechtsbehelfe gegeben. Dies liegt daran, daß weder der Vergleichsvorschlag noch der nicht angenommene Einigungsvorschlag eine rechtliche Wirkung entfaltet.

e) Entscheidungen

Hauptaufgabe der Schiedsstelle ist die Tarifüberprüfung. Die Schiedsstelle entscheidet sowohl abstrakt über die Anwendbarkeit und Angemessenheit von Tarifen als auch konkret im Rahmen von Streitigkeiten über Schadensersatz- und Bereicherungsansprüchen über die diesen zugrundeliegenden Tarife.[501]

Die Schiedsstelle ist weiter zuständig für solche Ansprüche, die im Vorfeld der tariflichen Vergütungsansprüche stehen, wie etwa Auskunftsansprüche nach

---

496 Möller Urheberrechtsreform, S. 61; Strittmatter in Moser/Scheuermann Handbuch, S. 695.

497 Vgl. Möller Urheberrechtsreform, S. 62.

498 Vgl. Sch-Urh 2/87, S. 10.

499 A.A. Strittmatter in Moser/Scheuermann Handbuch, S. 696.

500 Die Schiedsstelle setzt auch nicht die Kosten eines Rechtsanwaltes gegenüber seinem Mandanten fest; vgl. OLG München ZUM 1995, S. 279 (279).

501 Möller Urheberrechtsnovelle, S. 60/61.

§ 54g Abs. 1 UrhG.[502] Ein solcher Auskunftsanspruch bildet die erste Grundlage für die Durchsetzung der insgesamt geschuldeten Vergütung. Schließlich ist die Schiedsstelle auch befugt, Streitigkeiten im Hinblick auf den Geltungsbereich von Vergütungsansprüchen zu entscheiden.[503] Die folgende Darstellung soll aber auf die Tarifüberprüfung beschränkt sein.

Die Kompetenz der Schiedsstelle bezieht sich sowohl auf solche Tarife, die von den Verwertungsgesellschaften einseitig festgelegt wurden als auch die durch Gesamtverträge festgelegten Vergütungsvereinbarungen, die gemäß § 13 Abs. 1 S. 2 WahrnG als Tarife gelten.[504] Die Schiedsstelle ist dagegen nicht befugt, die gesetzlichen Vergütungssätze nach § 54 Abs. 1 und 2 UrhG zu überprüfen. Diese gelten als angemessen,[505] auch wenn die darin festgelegten Vergütungssätze tatsächlich zu niedrig sind.[506]

Die Kompetenz der Schiedsstelle wird nicht dadurch eingeschränkt, daß ein Einzelnutzer bei Abschluß des Nutzungsvertrages die Angemessenheit des Tarifes nicht gerügt hat.[507] Der Grundsatz *pacta sunt servanda* gilt insoweit nur eingeschränkt.[508] Auch ist derjenige Verwerter, der Mitglied einer Verwerterorganisation ist, mit der die Verwertungsgesellschaft einen Gesamtvertrag abgeschlossen hat, nicht gehindert, den in diesem Gesamtvertrag festgelegten Vergütungssatz anzugreifen. Dies liegt daran, daß der Gesamtvertrag für den einzelnen Verwerter keine direkte Bindung entfaltet.[509] Durch die Anrufung der Schiedsstelle verliert der Verwerter aber die sich aus dem Gesamtvertrag ergebenen privilegierten Tarifsätze.[510] Der der Privilegierung zugrundeliegende Gedanke der

---

502 Vgl. Sch-Urh 2/87 S. 5/6; Sch-Urh 5/87 ZUM 1988, S. 353 (355); Sch-Urh 53/88 ZUM 1989, S. 312 (313).

503 Sch-Urh 5/87 ZUM 1988, S. 353 - Readerprinter; Sch-Urh 124/90 ZUM 1993, S. 149 - Telefaxgeräte, bestätigt durch LG Düsseldorf ZUM 1993, S. 436; Sch-Urh 12/99 ZUM 2000, S. 599 (602/606/607) - CD Brenner; bestätigt durch LG Stuttgart ZUM 2001, S. 614 (616/617/618/619).

504 Sch-Urh 2/86 ZUM 1987, S. 187 (188); v. Gamm in FS Nirk, S. 315 (316/317).

505 Vgl. zur Angemessenheit: Nordemann in Fromm/Nordemann § 54, 54a UrhG, Rdnr. 3; Kirchhof Gesetzgebungsauftrag, S. 44 - 58.

506 Vgl. Becker in FS Kreile, S. 27 (36) m.w.N; Bundesregierung 2. Vergütungsbericht UFITA 2000 III, S. 691 (741).

507 Vgl. Sch-Urh 2/86 ZUM 1987, S. 187 (188). Die Schiedsstelle nimmt aber an, daß durch den Vertragsschluß ihr Überprüfungsspielraum eingeengt wird: vgl. zum ganzen auch Strittmatter Schiedsstelle, S. 97/98.

508 A.A: Nordemann in Fromm/Nordemann §§ 14 - 16, Rdnr. 4.

509 Sch-Urh 1/86 ZUM 1987, S. 183 (184); Sch-Urh 2/86 ZUM 1987, S. 187 (188); Sch-Urh 4/86 ZUM 1989, S. 426 (427); vgl. auch Reinbothe Schlichtung, S. 24/32.

510 OLG München GRUR 1990, S. 358 (359); a.A. Sch-Urh 11/87 ZUM 1989, S. 314 (315), die in dieser Regelung eine Art Vertragsstrafe sieht; zum ganzen Schulze ZUM 1990, S. 123 (124).

Vereinfachung der Verwaltung kann durch die Anrufung der Schiedsstelle nicht mehr realisiert werden.

Die Schiedsstelle ist nicht daran gehindert, einen Tarif mehrfach, d.h. in mehreren Verfahren, auf seine Angemessenheit zu überprüfen.[511] Daher schließt eine Überprüfung des Tarifes in einem früheren Verfahren dessen nochmalige Überprüfung in einem weiteren Verfahren nicht aus.

aa) Angemessenheitskontrolle

Die von der Schiedsstelle durchgeführte Tarifüberprüfung ist eine Angemessenheitskontrolle, und nicht nur eine Mißbrauchskontrolle.[512] Das Erfordernis der Angemessenheit für Tarife ergibt sich aus §§ 14 Abs. 1 i.V.m. 16 Abs. 2, 13 Abs. 3 S. 3 bzw. 11, 12 WahrnG. Die Schiedsstelle überprüft die ihr vorgelegten Tarife auf ihre Angemessenheit. Da das DPMA i.d.R. die Tarife nicht auf ihre Angemessenheit überprüft,[513] besteht für die vorgelegten Tarife auch keine prima-facie Vermutung für deren Angemessenheit.[514]

Die Schiedsstelle kann bei der Bestimmung dessen, was angemessen ist, nicht über die Anträge der Parteien hinausgehen. Dies liegt daran, daß die Schiedsstelle nach § 308 ZPO, der auch im Verfahren vor der Schiedsstelle gilt, an die Parteianträge gebunden ist.[515] Die Schiedsstelle hat daher in der Vergangenheit auch in den Fällen, in denen sie die von der Verwertungsgesellschaft aufgestellten Tarife als zu niedrig angesehen hat,[516] die Tarife nicht erhöht, da dies von der Verwertungsgesellschaft nicht beantragt war, sondern dann dem Antrag der Verwertungsgesellschaft entsprochen und die Angemessenheit des Tarifs bestätigt.[517]

---

511 Sch-Urh 8/87 ZUM 1988, S. 351 (352).

512 Vgl. zu den Begriffen Spoendlin UFITA Bd. 102 (1986), S. 41 (42/59/51/55); David in FS Uchtenhagen S. 137 (138).

513 Das DPMA stellt nur offensichtliche Verstöße gegen das WahrnG fest; Sch-Urh 1/86 ZUM 1987, S. 183 (184).

514 Vgl. Sch-Urh 1/86 ZUM 1987, S. 183 (184); Sch-Urh 2/86 ZUM 1987, S. 187 (188).

515 Reinbothe in Schricker § 14a Rdnr. 8; vgl. auch Strittmatter Schiedsstelle, S. 126/127; a.A.: für die Schiedsstelle für Arbeitnehmererfinder, die der Schiedsstelle als Vorbild galt, Kaube/Volz RdA 1981, S. 213 (216), für die der ne ultra petita - Grundsatz gilt nicht.

516 Vgl. Sch-Urh 16/87 ZUM 1989, S. 533 (535).

517 Nachweise bei Strittmatter Schiedsstelle, S. 126.

Anders als dem DPMA steht der Schiedsstelle im Rahmen ihrer Kontrolltätigkeit ein Entscheidungsspielraum zu.[518] Dies ergibt sich daraus, daß die Schiedsstelle als Vertragshelfer den Parteien den Abschluß eines Vertrages erleichtern soll. Um einen Vertragsschluß zu erreichen, muß die Schiedsstelle auch die Befugnis zur Gestaltung von Verträgen, ausgerichtet am Angemessenheitsgrundsatz haben. Dabei kann es letztlich auch mehr als eine angemessene Lösung geben, die für beide Parteien akzeptabel ist.[519] Die Letztentscheidungskompetenz im Hinblick auf die Bestimmung der Angemessenheit liegt daher bei der Schiedsstelle.

Das Erfordernis, daß die Tarife angemessen sein sollen, ergibt sich insbesondere aus §§ 13 Abs. 3, 11 Abs. 1 WahrnG. Die Verwertungsgesellschaft hat bei der Tarifaufstellung auf das Verhältnis der Nutzung des Werkes am Gesamtumfang des Nutzungsvorganges angemessen Rücksicht zu nehmen. Daneben sind Verwertungsgesellschaften nach § 11 Abs. 1 WahrnG verpflichtet, die von ihr wahrgenommenen Rechte zu angemessenen Bedingungen zu lizenzieren, wozu auch die Tarife gehören. Auch hier läßt sich der Begriff der Angemessenheit nicht abstrakt formulieren.[520] Bei der Bestimmung der Angemessenheit greift die Schiedsstelle auf Bestimmungen des WahrnG, UrhG und des GWB zurück.[521] Richtlinien für die Angemessenheit enthält insbesondere § 13 Abs. 3 WahrnG.

Nach der Formel der Schiedsstelle ist ein Tarif dann angemessen, wenn er den Verwerter auf der einen Seite nicht unangemessen belastet oder im Hinblick auf den Nutzungskreislauf prohibitiv wirkt, auf der anderen Seite auch eine angemessene Entschädigung der Urheber für die Nutzung darstellt.[522] Die Frage der Angemessenheit ist demnach eine Frage nach der Gewichtung der einander gegenüberstehenden Interessen der Verwerter und der Berechtigten bzw. der Verwertungsgesellschaft. Welchen Interessen im Einzelfall der Vorzug zu geben ist, wird nach einer auf dem Gerechtigkeitsempfinden fußenden Wertung entschieden.[523] Diese nimmt die Schiedsstelle vor. Die Schiedsstelle überprüft Tarife als Bestandteil des Nutzungsvertrages bezogen auf eine bestimmte Nutzungshandlung.[524] Sie bestimmt die Angemessenheit anhand folgender Kriterien:

---

518 Reinbothe Schlichtung, S. 50; Mauhs Wahrnehmungsvertrag, S. 54; zum Streitstand Strittmatter Schiedsstelle, S. 105/106.

519 Vgl. zum ganzen: Strittmatter Schiedsstelle, S. 105/106; Reinbothe Schlichtung, S. 50; Vgl. auch Nordemann in Fromm/Nordemann §§ 14 - 16 WahrnG, Rdnr. 7.

520 Vgl. Strittmatter Schiedsstelle, S. 104/105.

521 Sch-Urh 11/87, ZUM 1987, S. 314 (315).

522 Sch-Urh 1/86, ZUM 1987, S. 183 (186).

523 Schricker in Videorecht, S. 76 (82).

524 Vgl. Strittmatter Schiedsstelle, S. 109.

bb) Tarifaufstellung

Verwertungsgesellschaften sind nicht verpflichtet, für jede denkbare Nutzungshandlung Tarife aufzustellen. Durch die Tarife sollen lediglich bestimmte Verwertungssachverhalte in ihrer typischen Gegebenheit erfaßt werden. Tarife sind eher weit zu fächern, als eng zu fassen.[525]

Soweit die Parteien über die angemessene Vergütung für eine bestimmte Nutzungshandlung streiten, stellt die Schiedsstelle zunächst fest, welcher bestehende Tarif anwendbar ist. In einem weiteren Schritt fragt sie nach der Angemessenheit der im Tarif festgeschriebenen Vergütungsregelung.[526]

cc) Berechnungsgrundlage

Nach § 13 Abs. 3 S. 1 WahrnG sollen Berechnungsgrundlage für die Tarife die geldwerten Vorteile sein, die vom Verwerter durch die Verwertungshandlung erzielt wurden. An diesen Vorteilen ist der Urheber über die Verwertungsgesellschaft prozentual zu beteiligen.[527] Dieser Vorteil wird i.d.R. in den durch die Nutzung erzielten Bruttoeinnahmen zu sehen sein. In Ausnahmefällen können Tarife auf eine andere Berechnungsgrundlage gestützt werden. Die Schiedsstelle hat bereits in ihrer ersten Entscheidung nach neuem Recht als Berechnungsgrundlage den geldwerten Vorteil herangezogen und ihrer Entscheidung zugrunde gelegt.[528]

Unter dem geldwerten Vorteil ist der gesamte wirtschaftliche Nutzen zu verstehen, den der Verwerter durch die Nutzungshandlung erzielt. Dies umfaßt nicht nur die Bruttoeinnahmen bzw. den Umsatz,[529] sondern auch sonstige Vergünstigungen und Zuwendungen, wie Einsparungen oder Subventionen, die der Verwerter mittelbar für die Nutzung erhält. Diese sind dann den Bruttoeinnahmen hinzuzurechnen.[530]

---

525 Sch-Urh 1/86, ZUM 1987, S. 183 (185); Sch-Urh 4/86 ZUM 1989, S. 426 (430); Pietzko in FS Hertin, S. 171 (176).

526 Sch-Urh 2/86 ZUM 1987, S. 187 (188/189).

527 Sch-Urh 1/86 ZUM 1987, S. 183 (185).

528 Sch-Urh 1/86 ZUM 1987, S. 183 (185); vgl. auch Sch-Urh 3/86 ZUM 1990, S. 204 (205); Sch-Urh 4/86 ZUM 1989, S. 426 (429); Sch- Urh 5/86 ZUM 1989, S. 207 (207).

529 Sch-Urh 1/86 ZUM 1987, S. 183 (185); Sch-Urh 4/86 ZUM 1989, S. 426 (429); Sch-Urh 14/5/41/42/88 ZUM 1988, S. 471 (478); vgl. auch Nordemann GRUR 1985, S. 837 (842).

530 Sch-Urh 1/86 ZUM 1987, S. 183 (186); Reinbothe in Schricker § 13 WahrnG, Rdnr. 7.

Nach Auffassung der Schiedsstelle stellen allein die Bruttoeinnahmen unter Hinzurechnung sonstiger Vergünstigungen, die der Verwerter mit der Nutzungshandlung erzielt, ein praktikables und gerechtes Mittel zur Bestimmung des geldwerten Vorteils dar.[531] Die Bruttoeinnahmen sind auch aufgrund der den Verwertungsgesellschaften zustehenden Auskunftsansprüche leicht nachzuprüfen und gegenüber anderen Größen, wie Gewinn oder Nettoeinnahmen, weniger manipulierbar. Dies liegt daran, daß die zur Ermittlung des Gewinnes oder der Nettoeinnahmen erforderlichen Abzüge von den Verwertungsgesellschaften kaum überprüfbar sind.[532] Auch würde ein Abstellen auf den Gewinn unter Umständen zu einer Risikobeteiligung des Urhebers an der Nutzung führen, da der Gewinn von zahlreichen Faktoren abhängt, die mit der eigentlichen Verwertungshandlung nichts zu tun haben müssen.[533] Das Abstellen auf den Bruttoumsatz erscheint daher als einzig praktikable und effiziente Größe, den geldwerten Vorteils einer Nutzung zu ermitteln.[534]

Die Vorschrift des § 13 Abs. 3 S. 1 WahrnG ist auch auf ältere Tarife anwendbar, soweit die Nutzungshandlung nach dem Inkrafttreten der Urheberrechtsnovelle 1985 liegt.[535] Dies zwingt die Verwertungsgesellschaften, ihre gesamten Tarife der Regelung des § 13 Abs. 3 S. 1 WahrnG anzupassen.

Lediglich in den Fällen in denen der geldwerte Vorteil, d.h. die Bruttoeinnahmen, tatsächlich nicht oder nur mit erheblichem finanziellen Aufwand feststellbar ist, ist gemäß § 13 Abs. 3 S. 2 WahrnG nach Vorstellung der Schiedsstelle ein Abstellen auf eine andere Bemessungsgrundlage zu lässig.[536] Voraussetzung für dieses Abweichen von der Regel des § 13 Abs. 1 S. 1 WahrnG ist nach Auffassung der Schiedsstelle aber, daß der aus der Nutzung der Rechte erzielte geldwerte Vorteil von den Verwertungsgesellschaften, zweifelsfrei nicht feststellbar ist oder nur mit einem wirtschaftlich nicht vertretbaren Aufwand festgestellt werden könnte. Dies bedeutet, daß auch die Möglichkeit einer einfachen,

531 Sch-Urh 1/86 ZUM 1987, S. 183 (185).

532 Sch-Urh 1/86 ZUM 1987, S. 183 (185); Sch-Urh 14/15/41/42/88 ZUM 1988, S. 471 (478).

533 Sch-Urh 1/86, S. 183 (185), vgl. auch Reinbothe in Schricker § 13 Rdnr. 7.

534 Vgl. Schulze GRUR 1989, S. 257 (258); aber auch Albach GRUR 1988, S. 423 (426/441), der das Abstellen auf die Bruttoeinnahmen wegen z.T. praktischer Schwierigkeiten kritisiert und lieber auf den Soll - Umsatz abstellen will. Dabei stellt sich jedoch die rein praktische Frage, wer diesen bestimmen soll.

535 Sch-Urh 5/86 ZUM 1989, S. 207 (207).

536 Sch-Urh 1/88 ZUM 1990, S. 259 (260); Sch-Urh 4/86 ZUM 1989, S. 426 (429); Sch-Urh 3/86 ZUM 1990, S. 204 (205); vgl. auch Schulze GRUR 1989, S. 257 (258); Strittmatter in Moser/Scheuermann Handbuch, S. 570/571; a.A: Möller Urheberrechtsreform, S. 56/57, die § 13 Abs. 3 S. 1 WahrnG nur als Sollvorschrift ansieht.

schnellen und kostengünstigen Kontrolle durch die Verwertungsgesellschaften gegeben sein muß.[537]

Ist dies nicht der Fall, können Berechnungsgrundlage des Tarifes auch andere Größen sein, wie Umfang der Nutzung, Bedeutung für den Verwerter, etc.[538] Daneben ist auch eine Pauschalisierung möglich.

Demnach kann eine andere Berechnung nach § 13 Abs. 3 S. 2 WahrnG vorgenommen werden, wenn sich zwischen Verwertung und tatsächlich erzielten Umsatz keine eindeutige Kausalbeziehung herstellen läßt.[539] Dies ist der Fall bei der massenhaften Nutzung eines Werkes, oder wenn die Nutzung im Verhältnis zu anderen Leistungen des Verwerters eine untergeordnete Rolle spielt (z.B. Hintergrundmusik). Auch können in den Fällen, in denen eine Kontrolle der von den Verwertern gemachten Angaben zum Bruttoumsatz nur schwer möglich ist, Tarife auf andere Berechnungsgrundlagen gestützt werden. Schwierigkeiten bei der Feststellung und Kontrolle der Bruttoeinnahmen, die auf Seiten der Verwertungsgesellschaft liegen und durch geringe Bereitschaft der Verwerter behoben werden könnten, rechtfertigen es allein nicht, auf andere Berechnungsgrundlagen auszuweichen.[540] Wann diese Ausnahmen vorliegen, insbesondere wann die Verwaltungskosten für die Ermittlung des tatsächlich erzielten Vorteiles zu hoch sind, ist eine Wertungsfrage, deren Beantwortung der Schiedsstelle obliegt.

Soweit demnach eine andere Berechnungsgrundlage zulässig ist, muß die Gesamtkonzeption des Tarifes so gestaltet sein, daß weiterhin eine Akzessorietät zwischen Vergütung und aus der Nutzung gezogenem Vorteil gesichert ist.[541] Der zugrundeliegende Parameter muß ausreichende, nicht manipulierbare Anhaltspunkte für den Vorteil auf der Verwerterseite liefern,[542] wie die Kapazität des Veranstaltungsraumes, die Besucherzahl und die Höhe des verlangten Eintrittsgeldes.[543] Daneben ist auch das Abstellen auf die Wahrscheinlichkeit der Nutzung zulässig. Dadurch soll sichergestellt werden, daß z.B. auch bei Pauschalisierungen Anknüpfungspunkt für die Vergütung der wirtschaftliche Erfolg der Nutzung, d.h. der beim Verwerter erzielte geldwerte Vorteil, ist.

---

537 Sch-Urh 1/88 ZUM 1990, S. 259 (260).

538 Nordemann in Fromm/Nordemann § 13 WahrnG, Rdnr. 5.

539 Albach GRUR 1988, S. 432 (437); Strittmatter Schiedsstelle, S. 140/141.

540 Sch-Urh 2/86 ZUM 1987, S. 187 (189); Sch-Urh 1/88 ZUM 1990, S. 259 (260).

541 Sch-Urh 4/86 ZUM 1989, S. 426 (429); Sch-Urh 3/86 ZUM 1990, S. 204 (205).

542 Sch-Urh 4/86 ZUM 1989, S. 426 (430).

543 Sch-Urh 4/86 ZUM 1989, S. 426 (430); Sch-Urh 3/86 ZUM 1990, S. 204 (205); Sch-Urh ZUM 5/86 1989, S. 207 (208); Schulze GRUR 1989 S. 257 (258).

Um Willkür innerhalb des Tarifes zu vermeiden, muß der auch auf Pauschalisierung beruhende Tarif eine innere Logik haben, auf einem nachvollziehbaren Berechnungsschema beruhen, sowie dem Gleichheitsgebot entsprechen.[544] Gewisse Härten in den Randbereichen sind aber von beiden Seiten hinzunehmen.[545] Auf der anderen Seite darf der Grundsatz der angemessenen Beteiligung des Urhebers an der wirtschaftlichen Nutzung seines Werkes nicht so weit gehen, daß hierdurch der Nutzer im Rahmen einer Sonderveranstaltung (Ramschgeschäft) unangemessen belastet wird.[546]

Nach § 13 Abs. 3 S. 4 WahrnG sollen Verwertungsgesellschaften bei der Tarifaufstellung und bei der Einziehung der Vergütung auf kulturelle, soziale und religiöse Belange Rücksicht nehmen. Obwohl diese Vorschrift als Sollvorschrift ausgestaltet ist, und daher keine Verpflichtung zur Befolgung besteht,[547] kann die Nichtberücksichtigung im Einzelfall die Unangemessenheit des Tarifes begründen.[548] Die Verwertungsgesellschaften haben daher bei der Tarifaufstellung auch auf das Interesse der Allgemeinheit, wie soziale und sonstige gemeinnützige Zwecke, Rücksicht zu nehmen.

dd) prozentuale Beteiligung

Nach § 13 Abs. 3 S. 2 WahrnG ist bei der Tarifgestaltung auf den Anteil der Werknutzung am Gesamtumfang des Nutzungsvorganges angemessen Rücksicht zu nehmen. Die Vergütung darf nicht in einem Mißverhältnis zu Art und Umfang des Nutzungsvorganges stehen, in dessen Rahmen die Nutzung stattfindet.[549]

---

544 Sch-Urh 2/86 ZUM 1987, S. 187 (189).

545 Sch-Urh 1/88 ZUM 1990, S. 259 (260).

546 BGH GRUR 1988, S. 373 (376); Pietzko in FS Hertin, S. 171 (194); Reinbothe in Schricker § 13 WahrnG, Rdnr. 7.

547 Vgl. BGH UFITA Bd. 73 (1975), S. 286 (291) - Postjugendheim für den gleichlautenden § 13 Abs. 3 WahrnG a.F.

548 Nordemann in Fromm/Nordemann § 13 WahrnG, Rdnr. 7; Möller Urheberrechtsreform, S. 57.

549 Reinbothe in Schricker § 13 WahrnG, Rdnr. 9; kritisch Mestmäcker/Schulze § 13 WahrnG, Rdnr. 1.

(1) Höhe des Beteiligungssatzes

Die Schiedsstelle hat daher die Höhe der Beteiligung am Bruttoumsatz als Grundlage für die Vergütungsberechnung auf höchstens 10% festgelegt.[550] Nach Auffassung der Schiedsstelle stelle 10% die Obergrenze der Belastbarkeit der Verwerter dar. Dieser Prozentsatz habe sich auch in einer Vielzahl urheberrechtlicher Bereiche, wie z.B. im Buchhandel, durchgesetzt.[551] Diese Obergrenze gilt auch für Tarife, die eine Pauschalisierung aufweisen. Die Ermittlung des tatsächlichen Prozentsatzes eines Pauschaltarifes erfolgt dann anhand der durchschnittlichen Auslastung.[552]

Um eine Risikobeteiligung des Urhebers an der Nutzung seines Werkes auszuschließen, können die Tarife Regelungen über Mindestvergütungen enthalten. Dadurch soll verhindert werden, daß der Urheber an dem wirtschaftlichen Risiko der Verwertung seines Werkes teilnimmt. Eine "Nullvergütung" für Veranstaltungen, in denen der Verwerter keine oder nur geringe Bruttoeinnahmen macht, weil die Veranstaltungen schlecht besucht wurden oder keinem Erwerbszweck dienen, soll dadurch vermieden werden.[553]

Nach Ansicht der Schiedsstelle soll die Mindestvergütung den Vergütungssatz wiedergeben, der bei einer 20% Auslastung der Veranstaltung erzielt werde[554] und daher vom Veranstalter auch bei einer durchschnittlichen Auslastung erzielt werden kann.[555] Da der Verwerter mit einem solchen Unkostenfaktor für die Verwertungshandlung rechnen muß, ist die Festlegung einer Mindestvergütung angemessen und garantiert insbesondere eine optimale und angemessene Beteiligung des Urhebers am Erfolg seines Werkes.[556]

---

550 Sch-Urh 1/86 ZUM 1987, S. 183 (186); Sch-Urh 14/15/41/42 ZUM 1988, S. 471 (478); vgl. auch Nordemann in Fromm/Nordemann § 13 Rdnr. 6.

551 Vgl. Schicker in Videorecht S. 76 (82); Scheuermann/Strittmatter in FS Reichardt, S. 169 (174); Spoendlin UFITA Bd. 102 (1986), S. 41 (56); David in FS Uchtenhagen, S. 137 (140).

552 Sch-Urh 3/86 ZUM 1990, S. 204 (205); Sch-Urh 16/87 ZUM 1989, S. 533 (535); Sch-Urh 1/88 ZUM 1990, S. 259 (261).

553 Sch-Urh 1/86 ZUM 1987, S. 183 (186); Sch-Urh 2/86 ZUM 1987 S. 187 (189); vgl. auch Schulze GRUR 1989, S. 257 (258).

554 Sch-Urh 1/86 ZUM 1987, S. 183 (186); Sch-Urh 2/86 ZUM 1987, S. 187 (189).

555 Vgl. Strittmatter Schiedsstelle, S. 155.

556 Sch-Urh 1/86 ZUM 1987, S. 183 (186); Sch-Urh 2/86 ZUM 1987, S. 187 (189); Schulze GRUR 1989, S. 257 (258).

(2) Abzüge

Der Beteiligungssatz in Höhe von 10% hat nur so lange Bestand, wie keine Abzüge erforderlich sind. Neben den in § 13 Abs. 3 S. 3 und 4 WahrnG allgemein festgelegten Abzugsgesichtspunkten, nimmt die Schiedsstelle zur Bestimmung der angemessenen Vergütung für die ihr vorliegende Nutzungsart eine Reihe von weiteren Abzügen (urhebeberrechtsspezifische und tarifspezifische) vor.[557]

Nach § 13 Abs. 3 S. 3 WahrnG ist bei der Tariffestsetzung auf den Anteil der Werknutzung am Gesamtumfang des Verwertungsvorganges angemessen Rücksicht zu nehmen. Damit ist das Verhältnis mehrerer Verwerterhandlungen untereinander gemeint, von denen nur eine vergütungspflichtig ist.[558] Hat die Werknutzung insoweit im Verhältnis zu den anderen Angeboten oder Verwerterhandlungen nur marginalen oder begleitenden Charakter, z.B. der Anteil der Musiknutzung im Verhältnis zu den sonstigen Leistungen des Verwerters, so ist eine Beteiligung des Urhebers an den Einnahmen in Höhe von 10% nicht gerechtfertigt, vielmehr sind dann Abzüge erforderlich.[559]

Aus § 13 Abs. 3 S. 3 WahrnG folgt weiter, daß die angemessene Vergütung eines Berechtigten unter Berücksichtigung des Beitrages anderer Berechtigter zu ermitteln ist. Die Vergütung in Höhe von 10% ist dann unter diesen aufzuteilen.[560] Nach § 13 Abs. 3 S. 4 WahrnG soll bei der Tarifgestaltung auch auf kulturelle und soziale Belange Rücksicht genommen werden. Diese Belange können dann Anhaltspunkte für eine Kürzung des Beteiligungssatzes durch die Verwertungsgesellschaften sein. Obwohl die Vorschrift Sollvorschrift ist und daher auch von der Schiedsstelle nicht eigenmächtig durchgesetzt werden kann,[561] nimmt die Schiedsstelle Abschläge auch nach dieser Vorschrift vor.[562] Nach Auffassung der Schiedsstelle ist aber erforderlich, daß diese Belange sich eindeutig ermitteln lassen.[563]

Abzüge, die nicht auf einer direkten gesetzlichen Regelung beruhen, nimmt die Schiedsstelle insbesondere dann vor, wenn die durch den Tarif abzugeltende Nutzungshandlung eine innerhalb des Systems der Verwertung des Werkes

557 Vgl. Sch-Urh 1/86 ZUM 187, S. 183 (186/187); Strittmatter Schiedsstelle, S. 158; vgl. zum Begriffspaar Scheuermann/ Strittmatter in FS Reichardt, S. 169 (175/181).

558 Strittmatter Schiedsstelle, S.158.

559 Sch-Urh 2/86 ZUM 1987, S. 187 (189); vgl. auch Sch-Urh 14/15/41/42/88 ZUM 1988, S. 471 (477): Sch-Urh 1/86 ZUM 1987, S. 183 (185).

560 Strittmatter Schiedsstelle, S. 161.

561 Vgl. dazu oben, 2. Kap. II 2 a (2).

562 Vgl. zu Einzelheiten Strittmatter Schiedsstelle, S. 162/163.

563 Sch-Urh 1/86 ZUM 1986, S.183 (186).

nachgeordnete Nutzung darstellt (sog. Zweit- bzw. Drittverwertungsabschlag).[564] Ein solcher Abzug ist nach Auffassung der Schiedsstelle deshalb angemessen, weil der Urheber bereits bei der ersten Verwertungshandlung, wie z.B. der Herstellung des Filmes, angemessen an der wirtschaftlichen Nutzung seines Werkes beteiligt worden sei. Jede nachgeordnete Nutzung seines Werkes, wie die Videoauswertung eines zur Kinovorführung hergestellten Filmes oder das Verleihen bzw. Vermieten der Videokassetten, rechtfertige nur einen geringen Vergütungssatz.[565]

Weiter verpflichtet auch die Unvollständigkeit des von der Verwertungsgesellschaft wahrgenommenen Repertoires zu Abzügen. Nutzt der Verwerter auch Rechte, die nicht von Verwertungsgesellschaften wahrgenommen werden, weil diese entweder gemeinfrei sind, oder nicht auf die Verwertungsgesellschaft übertragen wurden, so ist ebenfalls ein Abschlag vorzunehmen.[566] Letzteres kann insbesondere bei ausländischen Rechteinhabern der Fall sein.

(3) Sonstige Angemessenheitsgesichtspunkte

Die Schiedsstelle stützt die Angemessenheit der Vergütung nicht allein auf die Formel "10% minus Abzüge". Zur Bestimmung, und insbesondere zur Begründung der von ihr gefundenen angemessenen Beteiligungsquote, bezieht die Schiedsstelle weitere Überlegungen und Anhaltspunkte mit ein.

Anhaltspunkt für die Angemessenheit von Tarifen kann nach Auffassung der Schiedsstelle vor allem die Entwicklung des Tarifes sein.[567] Die Schiedsstelle gewährt eine Erhöhung der Vergütungssätze eines bereits etablierten Tarifes grundsätzlich nur im Rahmen der Steigerung des Lebenshaltungsindexes, es sei denn, es liegen besondere Umstände vor, die eine weitere Erhöhung rechtfertigen, wie das Umstellen der Berechnungsgrundlage auf die geldwerten Vorteile.[568]

---

564 Vgl. Strittmatter Schiedsstelle, S. 164/165.

565 Vgl. Sch-Urh 4/86 ZUM 1989, S. 426 (430); zum ganzen Strittmatter Schiedsstelle, S. 164 - 167.

566 Vgl. Sch-Urh 1/86 ZUM 1987, S. 183 (186); Sch-Urh 4/86 ZUM 1989, S. 426 (429); Sch-Urh 8/87 ZUM 1988, S. 351 (353); Sch-Urh 14/15/41/42/88 ZUM 1988, S. 471 (476).

567 Sch-Urh 3/86 ZUM 1990, S. 204 (205); Sch-Urh 8/87 ZUM 1988, S. 351 (352).

568 Sch-Urh 3/86 ZUM 1990, S. 204 (205); vgl. auch Sch-Urh 8/87 ZUM 1988, S. 351 (352).

Mit der Entwicklung des Tarifes hängt auch die Frage der Verkehrsgeltung des streitbefangenen Tarifes zusammen. Die Schiedsstelle stellt dabei darauf ab, ob der Tarif sich am Markt durchgesetzt hat, d.h. von den Verwertern akzeptiert wurde und ihm so eine Verkehrsgeltung zukommt.[569] Obwohl die Schiedsstelle dies nicht ausdrücklich sagt, so soll die Verkehrsdurchsetzung doch einen Anhaltspunkt für die Angemessenheit des ihr vorliegenden Tarifes darstellen.[570]

Weitere Anhaltspunkte für die Angemessenheit des streitbefangenen Tarifes können auch Tarife derselben Verwertungsgesellschaft für vergleichbare Nutzungsarten[571] und die Tarife anderer, auch ausländischer, Verwertungsgesellschaften für dieselben oder vergleichbare Nutzungshandlungen[572] sein (sog. Vergleichsmarktprinzip).[573]

ee) Zusammenfassung und Kritik

Die Schiedsstelle ist zur Kontrolle des Verhältnisses zu den Verwertern berufen. Sie ist Vertragshelfer und bemüht, eine gütliche Einigung zwischen den Parteien herbeizuführen. Diesem Konzept entsprechen Zusammensetzung und Verfahren der Schiedsstelle weitgehend, wenn auch z.B. eine mündliche Verhandlung generell nicht obligatorisch ist. Diese ist aber für ein effektives Schiedsstellenverfahren erforderlich.

Die Schiedsstelle ist in der Hauptsache mit der Überprüfung der Angemessenheit von Tarifen betraut. Nach Auffassung der Schiedsstelle ist ein Tarif dann angemessen, wenn durch ihn der Urheber prozentual an dem durch die Nutzung seines Werkes erzielten wirtschaftlichen Vorteil beteiligt wird, ohne auf der anderen Seite für die Nutzung prohibitiv zu wirken. In der Regel erfolgt dies durch eine prozentuale Beteiligung an den Bruttoumsätzen des Verwerters. Obwohl die Höhe dieser Beteiligung vom Einzelfall, und insbesondere von der betroffenen Nutzungshandlung abhängt, stellt nach Auffassung der Schiedsstelle die absolute Obergrenze der prozentualen Beteiligung 10% dar. In ihre Angemessenheitserwägungen bezieht die Schiedsstelle andere Umstände mit ein, die gleichsam als Indizien für die Angemessenheit das von der Schiedsstelle gefundene Ergebnis bestätigen sollen.

569 Sch-Urh 3/86 ZUM 1990, S. 204 (204); Sch-Urh 8/87 ZUM 1988, S. 351 (352).

570 Vgl. Sch-Urh 3/86 ZUM 1990, S. 204 (205); zum ganzen Scheuermann/Strittmatter in FS Reichardt S. 169 (172) m.w.N.

571 Sch-Urh 14/15/41/42/88 ZUM 1988, S. 471 (478).

572 Sch-Urh 2/86 ZUM 1986, S. 187 (189).

573 Vgl. Strittmatter Schiedsstelle, S. 107/108.

Die von der Schiedsstelle der "Angemessenheitsermittlung" zugrunde gelegten Kriterien erscheinen unnötig starr. Das Problem der Bestimmung dessen, was in dem zu entscheidenden Einzelfall angemessen ist, liegt darin, daß kein freier Markt für die von den Verwertungsgesellschaften wahrgenommenen Rechte besteht, auf dem ein angemessener Tarif durch Vertragsverhandlungen erzielt werden kann.[574] Vielmehr bestimmt zunächst die Verwertungsgesellschaft bei den von ihr aufgestellten Tarifen, was angemessen ist. Ausnahmen können bei den Gesamtverträgen bestehen. Aufgabe der Schiedsstelle ist es, unabhängig von den Erwägungen der Verwertungsgesellschaften zu bestimmen, was in dem Einzelfall angemessen ist, um so das Tarifwesen der Verwertungsgesellschaften zu kontrollieren. Die Befugnisse der Schiedsstelle gehen dabei über eine reine Mißbrauchskontrolle hinaus und entsprechen denen einer Angemessenheitskontrolle im eigentlichen Sinne. Die Schiedsstelle ist berechtigt, die Entscheidung der Verwertungsgesellschaft durch ihre Entscheidung zu ersetzen. Sie hat auch gegenüber der Verwertungsgesellschaft die Letztentscheidungsbefugnis.

Der Gesetzgeber hat, abgesehen von den allgemeinen Bestimmungen des § 13 Abs. 3 WahrnG, der Schiedsstelle für die Bestimmung der Angemessenheit der Tarife keine Entscheidungskriterien an die Hand gegeben. Da es keine festen Anhaltspunkte für die Bestimmung der Angemessenheit gibt, ist das von der Schiedsstelle gefundene Ergebnis "eine auf dem Gerechtigkeitsempfinden fußende Wertung".[575] Es lassen sich lediglich Aussagen dazu machen, wann ein Tarif unzweifelhaft unangemessen ist. Dies ist der Fall, wenn die Vergütungsregelung so hoch bemessen ist, daß der Verwerter zu einer Preiskalkulation gezwungen ist, die sich auf dem Markt nicht durchsetzen läßt.[576] Eine solche Regelung würde den Verwertungskreislauf behindern und dem berechtigten Interesse der Allgemeinheit am Zugang zu allen Kulturgütern widersprechen.[577] Eine Tarifregelung wäre auch dann unangemessen, wenn durch sie der Berechtigte überhaupt keine Vergütung erhalten würde (Nulltarif). Eine solche Regelung würde dem Grundsatz widersprechen, daß der Urheber an der Nutzung seines Werkes angemessen zu beteiligen ist.[578] Zwischen diesen beiden Polen besteht eine "Grauzone", deren Durchleuchtung Aufgabe der Schiedsstelle ist. Dabei wird es aber entscheidend auf die Umstände des Einzelfalles ankommen, insbe-

574 David in FS Uchtenhagen S. 137 (139).

575 Schricker in Videorecht, S. 76 (82).

576 Vgl. Scheuermann/Strittmatter in FS Reichardt, S. 169 (171); Schricker in Videorecht, S. 76 (82).

577 Kirchhoff Gesetzgebungsauftrag, S. 25/26; Scheuermann/Strittmatter in FS Reichardt, S. 169 (171).

578 Vgl. BGHZ 97, S. 37 (43) "Filmmusik"; BGH GRUR 1985, S. 131 (132).

sondere auf die übrigen Parameter, die mit der Angemessenheit der Vergütungsregelung in ein Verhältnis zu setzen sind.[579]

Vor diesem Hintergrund ist nicht zu beanstanden, daß die Schiedsstelle als Berechnungsparameter grundsätzlich den geldwerten Vorteil in Form der Bruttoeinnahmen zugrunde legt. Dies entspricht der gesetzlichen Regelung des § 13 Abs. 3 WahrnG, die zwar vom Wortlaut her nicht zwingend,[580] aber wie gezeigt für Verwerter und Verwertungsgesellschaft in der Regel praktikabel ist.[581] Auch entspricht dies der Konzeption des individuellen Herrschaftsrechtes, die sicherstellen soll, daß der Urheber an der wirtschaftlichen Nutzung seines Werkes beteiligt wird.

Dagegen stößt die Festlegung einer Obergrenze von 10% auf Bedenken. Obwohl eine solche Obergrenze gewohnheitsrechtlich anerkannt ist,[582] gilt sie nicht für jeden Einzelfall als gerechtfertigt. Insbesondere im Bereich der Nutzung mittels digitaler Technologien, die in erheblichem Maße auf urheberrechtlich geschützte Werke zurückgreift und diese lediglich leichter zugänglich macht, erscheint die 10%-Grenze für die Beteiligung angesichts der sonstigen Leistung des Nutzers nicht ausreichend.[583] Auch für die Nutzung des Kabelweitersenderechtes erscheint eine Beteiligung von 10% zu niedrig.[584] Da es auch bei der Festlegung des Tarifes immer auf die Umstände des Einzelfalles ankommt, ist die Festlegung einer Obergrenze in ihrer Absolutheit nicht gerechtfertigt und damit willkürlich. Die 10%-Regelung darf daher nur als Hilfestellung verstanden werden, die auch eine Verschiebung nach oben zuläßt, will man vermeiden, daß die Tarife den Urheber nicht angemessen an der Nutzung seines Werkes beteiligen, sie

579 Schricker in Videorecht, S. 76 (82).

580 Vgl. Möller Urheberrechtsreform, S. 56/57.

581 Vgl. zum ganzen Schulze in RzÜ Anm. zu Schst 5, S. 14; Schulze GRUR 1989, S. 257 (257/258); s. a. Glattfelder in FS URG, S. 87 (100).

582 Vgl. Art. 60 Abs. 2 des Schweizer UrG von 1992, der diese Obergrenze von 10% für Urheberrechte gesetzlich vorschreibt; s.a. Schweizer Bundesgericht GRUR Int.1988, S. 74 (76/77), das die 10% als einzig feststehende Größe für die Bestimmung der prozentualen Beteiligung bezeichnet; zur Kritik: Spoendlin UFITA Bd. 102 (1986), S. 41 (86), David in FS Uchtenhagen, S. 137 (139); Becker in digitale Technologie, S. 45 (68).

583 Becker ZUM 1995, S. 231 (248); Kreile/Becker GRUR Int. 1996, S. 677 (681/682).

584 Vgl. David in FS Uchtenhagen, S. 137 (140/141); Schricker in Videorecht, S. 76 (82/83); im Ergebnis auch Becker ZUM 1995, S. 231 (248/249); Nordemann in Fromm/Nordemann § 13 WahrnG, Rdnr. 6.

also zu niedrig sind.[585] In ihrer Absolutheit ist die 10%-Regel jedenfalls abzulehnen, da sie dem individualistischem Charakter der Rechte widerspricht.[586]

Abzulehnen ist auch der Ansatz der Durchsetzung. Obwohl Tarife, die sich am Markt durchgesetzt haben, "übliche" sind, und die "Üblichkeit" einer Vergütung Anhaltspunkte für die Angemessenheit geben,[587] bedeutet die Marktdurchsetzung nicht immer auch Angemessenheit. So werden sich insbesondere niedrige Tarife schnell bei den Verwertern durchsetzen, da diese für sie günstig sind, gleichzeitig aber unangemessen niedrig sein können.[588]

Aus denselben Gründen ist das nationale und internationale Vergleichsmarktprinzip abzulehnen, da bestehende nationale und ausländische Tarife nicht auch die Vermutung der Angemessenheit implizieren. Die Schiedsstelle müßte im Rahmen dieses Prinzips also auch prüfen, ob die Tarife, die dem Vergleich zugrundeliegen, ebenfalls angemessen sind.[589]

Aus urheberrechtlichen Gründen fraglich erscheint auch der Zweit- und Drittverwerterabschlag. So leuchtet aus urheberrechtlichen Gründen nicht ein, warum der Urheber, dessen finanzielle Interessen das UrhG schützt, sich bei der Zweitverwertung mit einem niedrigeren Vergütungssatz zufriedengeben sollte.[590] Er kann sich aber im Einzelfall aus der Marktsituation ergeben und ist daher grundsätzlich als Abzugsgröße nicht abzulehnen,[591] sollte aber zurückhaltend angewandt werden.

Die Schiedsstelle ist zwar bemüht, den Urheber an der Nutzung seines Werkes zu beteiligen, indem sie prinzipiell von der finanziellen Beteiligung ausgeht. Im Ergebnis ist die Spruchpraxis der Schiedsstelle aber in dem Bemühen, allgemeine Grundsätze für die Aufstellung von Tarifen niederzulegen, zu starr. Auch erscheint aufgrund der dargestellten Kritikpunkte diese Spruchpraxis der Schiedsstelle nicht immer in der Lage, eine angemessene Vergütung für die Nutzung des Werkes zu bestimmen.

---

585 Vgl. Strittmatter Schiedsstelle, S. 148/149; Becker in FS Kreile, S. 27 (47/48); ders in digitale Technologie, S. 45 (48/69); i. ü. auch Pietzko in FS Hertin S. 171 (196).

586 Vgl. Ficsor UFITA Bd. 124 (1994), S. 27 (34); Françon UFITA Bd. 124 (1994), S. 35 (38) für das Schweizer Recht; i. ü. auch Merbach/Riva in Hilty Verwertung, S. 59 (78/81/88/90).

587 Vgl. Scheuermann/Strittmatter in FS Reichardt, S. 169 (172); Schricker in Videorecht, S. 76 (82); Menzel Aufsicht, S. 63/64.

588 Vgl. Sch-Urh 3/86 ZUM 1990, S. 204 (205).

589 Vgl. auch Strittmatter Schiedsstelle, S. 107/108.

590 Schricker in Videorecht, S.76 (83).

591 Vgl. Schricker in Videorecht, S. 76 (82/84); a.A: Scheuermann/Strittmatter in FS Reichhardt, S. 169 (175/180).

4. Zusammenfassung: Die Kontrolle von Verwertungsgesellschaften nach dem WahrnG

Verwertungsgesellschaften unterliegen einer umfassenden Aufsicht nach dem WahrnG.

Sowohl die Gründung als auch die Tätigkeit der Verwertungsgesellschaften sind von den Vorschriften des WahrnG erfaßt. Dieser Kontrollmechanismus ist nicht ausreichend in der Lage, den Zweck einer Aufsicht über Verwertungsgesellschaften, die Aufrechterhaltung des Konzeptes des individuellen Herrschaftsrechts und der Effizienz der kollektiven Wahrnehmung sicherzustellen. Der Urheber und Leistungsschutzberechtigte ist aufgrund der Ausgestaltung des WahrnG nicht ausreichend vor seiner Verwertungsgesellschaft geschützt, was sich in ungerechtfertigten Kollektivierungen seiner Rechte im Wahrnehmungsverhältnis, in einer z.T. unangemessenen Beteiligung an den Ausschüttungen und in einer nicht ausreichenden Berücksichtigung seiner Mitwirkungsrechte insbesondere als Nichtgesellschafter einer GmbH niederschlägt.

Während die Kontrolle des Innenverhältnisses der Verwertungsgesellschaft, d.h. das Verhältnis zu den Berechtigten zu allgemein gefaßt ist, geht die Kontrolle über das Verhältnis zu den Verwertern zu weit. Der Abschlußzwang nach § 11 WahrnG und die starre Spruchpraxis der Schiedsstelle, die letztlich aufgrund der 10%-Regelung in einigen Fällen niedrige Tarife bewirkt, führt zu einer Verwerterfreundlichkeit des WahrnG. Die Verwerter und die Allgemeinheit[592] werden aufgrund des WahrnG in die Lage versetzt, leicht und kostengünstig in den Genuß der urheberrechtlich geschützten Werke zu kommen.

Die Rechte der Urheber und sonstiger Berechtigter sind nach der Konzeption des WahrnG weitgehend auf die Einnahme von u.U. zu niedrigen Tarifen beschränkt, wobei auch bei der Ausschüttungspraxis selber Mißstände zu verzeichnen sind. Aufgrund der ungenügenden Kontrolle des Innenverhältnisses werden die Berechtigten auch nicht genügend vor Kollektivierungen geschützt.

Das WahrnG schafft so keinen gerechten Ausgleich der Interessen der Verwerter und der Urheber. Da der Schutz des Urhebers im Rahmen des WahrnG nur eine untergeordnete Rolle spielt, steht das WahrnG zu den Grundprinzipien des UrhG, insbesondere den Schutz des Schöpfers, im Widerspruch.

---

592 Ähnlich Reischel in Sitzungsbericht 2. und 3. Lesung des WahrnG, UFITA Bd. 46 1966, S. 226.

III. Kontrolle von Verwertungsgesellschaften nach allgemeinen Regeln, insbesondere dem GWB

Neben der Aufsicht nach dem WahrnG durch das DPMA unterliegen Gründung und Geschäftsbetrieb der Verwertungsgesellschaften einer Kontrolle nach allgemeinen Vorschriften.

1. Kontrolle nach allgemeinen Vorschriften

Abhängig davon, ob die Verwertungsgesellschaften in der Rechtsform eines Vereins oder einer GmbH bestehen, unterliegen Satzung bzw. Gesellschaftsvertrag und deren Änderung der Kontrolle nach vereinsrechtlichen Vorschriften bzw. dem GmbHG.[593] Da das WahrnG die Wahl der Rechtsform nicht einschränkt, können die Verwertungsgesellschaften ihre Rechtsform frei wählen.[594] Daneben unterliegen zumindest die Wahrnehmungsverträge einer Kontrolle nach dem AGBG.[595]

In der Praxis ist die Bedeutung der Kontrolle nach diesen Vorschriften aber eher gering, wenngleich in der Vergangenheit Bestimmungen des Wahrnehmungsvertrages immer wieder der Kontrolle nach Vorschriften des AGBG unterworfen wurden.[596] Die Kontrolle beispielsweise von Bestimmungen des Wahrnehmungsvertrages nach den §§ 6 und 7 WahrnG[597] schließt somit die Anwendbarkeit des AGBG nicht aus. Nachfolgend wird die Darstellung aber auf die Kontrolle nach dem Kartellrecht (GWB)[598] beschränkt, da diese in der Praxis erhebliche Bedeutung erlangt hat.

593 Vgl. zu Einzelheiten: Menzel Aufsicht, S. 110; Melichar, S. 60; Löhr Aufsicht, S. 10 - 15.

594 Schmidt Verbandszweck, S. 162; Reinbothe in Schricker § 1 WahrnG, Rdnr. 10; a.A.: Löhr Aufsicht, S. 10/11/14.

595 Ulmer/Brandner/Hensen § 23 AGBG, Rdnr. 50; Mauhs Wahrnehmungsvertrag, S. 68/100.

596 Vgl. OLG München ZUM 1998, S. 1031 (1031/1032); OLG Köln ZUM 1998, S. 505 (507).

597 Vgl. oben 2. Kap. II 2b aa).

598 Gesetz gegen Wettbewerbsbeschränkungen i.d.F. vom 26.08.1998, BGBl. I S. 2546; zuletzt geändert durch Gesetz vom 01.09.2000, BGBl. I. S. 1374.

2. Anwendbarkeit des GWB

Das GWB ist grundsätzlich auch auf Verwertungsgesellschaften anwendbar. Die Frage war zunächst umstritten.[599] Dies lag daran, daß auch nach dem deutschem Recht ein Konflikt zwischen Urheber- und Kartellrecht besteht, und der Gesetzgeber sich grundsätzlichen Aussagen zu diesem Verhältnis enthalten hatte.[600] Der Hauptgrund von Überschneidungen und Konflikten zwischen Kartell- und Urheberrecht ist auf den Ausschließlichkeitscharakter urheberrechtlicher Befugnisse zurückzuführen. Urheberrechte können so als Monopolrechte i.S.d. Kartellrechtes angesehen werden, deren Eingrenzung Aufgabe des GWB ist.[601]

Bei einer solchen Betrachtungsweise wird aber übersehen, daß der Grund für die Gewährung des ausschließlichen Rechtes nicht die Beherrschung eines Wettbewerbes oder die Erlangung eines Wettbewerbsvorteils ist, sondern der auch vom Gesetzgeber respektierte und geförderte Gedanke, den Schöpfer für seine schöpferische Leistung zu entschädigen[602] und so auch die kulturelle Entwicklung des Landes sicherzustellen.[603] Da auch das Kartellrecht Ausfluß eines Gemeinschaftsgedankens ist, nämlich des Schutzes des Wettbewerbers vor Marktverzerrungen,[604] stehen sich bei der Kollision urheberrechtlicher Befugnisse mit Vorschriften des GWB zwei gleichgewichtige Interessen gegenüber, ohne daß dem einen oder dem anderen der Vorzug zukommt.[605] Der Konflikt zwischen UrhG und GWB kann daher nicht dadurch gelöst werden, daß das eine dem anderen vorgeht, oder das GWB auf das UrhG nicht anwendbar ist, da beide Gesetze gleichgewichtige Interessen schützen.

---

599 Vgl. allgemein die Monographie von Fikentscher Wettbewerbsrecht und Gewerblicher Rechtsschutz, 1958; Loewenheim UFITA Bd. 79 (1977), S. 175 - 211; Nipperdey NJW 1953, S. 881 - 884; Grundmann NJW 1954, S. 297 - 298.

600 § 17 GWB ist auch nicht analog auf Urheberrechte anwendbar; vgl. Schwab in Frankfurter Kommentar, § 20 Rdnr. 65; Emmerich in Immenga/Mestmäcker § 17 Rdnr. 174; ders. Kartellrecht, S. 213.

601 Vgl. Fikentscher Wettbewerb, S. 278; s.a. Möhring/Lieberknecht UFITA Bd. 29 (1959), S. 269 (275); Liermann UFITA Bd. 29 (1959), S. 315 (321); z.T. wird die Anwendbarkeit des GWB auf das Urheberrecht damit verneint, daß ein Wettbewerb zwischen Urhebern nicht möglich sei, da die Urheber nicht in Wettbewerb stehen, vgl. Goldmann, Urheberrecht, S. 19.

602 Vgl. Lehmann in Lehmann, Computerprogramme, S. 775 (808/809), der in der Gewährung ausschließlicher Rechte auch ein Mittel zum Anreiz zur Neuschöpfung, und damit zur Wettbewerbsförderung sieht; vgl. Lehmann GRUR 1983, S. 356 (360).

603 Liermann UFITA Bd. 29 (1959), S. 315 (320/321).

604 Vgl. zu den Funktionen des GWB Emmerich Kartellrecht, S. 2/3.

605 Fikentscher Wettbewerb, S. 270; Liermann UFITA Bd. 29 (1959), S. 315 (321).

Bei der Abgrenzung zwischen den Rechtsgebieten ist daher davon auszugehen, daß beide sich gleichwertig gegenüberstehen, das GWB also nicht von der Anwendung auf Urheberrechte ausgeschlossen ist.[606] Das GWB hat die durch das UrhG gewährten Befugnisse zu respektieren. Dies ergibt sich daraus, daß das Urheberrecht in den Bereich der Güterzuordnung gehört, das GWB dagegen Verhaltensnormen aufstellt. Da die Güterzuordnung ihre Bedeutung erst dadurch gewinnt, daß sie zu bestimmten Verhaltensweisen berechtigt, können Überschneidungen zwischen Urheberrecht und GWB erst dort auftreten, wo diese ausgeübt werden. Aufgrund der Gleichrangigkeit beider können Konflikte jedoch nur dann entstehen, wo der gesetzlich respektierte Bereich der Auswertung urheberrechtlicher Befugnisse überschritten wird.[607] Da der Bestand der Urheberrechte durch das GWB demnach nicht berührt wird, sind solche Wettbewerbsbeschränkungen zulässig, die sich aus der rechtmäßigen Ausübung des Urheberrechtes ergeben.[608]

3. Kontrolle von Verwertungsgesellschaften nach dem GWB

Der Gesetzgeber hat für Verwertungsgesellschaften eine kartellrechtliche Sonderregelung geschaffen. Nach § 30 GWB gelten §§ 1 und 14 GWB nicht für die Bildung von Verwertungsgesellschaften. § 30 GWB hat im Rahmen der 6. GWB-Novelle die seit dem Jahre 1966 bestehenden kartellrechtliche Privilegierung nach § 102a GWB a.F. abgelöst.[609] Wegen der grundsätzlichen Bedeutung der kartellrechtlichen Privilegierung soll nachfolgend kurz die Regelung des § 102a GWB a.F. behandelt werden, bevor auf § 30 GWB eingegangen wird.

a) Freistellung nach § 102a GWB a.F.

Nach § 102a Abs. 1 GWB a.F. waren Bildung und auch die Tätigkeit von Verwertungsgesellschaften von der Anwendung der §§ 1 und 15 GWB a.F. unter bestimmten Voraussetzungen ausgenommen. An die Stelle der Verbotsbestimmungen der §§ 1 und 15 GWB a.F. trat eine Mißbrauchsaufsicht nach § 102a

606 A.A.: Liermann UFITA Bd. 29 (1959), S. 315 (321).

607 Fikentscher Wettbewerb, S. 282; Möhring/Lieberknecht UFITA Bd. 29 (1959), S. 269 (277/278); Loewenheim UFITA Bd. 79 (1977), S. 175 (192); Schramm Grundlagenforschung, S. 146/147; Brugger UFITA Bd. 27 (1959), S. 189 (216/220).

608 BGH GRUR 1993, S. 34 (37) - "Bedienungsanleitung"; Möhring/Lieberknecht UFITA Bd. 29 (1959), S. 269 (277/278); a.A. wohl Emmerich Kartellrecht, S. 215; ders. in Immenga/Mestmäcker § 17 Rdnr. 174.

609 Vgl. allgemein zur 6. GWB-Novelle: Bechthold BB 1997, S. 1853 - 1858.

Abs. 2 GWB, die sicherstellen sollte, daß Verwertungsgesellschaften die durch die Freistellung erlangte Position nicht mißbrauchten. Die Freistellung nach § 102a GWB a.F. setzte voraus, daß die Verwertungsgesellschaften der Aufsicht durch das DPMA unterlagen, d.h. eine Erlaubnis zum Geschäftsbetrieb beantragt hatten, über deren Erteilung das DPMA in Benehmen mit dem BKartA entschied.[610] Danach unterlagen sowohl Gründung[611] als auch Tätigkeit der Verwertungsgesellschaften[612] der Mißbrauchskontrolle nach § 102a GWB a.F. Die Mißbrauchskontrolle nach § 102a GWB a.F. setzte zunächst voraus, daß ein Verstoß gegen die §§ 1 und 15 GWB a.F. überhaupt vorlag, [613] von dem § 102a Abs. 1 GWB a.F. dann freistellte, und die Verwertungsgesellschaft schließlich die durch die Freistellung erlangte Position mißbrauchte. Wegen dieser Voraussetzung für die Mißbrauchsaufsicht wurde insbesondere in der Literatur darüber gestritten, ob Verwertungsgesellschaften Kartelle i.S.d. § 1 GWB a.F. sind, oder nicht.[614] Bejahendenfalls hätten die Verwertungsgesellschaften eine Gründungsfreistellung in Anspruch genommen, so daß dann jedes weitere Verhalten der Verwertungsgesellschaften u.U. einen Mißbrauch dieser Gründungsfreistellung hätte darstellen können.

Im übrigen blieb auch Ausgestaltung und Maßstab der Mißbrauchsaufsicht nach § 102a Abs. 2 GWB a.F. dogmatisch umstritten.[615] Die Bedeutung der Mißbrauchsaufsicht blieb in der Praxis gering.[616]

Der Gesetzgeber hielt eine vollständige Freistellung für bedenklich, da neben den im WahrnG erwähnten Verträgen, Satzungen und Beschlüssen noch weitere rein wirtschaftliche wettbewerbsbeschränkende Verträge und Beschlüsse denkbar seien, die der Überprüfung des BKartA nicht entzogen werden sollten. Verwertungsgesellschaften wurden so unter eine zweigleisige Überwachung, der

---

610 V. Gamm § 102a Rdnr. 3; Möschel in Immenga/Mestmäcker, 2. Aufl. § 102a, Rdnr. 10.

611 Vgl. Menzel Aufsicht, S. 95 m.w.N.

612 Vgl. Mestmäcker in FS Lukes, S. 445 (453); Pickrahn Verwertungsgesellschaften, S. 64 - 68 m.w.N.

613 Fikentscher in FS Schricker, S. 149 (184).

614 Vgl. Sanderberger/Treeck UFITA Bd. 47 (1966); S. 165 (192); Reinbothe Schlichtung, S. 112; Held FUR 1980, S. 70 (72/73); Pickrahn Verwertungsgesellschaften, S. 17 - 41/42 m.w.N.; Lux WRP 1997, S. 31 (35).

615 Vgl. Lux WRP, S. 31 (36); Reinbothe Schlichtung, S. 117; Pickrahn Verwertungsgesellschaften, S. 42/43; Stockmann in Verwertungsgesellschaften S. 25 (27/29).

616 Es wurden nur 2 Verfahren eröffnet, Nordemann in Fromm/Nordemann, § 24 WahrnG, Rdnr. 4.

des DPMA und der des BKartA, gestellt, wobei das Verbots- in ein Mißbrauchsprinzip umgewandelt wurde.[617]

b) Freistellung nach § 30 GWB n.F.

Im Rahmen der Anpassung des deutschen GWB an das Europäische Kartellrecht[618] wurde auch die Freistellungsbestimmung über Verwertungsgesellschaften geändert, und diese somit den Vorgaben des Europäischen Wettbewerbsrechts angepaßt. Nach der Neufassung des § 30 GWB sollten Bildung und Tätigkeit von Verwertungsgesellschaften in dem Umfange nach dem GWB zulässig sein, wie dies nach Art. 81 und 82 EGV der Fall ist.[619] § 30 Abs. 1 GWB enthält somit eine umfassende Bereichsausnahme, die die Bildung und die Tätigkeit von Verwertungsgesellschaften freistellt.[620] Eine spezielle Mißbrauchsaufsicht, wie sie noch in § 102a Abs. 2 S. 1 GWB a.F. enthalten war, sieht § 30 GWB nicht mehr vor. Dies mag an der wenig praktischen Relevanz der Mißbrauchsaufsicht nach § 102a GWB a.F. gelegen haben, zum anderen daran, daß Verwertungsgesellschaften ohnehin der allgemeinen Kontrolle nach §§ 19 und 20 GWB unterliegen.[621]

Der mit § 30 GWB verfolgte Normzweck ist wenig klar. Nach Auffassung des Regierungsentwurfes der 6. GWB-Novelle ist immer noch ungeklärt, ob Verwertungsgesellschaften Kartelle i.S.d. § 1 GWB sind. Die Freistellung der Gründung von Verwertungsgesellschaften erfolgt so im Rahmen einer notwendigen Klarstellung[622] und gleichzeitiger Anerkennung der Arbeit von Verwertungsgesellschaften. Dasselbe gilt für die Tätigkeit von Verwertungsgesellschaften. Der Gesetzgeber bezieht sich in seiner Begründung zur Freistellungsregelung auch auf die Rechtsprechung des EuGH, welche die Sonderstellung der Verwertungsgesellschaften bestätigt.[623] Nach der Rechtsprechung des EuGH verletzten Bildung und Tätigkeiten von Verwertungsgesellschaften, selbst wenn sie sich wettbewerbsbeschränkend auswirken, dann nicht die Kartellvorschriften, wenn diese zur Wahrnehmung der Interessen der Urheber unerläßlich

617 Möschel in Immenga/Mestmäcker § 30 GWB, Rdnr. 4 m.w.N., vgl. auch Fikentscher in FS Schricker, S. 149 (184).

618 Vgl. Bechthold BB 1997, S. 1852 (1853).

619 Begründung zum Regierungsentwurf BT-Drucks. 13/9720; S. 41/54; Beschluß des Wirtschaftsausschusses des BT-Drucks. 13/10 633, S. 72.

620 Möschel in Immenga/Mestmäcker § 30, Rdnr. 10.

621 Lux WRP 1998, S. 31 (37/38); Begründung zum Regierungsentwurf BT-Drucks. 13/9720, S. 54.

622 Vgl. Begründung zum Regierungsentwurf BT-Drucks. 13/9720, 54; BR-Drucks. 852/97, S. 55.

623 Vgl. hierzu i. ü. unten, 5. Kap. I 2.

sind.[624] Zum selben Ergebnis würde die Rechtslage in der Bundesrepublik führen, nach der aufgrund der Regelungen innerhalb des WahrnG klargestellt sei, daß Vereinbarungen und Beschlüsse, die nach dem WahrnG erforderlich seien, nicht dem GWB unterfallen. Durch die Regelung der Freistellung solle dann klargestellt werden, daß eine Tätigkeit, die in Übereinstimmung mit der Rechtsprechung des EuGH und des WahrnG steht, dem GWB nicht unterfällt.[625] Da nach der überwiegenden Auffassung Verwertungsgesellschaften weder Kartelle sind,[626] noch die Tätigkeit von Verwertungsgesellschaften, soweit zur Wahrnehmung der Rechte notwendig erscheinen, nicht dem GWB unterfallen, wie die Begründung zum Regierungsentwurf klarstellt, erscheint auch der Freistellungszweck des § 30 GWB wenig klar.[627] Er wird wohl vornehmlich in der Anerkennung der Tätigkeit von Verwertungsgesellschaften zu sehen sein, wobei die vorherrschende Meinung in der Rechtsprechung, auch des EuGH, durch § 30 GWB deklaratorisch festgeschrieben wird.

Nach § 30 Abs. 1 WahrnG freigestellt sind die Bildung von Verwertungsgesellschaften und alle Verträge und Beschlüsse, soweit sie zur Wahrnehmung der Rechte i.S.d. § 1 WahrnG erforderlich sind. Erfaßt werden somit nicht nur Bestimmungen in Gesellschaftsverträgen sowie Satzungen der Verwertungsgesellschaften und Wahrnehmungsverträge, sondern auch Verträge zwischen Verwertungsgesellschaften.[628] Betätigt sich die Verwertungsgesellschaft außerhalb ihres eigentlichen Bereiches, der Verwertung,[629] oder gibt sie nur Empfehlungen ab,[630] so kommt eine Freistellung nach § 30 GWB nicht in Betracht.

Die Freistellung setzt voraus, daß die grundsätzlich nach §§ 1 und 14 nichtigen oder unwirksamen Regelungen der Aufsichtsbehörde gemeldet werden. Diese werden dann an das BKartA weitergeleitet. § 30 Abs. 1 GWB bewirkt, daß die Bestimmungen entgegen §§ 1 und 14 GWB nicht unwirksam oder nichtig sind. Die Weiterleitung genügt, eine Frist oder Reaktion der Behörde braucht nicht

---

624 Begründung zum Regierungsentwurf BT-Drucks. 13/9720, S. 54.

625 Begründung zum Regierungsentwurf BT-Drucks. 13/9720, S. 54.

626 Vgl. Möschel in Immenga/Mestmäcker § 30, Rdnr. 5 m.w.N.

627 Möschel in Immenge/Mestmäcker § 30 Rdnr. 4/5/8, vgl. auch Stockmann in Verwertungsgesellschaften, S. 25 (29).

628 Vgl. Sanderberger/Treeck UFITA Bd. 47 (1966), S. 165 (196 - 201); Fikentscher in FS Schricker, S. 149 (183/184); Reinbothe in Schlichtung, S. 114/115 ders. in Schricker § 30 GWB, Rdnr. 7; Pickrahn Verwertungsgesellschaften S. 45 - 54.

629 Menzel, Aufsicht, S. 95; Reinbothe Schlichtung, S. 121.

630 Bechthold § 30 GWB, Rdnr. 5; Möschel in Immenga/Mestmäcker § 30 Rdnr. 14.

abgewartet zu werden.[631] Bei Nichtbeachtung der Meldepflicht bleiben die betroffenen Bestimmungen unwirksam.[632]

c) Mißbrauchsaufsicht

Der Gesetzgeber ging davon aus, daß Verwertungsgesellschaften trotz Freistellung nach § 30 GWB, der bisherigen Praxis entsprechend, einer Mißbrauchsaufsicht i.S.d. §§ 19 und 20 GWB unterliegen. Diese Vorschriften wurden als ausreichend angesehen, so daß es der besonderen Aufsicht nach § 102a Abs. 2 GWB a.F. nicht mehr bedurfte.[633] § 30 Abs. 2 GWB schränkt lediglich die Aufsicht in Bezug auf Gesamtverträge ein.[634]

Mit dieser Regelung wurde die Umkehr des Verbots- in ein Mißbrauchsprinzip beibehalten.[635] Die Meldepflicht des § 30 Abs. 1 S. 2 GWB soll sicherstellen, daß das BKartA die zuständige Behörde über entsprechende Vorgänge informiert hat und dient so der Aufrechterhaltung der Mißbrauchsaufsicht i.S.d. §§ 19 und 20 GWB.[636] Auch im Rahmen der Novellierung des GWB bleiben Verwertungsgesellschaften einer zweigleisigen Kontrolle, der nach dem WahrnG durch das DPMA und der nach dem GWB durch das BKartA, im deutschen Recht unterworfen.

Die Mißbrauchsaufsicht nach dem GWB vollzog sich in der Vergangenheit insbesondere nach dem Verbot des Mißbrauchs einer marktbeherrschenden Stellung (jetzt § 19 GWB) und dem Diskriminierungsverbot (jetzt § 20 GWB).[637] Nach der Vorstellung des Gesetzgebers sollen auch diese Vorschriften vornehmlich bei der Mißbrauchsaufsicht Verwendung finden.[638]

Nach § 19 GWB ist ein Unternehmen marktbeherrschend, wenn es für eine bestimmte Art von Waren oder gewerblichen Leistungen ohne Wettbewerber oder zumindest keinem wesentlichen Wettbewerb ausgesetzt ist. Da die Lizenzierung von Urheberrechten eine wirtschaftliche Tätigkeit und damit eine gewerbliche

---

631 Möschel in Immenga/Mestmäcker § 30 GWG, Rdnr. 12; Reinbothe in Schricker § 30 GWB, Rdnr. 7.

632 Bechthold § 30 GWB, Rdnr. 5.

633 Begründung zum Regierungsentwurf BT-Drucks. 13/9720, S. 55.

634 Bechthold § 30 GWB, Rdnr. 6.

635 Möschel in Immenga/Mestmäcker § 30 GWB, Rdnr. 4.

636 Möschel in Immenga/Mestmäcker § 30 GWB, Rdnr. 15; Bechthold § 30 GWB, Rdnr. 6.

637 Vgl. Pickrahn, Verwertungsgesellschaften, S. 76 - 92; Lux WRP 1998, S. 31 (37/38).

638 Begründung zum Regierungsentwurf BT-Drucks. 13/9720, S. 55.

Leistung darstellt, sind Verwertungsgesellschaften als Unternehmen anzusehen.[639] Die von den Verwertungsgesellschaften wahrgenommenen urheberrechtlichen Nutzungsrechte bilden einen eigenen Markt, auf dem diese im Verhältnis zu den Verwertern als Anbieter und im Verhältnis zu den Berechtigen als Nachfrager auftreten. Dadurch, daß in der Bundesrepublik Deutschland bis auf den Filmbereich in jeder urheberrechtlichen Sparte nur eine Verwertungsgesellschaft tätig ist,[640] dominieren sie den von ihnen betreuten Markt. Die Verwertungsgesellschaften sind daher i.d.R als marktbeherrschende Unternehmen sowohl im Verhältnis zu den Verwertern als auch in dem zu den Berechtigten anzusehen und unterliegen somit der Mißbrauchskontrolle nach § 19 GWB.[641] Keine marktbeherrschende Unternehmen i.S.d. GWB sind die Filmverwertungsgesellschaften, da in diesem Bereich mehrere Verwertungsgesellschaften tätig sind, die miteinander im Wettbewerb stehen.[642]

Des weiteren sind Verwertungsgesellschaften Normadressat des § 20 GWB. Da sowohl Urheber als auch Verwerter Unternehmer i.S.d. GWB sind, gilt § 20 GWB beiden Gruppen gegenüber.

Im Rahmen der §§ 19 und 20 GWB ist im wesentlichen aufgrund einer komplexen Abwägung der Interessen der Beteiligten zu entscheiden, inwiefern die Maßnahmen zur Durchführung der rechtlich zulässigen Wahrnehmungsaufgabe erforderlich sind, welche Wirkung davon auf den noch möglichen Restwettbewerb ausgehen, welche Wirkungen zu Lasten Dritter eintreten, usw. Die Wertungen des WahrnG sind dabei miteinzubeziehen.[643] Im Rahmen der Mißbrauchsaufsicht nach dem GWB ist somit nach herrschender Meinung auf die Sonderstellung der Verwertungsgesellschaften einzugehen.[644] Ein Mißbrauch i.S.d. § 19 GWB oder eine Diskriminierung nach § 20 GWB kann somit nur dann festgestellt werden, wenn die Regelung oder das Verhalten nicht den

---

639 Vgl. oben und BGH WUW/E 1069 (170) = GRUR 1970, S. 200 (200) "Tonbandgeräte"; BGH ZUM 1989, S. 80, S. (83) = GRUR 1988, S. 782 (784) "GEMA – Wertungsverfahren".

640 Vgl. oben 2. Kap. I 3.

641 BGHZ 15, S. 338 (334) "Indeta"; BGH WUW/E 1069 (170) = GRUR 1970, S. 200 (200) "Tonbandgeräte"; BGH ZUM 1989, S. 80, S. (82) = GRUR 1988, S. 782 (784) "GEMA - Wertungsverfahren"; BKartA UFITA Bd. 40 (1963), S. 233 (244); Mestmäcker Kartelle, S. 40; Grundmann NJW 1954, S. 297 (297); Spengler GRUR 1953, S. 78 (81); a.A.: Nipperdey NJW 1953, S. 881 (884); vgl. auch Möschel in Immenga/Mestmäcker § 19, Rdnr. 45.

642 Pickrahn, Verwertungsgesellschaften, S. 76/77; Mauhs Wahrnehmungsvertrag, S. 63; Möschel in Immenga/Mestmäcker § 19 GWB, Rdnr. 45; Lux WRP 1998, S. 31/35).

643 Möschel in Immenga/Mestmäcker § 30, Rdnr. 16.

644 Nachweise in Lux WRP 1998, S. 31 (37/38).

Wertungen des WahrnG entspricht, d.h. sich nicht unmittelbar oder mittelbar objektiv notwendig aus dem durch das WahrnG legitimierten Wahrnehmungsvorgang ergibt oder durch ihn gerechtfertigt ist.[645] Bei der kartellrechtlichen Aufsicht ist zwischen der Gründungskontrolle und der Kontrolle über den Geschäftsbetrieb, differenziert zwischen der über das Verhältnis zu den Berechtigten und der zu den Verwertern, zu unterscheiden.

aa) Gründungskontrolle

Da § 30 GWB die Bildung von Verwertungsgesellschaften ausdrücklich von der Anwendung der §§ 1 und 14 GWB ausnimmt, kann eine Gründungskontrolle ausschließlich nach den weiteren Vorschriften des GWB stattfinden. Dabei ist § 19 GWB nicht anwendbar, da die Verwertungsgesellschaft erst durch ihre Bildung eine marktbeherrschende Stellung erlangt. Diskriminierungen nach § 20 Abs. 2 GWB, insbesondere von Berechtigten, sind aber bereits bei der Bildung von Verwertungsgesellschaften, etwa durch die Ausgestaltung von Satzung bzw. Gesellschaftervertrag, Einflußmöglichkeiten, etc., denkbar. In der Praxis beschränkt sich aber eine entsprechende Aufsicht vornehmlich auf §§ 1 - 3 WahrnG, nach der die entsprechenden Bestimmungen angemessen zu sein haben.[646]

In der Praxis unterliegen Verwertungsgesellschaften somit keiner zusätzlichen Gründungskontrolle nach dem GWB.[647] Das BKartA ist lediglich im Rahmen der Gründungskontrolle über § 18 WahrnG beteiligt.

bb) Kontrolle über den Geschäftsbetrieb

Die Aktivitäten der Verwertungsgesellschaften unterliegen der Aufsicht nach §§ 19 und 20 GWB. Stellt das BKartA Mißbräuche fest, so ist es befugt, Verträge und Beschlüsse für unwirksam zu erklären bzw. mißbräuchliches Verhalten zu untersagen. Im Rahmen des Diskriminierungsverbotes kann eine Lieferpflicht ausgesprochen werden. Diese ist Schadensersatzanspruch in Form des Kontrahierungszwanges.[648] Während § 19 nur auf Verwertungsgesellschaften anwend-

---

645 Reinbothe in Schricker § 30 GWB, Rdnr. 10; Mestmäcker in FS Lukes, S. 445 (453); Mestmäcker/Schulze IntR. S. 80, vgl. auch Möschel in Immenga/Mestmäcker § 30 Rdnr. 16: Reinbothe Schlichtung, S. 120; Lux WRP 1998, S. 31 (38).

646 Vgl. oben, 2. Kap. II 1.

647 Vgl. aber Stockmann in Verwertungsgesellschaften, S. 25 (28); v. Gamm § 102a GWB Rdnr. 3.

648 Berthold § 20 GWB, Rdnr. 43/49.

bar ist, die eine marktbeherrschende Stellung innehaben, ist dies bei § 20 Abs. 1 GWB nicht erforderlich.[649] Bei der Aufsicht über den Geschäftsbetrieb ist zwischen der Aufsicht über das Innen- und der über das Außenverhältnis zu unterscheiden.

(1) Berechtigte

Auf das Innenverhältnis der Verwertungsgesellschaften sind die §§ 19 und 20 GWB grundsätzlich anwendbar. Die endgültige Klärung der Frage, ob Urheber Unternehmer sind und, ob das Verhältnis zur Verwertungsgesellschaft ein geschäftlicher Verkehr i.S.d. GWB ist, brachte die Entscheidung des BGH im "Gema - Wertungsverfahren".[650] Die Berechtigten werden mit der Verwertung ihrer Werke zu Unternehmern i.S.d. GWB.[651]

Obwohl somit von der grundsätzlichen Anwendbarkeit des GWB auf das Innenverhältnis einer Verwertungsgesellschaft auszugehen ist, sind bei der Anwendung die Vorschriften des WahrnG als speziellere Regelung zu berücksichtigen. Vorrang haben die Vorschriften des WahrnG gegenüber dem GWB dann, wenn sich aus diesen ergibt, daß der Gesetzgeber einen Sachverhalt abweichend von dem Tatbestand des GWB regeln wollte.[652] Daher wird z.B. der Anspruch auf Aufnahme in eine Wirtschaftsvereinigung als Mitglied gemäß § 20 Abs. 6, von § 6 Abs. 1 WahrnG verdrängt,[653] der nur einen Anspruch auf Abschluß eines Wahrnehmungsvertrages und nicht auf Mitgliedschaft gibt.[654]

Nach § 19 GWB darf die Verwertungsgesellschaft ihre Marktmacht gegenüber den Berechtigten nicht mißbrauchen. Hierbei ist insbesondere an Verträge zu denken, durch welche die Verwertungsgesellschaften die Berechtigten in der selbständigen Verwertung ihrer Rechte einschränken,[655] oder auch an eben die

---

649 Möschel in Immenga/Mestmäcker § 30 GWB, Rdnr. 16

650 WuW/E BGH 2497 (2504); vorher schon BKartA UFITA Bd. 40 (1963), S. 233 (235/236).

651 Stockmann in Verwertungsgesellschaften, S. 25 (32); kritisch Dietz UFITA Bd. 112 (1990), S. 5 (94).

652 KG WuW/E OLG 4040 (4042).

653 Mestmäcker in FS Lukes, S. 445 (448); Hootz in Gemeinschaftskommentar § 102a GWB, Rdnr. 8; KG WuW/E OLG 4040 (4043); a.A.: Menzel Aufsicht, S. 100/101, der von einem Nebeneinander beider Vorschriften ausgeht; vgl. auch Stockmann in Verwertungsgesellschaften, S. 25 (31) FN 26.

654 Vgl. oben, 2. Kap. II 2aa (1)a.

655 Stockmann in Verwertungsgesellschaften, S. 25 (29).

Befugnisse der Berechtigten einschränkende Beschlüsse der Gesellschaft,[656] wie beispielsweise unangemessen lange Kündigungsfristen.[657] Die Mißbrauchsaufsicht kann so dazu dienen, die Urheber und sonstigen Berechtigten vor ungerechtfertigten Kollektivierungen zu schützen.

Neben § 19 GWB, nach dem die Verwertungsgesellschaften ihre Stellung gegenüber den Berechtigten nicht mißbrauchen dürfen, ist in der Praxis insbesondere das Diskriminierungsverbot des § 20 GWB von Bedeutung. Nach § 20 Abs. 1 GWB dürfen Verwertungsgesellschaften andere Unternehmen weder unbillig behindern noch ohne sachlichen Grund unterschiedlich behandeln.

Teil des geschäftlichen Verkehrs ist der Abschluß des Wahrnehmungsvertrages. Soweit demnach Verwertungsgesellschaften bestimmte Gruppen von Wahrnehmungsberechtigten oder einzelnen Wahrnehmungsberechtigten den Abschluß des Wahrnehmungsvertrages ohne sachlichen Grund verweigern, liegt darin ein Verstoß gegen § 20 GWB.[658] § 20 Abs. 1 GWB gibt dann einen Anspruch auf Abschluß eines Wahrnehmungsvertrages zu angemessenen Bedingungen,[659] der neben dem nach § 6 WahrnG tritt,[660] da der Inhalt beider Ansprüche derselbe ist, also das WahrnG keine Sonderregelung enthält.

§ 20 GWB verbietet auch die unberechtigte Ungleichbehandlung von Berechtigten in Hinblick etwa auf die Vertragsbedingungen des Wahrnehmungsvertrages. Dagegen verstößt die Einräumung oder der Entzug von Mitgliedschaftsrechten nur an bestimmte Wahrnehmungsberechtigte nicht gegen § 20 GWB, da es sich insoweit nicht um einen geschäftlichen Verkehr, sondern um vereins- bzw. gesellschaftsinterne Regelungen handelt, auf die § 20 GWB nicht anwendbar ist.[661]

Einer eingeschränkten Kontrolle nach § 20 GWB unterliegt auch die Ausschüttung der Einnahmen an die Berechtigten. Obwohl die Verteilungspläne, die der Ausschüttung zugrunde liegen, abstrakt von den Verwertungsgesellschaften aufgestellt werden, so stellt die Verteilung der Erträge eine Verpflichtung dar, die die Verwertungsgesellschaften in den Wahrnehmungsverträgen übernommen

---

656 Jestaedt in Langen/Bunte § 102a, Rdnr. 4; vgl. auch Sandberger/Treeck UFITA Bd. 47 (1966), S. 165 (194).

657 Hootz in Gemeinschaftskommentar, § 102a GWB, Rdnr. 13.

658 Vgl. Menzel Aufsicht, S. 100.

659 Markert in Immenga/Mestmäcker § 20, Rdnr. 165/166; Benisch in Gemeinschaftskommentar § 26 Rdnr. 143.

660 Menzel Aufsicht, S. 100.

661 Vgl. BGH ZUM 1989, S. 80 (83) = GRUR 1988, S. 782 (784) "GEMA - Wertungsverfahren"; offenlassend BGHZ 55, S. 381 (385) "UFA - Musikverlage".

haben und daher dem geschäftlichen Verkehr zuzurechnen ist.[662] Die Prüfungskompetenz des BKartA ist im Hinblick auf § 7 WahrnG beschränkt, der zu § 20 GWB eine partielle Sonderregelung darstellt.[663] Der Verteilungsplan als solcher, d.h. die in ihm getroffenen abstrakten Grundsätze für die Verteilung der Einnahmen, unterliegen einer Kontrolle nach § 7 WahrnG. Da § 7 WahrnG zu § 20 GWB lex specialis ist, kommt eine Kontrolle durch das BKartA allein insoweit in Betracht, wie die Diskriminierung sich nicht aus dem Verteilungsplan als solchem ergibt, sondern aus dessen Anwendung im Einzelfall.[664] Das BKartA kann daher kein Verhalten untersagen, welches den im Verteilungsplan aufgestellten Regeln entspricht oder eine Änderung des Verteilungsplanes voraussetzt.[665]

Darüber hinaus ist die Kontrolle des BKartA im Rahmen des § 20 GWB insoweit eingeschränkt, als auch bei der Prüfung des Diskriminierungsverbotes erforderlich ist, nicht nur auf die Interessen der Beteiligten angemessen Rücksicht zu nehmen, sondern auch darauf, ob diskriminierende Maßnahmen durch den Sinn und Zweck der Freistellung gedeckt sind.[666] Den Verwertungsgesellschaften steht daher bei der Festlegung der Bedingungen des Wahrnehmungsvertrages und der sonstigen Verhältnisses zu den Berechtigten ein weiter Gestaltungsspielraum zu, den auch das BKartA zu beachten hat.[667]

(2) Verwerter

Die Aufsicht nach § 102a a.F. GWB erstreckte sich auch auf das Verhältnis zu den Verwertern. Das BKartA war vor allem mit der Diskriminierung von Einzelnutzern durch die Gestaltung der Tarife gegenüber Verwertern befaßt, die als Mitglied einer Verwertervereinigung ermäßigte Gebührensätze zahlten.[668]

---

662 BGH ZUM 1989, S. 80 (83) = GRUR 1988, S. 782 (784) "GEMA – Wertungsverfahren"; KG WuW/E OLG 4040 (4045); BGH WuW/E BGH 2497 (2503); zustimmend Stockmann in Verwertungsgesellschaften, S. 25 (33); kritisch Mestmäcker in FS Lukes, S. 445 (459).

663 Mestmäcker in FS Lukes, S. 445 (459); Mestmäcker/Schulze IntR EG, S. 77.

664 BGH ZUM 1989, S. 80 (83) = GRUR 1988, S. 782 (784) "GEMA – Wertungsverfahren"; vgl. auch Dietz UFITA Bd. 112 (1990), S. 5 (94/95).

665 Mestmäcker in FS Lukes, S. 445 (459); Mestmäcker/Schulze InterR EG; S. 77.

666 Mestmäcker/Schulze InterR EG, S. 78; Möschel in Immenga/Mestmäcker § 30, Rdnr. 16/17.

667 BGH ZUM 1989, S. 80 (83) = GRUR 1988, S. 782 (785) "GEMA – Wertungsverfahren"; vgl. auch Dietz UFITA Bd. 112 (1990), S. 5 (94).

668 Hootz in Gemeinschaftskommentar, § 102a, Rdnr. 13.

Nach § 19 GWB kann das BKartA den Verwertungsgesellschaften jede mißbräuchliche Ausnutzung ihrer marktbeherrschenden Stellung untersagen.[669] Hierzu zählen z.B. mißbräuchliche Gebührensätze oder nicht gerechtfertigte Vertragsbedingungen innerhalb der Nutzungsverträge.

Das Diskriminierungsverbot nach § 20 GWB erstreckt sich auf alle relevanten Verträge zwischen Verwertungsgesellschaft und Verwerter und betrifft sowohl die Einräumung von Nutzungsrechten, als auch Nutzungsbedingungen, wie Gebühren.[670] Verwertungsgesellschaften dürfen ohne sachlichen Grund verschiedenen Verwertergruppen nicht unterschiedliche Nutzungsbedingungen auferlegen.[671] Bei der Prüfung, ob eine Diskriminierung vorliegt, oder das Verhalten durch einen sachlichen Grund gerechtfertigt ist, ist der Zweck der Freistellung zu berücksichtigen,[672] um Widersprüche auszuschließen. Daher sind neben den Interessen der Beteiligten und Urheber, die gegeneinander abzuwägen sind, die Wahrnehmungsaufgaben der Verwertungsgesellschaften miteinzubeziehen.[673]

Das Diskriminierungsverbot nach § 20 GWB hat in der Vergangenheit insbesondere Bedeutung für die Gestaltung der Vergütung der Verwertungsgesellschaften gehabt.[674]

4. Zusammenfassung und Kritik

Neben der Aufsicht nach dem WahrnG unterliegen Verwertungsgesellschaften einer weiteren umfassenden Aufsicht nach dem GWB, welches auf das Verhältnis zu den Verwertern und Berechtigten anwendbar ist. Dabei dient die Kontrolle nicht nur dem Schutz der Verwerter vor Mißbräuchen, sondern ist, wie das GEMA-Wertungsverfahren zeigt, auch in der Lage, die Urheber vor einer unberechtigten Kollektivierung zu schützen, womit der Aufrechterhaltung des Konzeptes des individuellen Herrschaftsrechtes gedient ist.

Die Verwertungsgesellschaften werden durch die Freistellung nach § 30 GWB kartell-rechtlich privilegiert. In der Praxis wird die kartellrechtliche Kontrolle

---

669 Sanderberger/Treeck UFITA Bd. 47 (1966), S. 165 (205).

670 Menzel Aufsicht, S. 99.

671 BGH WUW/E 1069 (1071/1072) = GRUR 1970, S. 200 (201) "Tonbandgeräte"

672 Mestmäcker/Schulze InterR EG, S. 79/80.

673 Vgl. BGH WUW/E 1069 (1071/1072) = GRUR 1970, S. 200 (201) "Tonbandgeräte"; Möschel in Immenga/Mestmäcker § 30, Rdnr. 16; Mestmäcker/Schulze, InterR EG S. 79/80.

674 BGH WUW/E 1069 (1071/1072) = GRUR 1970, S. 200 (201) "Tonbandgeräte"; OLG Frankfurt WuW/E OLG 2179 "PX - Läden".

von Verwertungsgesellschaften auf allgemeine Vorschriften des GWB gestützt.[675] Das BKartA hat aber im Rahmen seiner Kontrolle auf die Besonderheiten der kollektiven Wahrnehmung durch Verwertungsgesellschaften angemessen Rücksicht zu nehmen.

Da die Verwertungsgesellschaften urheberrechtliche Befugnisse wahrnehmen, ist, wie aufgezeigt, lediglich eine eingeschränkte Kontrolle, die auf die Besonderheiten der Urheberrechte Rücksicht nimmt, zulässig. Wettbewerbsbeschränkungen sind daher insoweit zulässig, wie sie sich aus dem Bestand der Rechte und der kollektiven Wahrnehmung rechtfertigen.

In Anbetracht des Umstandes, daß das WahrnG wegen des weiten Angemessenheitsbegriffs und der Gestaltungsfreiheit der Verwertungsgesellschaften zu einer effektiven Kontrolle nicht in der Lage ist, und daher die Urheber und sonstigen Berechtigten vor einer ungerechtfertigten Kollektivierung nach dem WahrnG nicht geschützt werden, ist insbesondere die Anwendung des Kartellrechts auf das Innenverhältnis zu begrüßen. Wie das GEMA-Wertungsverfahren gezeigt hat, ist diese Kontrolle in der Lage, die Urheber und sonstigen Berechtigten insofern zu schützen. Auch erscheint die Kontrolle wegen der gegenüber dem DPMA weitergehenden Eingriffsbefugnisse des BKartA erforderlich. Da das WahrnG nicht in der Lage ist, eine effektive Kontrolle durchzuführen, ist die Anwendung des GWB gerechtfertigt, und entspricht dem Subsidiaritätsprinzip der Anwendung des Kartellrechtes auf Verwertungsgesellschaften. Diese hat aber auf die besondere Situation der Verwertungsgesellschaften ausreichend Rechnung zu tragen.

IV. Zusammenfassung und Kritik: Die Aufsicht über Verwertungsgesellschaften nach deutschem Recht

Verwertungsgesellschaften unterliegen in der Bundesrepublik einer umfassenden Aufsicht. Neben der Kontrolle nach dem WahrnG unterliegen sie einer zusätzlichen Kontrolle nach dem GWB.

Das WahrnG enthält neben allgemeinen Vorschriften, die die Arbeit der Verwertungsgesellschaften erleichtern bzw. der Effektivität der kollektiven Wahrnehmung dienen sollen, wie die Informationspflichten nach §§ 10, 13a WahrnG, einen doppelten Kontrahierungszwang nach §§ 6 und 11 WahrnG.

---

675 Vgl. Bericht der Bundesregierung über die Ausnahmebereiche des GWB BT-Drucks. VII/3206, S. 28/29; Übersicht in Tätigkeitsbericht des BKartA 1977, BT-Drucks. VIII/1925, S. 191; und Tätigkeitsbericht BKartA 1979/1980, BT-Drucks. IX/565, S. 276.

Über die Einhaltung dieser Pflichten wacht das DPMA als Aufsichtsbehörde. Daneben unterliegen insbesondere die Tarife der Verwertungsgesellschaften einer umfassenden Kontrolle durch die Schiedsstelle beim DPMA. Diese legt auch im Verhältnis zu den Verwertungsgesellschaften die Höhe der Tarife etc. fest. Die Verwertungsgesellschaften haben im Verhältnis zum DPMA einen weiten Entscheidungsspielraum, den das DPMA zu beachten hat. So legen die Verwertungsgesellschaften letztendlich insbesondere die Bedingungen der Wahrnehmungsverträge fest.

Dieser Kontrollmechanismus entspricht nicht den Anforderungen, die sich aus der Ausgestaltung der Urheberrechte als individuelle Herrschaftsrechte ergibt, wie sie auch dem UrhG zugrunde liegt.

Dies liegt zum einen daran, daß die Kontrolle des Innenverhältnisses wegen der eingeschränkten Kontrollbefugnisse des DPMA und der zu allgemein gehaltenen Verpflichtungen, die das WahrnG den Verwertungsgesellschaften auferlegen, nicht sicherstellen kann, daß der Urheber und die sonstigen Berechtigten vor ungerechtfertigten Kollektivierungen ihrer Rechte und Befugnisse geschützt werden. Auch die Gründungskontrolle ist hierzu nicht in der Lage. Zum anderen wird das Konzept des individuellen Herrschaftsrechtes bei der Kontrolle des Verhältnisses zu den Verwertern mehr als notwendig eingeschränkt. Obwohl die Normierung des Abschlußzwanges sicher der Verhinderung von Mißbräuchen gegenüber den Verwertern dient, beschränkt diese die Rechte und Interessen der Urheber und sonstigen Berechtigten ungerechtfertigt. Das WahrnG stellt so keinen gerechten Ausgleich her zwischen den Interessen der Verwerter und denen der Urheber an der kollektiven Wahrnehmung. Vielmehr bevorzugt es die Verwerter auf Kosten der Urheber und sonstigen Berechtigten.

Obwohl die Anwendung des GWB auf Verwertungsgesellschaften wegen des grundsätzlichen Konfliktes zwischen Urheber- und Kartellrecht grundsätzlich abzulehnen ist, ist die Kontrolle des Verhältnisses der Berechtigten zu den Verwertungsgesellschaften doch zu begrüßen, da diese, bei Beachtung der Sonderstellungen der Verwertungsgesellschaften, jedenfalls in der Lage ist, die Urheber und sonstigen Berechtigten vor ungerechtfertigten Beschränkungen ihrer Rechte und Befugnisse zu schützen. Das WahrnG ist dazu, wie aufgezeigt, nicht ausreichend in der Lage.

3. KAPITEL: DIE KONTROLLE VON VERWERTUNGSGESELL-SCHAFTEN NACH BRITISCHEM RECHT

Der Copyright Design and Patent Act von 1988 (CDPA 1988) enthält Vorschriften, die sich mit der Kontrolle von Verwertungsgesellschaften beschäftigen. Er trat am 4. August 1989 in Kraft und ersetzte den Copyright Act von 1956.[1]

I. Einleitung

1. Copyright nach dem CDPA 1988

Der Grund für die Anerkennung des Copyright - Schutzes ist nach Auffassung des britischen Gesetzgebers *fair play*. Dem Schöpfer eines Werkes soll auch der Nutzen an dem von ihm geschaffenen Werk zustehen.[2] Mit der Anerkennung des Schutzes wird dem Berechtigten ermöglicht, einen finanziellen Ausgleich für die Schöpfungsinitiative sowie für die bei deren Vermarktung und Produzierung aufgewendeten Investitionen zu erhalten.[3] Gleichzeitig soll ein Anreiz für den Urheber, neue Werke zu schaffen, sowie für Dritte darin zu investieren, geschaffen werden.[4] Diese wirtschaftlichen Interessen des Schöpfers sichern die in sec. 16 CDPA 1988 niedergelegten Rechte. Die ideellen Interessen des Schöpfers schützen dagegen die *moral rights*,[5] welche neben die Verwertungsrechte treten.[6]

Schon vom Wortlaut her, Copyright, handelt es sich bei den britischen Verwertungsrechten um ausschließliche Rechte. Die Anerkennung des Ausschlußrechtes und dessen Ausgestaltung im britischem Recht lag die Einsicht zugrunde, daß nur dem Schöpfer die Nutzung des von ihm geschaffenen Werkes zustehen, und er in die Lage versetzt werden soll, seine (wirtschaftlichen) Interessen an

---

1 Vgl. Schedule 8 CDPA 1988 geändert u.a. durch Broadcasting Act 1990, The Copyright (Computer Programs) Regulations 1992, The Duration of Copyrights and Rights in Performances Regulations 1995, The Copyright and Related Rights Regulations 1996, The Copyright and Rights in Databases Regulation 1997, Vgl. Copinger and Skone James Band II, A3 und A4, S. 1 - 366.

2 *Copyright protection finds its justification in fair play*" Whitford Committee Cmnd. 6732 (1977), S. 3.

3 Cornish Intellectual Property, S. 368.

4 Dworkin/Taylor Blackstone's Guide, S. 3.

5 Ss. 77 - 85 CDPA 1988.

6 Vgl. Cornish GRUR Int. 1990 S. 500 - 505; Dworkin/Taylor Blackstone's Guide, S. 93 - 103, insb. S. 102.

der Nutzung durchzusetzen. Nur so könne sichergestellt werden, daß andere sich nicht seiner Schöpfung bemächtigen und hieraus, ohne Beteiligung des Schöpfers, Gewinn ziehen.[7]

Bei der Ausgestaltung des Schutzes sind die unterschiedlichen Interessen der beteiligten Kreise, d.h. des Urhebers an einem umfangreichen Schutz und die der Allgemeinheit an einem möglichst freien Zugang zu den Kulturgütern, in Einklang zu bringen.[8] Daher kann der durch den CDPA 1988 gewährte Schutz nicht schrankenlos bestehen, sondern findet insbesondere dort seine Grenzen, wo dies die Interessen der Allgemeinheit erfordern. Dabei wird das Copyright als solches nicht berührt. Lediglich die durch die Allgemeinheit gerechtfertigten Nutzungen stellen keine Verletzung (*infringement*) des Rechtes dar. Diese Beschränkungen erfolgen insbesondere im Interesse der öffentlichen Verwaltung,[9] der Erziehung, Bildung und Wissenschaft,[10] wegen des Informationsinteresses der Öffentlichkeit,[11] sowie allgemein dazu, das Copyright-Monopol in eng umgrenzten Fällen im Interesse der Allgemeinheit zu beschränken.[12] [13]

Neben dem Schutz durch die im CDPA 1988 niedergelegten Verwertungsrechte werden die finanziellen Interessen des Schöpfers auch durch den Public Lending Right Act 1979 geschützt. Dadurch sollen vor allem Verkaufsverluste, die für Autoren dadurch entstehen, daß Bücher durch öffentliche Bibliotheken verliehen werden, kompensiert werden. Dieses Recht ist aber kein Copyright im eigentlichen Sinne, da es außerhalb des Copyright-Systems steht.[14]

Der CDPA 1988 sieht in bestimmten Fällen vor, daß eine Beschränkung der Rechte abgewendet werden kann, wenn es für die Nutzungshandlung ein *licensing scheme*[15] gibt, d.h. wenn das Werk kollektiv verwaltet wird. Eine ohne Erlaubnis nach dem *licensing scheme* erfolgte Nutzung stellt dann eine Verletzung

---

7 Whitford Committee Cmnd 6732 (1977), S. 3; Dworkin/Taylor Blackstone's Guide, S. 4.

8 Dworkin/Taylor Blackstone's Guide, S. 3; Phillips/Durie/Karet Wahle on Copyright, S. 17.

9 Ss. 45 - 50 CDPA 1988.

10 Vgl. ss. 29, 32 - 39 CDPA 1988, insbesondere das *allgemeine fair dealing* - Erfordernis in ss. 29 CDPA 1988, allgemein Cornish Intellectual Property, S. 434/435.

11 Insbesondere ss. 30 und 58 CDPA 1988.

12 Vgl. ss. 68 und 72 CDPA 1988; s. a. ss. 135 A bis G und allgemein ss. 144 CDPA 1988.

13 Allgemein Phillips/Firth Intellectual Property, S. 168 - 178.

14 Dworkin/Taylor Blackstone's Guide, S. 164; allgemein Phillips/Durie/Karet Whale on Copyright, S. 148/149.

15 Zum Begriff allgemein, s. 116 (1) CDPA 1988.

des Copyright dar. Durch diese Vorschriften soll die kollektive Wahrnehmung mittels *licensing scheme* gefördert werden.[16] Um entsprechend in diesem Bereich überhaupt Vergütungen für die Nutzung zu erhalten, werden die Rechte faktisch dem Zwang zur kollektiven Wahrnehmung unterworfen.

Zu diesen Rechten, die so faktisch einem Zwang zur kollektiven Wahrnehmung unterworfen werden, gehören die Vervielfältigung zu schulischen Zwecken (s. 35 (2) CDPA 1988), die Vervielfältigung und Veröffentlichung von Auszügen wissenschaftlicher und technischer Art (s. 60 (2) CDPA 1988), die Vervielfältigung von Rundfunksendungen etc. für die Bedürfnisse von Kranken und Behinderten (s. 60 (4) CDPA 1988), die reprographische Vervielfältigung an Schulen (s. 36 CDPA 1988) und die Vermietung von Tonträgern, Filmen und Computerprogrammen (s. 66 (2) CDPA 1988). Die Rechteinhaber können durch die Errichtung von *licensing scheme,* die ansonsten gebührenfreie Zwangslizenz abwenden.

Daneben unterliegen insbesondere das Aufführungs-, Vorführungs- und Vortragsrecht (s. 19 CDPA 1988), das Senderecht einschließlich dem zur Satelliten- und Kabelweiterverbreitung (s. 20 CDPA 1988), sowie das Recht zur mechanischer Vervielfältigung (s. 17 CDPA 1988) der kollektiven Wahrnehmung,[17] in dem Sinne, daß aufgrund der tatsächlichen Gegebenheiten, die individuelle Wahrnehmung der Rechte nicht möglich ist.

Schließlich werden bestimmte Rechte bereits vom Wortlaut des Gesetzes der Wahrnehmung durch Verwertungsgesellschaften zugeordnet. In Umsetzung der Kabel- und Satellitenrichtline vom 27. September 1993 (93/83/EWS) wurde das Recht zur Kabelweiterleitung nach Ss. 144 A CDPA der zwingenden Wahrnehmung durch Verwertungsgesellschaften unterstellt.[18]

Mit dem CDPA 1988 hat der britische Gesetzgeber die Copyrights als individuelle Herrschaftsrechte ausgestaltet. Die Rechte werden grundsätzlich als ausschließliche Befugnisse gewährt. Beschränkungen sind zum Teil aus übergeordnetem Gemeinschaftsinteresse zulässig. Soweit die Nutzung wegen praktischer Wahrnehmungsschwierigkeiten einer Zwangslizenz unterworfen wird, es aber nicht erforderlich ist, die Nutzung kostenlos zu gestalten, können die Berechtigten durch die Errichtung von *licensing schemes* eine Zwangslizenz abwenden.

---

16 Cornish Intellectual Property, S. 437, Einzelheiten S. 498 - 501.

17 Dworkin/Taylor Blackstone's Guide, S. 87/88; Phillips/Durie/Kart Whale on Copyright, S. 133/134.

18 Copinger and Skone James on Copyright, S. 1587/1588.

2. Verwertungsgesellschaften in Großbritannien

Üblicherweise werden Verwertungsgesellschaften, *collecting societies*, als Organisationen bezeichnet, die als Rechteinhaber oder als deren Agent, kollektiv Urheberrechte mehrerer Urheber wahrnehmen, d.h. die Verwertung lizenzieren, Tarife für die Verwertung bestimmen, Gebühren einziehen, sowie die Einnahmen an die Urheber verteilen und die Verwertung überwachen.[19]

Der CDPA 1988 enthält keine Definition des Begriffes 'collecting society'. Vielmehr wird der Begriff *licensing body* gebraucht, der etwa mit Organ, welches Copyrights lizensiert, übersetzt werden kann. Nach s. 116 (2) CDPA 1988 ist *licensing body* definiert als *"a society or other organisation which has its main object, or one of its main objects, the negotiation or granting, either as owner or prospective owner of copyright or agent for him, of copyright licences, and whose objects include the granting of licences covering works of more than one author"*.[20]

Collecting societies fallen unter den Begriff *licensing body*. In Großbritannien werden herkömmlich 13 Verwertungsgesellschaften unterschieden: die Performing Right Society Ltd. (PRS), Phonograghic Performance Ltd. (PPL), Mechanical Copyright Protection Society Ltd. (MCPS), Video Performing Ltd. (VPL), British Equity Colleting Society Ltd. (BECS), Performing Artists' Media Rights Assosiation Ltd. (PAMRA), Design and Artists Copyright Society Ltd. (DACS) sowie Copyright Licensing Agency Ltd. (CLA), Newspaper Licensing Agency Ltd. (NLA), Autors' Licensing & Collecting Society Ltd. (ALCS), Directors and Producers Rights Society (1992) Ltd. (DPRS), die Compact Collections Ltd. sowie die Educational Recording Agency Ltd. (ERA).[21]

---

19 Whitford Commitee Cmnd 6732 (1977), S. 192; M.M.C. Cm 530 (1988), S. 6; vgl. auch die Definition in Ficsor Collective Administration, S. 6.

20 Vgl. zu Einzelheiten, unten II 3 c aa.

21 Vgl. auch die Aufstellung von Ruete Verwertungsgesellschaften, S. 51; Löhr Aufsicht, S. 101; Freegard Appendix 8 in Stewart/Sandision International Copyright, S. 976/977; Adams UFITA Bd.120 (1992), S. 5 (16/17); Cornish in Möhring/Schulze/Ulmer/Zweigert Quellen, Großbritannien/IV; Dietz Urheberrecht EG, S. 292; Copinger and Skone James, S. 1497/1498 sowie Copinger and Skone James on Copyright, S. 1527 - 1542.

a) Performing Right Society Ltd. - PRS

Die älteste und größte Verwertungsgesellschaft in Großbritannien ist die PRS.[22] Sie wurde 1914 von Komponisten, Textern und Musikverlegern gegründet, um die Rechte der öffentlichen Aufführung musikalischer Werke wahrzunehmen. Die PRS nimmt heute das Recht zur öffentlichen Aufführung (kleines Recht), das Senderecht und das Recht zur Einspeisung in Kabelprogramme für musikalische Werke sowie deren Texte wahr.[23]

b) Phonograghic Performance Ltd. - PPL

PPL wurde 1934 von der Tonträgerindustrie gegründet,[24] um das Recht der Hersteller an der öffentlichen Aufführung von Tonträgern wahrzunehmen. Der Gründung vorausgegangen war der Cawardine Case,[25] in welchem entschieden wurde, daß dem Tonträgerproduzenten gemäß s. 19 (1) C.A. 1911, der dessen Vervielfältigungsrecht regelte, auch das Recht zur öffentlichen Aufführung des Tonträgers zusteht.[26] PPL lizenziert in der Hauptsache die öffentliche Aufführung und Sendung von Tonträgern.[27]

c) Video Performing Ltd. - VPL

Die Mitte der 80er Jahre gegründete Verwertungsgesellschaft VPL wurde von Tonträgerherstellern gegründet, welche zugleich die größeren Hersteller von Musik-Videoclips sind. Sie lizenziert neben der öffentlichen Aufführung und Sendung von Musik mittels Videoclips,[28] auch die Kabelweiterleitung und Satellitenübertragung von Rundfunk- und Fernsehsendungen.[29]

---

22 Vgl. zum ganzen Ruete Verwertungsgesellschaften, S. 52 - 67; und zur Geschichte McFarlane, Performing Rights, S. 143 - 159.

23 Flint, User's Guide, S. 167; Copinger and Skone James on Copyright, S. 1539/1540; Cornish in FS Dietz, S. 643 (676/677).

24 McFarlane, Performing Right, S. 131 - 133; Ruete Verwertungsgesellschaften, S. 67.

25 Grammophone Co. v. Cawardine (1934) 1 Ch. 450.

26 Vgl. Cornish Intellectual Property, S. 345; McFarlane Performing Right, S. 132.

27 In der Regel braucht derjenige, der die geschützten Schallplatten in dieser Form nutzen will auch eine Lizenz für die gespielten Musikstücke, diese wird von PRS erteilt, vgl. Flint User's Guide, S. 223.

28 Flint User's Guide, S. 176.

29 Adams UFITA Bd. 120 (1992), S. 5 (17), daher kann VPL Rechte auch für eine europaweite Nutzung vergeben, vgl. Flint User's Guide, S. 176.

d) Mechanical Copyright Protection Society Ltd. - MCPS

MCPS wurde 1924 gegründet und nimmt in der Hauptsache das mechanische Vervielfältigungsrecht an musikalischen Werken[30] wahr.[31] Seit 1976 ist MCPS eine 100% Tochtergesellschaft der Music Publishers' Association (MPA), einem Interessenverband, dem fast alle wichtigen Musikverleger angehören.[32] Kürzlich haben sich MCPS und PRS verbunden, indem sie ihre Geschäftsführung zusammengelegt haben. Die Gesellschaften als solche bleiben aber vorerst bestehen und verwalten jede für sich die wahrgenommenen Rechte.[33]

e) British Equity Collecting Society Ltd. - BECS

BECS wurde 1998 gegründet, um für Inhaber verwandter Schutzrechte, insbesondere *performers*, wie Musiker, Schauspieler, Tänzer, etc., deren Vermiet- und Verleihrechte, Kabelweitersenderechte und Vergütungen aus der Kassetten- und Geräteabgabe wahrzunehmen.[34]

f) Performing Artists Media Rights Association Ltd. - PAMRA

PARMA wurde 1995 gegründet, um für Inhaber verwandter Schutzrechte deren Vergütungsansprüche in Großbritannien und außerhalb zu verwalten, die sich aus der Umsetzung der Vermiet- und Verleihrichtline (92/100/EC) ergeben.[35]

g) Design and Artists Copyright Society Ltd. - DACS

Die DACS wurde 1983 gegründet, um Rechte bildender Künstler, wie Maler, Bildhauer, Photographen etc., wahrzunehmen. Sie lizensiert Sende-, Kabelweitersende- und Reproduktionsrechte[36].

---

30 Bußmann in Ulmer/Bußmann/Weber, S. 12.
31 Adams UFITA Bd. 120 (1992), S. 5 (17).
32 Flint User's Guide, S. 169.
33 Copinger and Skone James on Copyright, S. 1494/1535
34 Einzelheiten bei Copinger and Skone James on Copyright, S. 1528/1529.
35 Copinger and Skone James, S. 1537/1538.
36 Adams in UFITA Bd. 120 (1992), S. 5 (17); Flint User's Guide, S. 246.

h) The Copyright Licensing Agency Ltd. - CLA

Die CLA wurde 1982 gegründet, einer Empfehlung des Whitford Committees folgend,[37] um die Rechte der reprographischen Vervielfältigung literarischer Werke wahrzunehmen.[38] CLA wird von PLS,[39] einer Organisation von Verlegern, und der ALCS,[40] einer Vereinigung von Autoren, zu gleichen Teilen beherrscht. Sie lizenziert die Rechte von Autoren und Verlegern, wobei die Einnahmen zwischen diesen geteilt werden.[41]

i) Newspaper Licensing Agency Ltd. - NLA

NLA wurde 1996 gegründet und nimmt insbesondere für Zeitungsverleger deren Vervielfältigungsrechte wahr. Dabei handelt es sich insbesondere um die Vervielfältigung bereits veröffentlichter Zeitungsartikel, aber auch von anderen geschützten Werken, die in Zeitungen veröffentlicht wurden.[42]

j) Author's Lending and Copyright Society Ltd. - ALCS

Die ALCS wurde 1977 gegründet, um verschiedene Rechte an literarischen Werken wahrzunehmen, wie z.B. Vergütungsansprüche im Hinblick auf das deutsche Vermiet- und Verleihrecht gemäß § 27 UrhG und auf die Einspeisung von britischen Werken in Kabelnetze, insbesondere in Belgien.[43] Nachdem ALCS zusammen mit der PLS die CLA gegründet hatte, beschränkt sich die Tätigkeit der ALCS zur Zeit in der Hauptsache darauf, die von der CLA eingenommenen Lizenzgebühren bezüglich der reprographischen Vervielfältigung an ihre Mitglieder auszuschütten.[44] Die ALCS verwaltet insbesondere Zweitverwertungsrechte für Autoren literarischer, musikalischer und dramatischer Werke. Hierzu gehören neben dem Recht zur Vervielfältigung, Vermiet- und Verleihrechte, das Recht zur Kabeleinspeisung, sowie das Recht zur Aufnahme von Rundfunksendungen (off-air recording).[45] Auch die Reprographievergütung

---

37 Vgl. Cmnd. 6732 (1977), S. 70 - 74.

38 Adams in UFITA Bd. 120 (1992), S. 4 (16).

39 Publishers Licensing Agency.

40 Authors' Licensing and Collecting Society.

41 Copinger and Skone James on Copyright, S. 1531/1532.

42 Einzelheiten in Copinger and Skone James on Copyright, S. 1536/1537.

43 McFarlane Copyright, S. 150; Ruete Verwertungsgesellschaft, S. 74/75, vgl. auch Edwards EIPR 1983, S. 231 (231/232).

44 Vgl. McFarlane Copyright, S. 150/151.

45 Adams in UFITA Bd. 120 (1992), S. 5 (16), vgl. auch Art. 7 (e) Articles of Association ALCS.

nach deutschem, schweizer und französischem Recht werden nach Ausschüttung durch die jeweiligen nationalen Gesellschaften durch ALCS an ihre Mitglieder verteilt. Im Rahmen dieser Tätigkeit lizenziert die ALCS aber selber keine Nutzungshandlungen.[46]

Da die ALCS selber nicht die Verwertung von Urheberrechten lizenziert, ist sie zur Zeit keine Verwertungsgesellschaft im klassischen Sinne.[47] Dies könnte sich jedoch in der Zukunft ändern, wenn die individuelle Wahrnehmung von Rechten an literarischen Werken auch nach englischer Einschätzung schwieriger wird.[48] Diese Ausführungen gelten entsprechend für die PLS, der Schwesterorganisation von der ALCS, in der PLS sind nicht Autoren, sondern Verleger organisiert.[49]

k) Directors and Producers Rights Society (1992) Ltd. - DPRS

DPRS vertritt Film- und Fernsehregisseure sowie Filmproduzenten. Sie nimmt insbesondere deren Kabelweitersenderechte, Ansprüche aus privater Vervielfältigung und das Vermietrecht im Videobereich wahr. Dabei verwaltet sie sowohl die Rechte unter dem CDPA 1988 für ihre Mitglieder, als auch entsprechende Rechte nach nicht-britischem Urhebergesetzen.[50]

l) Educational Recording Agency Ltd. - ERA

Nach s. 35 CDPA 1988 ist die Aufnahme und Vervielfältigung von Kabel- Fernseh- und Hörfunksendungen zu Schul- und Bildungszwecken privilegiert. Schul- und andere Bildungseinrichtungen dürfen ohne Erlaubnis der Inhaber dieser Rechte die Sendungen aufnehmen und vervielfältigen. Den daraus erwachsenden Vergütungsanspruch nimmt die ERA für Sendeunternehmen wahr.[51]

---

46 Information von Jane Hurell, Secretary General ALCS.

47 Vgl. die Definition von Verwertungsgesellschaften, oben 3. Kap. I 2; anders wohl Ruete Verwertungsgesellschaften, S. 73 - 76.

48 McFarlane Copyright, S. 152.

49 Vgl. im einzelnen zur PLS die Ausführungen von Ruete Verwertungsgesellschaften, S. 76 - 78.

50 Copinger and Skone James on Copyright, S. 1532/1533.

51 Copinger and Skone James on Copyright, S. 1533/1534.

m) Compact Collections Ltd.

Die 1996 gegründete Compact Collections Ltd. nimmt insbesondere für Kinofilm- und Fernsehfilmproduzenten, vornehmlich aus den USA und Canada, deren Kabelweitersenderecht, das Vervielfältigungsrecht zu Bildungszwecken und das deutsche Verleihrecht wahr.[52]

n) Das Public Lending Right

Keine Verwertungsgesellschaft ist die Verteilungsbehörde (Registrar of the Public Lending Right), die das Public Lending Right (PLR) verwaltet. Das PLR wurde 1979 aufgrund des Public Lending Right Act 1979 eingeführt, und beinhaltet die Befugnis, Zahlungen aus einem staatlichen Fond (Central Fund)[53] für die Ausleihe von Büchern durch öffentliche Bibliotheken verlangen zu können. Das PLR ist kein Urheberrecht im eigentlichen Sinne.[54] Das PLR wird entsprechend dem Public Lending Scheme 1982 von der Verteilungsbehörde verwaltet.[55] Da die Verteilungsbehörde weder ein Zusammenschluß von Urhebern und Verlagen ist noch selber Rechte lizenziert - zwei notwendige Elemente einer Verwertungsgesellschaft - ist sie keine Verwertungsgesellschaft.[56]

3. Die kollektive Verwertung von Copyrights durch Verwertungsgesellschaften in Großbritannien

In Großbritannien gibt es in fast jedem urheberrechtlichen Bereich Verwertungsgesellschaften. Ausgeprägt ist die Verwertung von Rechten im musikalischen Bereich, in dem die PRS, PPL, MCPS und auch die VPL tätig sind. Seit Mitte der 90er Jahre hat es eine Reihe von Neugründungen von Verwertungsgesellschaften in Großbritannien gegeben (BECS/NLA/PAMRA/ Compact Collections Ltd), was auf die Änderungen des Britischen Copyrights vor allem durch die europäischen Harmonisierungsrichtlinien, zurückzuführen ist. Üblicherweise stellt sich die Wahrnehmung der Rechte wie folgt dar:

---

52 Copinger and Skone James on Copyright, S. 1529.

53 Jährlich ungefähr £ 5 Millionen, vgl. Phillips/Durie/Karet Whale on Copyright, S. 149.

54 Phillips/Durie/Karet Whale on Copyright, S. 135.

55 Vgl. im einzelnen Flint User's Guide S. 143 - 146; Dworkin/Taylor Blackstone's Guide, S. 165; Cornish Intellectual Property, S. 553 - 555; Ruete Verwertungsgesellschaften, S. 102 - 107.

56 McFarlane Copyright, S. 151.

Britische Verwertungsgesellschaften sind entweder organisiert als *companies limited by guarantee* oder *by shares* (nur die MCPS). Beide Gesellschaftsformen haben in der Regel zwei Organe: zum einen die Mitglieder - oder Hauptversammlung (*members' or general meeting*), über welche die Mitglieder bzw. Anteilseigner[57] ihren Einfluß ausüben, zum anderen ein geschäftsführendes Organ, das von der Mitglieder - bzw. Hauptversammlung - gewählt wird. Die Mitglieder - bzw. Hauptversammlung - bestimmen die allgemeinen Grundsätze der Politik der Gesellschaft,[58] das geschäftsführende Organ dagegen erledigt die täglich anfallenden Angelegenheiten.

Oft lassen sich innerhalb der Verwertungsgesellschaften unterschiedliche Kategorien von Mitgliedschaften unterscheiden, die vorrangig den Einfluß des einzelnen Mitglieds auf die Politik der Gesellschaft, durch die Reglementierung von Teilnahme- und Stimmrechten in der Mitgliederversammlung, bestimmen, was auf die Änderungen des Britischen Urheberrechtes, vor allem durch die europäischen Harmonisierungsrichtlinien, zurückzuführen ist. Üblicherweise stellt sich die Wahrnehmung der Rechte wie folgt dar:

Bei einigen Verwertungsgesellschaften, z.B. bei der PRS, haben die *full members* zehn bis zwanzig Stimmen, während die *provisional members* keine und die *associated members* nur eine Stimme haben.[59] Sind neben den Schöpfern auch Verwerter an der Verwertungsgesellschaft beteiligt, so sehen einige Gesellschaften Regelungen vor, durch die verhindert werden soll, daß eine Gruppe die andere im Rahmen der Gesellschaftspolitik übervorteilen kann.[60]

Verwertungsgesellschaften lassen sich meist die wahrzunehmenden Rechte von den Berechtigten übertragen. Dabei lassen sich die Verwertungsgesellschaften die Rechte an bestehenden und zukünftigen Werken einräumen, wobei eine Aufteilung nach Sparten und Ländern möglich ist.[61] Einige Gesellschaften (PPL/VPL/CLA) verwalten die Rechte als Agenten für ihre Mitglieder, die Inhaber der wahrzunehmenden Rechte bleiben.

---

57 Vgl. Ruete Verwertungsgesellschaften, S. 70.

58 Grower Principles, S. 15.

59 Vgl. Reute Verwertungsgesellschaften, S. 58/59; der Einfluß auf die Gesellschaft entspricht bei der PRS aber dem Anteil am Aufkommen der PRS, Reute Verwertungsgesellschaften, S. 59 für 1981.

60 Vgl. z.B. die paritätische Zusammensetzung des Direktoriums der CLA, Clark/Hadley Collective Administration, S. 11, und desjenigen der PRS, Ruete Verwertungsgesellschaften, S. 60/61.

61 Vgl. M.M.C. Cmnd. (1988), S. 7; vgl. auch Ruete Verwertungsgesellschaften, S. 65.

Die meisten Verwertungsgesellschaften gewähren auf einzelne Nutzungen beschränkte Lizenzen und Pauschallizenzen. Aufgrund letzterer erhalten die Verwerter Zugang zum gesamten, von der Verwertungsgesellschaft, wahrgenommenen Repertoire.[62] Verwertungsgesellschaften stellen, auch unter Mitwirkung von Verwerterverbänden, Tarife auf, nach denen die jeweils fälligen Gebühren für die Verwertungshandlung bestimmt werden.

Nach Abzug der Verwaltungsgebühren, die sich zwischen 17% und 20% bewegen,[63] schütten die Verwertungsgesellschaften die eingezogenen Gebühren an die Berechtigten aus. Dies erfolgt nach festen Regeln, insbesondere da, wo mehr als ein Berechtigter Rechte an dem genutzten Werk haben.[64] Dabei sind die Verwertungsgesellschaften bemüht, auch in den Bereichen, in denen dies schwierig ist, wie zum Beispiel bei der Wahrnehmung der reprographischen Rechte durch die CLA,[65] die Gebühren entsprechend der tatsächlichen Nutzung der Werke auszuschütten. Daher legen sie den Ausschüttungen Nutzungsinformationen zugrunde, die sie entweder selbst aufgestellt haben oder die ihnen von den Verwertern zur Verfügung gestellt worden sind. Dazu sind die meisten Verwerter aufgrund der erteilten Lizenzen verpflichtet.

Haben mehrere Berechtigte Rechte an dem Werk, so wird der fällige Betrag gequotelt. Zum Teil wird die Quote geteilt, wenn z.B. zwei Gruppen ein Recht am Werk haben.[66]

Zum Teil werden von der zur Ausschüttung stehenden Summe Abzüge für soziale und kulturelle Zwecke vorgenommen. So führt z.B. die PPL 12,5% der Einnahmen an die Musician Union ab. 20% der Einnahmen werden an bestimmte Künstler, Musiker und Interpreten gezahlt, die an den Aufnahmen für die gespielten und abzugeltenden Schallplatten beteiligt waren.[67] Diese Praxis der freiwilligen Zahlungen hat historische Gründe und beruht auf dem Gedanken, die Musiker und Künstler, für den durch das Spielen von Tonträgern verursachten Verlust ihrer Einnahmen aus Live-Aufführungen, zu entschädigen.[68] Oft haben Verwertungsgesellschaften spezielle Unterstützungskassen oder sonstige

---

62 Vgl. zu diesen Prinzipien allgemein, Phillips/Durie/Karet Wahle on Copyright, S. 133/134; Freegard Stewart/Sandison in Internationel Coypright S. 356 - 359 und McFarlane Copyright, S. 145 - 153.

63 Dworkin/Taylor Blackstone's Guide, S. 88.

64 Vgl. für PRS Flint in User's Guide, S. 168/222.

65 Vgl. Clark/Hadley Collective Administration, S. 15/16.

66 Zu Einzelheiten Flint User's Guide, S. 168/222; Leaper Copyright, S. 123; Ruete Verwertungsgesellschaften, S. 66/67.

67 M.M.C. Cm. 530 (1988), S. 9; Ruete Verwertungsgesellschaften, S. 68.

68 Vgl. im einzelnen Cm. 530 (1988), S. 37 - 39.

Fonds eingerichtet, die aus Mitteln der Gesellschaft unterhalten werden und sozialen Zwecken dienen, wie z.B. der Unterstützung von bedürftigen Mitgliedern.

Die meisten Verwertungsgesellschaften haben Gegenseitigkeitsverträge mit ausländischen Gesellschaften abgeschlossen, die in ähnlichen Bereichen tätig sind.

Das Innenverhältnis der Verwertungsgesellschaften wurde Mitte der 90er Jahre einer eingehenden kartellrechtlichen Prüfung unterzogen. Satzung, Verteilung von Einnahmen und Mitwirkungsrechte der PRS wurde durch die M.M.C. eingehend überprüft.[69] Die M.M.C. hat eine Reihe von Mißständen festgestellt und Empfehlungen ausgesprochen.[70] Daraufhin hat die PRS insbesondere ihre Satzung geändert. Wegen der Allgemeingültigkeit der Feststellungen des M.M.C. ist zu erwarten, daß auch die anderen britischen Verwertungsgesellschaften diese Empfehlungen beachten und ihre Satzungen entsprechend anpassen werden.[71]

Die PRS ist diese Empfehlungen weitgehend gefolgt und hat ihre Articles and Memorandum of Association sowie Rules 1 bis 12 geändert. Dadurch wurde die Stellung und der Einfluß der Mitglieder auf die Gesellschaft gestärkt.[72] Das Mitglied hat die Möglichkeit, bestimmte Rechte von der Wahrnehmung durch die PRS auszunehmen, die dann durch das Mitglied selbständig wahrgenommen werden können.[73] Auch hat das Mitglied die Möglichkeit, innerhalb einer Kündigungsfrist von 3 Monaten bis maximal 1 Jahr den Wahrnehmungsvertrag, bezogen auch auf einzelne Rechte aufzulösen, so daß die Rechte an die Berechtigten zurückfallen.[74] Die Mitglieder werden über die Umstände der Wahrnehmung über Rechte und auch Änderungen umfassend informiert. Dies findet nicht nur anläßlich des *Annual Meeting* statt, sondern auch durch lokal begrenzte Treffen zwischen PRS und ihren Mitgliedern sowie durch Informationsrundschreiben. Das Mitglied hat das Recht aufgrund eines internen Schiedsverfahrens Entscheidungen der PRS überprüfen zu lassen.

Die eingezogenen Vergütungen werden nach festen Regeln an die Mitglieder ausgeschüttet, wobei PRS bemüht ist, die Vergütung so individuell wie möglich

---

69 M.M.C. Report Performing rights - A report on the supply in the UK of the services of administering performing rights and film synchronisation rights, Februar 1996, Cm. 3147 (1996).

70 Dazu im einzelnen, unten 3. Kap. 2 b bb.

71 Copinger and Skone James on Copyright, S. 1513/1514.

72 Art. 27/6 Articles of Association.

73 Art. 7 (cc) und (dd) Article of Association.

74 Art. 9 (f) Articles of Association.

auszuschütten.[75] Die Verbesserung der Datenverarbeitung, deren Standard ebenfalls vor der M.M.C. beanstandet wurde, hat Kosten gesenkt und die Verteilung erleichtert.[76] Im übrigen wurde auch die Zusammensetzung des Board of Directors und die Abstimmungsregelung bezüglich des General Annual Meetings so geändert, daß eine Parität gewährt ist, und keine Mitgliedergruppe die anderen übervorteilen kann.[77] Insgesamt erscheinen die genannten Grundregelungen der PRS von einer größeren Flexibilität, bezogen auf die Verwaltung der Rechte und Transparenz der Gesellschaft, geprägt zu sein.

4. Verwertungsgesellschaften im Licht der britischen Gesetzgebung

a) Entwicklung bis 1951

Schon früh wurde in Großbritannien die monopolartige Stellung von Verwertungsgesellschaften erkannt und von staatlicher Seite versucht, Einfluß auf diese auszuüben.[78]

Eine 1929 eingesetzte parlamentarische Kommission kam zu dem Schluß, daß Verwertungsgesellschaften zwar eine monopolartige Stellung innehaben müßten, um effektiv arbeiten zu können, auf der anderen Seite es aber den Verwertern möglich sein sollte, ein Schiedsgericht anzurufen, um etwaigen Mißbräuchen begegnen zu können.[79] Auch stellte ab 1930 das *Board of Trade* Nachforschungen bezüglich eines Mißbrauchs des Monopols durch Verwertungsgesellschaften an. Konsequenzen aus diesen Untersuchungen wurden aber bis nach Abschluß der anstehenden Revision der Berner Konvention, die sich durch den 2. Weltkrieg hinauszögerte, verschoben.[80] Auf der im Jahre 1948 in Brüssel stattfindenden Revisionskonferenz gab die Britische Regierung entsprechende Erklärungen ab, die es ihr ermöglichen sollten, Mißbräuche durch die Wahrnehmung monopolartiger Rechte, d.h. Urheberrechte, zu verhindern.[81]

---

75 Vgl. Rule 2.

76 Vgl. Chairman's Report - 2001 Annual General Meeting.

77 Vgl. Art. 35 ff. Articles of Association - und Chairman's Report - 2001 Annual General Meeting.

78 Vgl. McFarlane Copyright, S. 161/162, m.w.N.; Löhr Aufsicht, S. 103, Ruete, Verwertungsgesellschaften, S. 113/114.

79 Report of the Select Committee on the Musical Copyright Bill 1930, Session 25th June 1929 to August 1930, Volume IV; vgl. auch McFarlane Performing Rights, S. 162; Löhr Aufsicht, S. 103.

80 Vgl. McFarlane Performing Rights, S. 162/166 m.w.N.

81 Vgl. Nachweise in McFarlane Performing Rights, S. 166/167 und die ähnlichen Erklärungen auf der Revisionskonferenz von 1967 in Stockholm, Nachweise in Wallace GRUR Int. 1973, S. 357 (357/358).

b) Gregory Committee und der Copyright Act 1956

Vor dem Hintergrund dieser Veränderungen, insbesondere der Änderung der Berner Übereinkunft, der rapiden technischen Entwicklung sowie angesichts zunehmender Widerstände von Verwertern gegen Tarife und die Lizenzierungspraxis von Verwertungsgesellschaften, insbesondere der PRS und der PPL,[82] wurde 1951 eine neue parlamentarische Kommission, das Gregory Committee,[83] eingesetzt.[84]

Neben anderen Urheberrechtsangelegenheiten, beschäftigte sich das Gregory Committee auch mit den Verwertungsgesellschaften PRS und PPL. Es stellte fest, daß beide Verwertungsgesellschaften monopolartige Stellungen gegenüber den Verwertern innehätten, da fast jeder Verwerter auf eine Lizenz von diesen angewiesen sei.[85] Sie mißbräuchten diese Stellung insbesondere dadurch, daß sie ihre Tarife in willkürlicher Weise aufstellten und änderten,[86] sowie Lizenzen ohne vernünftigen Grund verweigerten und widerriefen.[87] Auf der anderen Seite anerkannte das Committee, daß die kollektive Verwertung von Urheberrechten durch Verwertungsgesellschaften vielfach der einzige Weg war, die Rechte von Komponisten und Autoren effektiv wahrzunehmen.[88] Es untersuchte auch das Verhältnis der Verwertungsgesellschaften zu den Urhebern und stellte fest, daß Zusammensetzung und Ausschüttungsprinzipien der Verwertungsgesellschaften nicht zu beanstanden waren.[89]

Das Gregory Committee schlug vor, ein Schiedsgericht (*tribunal*) einzusetzen, um Streitigkeiten zwischen Verwertungsgesellschaften und Verwertern verbindlich zu entscheiden.[90] Dadurch sollte Mißbräuchen seitens der Verwertungsgesellschaften begegnet werden.[91] Dieses Tribunal sollte zuständig sein, bestehende Tarife zu überprüfen und zu ändern, neue Tarife aufzustellen, sowie zu bestimmen, ob Verwertungsgesellschaften rechtmäßig Lizenzen verweigert hätten.[92]

---

82 Vgl. Cmd. 8662 (1952), S. 48/51/52/53.

83 Cmd. 8662 (1952), benannt nach seinem Vorsitzenden H. Gregory.

84 McFarlane Performing Rights, S. 166/167.

85 Cmd. 8662 (1952), S. 47/48 (PRS) und S. 52 (PPL).

86 Cmd. 8662 (1952), S. 48.

87 Cmd. 8662 (1952), S. 53/54.

88 Cmd. 8662 (1952), S. 46.

89 Cmd. 8662 (1952), S. 46.

90 Cmd. 8662 (1952), S. 76.

91 Cmd. 8662 (1952), S. 77. Das Committee lehnte sich dabei an die Praxis von PRS an, die bereits ein ähnliches Schiedsverfahren durchführte, vgl. Ruete Verwertungsgesellschaften, S. 120/121.

92 Cmd. 8662 (1952), S. 77.

Diese Vorschläge fanden ihren Niederschlag in ss. 23 bis 30 des Copyright 1956 Act, wodurch das Performing Right Tribunal (PRT) etabliert wurde. Der Errichtung des PRT lag die Einschätzung der Regierung zugrunde, daß Verwertungsgesellschaften Monopole seien, und daß Kontrolle notwendig sei, um sicherzustellen, daß diese nicht ihre Stellung mißbrauchen.[93] Das PRT hatte zwei grundsätzliche Funktionen:

Zunächst war das PRT berechtigt, Tarife (*licensing schemes*),[94] die bereits angewendet wurden, und die öffentliche Aufführungsrechte betrafen, auf Vorlage zu ändern oder zu bestätigen (ss. 25 bis 26 1956 Act). Daneben befaßte sich das PRT mit Anträgen von einzelnen Verwertern, denen entweder von dem Anwender des *lincensing scheme* eine, dem *scheme* entsprechende Lizenz verweigert wurde, oder der Verwerter behauptete, es gäbe kein *licensing scheme* und der Lizenzgeber weigerte sich, ihm eine Lizenz zu erteilen (ss. 27 (1) und (2), 27 A 1956 Act).[95]

Dabei war das PRT mit dem öffentlichen Aufführungs- und Senderecht von literarischen und musikalischen Werken, die live oder auf Tonträger aufgenommen aufgeführt wurden, sowie dem Recht zur öffentlichen Wiedergabe von Radiosendungen (s. 24 (2) (a) bis (c) 1956 Act) befaßt. Diese Rechte wurden in der Hauptsache von den Gesellschaften PRS, PPL, und der BBC[96] sowie der IBA[97] wahrgenommen. Das PRT war damit hauptsächlich mit Konflikten bezogen auf Aufführungs- und Senderechte, besonders mit denen für musikalischer Werke, betraut, die durch den 1956 Act gewährt wurden.[98]

c) Whitford Committee und der CDPA 1988

Bereits Anfang der 70er Jahre erschien angesichts der technischen Entwicklung eine Novellierung des Urheberrechts erforderlich. Auch wurde die Konzeption des 1956 Act als für zu kompliziert erachtet.[99] Die neue technische Entwicklung betraf insbesondere die Entwicklungen von Geräten und Verfahren, mit denen die Vervielfältigung und Aufnahme von urheberrechtlich geschützten Material,

---

93 Laddie/Prescott/Vitoria Modern Law, S. 472, vgl. näher zum PRT Ruete Verwertungsgesellschaften, S. 122 - 153, McFarlane Perfoming Rights, S. 176/177; Wahle/Phillips Wahle on Copyright, S. 137 - 149.

94 Zum Begriff, s. unten, 3. Kap. II 3 c aa.

95 Whitford Committee Cmnd.6732 (1977), S. 192/193.

96 British Broadcasting Corporation.

97 Independant Broadcasting Authority.

98 Copinger and Skone James on Copyright, S. 1515/1516.

99 Cmnd. 6732 (1977), S. 6/7.

wie Werken der Literatur (Photokopiergerät) und musikalischer Werke (Kassetten- und Videorecorder),[100] auch durch Private ermöglicht wurde.[101] Da auch in diesem Bereich eine individuelle Verwertung zumindest schwierig ist, erstreckten die Verwertungsgesellschaften bald ihre Wahrnehmungsbefugnisse auch auf diese Rechte. Neue Verwertungsgesellschaften wurden gegründet,[102] das System der kollektiven Verwertung insgesamt ausgedehnt.[103]

Da die Kompetenz des PRT in der Hauptsache die Kontrolle der Verwertungsgesellschaften PRS und PPL umfaßte,[104] kam angesichts dieser Ausdehnung der kollektiven Verwertung auch das PRT in das Blickfeld von Reformbestrebungen.[105] Das Whitford Committee empfahl dann auch, die Kompetenzen des PRT zu erweitern. Das neue Tribunal, das Copyright Tribunal genannt werden sollte,[106] hätte allgemein über Urheberrechtsstreitigkeiten zu entscheiden, die aus der kollektiven Wahrnehmung von Urheberrechten erwachsen. In der Praxis sollte das Copyright Tribunal hauptsächlich damit beschäftigt sein, Tarife zu überprüfen.[107]

Das Whitford Committee legte 1977 seine schriftlichen Reformempfehlungen vor. Es dauerte jedoch eine weitere Dekade, bis diese umgesetzt werden konnten. Die unterschiedlichen Teile der Regierungen verabschiedeten nach und nach eine Serie von Dokumenten, die sich mit der Reform des Urheberrechts beschäftigten. Auch wurden eine Vielzahl von Interessengruppen gehört, und auch neue Vorschläge eingebracht und diskutiert.[108] Die Empfehlungen des Whitford Committee's bezüglich der Errichtung des Copyright Tribunal wurde aber nicht kritisiert.[109] Auch wurde der Vorschlag der britischen Monopolkommission (M.M.C.), für kollektiv wahrgenommene Rechte eine gesetzliche Lizenz einzuführen, nicht verwirklicht.[110]

Ein Gesetzentwurf der Regierung (*Bill*) wurde im Oktober 1987 dem Parlament vorgelegt, und nach zahlreichen Änderungen, im Jahre 1988 verabschiedet. Der CDPA 1988 trat im August 1989 in Kraft.

---

100 Cmnd. 6732 (1977), S. 6.
101 Vgl. auch Cornish Intellectual Property, S. 349/350.
102 Wie z.B. CLA, DACS und VPL.
103 Groves Copyright, S. 163.
104 Whitford Committee Cmnd. 6732 (1977), S. 193.
105 Whitford Committee Cmnd. 6732 (1977), S. 192 - 200, m.w.N.
106 Whitford Committee Cmnd. 6732 (1977), S. 199.
107 Whitford Committee Cmnd. 6732 (1977), S. 199.
108 Cornish Intellectual Property, S. 349/350.
109 Vgl. 1st Green Paper Cmnd. 8302 (1981), Chapter 15, S. 52 - 54; White Paper Cmnd. 9712 (1986), Chapter 18, S. 69 - 72.
110 M.M.C. Collective Licensing Cmnd. 530, S. 33.

Der Gesetzgeber schloß sich bei der Einschätzung von Verwertungsgesellschaften der Meinung des Whitford Committee's an. Akzeptiert wurde, daß aufgrund faktischer Gegebenheiten in bestimmten Bereichen die individuelle Wahrnehmung von Urheberrechten durch die kollektive Wahrnehmung durch Verwertungsgesellschaften ersetzt werden mußte. Verwertungsgesellschaften wurden als de-facto Monopole betrachtet.[111] Das System der kollektiven Verwertung durch Verwertungsgesellschaften wurde jedoch als vorteilhaft für Urheber und Verwerter angesehen. Daher wurde das Monopol der Verwertungsgesellschaften dann nicht beanstandet, wenn sicherzustellen sei, daß die Verwertungsgesellschaften ihre Stellung nicht mißbräuchten. Ein solcher Mißbrauch sollte durch die Errichtung des Copyright Tribunal verhindert werden.[112] Der britische Gesetzgeber hat so zu einem gewissen Ausmaß ein indirektes System der Kontrolle von Verwertungsgesellschaften errichtet.[113] In Großbritannien gibt es keine "offizielle" Überwachung von Verwertungsgesellschaften.[114]

II. Kontrolle von Verwertungsgesellschaften nach dem CDPA 1988

1. Gründungskontrolle

Der CDPA 1988 enthält keine Vorschriften, die die Gründung von Verwertungsgesellschaften betreffen. Eine Gründungskontrolle nach speziellen Vorschriften findet daher nicht statt.

Die Empfehlung des Whitford Committee, eine ministerielle Genehmigung (*ministerial recognition*) für das Tätigwerden der Verwertungsgesellschaften einzuführen,[115] wurde nicht aufgegriffen. Durch dieses Genehmigungsverfahren sollte sichergestellt werden, daß die Verwertungsgesellschaften wirtschaftlich und organisatorisch in der Lage sind, die Rechte wahrzunehmen, und daß die Verwertungsgesellschaften die Wahrnehmung der Rechte nicht verweigern.[116]

Verwertungsgesellschaften können ihre Rechtsform frei wählen. Sie sind entweder als private oder öffentliche Unternehmen mit beschränkter Haftung, *compa-*

---

111 Whitford Committee Cmnd.673 (1977), S. 192; White Paper Cmnd. 9712 (1986), S. 69; Earl of Stockton H.L. Vol. 489, col. 1523.

112 White Paper Cmnd. 9712, S. 69; vgl. auch Lord Young of Graffam H.L. Vol. 489 col. 1478; Earl of Stockton H.L. Vol. 489 , col. 1523/1524.

113 Vgl. bereits zum 1956 Act, Dietz Urheberrecht EG, S. 289.

114 Vgl. zum britischen Ansatz der Kontrolle von Verwertungsgesellschaften, Cornish Intellectual Property, S. 489/490; Clark/Hadly Collective Administration, S. 5.

115 Whitford Committee Cmnd. 6732 (1977), S. 72.

116 Whitford Committee Cmnd. 6732 (1977), S. 72.

nies limited by guarantee oder *shares*, organisiert. Bei Gründung haben sie lediglich die Vorschriften des Company Act 1985 zu beachten, können aber ihre Organisation danach bestimmen, wie es ihren Bedürfnissen am besten entspricht.[117]

2. Kontrolle über den Geschäftsbetrieb

Die Aktivitäten von Verwertungsgesellschaften können durch den CDPA 1988 kontrolliert werden. In einzelnen hat man zwischen der Kontrolle des Verhältnisses der Verwertungsgesellschaft zu Schöpfern und der des Verhältnisses zu Verwertern zu unterscheiden.

a) Berechtigte

Dadurch, daß die Zuständigkeit des Kontrollorganes über die Verwertungsgesellschaften, des Copyright Tribunals, auf Streitigkeiten in bezug auf *licensing scheme* und die Kontrolle der Lizenzierung von *licensing bodies*, beschränkt ist, bezieht sich die Kontrolle auch nur auf Streitigkeiten zwischen Verwertungsgesellschaften und Verwertern.

Die noch im White Paper vorgesehenen Kontrollmechanismen zugunsten der Berechtigten - die Berechtigten sollten in bestimmten Fällen das Copyright Tribunal anrufen können, wenn sie mit der Ausschüttung der eingenommenen Gebühren nicht einverstanden sind[118] - wurden nicht realisiert. Auch ein in diese Richtung zielender Vorschlag des Whitford Committee, die Verwertungsgesellschaften einem Wahrnehmungszwang unter bestimmten Voraussetzungen zu unterwerfen,[119] wurde nicht umgesetzt.

Obwohl die Verwertungsgesellschaften den Berechtigten z.T. eine Einflußmöglichkeit auf die Wahrnehmung ihrer Rechte gewähren[120] und auch bemüht sind, die Ausschüttung nach individuellen Gesichtspunkten vorzunehmen,[121] sind die Berechtigten vor ungerechtfertigten Kollektivierungen ihrer Rechte und Be-

117 Cornish in Möhring/Schulze/Ulmer/Zweigert Quellen Großbritannien/I, S. 19.

118 White Paper Cmnd.9712 (1986), S. 69/70.

119 Whitford Committee Cmnd. 6732 (1977), S. 72.

120 Einzelheiten bei Ruete Verwertungsgesellschaften, S. 56 - 64, für die PRS.

121 Vgl. oben, 3. Kap. I 3.

schränkungen über Einflußmöglichkeiten von Seiten der Verwertungsgesellschaften durch den CDPA 1988 nicht geschützt.[122]

b) Verwerter

Das Verhältnis zwischen Verwertungsgesellschaft und Verwerter wird nach dem CDPA 1988 durch das Copyright Tribunal kontrolliert.

Das Copyright Tribunal wurde unter s. 145 CDPA 1988 als Nachfolger des PRT errichtet. Die das Copyright Tribunal betreffenden Vorschriften sind u.a. in PART I Chapter VII *Copyright Licensing (ss. 116 bis 144)* in PART I Chapter VIII *The Copyright Tribunal (ss. 145 bis 152)* sowie in PART II sec. 205B des CDPA 1988 enthalten.

3. Das Copyright Tribunal

a) Geschichte

Das Copyright Tribunal wurde durch den CDPA 1988 als Nachfolger des Performing Right Tribunal errichtet. Die Umbenennung sollte insbesondere der Erweiterung der Zuständigkeit des Copyright Tribunals Rechnung tragen. Das Copyright Tribunal ist für eine Vielzahl von Lizenzierungen zuständig und nicht nur auf die Lizenzierung von Aufführungsrechten beschränkt (*performing rights*).[123]

Die Zuständigkeit des Copyright Tribunal wurde durch den Broadcasting Act 1990 erweitert. Nach den dadurch eingeführten ss. 135 D und E CDPA 1988, ist das Copyright Tribunal für die Bestimmung der Höhe und sonstigen Bedingungen der gesetzlichen Lizenz für die Nutzung von Tonträgern im Rundfunk und in Kabelanlagen zuständig. Nach Schedule 17 Broadcasting Act 1990 hat das Copyright Tribunal auch die Bedingungen der gesetzlichen Lizenz für die Nutzung von Programminformationen zu bestimmen.[124]

Die Zuständigkeit des Copyright Tribunals wurde nochmals durch die Copyright and Related Rights Regulation 1992 erweitert. Diese Änderungen betreffen u.a.

---

122 Vgl. zu dem Schutz nach allgemeinen Vorschriften, Stone Copyright, S. 212, FN 142; Merkin/Williams Competition Law, S. 345/346.

123 Phillips/Durie/Karet Whale on Copyright, S. 137/138.

124 Vgl. zu Einzelheiten: Copinger and Skone James on Copyright, S. 1598 - 1601.

das Aufführungs- und Verleihrecht des ausübenden Künstlers[125] sowie das Vermiet- und Verleihrecht des Urhebers an Ton- und Bildträgern.[126] [127] Diese Erweiterungen beziehen sich zum Teil auf die Bestimmung angemessener Vergütungen aus Vergütungsansprüchen und gehen zum großen Teil auf Gesetzesänderungen zurück, die auf der Umsetzung von EU-Harmonisierungsrichtlinien ins britische Recht beruhen.

b) Zusammensetzung des Copyright Tribunals

Nach s. 145 (2) hat das Copyright Tribunal einen Vorsitzenden und zwei Stellvertreter, ferner zwischen zwei und acht gewöhnliche (*ordinary*) Mitglieder.

Der Vorsitzende und sein Stellvertreter müssen Juristen, d.h. *barrister*, *solicitor* oder *advocat* sein, die mindestens sieben Jahre Berufserfahrung nachweisen müssen.[128] Sie werden vom Lord Chancellor[129] nach Konsultation mit dem Lord Advocate[130] auf unbestimmte Zeit berufen. Der Vorsitzende und seine Stellvertreter arbeiten auf einer *part-time basis* (nebenberuflich).[131]

Die anderen Mitglieder werden vom Secretary of State[132] berufen. Für diese bestehen keine Qualifikationsanforderungen, insbesondere brauchen sie keine Juristen zu sein.[133] Der Vorschlag,[134] Vertreter von Verwertungsgesellschaften und Verwerterorganisationen zu Mitgliedern zu berufen, um auf der einen Seite das Copyright Tribunal mit sachkundigen Mitgliedern auszustatten und auf der anderen Seite die Akzeptanz von Entscheidungen bei Verwertungsgesellschaften und Verwerterorganisationen zu erhöhen,[135] wurde nicht verwirklicht. Man fürchtete, die Parteien würden dann ihre Streitigkeiten innerhalb des Copyright

125 Ss. 182 D CDPA 1988.

126 Ss. 93B CDPA 1988.

127 Vgl. Nachweise bei Copinger und Skone James on Copyright, S. 1597/1598.

128 Vgl. s. 145 (3) CDPA 1988.

129 Höchster Richter in Großbritannien, mit der Befugnis Richter zu berufen und zu beaufsichtigen.

130 Rechtsberater der Krone, schottisch.

131 Deshalb hat die M.M.C. vorgeschlagen, daß der Vorsitzender ein *High Court Judge* im Ruhestand sein sollte, der kurzfristig verfügbar ist (Cm. 530 (1988), S. 35). Z.Zt. ist der Vorsitzende ein *solicitor* im Ruhestand, seine Stellvertreter ein praktizierender *barrister* und *solicitor* vgl.Phillips/Durie/Karet Whale on Copyright, S. 138.

132 Britischer Innenminster.

133 Groves Copyright, S. 189; Lester/Mitchell Joynson-Hicks on Copyright, S. 261.

134 M.M.C. Cm 530 (1988), S. 36.

135 Vgl. den Bericht über die Sitzung des Rechtsauschusses, House of Commons, Standing Committe E, Session 1987 - 1988, Volume V, col.437 - 441.

Tribunals austragen, und nicht vor demselben. Darunter würden dann auch die Entscheidungen leiden.[136] Das Copyright Tribunal besteht heute aus sechs ordentlichen Mitgliedern, die von der Regierung berufen wurden.[137] Auch diese arbeiten auf einer nebenberuflichen Basis.

Das Copyright Tribunal entscheidet in einer Zusammensetzung von drei bis fünf Mitgliedern, d.h. dem Vorsitzenden, oder einem seiner Stellvertreter, sowie mindestens zwei gewöhnlichen Mitgliedern,[138] so daß angesichts der personellen Ausstattung zur selben Zeit drei Verfahren durchgeführt werden können.

Im Vergleich zum PRT wurde die personelle Ausstattung erhöht. Dies geschah zum einem, um der Erweiterung der Zuständigkeit des Copyright Tribunals Rechnung zu tragen, zum anderem um die Länge der Verfahren abzukürzen. Ob dies angesichts der Anstellungsverhältnisse der Mitglieder geschehen kann, ist fraglich.[139]

c) Die Zuständigkeiten des Copyright Tribunals

Die Zuständigkeit des Copyright Tribunals ist in s. 149 CDPA 1988 geregelt. Danach ist das Copyright Tribunal hauptsächlich für die Kontrolle von urheberrechtlichen Lizenzen im Rahmen der kollektiven Wahrnehmung zuständig. Obwohl der Begriff Verwertungsgesellschaft nicht verwendet wird, zielt die Zuständigkeit auf die Kontrolle von Verwertungsgesellschaften ab.[140]

Allgemein läßt sich die Zuständigkeit des Copyright Tribunals in die Kontrolle von *licensing schemes* und *licensing bodies* und in die Kontrolle von anderen Lizenzen unterteilen. Nach Copinger and Skone James sind 17 unterschiedliche Gruppen von Zuständigkeiten zu unterscheiden.[141]

---

136 Mr. Butcher, House of Commons, Standing Commitee E, Session 1987 - 1988, Volume V, col. 439.

137 Phillips/Durie/Karet Whale on Copyright, S. 138.

138 S. 148 (1) CDPA 1988, para. 2 Practice Direction.

139 Phillips/Durie/Karet Whale on Copyright, S. 138. Vgl. auch die Verfahrensdauer in CT 7/90 BPI v. MCPS/CJC, 16 Verhandlungstage, und in CT 9/91 A.I.R.C. v. PPL/BBC 28 Verhandlungstage, von Juni bis November 1992.

140 White Paper Cmnd. 9712 (1986), S. 69.

141 Copinger and Skone James on Copyright, S. 1598 - 1601.

aa) Die Kontrolle von *licensing schemes* und *licensing bodies*

Die Kompetenz des Copyright Tribunal, Verwertungsgesellschaften zu kontrollieren, ergibt sich daraus, daß es für Streitigkeiten zuständig ist, die *licensing schemes* und *licensing bodies* betreffen. Diese Form der indirekten Kontrolle von Verwertungsgesellschaften bestand bereits unter dem Copyright Act 1956.[142]

Die Zuständigkeitsregelungen sind im einzelnen kompliziert und hängen insbesondere davon ab, ob Copyright oder verwandte Schutzrechte lizenziert werden.[143] Diese Unterscheidung hat ihre Grundlage darin, daß der britische Gesetzgeber vermeiden wollte, mit der Berner Konvention in Konflikt zu geraten.[144] Danach darf die Verwertung der geschaffenen Werke durch den Urheber selbst nicht behindert werden (vgl. Art. 5 BRÜ). Eine solche Beschränkung gibt es für verwandte Schutzrechte nicht. Das Copyright Tribunal ist daher in der Regel dann zuständig, wenn Copyright*s* mehrerer Inhaber kollektiv verwertet werden.[145]

Die Zuständigkeit ist bezüglich *licensing schemes* eingeschränkt. Das Copyright Tribunal ist nur dann zuständig, wenn diese *schemes* von *licensing bodies* aufgestellt und angewendet werden, Werke von mehr als einem Urheber betreffen, und sich mit der Vervielfältigung, Vortragen, Auf- und Vorführen, dem Senden und Einspeisen in Kabelprogrammen, dieser Werke beschäftigen.[146] Die Veröffentlichung unterliegt keiner Kontrolle.[147]

Die gleichen Beschränkungen gelten für die Kontrolle von *licensing bodies*, soweit diese Lizenzen vergeben, die nicht in den Anwendungsbereich eines *licensing scheme* fallen. Auch hier ist das Copyright Tribunal nur zuständig, soweit Einzellizenzen sich auf die Vervielfältigung, Auf-, Vorführen, Vortragen, Senden und Einspeisen in Kabelprogramme von Werken, mehreren Inhabern beziehen.[148]

---

142 Vgl. Dietz Urheberrecht EG, S. 289.

143 Groves Copyright, S. 167.

144 Lord Beaverbrook H.L. Debs. Vol. 491, col. 489. Dworkin/Taylor Blackstone's Guide, S. 90; Groves Copyright, S. 167.

145 Cornish Intellectual Property, S. 485.

146 S. 117 CDPA 1988.

147 Cornisch in Möhring/Schulze/Ulmer/Zweigert, Großbritannien/I, S. 20.

148 Vgl. s. 124 CDPA 1988.

(1) Kontrolle von *licensing schemes*

Nach ss. 149 (a) und (b), 118 bis 123 CDPA 1988, ist das Copyright Tribunal für die Kontrolle von *licensing schemes* zuständig.

(a) *licensing schemes*

Die Legaldefinition von *licensing scheme* findet sich in s. 116 (1) CDPA 1988.

Danach bedeutet *licensing scheme*, "*a scheme setting out the classes of cases in which the operator of the scheme... is willing to grant copyright licences, and the terms on which the licences would be granted in those cases, and for this purpose a scheme includes anything in the nature of a scheme, whether described as a scheme or as a tariff or any other name*".

Unter *licensing scheme* ist daher eine ständige "Einladung" des Betreibers, in der Regel einer Verwertungsgesellschaft, zu verstehen, Lizenzverträge abzuschließen. Reine Vorbereitungshandlungen, wie das Versenden und Einsammeln von Fragebögen etc. reichen nicht aus.[149] Mit der Aufstellung des *licensing scheme* fixiert die Verwertungsgesellschaft diejenigen Bedingungen, unter denen sie gewillt ist, Lizenzen einzuräumen.[150]

Alle von den Verwertungsgesellschaften aufgestellten Tarife, die Grundlage von Lizenzen sind, sind daher *licensing schemes* i.S.d. CDPA 1988.[151] Daneben sind aber auch alle einseitig von der Verwertungsgesellschaft vorformulierten oder mit Verwerterorganisationen vereinbarten Vertragsbedingungen und Lizenzbestimmungen sowie sonstige Abreden, die für die Lizenzierung von Bedeutung sind,[152] *licensing schemes.*[153]

Die Definition des Begriffes *licensing scheme* setzt nicht voraus, daß diese von Verwertungsgesellschaften aufgestellt und angewandt werden. Somit ist das Copyright Tribunal auch für *licensing schemes* zuständig, die nicht von Verwer-

---

149 CT 34/96 Candy Rock Recording Ltd. v. PPL, Entscheidung vom 6. November 1996.

150 Vgl. die Definition von Park J. für den 1956 Act in: Working Men's Club v. PRS, Entscheidung vom 22.04.1988, F.S.R. 1988, S. 586 (587/592).

151 Dworkin/Taylor Blackstone's Guide, S. 89.

152 In AIRS v. PPL (PRT 35/78), sah das PRT den Entwurf einer vorformulierten Lizenz zusammen mit den dazugehörenden Korrespondenzen und Änderungsüberlegungen, als *licensing scheme* an; vgl. Lester/Mitchell in Joynson-Hicks on Copyright, S. 264.

153 Die Übersetzung mit Tarif oder Gesamtverträgen wäre daher zu eng, der Begriff bleibt daher im folgenden unübersetzt.

tungsgesellschaften aufgestellt und angewandt werden. Soweit folglich andere Organisationen, wie z.B. Sendeunternehmen, für die kollektive Lizenzierung bestimmter Rechte Vertragsbedingungen und Nutzungsgebühren aufstellen, unterliegt auch dies der Kontrolle durch das Copyright Tribunal. Dies liegt daran, daß auch der Begriff *licensing body* sehr weit gefaßt ist und nicht nur Verwertungsgesellschaften einschließt.[154]

(b) Verfahren

Sowohl existierende als auch erst noch zu errichtende *licensing schemes* können Gegenstand von Verfahren vor dem Copyright Tribunal sein. Die Antragsbefugnis hängt davon ab, ob das umstrittene *licensing scheme* bereits existiert.

Nach s. 118 CDPA 1988 können lediglich Verwerterorganisationen[155] ein Verfahren vor dem Copyright Tribunal einleiten, wenn sie das künftige *licensing scheme* für nicht *reasonable* halten. Das Copyright Tribunal entscheidet dann zunächst, ob es das Verfahren für verfrüht, *premature*, hält.[156]

Gemäß s. 119 CDPA 1988 können sowohl Verwerterorganisationen, als auch einzelne Verwerter ein Verfahren einleiten, wenn Streit über ein bereits bestehendes *licensing scheme* entsteht, nicht jedoch derjenigen, der das *licensing scheme* anwendet.

Nach s. 121 CDPA 1988 kann ein einzelner Verwerter das Copyright Tribunal anrufen, wenn ihm eine Lizenz verweigert wurde, die entweder in den Anwendungsbereich eines *licensing scheme* fällt[157] oder solchen Lizenzen ähnelt.[158] Mit dieser Zuständigkeitsregelung wird ein indirekter Abschlußzwang[159] für Verwertungsgesellschaften normiert, soweit sie auf der Grundlage von *licensing schemes* arbeiten. Verweigert die Verwertungsgesellschaft dem Verwerter die Lizenz, so kann er das Copyright Tribunal anrufen und diese Verweigerung überprüfen lassen.

Hält das Copyright Tribunal die Anträge für begründet, so ändert es in den Fällen der ss. 118 und 119, das (künftige) *licensing scheme* und bestimmt in den

---

154 Copinger and Skone James on Copyright, S. 1611.

155 Anders, entgegen dem Wortlaut des s. 118, Phillips/Durie/Karet Whale on Copyright, S. 141.

156 S. 118 (2) CDPA 1988.

157 S. 121 (1) CDPA 1988.

158 Vgl. im einzelnen s. 121 (2) und (3) CDPA 1988.

159 Zum Begriff Riklin Urheberrecht, S. 203/204.

Fällen des s. 121, daß der Antragsteller Inhaber einer Lizenz ist. Gleichzeitig bestimmt es die Lizenzbestimmungen. Diese Anordnungen des Copyright Tribunals sind rechtsverbindlich und wirken in den Fällen des ss. 118 und 119 CDPA 1988 inter omnes.[160] Das Copyright Tribunal bestimmt, ob die Anordnungen zeitlich unbeschränkt oder nur für einen bestimmten Zeitraum gelten.[161]

Solange die Anordnung in Kraft ist, kann lediglich das Copyright Tribunal das *licensing scheme* oder die Lizenzbedingungen ändern.[162] Daher ist Wiedervorlage unter den Voraussetzungen der ss. 120 bzw. 122 CDPA 1988 möglich, aber auch notwendig, wenn die Verwertungsgesellschaft den Tarif im ganzen oder nur zum Teil abändern will.[163] Antragsberechtigt sind dann nicht nur Verwerter oder deren Organisationen, sondern auch Verwertungsgesellschaften als Anwender des *licensing scheme.*[164]

(2) Kontrolle von *licensing bodies*

Gemäß ss. 124 bis 128 CDPA 1988 ist das Copyright Tribunal für Streitigkeiten bezüglich der Lizenzierungspraxis von *licensing bodies* zuständig, soweit diese auch Einzellizenzen erteilen.

(a) *licensing body*

Was unter *licensing body* zu verstehen ist, ist in s. 116 (2) CDPA 1988 legal definiert. Danach bedeutet licensing body "*a society or other organisation which has as its main object, or one of its main objects the negotiation or granting either as owner or as agent for him of copyright licences, and whose objects include the granting of licences covering the work of more than one author*".

Da Hauptaufgabe von Verwertungsgesellschaften die kollektive Wahrnehmung von Copyrights mehrerer Schöpfer ist, sind Verwertungsgesellschaften *licensing bodies.*[165] Ungeklärt ist die Frage, ob auch weitere Gesellschaften oder Unter-

---

160 S. 123 (2) CDPA 1988.

161 S. 118 (4), 119 (4), 121 (4) CDPA 1988.

162 Groves Copyright, S. 167; vgl. auch s. 123 (1) und (5) CDPA 1988.

163 Vgl. CT 13/92 BPI v. MCPS, der die Entscheidung CT 7/90 um z.T. neue Formen von Tonträgern ergänzte.

164 Vgl. ss. 120 (1) und 122 (1) CDPA 1988.

165 So CT 1/89 WMCIU v. PRS Entscheidung von 15. März 1991 IDP Juni 1992, S. 11 (12) für PRS; CT 9/91 AICR v. PPL Entscheidung vom 26. Februar 1993, S. 2, für PPL.

nehmer, wie Verlage oder Agenten, die teilweise eine Vielzahl von Rechten einzelner Schöpfer kollektiv wahrnehmen, *licensing bodies* i.S.d. CDPA 1988 sind.

Diese Unsicherheit bestand bereits unter dem Copyright Act 1956, der eine ähnliche Definition des Begriffes *licensing body* enthielt.[166] Im Hinblick auf die erweiterte Zuständigkeit des Copyright Tribunals wird die Auffassung vertreten, daß sich die Definition von *licensing bodies* nicht nur auf Verwertungsgesellschaften beschränkt.[167] Begründet wird diese Auffassung insbesondere mit der Intention des Gesetzgebers, die kollektive Verwertung von Copyrights allgemein der Kontrolle durch das Copyright Tribunal zu unterwerfen,[168] was auch eine kollektive Verwertung durch Dritte, die keine Verwertungsgesellschaften sind, mit einschließen würde.

Dieser Auffassung ist zuzustimmen. Obwohl die historische Auslegung in Großbritannien nur eingeschränkt angewandt wird,[169] so ist der in der schriftlichen Niederlegung des Gesetzes zum Ausdruck gekommene Wille des Gesetzgebers doch zu beachten. Der Gesetzgeber definierte nicht den Begriff Verwertungsgesellschaft, sondern knüpfte an die kollektive Verwertung von Urheberrechten an. Entscheidend sollte nicht die Organisation sein, sondern die Lizenzierung. Dadurch wollte er nicht nur bestehende, sondern auch zukünftig sich bildende Verwertungsgesellschaften der Kontrolle durch das Copyright Tribunal unterwerfen.[170] Daher können auch Gesellschaften, die keine klassischen Verwertungsgesellschaften sind, *licensing bodies* i.S.d. CDPA 1988 sein. Sie sind nicht von der Kontrolle durch das Copyright Tribunal ausgeschlossen, vorausgesetzt, ihr oder eines ihrer *main objects* ist die kollektive Wahrnehmung von Urheberrechten.[171] Eine solche Gesellschaft kann sich aber immer der Kontrolle

---

166 Das Schrifttum war aber einhellig der Auffassung, daß lediglich Verwertungsgesellschaften gemeint waren; vgl. Whale/Phillips Whale on Copyright, S. 141/142; Laddie/Prescott/Vitoria Modern Law, S. 473; Ruete Verwertungsgesellschaften, S. 165. Die Frage wurde vom PRT nie entschieden, da es lediglich Streitigkeiten zu entscheiden hatte, an denen nur Verwertungsgesellschaften beteiligt waren.

167 Groves Copyright, S. 165; offenlassend: Lester/Mitchel/Joynson/Hicks on Copyright, S. 263 und Flint in User's Guide, S. 109.

168 Mr.Butcher Standing Committee E, House of Commons, Session 1987/1988, Vol. V, col. 418/419; vgl. auch Lord Marton of Shuma und Lord Cullen of Ashbourne H.L. Debs. (Hansard), Vol. 491, col. 486/487.

169 Vgl. Farrar/Dugdale Legal Method, S. 146.

170 Mr. Butcher Standing Committee E, House of Commons, Session 1987/1988, Vol. V, col 423.

171 Groves Copyright, S. 165; a.A. ohne Begründung: Phillips/Durie/Karet Whale on Copyright, S. 140 einschränkend Copinger and Skone James on Copyright, S. 1610/1611.

durch das Copyright Tribunal dadurch entziehen, daß es kein *licensing scheme* aufstellt und auch nicht die Urheberrechte mehrerer Urheber gleichzeitig lizensiert.[172] Die BRÜ verbietet auch nicht andere Organisationen als die Verwertungsgesellschaften zu kontrollieren. Art. 17 BRÜ, der die Kontrolle von Rechten regelt, knüpft lediglich an die Lizenzierung von Rechten an.

Die praktische Relevanz von solch theoretischen Streitigkeiten ist in Großbritannien gering. Die britischen Gerichte, und auch das Copyright Tribunal, entscheiden meist unabhängig von den Ergebnissen theoretischer Streitigkeiten. Von daher bleibt eine Entscheidung des Copyright Tribunals abzuwarten.

(b) Verfahren

Gemäß s. 125 CDPA 1988 können Lizenzbedingungen einzelner künftiger Lizenzen die von einem *licensing body* gewährt werden, insbesondere auch die Lizenzgebühren, dem Copyright Tribunal zur Überprüfung vorgelegt werden, soweit dafür kein *licensing scheme* besteht. Gemäß s. 126 CDPA 1988 kann in Fällen, in denen eine Lizenz aus Zeitgründen ausläuft oder gekündigt worden ist, gegen deren Erlöschen das Copyright Tribunal angerufen werden.

Die Verfahren nach ss. 125 und 126 CDPA 1988 ähneln den für die Kontrolle von *licensing schemes* nach ss. 118, 119 und 121. Insoweit kann auf die Ausführungen oben verwiesen werden.[173]

Eine Besonderheit besteht darin, daß Anordnungen nach ss. 125 und 126 CDPA 1988 nicht inter omnes wirken. Die Vergünstigungen der Anordnung können aber nach s. 128 (2) CDPA 1988 auf Dritte übertragen werden.

bb) Kontrolle von *licensing schemes* und *licensing bodies* bezogen auf ausübende Künstler

Der oben dargestellten Kontrolle ist im Hinblick auf Zuständigkeit, Verfahren und Entscheidungskompetenz nachgebildet die Kontrolle von *licensing schemes* und *licensing bodies*, die sich auf die Rechte von ausübenden Künstlern beziehen. Die Copyright and Related Rights Regulation 1996 hat die Rechte der ausübenden Künstler erweitert, und umfaßt nun auch das Vervielfältigungs- und das

---

172 Groves Copyright, S. 165; Mr. Butcher Standing Committee E, House of Commons, Session 1987/1988, Vol. V, col. 421.

173 Vgl. oben (1) und ss. 127/128 CDPA 1988.

Veröffentlichungsrecht bezogen auf Aufnahmen ihrer Darbietungen.[174] Daneben wurde den ausübenden Künstlern Vergütungsansprüche für das öffentliche Aufführungen, Senden und Einspeisen in Kabelprogrammen sowie Vermieten von Vervielfältigungsstücken ihrer aufgezeichneten Darbietungen zuerkannt.[175] Das Copyright Tribunal ist zuständig für die Kontrolle von *licensing schemes* sowie *licensing bodies*, die sich auf diese Rechte beziehen.[176] Teilweise kann über die Höhe der gewährten Vergütungsansprüche ausschließlich das Copyright Tribunal entscheiden.[177]

cc) Kontrolle weiterer Lizenzen durch das Copyright Tribunal

Neben der allgemeinen Kontrolle von *licensing schemes* und *licensing bodies* ist das Copyright Tribunal auch für die Kontrolle von weiteren Lizenzen zuständig.[178]

(1) Verfahren nach s. 135 A bis G CDPA 1988

Durch den Broadcasting Act 1990 wurde eine gesetzliche Lizenz für das Senderecht von Tonträgern sowie die Einspeisung dieser in Kabelanlagen in den CDPA 1988 eingeführt.[179] Voraussetzung ist, daß diese Rechte kollektiv, d.h. durch eine Verwertungsgesellschaft, in der Regel PPL, wahrgenommen werden. Die Einführung dieser gesetzlichen Lizenz ist das Ergebnis eines Rechtsstreites vor dem PRT zwischen der Organisation privater Sendeanstalten, AIRC,[180] und PPL (AIRC v. PPL). Nach Abschluß des Verfahrens vor dem PRT hatte die M.M.C. die Sache zu entscheiden.[181] M.M.C. stellt fest, daß PPL ihre monopolartige Stellung mißbraucht, indem sie z.B. festschreibt, daß die Verwerter nur zu einem bestimmten Zeitraum auf Tonträger aufgezeichnete Musik senden dürfen.[182] Die Einführung der Zwangslizenz soll verhindern, daß PPL erneut ihre Stellung mißbraucht.[183]

---

174 SS. 182 A, 182 B und 182 C CDPA 1988.
175 SS. 182 D und 191 H CDPA 1988.
176 Vgl. s. 205 B CDPA 1988 und Schedule 2 A CDPA 1988.
177 Vgl. s. 205 B (1) (a) - (c) i.V.m. ss. 182 D, 190 und 191 H CDPA 1988.
178 Vgl. die Aufstellung in s. 149 CDPA 1988.
179 Vgl. s. 175 Broadcasting Act 1990 und ss. 135A bis C CDPA 1988.
180 Association of Independent Radio Contractors Ltd.
181 Monopoly and Mergers Commission.
182 M.M.C. CM 530 (1988), S. 40/41 *neddletime restritctions*.
183 Lord Colwyn H.L. Vol. 521, col. 1660 bis 1664; Phillips/Durie/Karet Whale on Copyright, S. 143.

Der Verwerter ist verpflichtet PPL darüber zu informieren, daß er Werke, die von PPL wahrgenommen werden, verwertet. Auch ist er verpflichtet das Copyright Tribunal anzurufen, um die Höhe der Gebühren sowie die einzelnen Lizenzbedingungen festzulegen. Das Copyright Tribunal bestimmt nach s. 135 D die Höhe der zu zahlenden Lizenzgebühr, sowie nach s. 135 E CDPA 1988 allgemein die Lizenzbedingungen.[184]

(2) Verfahren nach Schedule 17 Broadcasting Act 1990

Nach s. 176 Broadcasting Act 1990 ist ein Rundfunkunternehmen verpflichtet, den Verlegern von Fernseh- und Rundfunkprogrammen Informationen über die Programme, an denen ihnen ein Copyright zusteht, zur Verfügung zu stellen.[185] Können die Parteien sich über die Höhe der Lizenzgebühr und über sonstige Bestimmungen nicht einigen, so kann das Copyright Tribunal angerufen werden.[186]

(3) Weitere Zuständigkeitsregelungen

Neben den dargestellten Kompetenzen ist das Copyright Tribunal auch zuständig für Vergütungsansprüche, die das Einspeisen von Werken in Kabelanlagen,[187] das Vermieten bestimmter Werke nach s. 66 CDPA[188] und die unverzichtbaren Vergütungsansprüche von Schöpfern, bezogen auf das Vermieten von Vervielfältigungsstücken von Aufnahmen ihrer Werke,[189] betreffen.[190] Weiterhin ist das Copyright Tribunal zuständig für die Bestimmung der Vergütung bei Zwangslizenzen, wenn die Beteiligten sich nach Auferlegung der Zwangslizenz nicht über die Vergütung einigen.[191]

---

184 Vgl. zu Einzelheiten Copinger and Skone James on Copyright, S. 1563 bis 1572; vgl. auch die Verfahren CT 9/91 AIRC v. PPL und CT 36/97 und 37/97 AEI Rediffusion Music Ltd. v. PPL.

185 Vgl. zu den Verfahren, die dieser Bestimmungen vorausgingen bzw. begleiteten: M.M.C. Cmnd 9614 (1985) The BBC and ITP Ltd. auf der einen Seite und EUG Slg. II 1991, S. 485 - RTE; S. 535 - BBC und S. 575 - ITP "Magill", bestätigt durch EuGH EuZW 1995, S. 339 auf der anderen Seite.

186 Vgl. zu Einzelheiten Copinger and Skone James on Copyright, S. 1551 - 1562 und die Entscheidung CT 8/91 NNC v. ITP and BBC.

187 Ss. 73 (4) und 73 A CDPA 1988.

188 S. 142 CDPA 1988.

189 S. 93 C CDPA 1988.

190 Vgl. i. ü. die Übersicht in s. 149 CPDA 1988.

191 Vgl. s. 144 CDPA 1988, nach der die britische Kartellbehörde MMC unter bestimmten Voraussetzungen Zwangslizenzen aussprechen kann, selbst wenn das Werk individuell wahrgenommen wird.

dd) Zusammenfassung

Das Copyright Tribunal kontrolliert Verwertungsgesellschaften indirekt. Es ist für die Kontrolle von *licensing schemes* und *licensing bodies* zuständig.

Die Zuständigkeit ist nicht nur auf die Kontrolle von Verwertungsgesellschaften beschränkt. Das Copyright Tribunal soll allgemein Mißbräuche im Bereich der kollektiven Wahrnehmung von Copyrights verhindern.[192]

Neben der Kontrolle durch das Copyright Tribunal können die Aktivitäten von Verwertungsgesellschaften auch durch die Einführung von Zwangslizenzen nach s. 144 CDPA 1988 beeinflußt werden.

d) Ablauf des Verfahrens

Die Grundsätze des Verfahrens sind in ss. 150 bis 151 CDPA 1988 niedergelegt. Weitere Verfahrensbestimmungen enthalten die Copyright Tribunal Rules 1989,[193] welche durch die Copyright Tribunal (Amendment) Rules 1991 und 1994[194] geändert worden sind, und die Copyright Tribunal 1995 Practice Direction. Diese bestimmen detailliert das Verfahren vor dem Copyright Tribunal und auch die Höhe der Verfahrensgebühren.

Aufgrund von Rules 11 und 12 Copyright Tribunal Rules erließ der Chairman im Jahre 1990 eine Practice Direction, welche 1995 geändert wurde. Diese gibt den Parteien Leitlinien für den Verfahrensablauf an die Hand, um ein gerechtes, wirtschaftliches und rasches Verfahren zu gewährleisten.[195] Die Regelungen schränken nicht die Freiheit des Copyright Tribunal's ein, den Verfahrensablauf selbst zu bestimmen.[196]

---

192 Bisher wurden jedoch in der Hauptsache Verfahren nach ss. 119 und 118 CDPA 1988 durchgeführt.

193 S. I. 1989 No. 1129.

194 S. I. 1991 No. 201.

195 Vgl. Para. 1 Practice Direction.

196 S. 150 CDPA 1988, vgl. auch Copinger and Skone James on Copyright, S. 1635/1636.

aa) Antragstellung

Das Copyright Tribunal wird nur auf Antrag tätig. Der CDPA 1988 unterscheidet zwischen Anträgen (*applications*)[197] und Vorlagen (*references*).[198] Während bei einer *reference* das gesamte *licensing scheme* zum Gegenstand des Verfahrens gemacht wird, betreffen *applications* lediglich einzelne Lizenzen, die auch unter das *licensing scheme* fallen können.[199] Diese Unterscheidung hat historische Gründe[200] und keine prozessualen Auswirkungen. Antragsberechtigt sind je nach Verfahrensart Verwerter oder Verwerterorganisationen, unter Umständen auch Verwertungsgesellschaften.[201]

Ein Verfahren wird eingeleitet, indem der Antragsteller ein bestimmtes Formblatt ausfüllt, das sich nach dem Gegenstand des Verfahrens richtet.[202] Gleichzeitig hat er eine Gebühr zu entrichten, die zwischen £ 15 und 30 liegt.[203] Dem Antrag ist eine Begründung (*statement*) beizufügen.[204] Diese wird dann zusammen mit dem Antrag dem Gegner, zugestellt. Bis zur endgültigen Entscheidung des Copyright Tribunals kann der Antragsteller jederzeit seinen Antrag zurückziehen.[205]

Steht die Höhe der Lizenzgebühr im Streit, so hat jede Partei vor der mündlichen Verhandlung dem Copyright Tribunal einen eigenen Tarifvorschlag oder Änderungsvorschläge in bezug auf einen bestehenden Tarif zu übermitteln.[206]

bb) Intervention Dritter

Die Intervention einer weiteren Partei ist nach r. 7 (1) The Copyright Tribunal Rules sowohl auf Seiten des Antragstellers als auch des Antragsgegners möglich.

Voraussetzung für eine solche Intervention ist aber, daß der Dritte *a substancial interest in the proceeding* hat.[207] Dieses Interesse muß unmittelbar auf den Aus-

---

197 Ss. 121, 122, 127, 135 D-F 142, 144(4), 190 CDPA 1988, Schedule 6 para. 5 Broadcasting Act 1990.

198 Ss. 118, 119, 120, 125, 126 CDPA 1988.

199 Copinger and Skone James on Copyright, S. 1611.

200 Vgl. ss. 25 - 27 A Copyright Act 1956.

201 Freegard EIPR 1994, S. 286 (288).

202 Vgl. im einzelnen Schedule 3 The Copyright Tribunal Rules 1989.

203 R. 49 The Copyright Tribunal Rules 1989.

204 Copinger and Skone James on Copyright, S. 1637.

205 R. 16 The Copyright Tribunal Rules 1989.

206 CT 4/89 BACT v. PRS IDP November 1991, S. 4 (6).

gang des Verfahrens gerichtet sein. So hat das Copyright Tribunal z.B. eine Intervention zugelassen, wenn durch sie die Interessen und Ansichten der betroffenen Schöpfer vertreten bzw. diese dadurch in das Verfahren eingebracht werden.[208]

Eine Intervention ist dann unzulässig, wenn mit dieser Interessen verfolgt werden, die mit dem eigentlichen Verfahren nichts zu tun haben. So hat das Copyright Tribunal im Fall AICR und andere gegen PPL (CT 9/91) die Intervention eines weiteren Verwerters, der Unique Broadcasting Company Ltd., nicht zugelassen, da diese mit der Intervention lediglich beabsichtigte, sich eine günstige Ausgangs- und Verhandlungsposition für ein eigenes Verfahren gegen PPL zu verschaffen.[209]

Das Copyright Tribunal entscheidet über die Zulässigkeit der Intervention nach Anhörung der Parteien.[210] Wird die Zulässigkeit der Intervention von einer Partei bestritten, so muß der Intervenierende dem Copyright Tribunal sein Interesse darlegen und beweisen.

cc) Prozeßvertretung

Die am Verfahren beteiligten Parteien können, müssen sich aber nicht, von Prozeßbevollmächtigten vertreten lassen.[211] Sie sind uneingeschränkt postulationsfähig. Die einzelne Partei kann sich daher von *solicitors* und *barristers* vertreten lassen, aber auch von Nichtjuristen.[212] Der Grund für diese Regelung ist darin zu sehen, die Verfahrenskosten, insbesondere die Kosten der Parteien, möglichst niedrig zu halten.[213]

---

207 R. 26, 30, 33, 37, 41 The Copyright Tribunal Rules 1989.

208 Wie z.B. das CJC für Komponisten in: BPI v. MCPS/CJC, CT 7/90 Entscheidung vom 1. November 1990, S. 3.

209 Entscheidung vom 19. März 1992, S. 4/5.

210 Vgl. r. 23 The Copyright Tribunal Rules 1989.

211 R. 15 The Copyright Tribunal Rules 1989.

212 Phillips/Durie/Karet Whale on Copyright, S. 139.

213 Im Verfahren CT 7/90 BPI v. MCPS/CJC betrugen die Kosten von BPI und MCPS zusammen, die anwaltlich vertreten waren ca. £ 4 Millionen, Nachweis bei Zeffman/Enser International Media Law 1992, S. 90 (93).

dd) Gang des Verfahrens

Das Copyright Tribunal stellt dem Antragsgegner, d.h. in der Regel einer Verwertungsgesellschaft, den Antrag zu. Der Antragsgegner hat in einer bestimmten Frist hierzu schriftlich Stellung zu nehmen.[214]

Der Chairman des Copyright Tribunals entscheidet dann über den Fortgang des Verfahrens, insbesondere, ob und wann eine mündliche Verhandlung stattfindet.[215] Dies ist außer bei ganz einfach gelagerten Fällen die Regel. Der Chairman bestimmt den Zeitpunkt der mündlichen Verhandlung, die durch ein schriftliches Vorverfahren vorbereitet wird.[216] Dabei haben die Parteien auch ihre Beweismittel, wie Zeugenaussagen und Urkunden, schriftlich zu benennen und eventuell vorzulegen. Die Durchführung dieses schriftlichen Vorverfahrens dient dazu, die Länge der mündlichen Verhandlungen und damit das Verfahren insgesamt zu verkürzen.[217] Ist Gegenstand des Verfahrens ein *licensing scheme*, so fordert das Copyright Tribunal die Parteien auf, ihre Vorstellung darüber, wie das *licensing scheme* aussehen sollte, vorzulegen.[218]

Die mündliche Verhandlung ist, soweit nicht anders angeordnet, öffentlich.[219] Auch die intervenierende Partei hat das Recht an der mündlichen Verhandlung teilzunehmen sowie Beweis anzutreten, insbesondere Zeugen zu benennen. Im Hinblick auf das Ziel, die mündliche Verhandlung zu verkürzen, sind bestimmte Rechte der Parteien, wie das Recht zur Zeugenbefragung, oder das Recht auf *opening speeches* und *closing speeches* eingeschränkt.[220]

ee) Entscheidungen

Das Copyright Tribunal fällt nach Durchführung der mündlichen Verhandlung eine Entscheidung (*decision*). Es erläßt auch Anordnungen (*order*). Beides zusammen ergibt die rechtlich verbindliche Endentscheidung. Das Copyright Tribunal hat daher ähnliche Entscheidungsbefugnisse wie ein Gericht.[221] Während die Entscheidung die rechtlichen Gründe darlegt, enthält die Anordnung die ei-

---

214 R. 9 The Copyright Tribunal Rules 1989.
215 Vgl. zu Einzelheiten, Copinger and Skone James on Copyright, S. 1641/1642.
216 Paras. 4 und 5 Practice Direction.
217 Vgl. White Paper Cmnd.9712 (1986), S. 71.
218 Vgl. z.B. CT 7/90 BPI v. MCPS/JCJ, Endentscheidung vom 12. März 1992, S. 2 und CT 9/91 AIRC und andere v. PPL, Entscheidung vom 26. Februar 1993.
219 R. 14 The Copyright Tribunal Rules 1989.
220 Paras. 11 - 13 Practice Direction.
221 Lord Beaverbrook H.L. Vol. 491 col. 492.

gentliche Entscheidung des Copyright Tribunals. Der Anordnung ist in Fällen, in denen Streitgegenstand ein *licensing scheme* ist, auch eine Kopie des gültigen *licensing schemes* beigefügt.[222]

Das Copyright Tribunal fällt grundsätzlich zunächst eine Entscheidung, in der es sich mit den Argumenten der Parteien auseinandersetzt und seinen eigenen Standpunkt darlegt. Aufgrund dieser Entscheidung sollen die Parteien sich innerhalb einer bestimmten Frist einigen. Das Copyright Tribunal erläßt nach Ablauf der Frist eine Anordnung, die diese Einigung wiedergibt. Die Einigung wird so durch das Copyright Tribunal in dem Order gleichsam bestätigt, ohne das es von sich aus inhaltlich überprüft, ob die gefundene Entscheidung *reasonable* ist.[223] Ergeben sich während dieses Prozesses weitere Streitpunkte, so kann das Copyright Tribunal die mündliche Verhandlung wieder eröffnen. Es fällt danach eine Endentscheidung (*final decision*) und eine Endanordnung (*final order*).[224] Diese Praxis ist auf die Konzeption des Copyright Tribunals als Vertragshelfer zurückzuführen. Lediglich in den Fällen, in denen sich Parteien nicht einigen, entscheidet das Copyright Tribunal abschließend.[225]

Das Copyright Tribunal ist befugt, nach r. 12 The Copyright Tribunal Rules 1989 vorläufige Entscheidungen zu fällen, etwa für einen bestimmten Zeitraum die Lizenzgebühr vorläufig festzulegen.[226] Aufgrund dieser Entscheidung wird der Tarif dann vorläufig in Kraft gesetzt. In den Fällen, in denen dies jedoch wegen des Umfanges des Verfahrens schwierig erscheint, sieht das Copyright Tribunal davon ab, eine Zwischenentscheidung zu erlassen.[227]

Soweit ein bestehendes *licensing scheme* nach s. 119 Streitgegenstand ist, bleibt dies wirksam bis das Verfahren abgeschlossen ist.[228] Das Copyright Tribunal kann entscheiden, ab wann seine Entscheidung gelten soll. Soll die Anordnung ab einem Zeitpunkt gelten der vor dem Erlaß derselben liegt, so hat der Verwerter entsprechende Zahlungen,[229] oder die Verwertungsgesellschaft entsprechende Rückzahlungen zu leisten.[230] [231]

---

222 R. 1 Copyright Tribunal Rules 1989. Im Vergleich mit deutschen Urteilen, ist die Anordnung mit dem Tenor, die Entscheidung mit Tatbestand und Gründen vergleichbar.

223 Vgl. CT 3/89 NAHC v. PRS Order vom 29. April 1991.

224 Vgl. z.B. die Entscheidung CT 5/90 BPI v. MCPS/CJC.

225 Vgl. CT 9/91 AICR v. PPL Entscheidung vom 26. Februar 1993, S. 63.

226 Vgl. CT 4/89 BACT v. PPL vorläufige Entscheidung vom 3. April 1991.

227 CT 5/90 BPI v. MCPS, Entscheidung vom 11. Juli 1990, S.1/2.

228 S. 119 (2) CDPA 1988.

229 In den Fällen des s. 118 CDPA 1988.

230 In den Fällen des s. 119 CDPA 1988.

231 S. 123 (3) CDPA 1988.

Das Copyright Tribunal ist nur in einzelnen Fällen befugt, Zinsen für bestimmte Zeiträume zuzusprechen, selbst wenn es bestimmt, daß das *licensing scheme* bereits von einem früheren Zeitpunkt an gelten soll.[232]

Gleichzeitig mit der Anordnung entscheidet das Copyright Tribunal nach seinem Ermessen über die Kosten.[233] Grundsätzlich geht das Copyright Tribunal davon aus, daß jede Partei ihre Kosten selbst trägt.[234] Lediglich in den Fällen, in denen eine Partei durch ihr Verhalten das Verfahren unangemessen in die Länge gezogen hat oder eine Partei klar obsiegt, d.h. das Copyright Tribunal ist den Argumenten und Anträgen der anderen Parteien vollumfänglich gefolgt, gewährt das Copyright Tribunal der anderen Partei anteilige Erstattung ihrer Kosten.[235] Die Frage, wer den Fall anteilig verloren bzw. anteilig gewonnen hat, ist somit nicht ausschlaggebend. Folglich wurde auch die Entscheidung des Copyright Tribunals in Sachen AEI v. PPL,[236] aufgehoben. Das Copyright Tribunal hatte PPL 2/3 der Kosten des Verfahrens auferlegt, mit der Begründung, daß PPL ihren Tarif nicht habe durchsetzen können. 1/3 wurde AEI auferlegt, da AEI ebenfalls nicht obsiegte, sondern einige ihrer Argumente zurückgewiesen wurden. Der High Court hob diese Kostenentscheidung mit der Begründung auf, daß, da keine Partei ihre Vorstellung des Tarifes durchsetzen konnte, jede Partei ihre Kosten selber zu tragen habe. Das Verfahren vor dem Copyright Tribunal dient der Vertragshilfe, und es ist Wesen jeder Vertragsverhandlung, daß am Anfang andere Bedingungen genannt, als am Ende akzeptiert werden.[237] Wenn somit bei Vertragsschluß keiner der beteiligten Parteien ihre anfänglichen Vorstellungen verwirklicht sieht, so besteht kein Anlaß, Kosten aufzuerlegen.

ff) Rechtsmittel

Gegen die Entscheidung des Copyright Tribunals kann der High Court[238] innerhalb einer Frist von vier Wochen angerufen werden. Gegen die Entscheidungen

---

232 CT 9/91 AIRC v. PPL/BBC, Entscheidung vom 26. Februar 1993, S. 62/63; vgl. auch s. 151 A CDPA 1988.

233 S. 151 (1) CDPA 1988.

234 Vgl. CT 3/90 National Association of Holiday Centres Ltd. v. PRS, Order vom 29. April 1991, S. 2; CT 6/90 British Hotels, Restaurants and Caterers' Association v. PRS, Order vom 27. Dezember 1991, S. 1; CT 8/90 News Group Newspaper Ltd. v. Indpendent Television Publication Ltd., Order vom 30. Dezember 1992, S. 2.

235 Vgl. CT 7/90 BPI v. MCPS/CJC, Entscheidung vom 12. März 1992, S. 4; Copinger and Skone James on Copyright, S. 1643.

236 EMLR 1999, S. 335 - AEI v. PPL.

237 Vgl. zu Einzelheiten Bragiel EIPR 2001, S. 371 (373/374).

238 In Schottland: Court of Session.

des High Court kann wiederum der Court of Appeal angerufen werden.[239] Dieses Rechtsmittel ist nur wegen einer Rechtsfrage zulässig. Das Verfahren vor dem High Court ist keine zweite Tatsacheninstanz. Die Entscheidung des Copyright Tribunals kann lediglich in rechtlicher Hinsicht überprüft werden. Mit der Einlegung des Rechtsmittels kann gleichzeitig beantragt werden, die Anordnung des Copyright Tribunals auszusetzen.[240] Hat das Copyright Tribunal noch keine Anordnung erlassen, so kann es, obwohl die Frage Gegenstand des Rechtsmittels ist, die mündliche Verhandlung mit dem Ziel, die umstrittene Frage zu lösen, wiedereröffnen.[241]

Mit dem Rechtsmittel angreifbar ist sowohl die Entscheidung in der Sache[242] als auch die Kostenentscheidung.[243] Dabei haben Rechtsmittel in der Praxis meist wenig Erfolg. Dies liegt daran, daß das Copyright Tribunal als Experten-Schiedsstelle mit einem weiten Ermessensspielraum ausgestattet ist. Die Ausübung dieses Ermessens unter Berücksichtigung der Sachnähe und Kompetenz des Copyright Tribunals wird auch von den Rechtsmittelgerichten, dem High Court und Court of Appeal geachtet.[244] Ein Rechtsfehler ist nach diesem Verständnis dann nur feststellbar, wenn das Copyright Tribunal eine Entscheidung fällt, die von keiner anderen Schiedsstelle so getroffen worden wäre, d.h. wenn das Copyright Tribunal etwas als angemessen angesehen hat, was keine andere Schiedsstelle als angemessen ansehen würde.[245] Daher kann eine Entscheidung des Copyright Tribunals nur dann aufgehoben werden, wenn die festgelegte Lizenzgebühr so hoch oder so niedrig ist, daß keine andere, rational handelnde Schiedsstelle diese Gebühr für angemessen erachtet hätte, oder daß die Entscheidungsgründe nicht nachvollziehbar sind, weil entweder das Copyright Tribunal irrelevante Überlegungen zugrunde gelegt hat bzw. relevante nicht beachtet hat, oder die Entscheidung nicht durch den Sachverhalt gedeckt ist bzw. die Beweislage falsch gewertet wurde.[246] Wegen dieser deutlich eingeschränkten Überprüfbarkeit der Entscheidungen des

---

239 Bragiel EIPR 2001, S. 371 (371/373).

240 Vgl. Copinger and Skone James on Copyright, S. 1643/1644; Phillips/Durie/Karet/Whale on Copyright, S. 140.

241 R. 42 Copyright Tribunal Rules 1989; CT 7/90 BPI v. MCPS/CJC, Entscheidung vom 12. März 1992, S. 2.

242 Vgl. High Court PRS v. Beda EMLR 1993, S. 325; High Court PPL v. Candy Rock Recording Ltd. EMLR 2000, S. 618; PPL v. Virgin Retail Ltd. EMLR 2001, S. 139.

243 AEI v. PPL EMLR 1999, S. 129.

244 Vgl. zu Einzelheiten: Bragiel EIPR 2001, S. 371 (371/372).

245 Vgl. Hofmann J. EMLR 1999, S. 325 (330), PRS v. Breda.

246 Vgl. Bragiel EIPR 2001, S. 371 (371/372).

Copyright Tribunals, sind dessen Entscheidungen in der Regel auch endgültig und werden meist durch die Rechtsmittelgerichte bestätigt.

gg) Wiedervorlage

Ein vom Copyright Tribunal festgelegter Tarif kann nur von diesem selbst geändert werden.[247] Die Parteien haben daher das Copyright Tribunal anzurufen, wenn sie einen vom Copyright Tribunal festgelegten Tarif ändern wollen. Dies gilt insbesondere für einseitige Änderungen durch die Verwertungsgesellschaften.[248]

Die Änderungen müssen aber substantiell sein. Eine andere Nutzungsform, die bei extensiver Anwendung auch unter den alten Tarif fallen kann, ist kein Grund für eine Änderung des Tarifs durch das Copyright Tribunal.[249] Dagegen ist bei einer neuen Nutzungsart, wie neuen Formen der digitalen Verwertung, das Copyright Tribunal verpflichtet, den Tarif zu ändern.[250]

e) Entscheidungskriterien des Copyright Tribunals

Bei der Vorlage eines *licensing schemes*, bei der Verweigerung einer Lizenz oder bei einer Lizenz, die von einem *licensing body* gewährt wird, hat das Tribunal zunächst zu entscheiden, ob es den Antrag für begründet hält (*well founded*) oder nicht [251]. Danach bestätigt oder ändert es *licensing schemes*, Lizenzen, oder gewährt einzelne Lizenzen, "*as it may determine to be reasonable in the circumstances*".[252]

---

247 Vgl. CT 1/89 WMCI v. PRS Entscheidung vom 27. Dezember 1991 IDP November 1992, S. 11 (11); CT 6/90 BHRCA v. PRS Entscheidung vom 27. Dezember 1991.

248 Einzelheiten in s. 120 CDPA 1988.

249 CT 1/89 WMCI v. PRS Entscheidung vom 27. Dezember 1991 IDP November 1992, S. 11 (11/12); CT 6/90 BHRCA v. PRS Entscheidung vom 27. Dezember 1991.

250 CT 13/92 BPI v. MCPS, oder vom 12. April 1994 Phillips Digital Disc und Sony Mini Disc.

251 Ss. 121 (4), 126 (4) CDPA 1988.

252 Ss. 118 (3), 119 (3), 121 (4), 126 (4) CDPA 1988.

aa) Entscheidungskriterium: *reasonable*

Hauptentscheidungskriterium des Copyright Tribunals ist daher "*reasonable in the circumstances*".[253] Bei Verfahren, die *licensing schemes* und Lizenzen von *licensing bodies* betreffen, ist das Copyright Tribunal nach s. 129 CDPA 1988 verpflichtet, auf die Verfügbarkeit anderer *licensing schemes* oder die Einräumung von anderen Lizenzen an dritte Personen in ähnlichen Umständen sowie auf die Bedingungen solcher *schemes* und Lizenzen zu achten. Dabei soll das Tribunal seine Entscheidung so fällen, daß eine unbegründete (*unreasonable*) Diskriminierung verhindert wird. S. 135 CDPA 1988 bestimmt weiter, daß das Copyright Tribunal die Verpflichtung hat, alle relevanten Umstände des Einzelfalles zu beachten.

Die anderen *licensing schemes* werden vom Copyright Tribunal als *comparables* bezeichnet. Sie können britischen und insbesondere europäischen Ursprungs sein.[254] Der CDPA 1988 selber enthält keine Bestimmung, nach der das Copyright Tribunal insbesondere auf andere europäische Tarife zu achten hat, wie dies noch der Gesetzentwurf vorsah.[255]

Daneben sind dem Copyright Tribunal für verschiedene Fälle konkrete Einzelumstände zur Beachtung aufgegeben worden, insbesondere im Hinblick auf Lizenzen für reprographische Vervielfältigung, für die Aufnahme von Sendungen für Bildungszwecke etc.[256] Diese Entscheidungskriterien betreffen jedoch spezielle Einzelfälle, und sind daher für die Kontrolle von Verwertungsgesellschaften von untergeordneter Bedeutung, und können somit hier weitgehend unberücksichtigt bleiben.

Die Beschreibung der Entscheidungskriterien durch den CDPA 1988 ist im ganzen vage und ungenau, so daß es dem Copyright Tribunal einen weiten Ermes-

---

253 Das Oxford English Dictionary, Oxford 1933, beschreibt *reasonable* als "*endowed with reason, rational, sensible, moderate in price, of such an amount as is juded to be appropriate or suitable to the circumstance or purpose, of a fair, average, or considerable amount, size*". *Reasonable* bedeutet daher etwas zwischen angemessen, vernünftig, begründbar und begründet. Da es für *reasonable* keine eindeutige deutsche Übersetzung gibt, bleibt es im weiteren unübersetzt; im übrigen soll eine Anlehnung an das Wort angemessen für diese Untersuchung unterbleiben, da dieser Begriff im deutschen Recht eine wichtige Rolle spielt, in beide Rechtssysteme unter dem Begriff aber Unterschiedliches verstanden wird. vgl. unten, 2. Kap. II 2 b aa (1).

254 Vgl. etwa die Tarifaufstellung in CT 45/97 British Airways PLC v. PRS Interim Decision vom 12. Januar 1998, S. 15/16.

255 Nachweis in Zeffman/Enser International Media Law 1992, S. 90 (93 FN 14).

256 Vgl. ss. 130 - 134 und 135G CDPA 1988; Copinger and Skone James on Copyright, S. 1605 - 1609.

senspielraum bei der Entscheidung einräumt, was *reasonable in the circumstances* ist. Gibt es mehr als eine rechtsfehlerfreie (*reasonable*) Lösung, so kann das Copyright Tribunal auswählen und bestimmen, welche es für die *most reasonable* hält.[257] Rechtserheblich irren kann sich das Copyright Tribunal nur, wenn es eine Entscheidung trifft, welche von keinem anderen Schiedsgericht als *reasonable* betrachtet werden kann.[258] Ein Irrtum des Tribunals liegt immer dann vor, wenn es irrelevante Umstände beachtet oder relevante Umstände bei der Entscheidungsfindung mißachtet hat.[259] Von daher sind die Entscheidungen des Copyright Tribunal auch nur eingeschränkt überprüfbar. Den weiteren Ermessensspielraum haben auch die Rechtsmittelgerichte zu beachten.[260]

Der weite Ermessensspielraum des Copyright Tribunals scheint damit zusammenzuhängen, daß es überhaupt schwierig ist, zu bestimmen, wann eine Lizenzbedingung oder Lizenzgebühr *reasonable* ist, da die vom Copyright Tribunal kontrollierte Lizenzierung durch Verwertungsgesellschaften nicht den Gesetzen eines offenen Marktes folgt. Die Bedingungen werden vielmehr von den Verwertungsgesellschaften einseitig festgelegt. Da sonstige Vergleichswerte, wie z.B. der, was "normalerweise" ausgehandelt wird, fehlen, muß sich das Copyright Tribunal auf eigene Eindrücke und sonstige "Intuitionen" verlassen, um festzustellen, was *reasonable* ist.[261] Dies spiegelt sich im weiten Ermessensspielraum des Copyright Tribunals wider.

bb) Selbstverständnis des Copyright Tribunals

Das Tribunal hat es in der Entscheidung BPI v. MCPS und CJC (CT 7/90) abgelehnt, sich als Überprüfungsinstanz (*review body*) zu betrachten.[262] Es sei nicht mit einem Gericht zu vergleichen, daß zu entscheiden hat, ob z.B die

---

257 CT 7/90 British Phonographic Industry (BPI) v. Mechanial-Copyright Protection Society (MCPS) u. Composers' Joint Council (CJC), Entscheidung vom 1. November 1991, S. 10.

258 Hoffman J, High Court, Perfoming Right Society (PRS) v. British Entertainment and Dancing Association (BEDA), IPD October 1991, S. 14 (14).

259 Harman J., High Court, in: Association of Independent Radio Contractors (A.I.R.C.) v. PPL, Entscheidung vom 16. Januar 1986, S. 12; s. a. CT 7/90 BPI v. MCPS and CJC, Entscheidung vom 1. November 1991, S. 8, vgl. auch Bragiel EIPR 2001, S. 371 (371/372) m.w.N.

260 Vgl. oben II Kap. 3 d ff.

261 Das Copyright Tribunal bezeichnet seine Entscheidung auch als *value jugement*; vgl. CT 7/90 BPI v. MCPS/CJC Schulze RzÜ Ausl GB 27, S. 54.

262 Entscheidung vom 1. November 1991, S. 10; danach ständige Spruchpraxis.

Handlung eines Ministers *reasonable* war oder nicht und so zu einer Entscheidung bzgl. dieser Handlung kommt.[263] Das Copyright Tribunal hat es weiter abgelehnt, seine Entscheidungsbefugnis allein auf eine Mißbrauchsaufsicht der Monopolstellung der Verwertungsgesellschaften zu beschränken, so daß Tarife nur dann hätten geändert werden können, wenn der Tarif selber Ausfluß eines entsprechenden Mißbrauchs gewesen wäre. Eine solche Einschränkung steht nach Auffassung des Copyright Tribunals im Widerspruch zu seiner gesetzlich gewährten Entscheidungsbefugnis, die eine Mißbrauchskontrolle dadurch bezweckt, daß das Copyright Tribunal und somit letztendlich nicht die Verwertungsgesellschaft entscheidet, was *reasonable* ist.[264] Folglich kann das Copyright Tribunal sein Ermessen an die Stelle der Entscheidung der Verwertungsgesellschaft setzen, selbst wenn kein Mißbrauch im Hinblick auf die Tarife feststellbar ist.

Es ist daher nicht Aufgabe des Tribunals zu entscheiden, ob ein ihm vorgelegtes *licensing scheme reasonable* ist, oder nicht. Vielmehr hat es durch Werturteil (*value judgement*)[265] zu bestimmen, was *reasonable in all the circumstances* ist.[266] Es ist nicht an die Regelungen gebunden, die in den vorgelegten Tarifen niedergelegt sind.[267] Es besteht daher auch kein prima-facie Beweis für die Angemessenheit eines vorliegenden Tarifes, selbst wenn dieser bereits längere Zeit von der Verwertungsgesellschaft angewandt wird.[268]

cc) Die Entscheidungspraxis im einzelnen

Seit seiner Errichtung im Jahre 1989, hat das Copyright Tribunal Entscheidungen in 18 Fällen gefällt.[269]

---

263 CT 7/90 BPI v. MCPS and CJC, Entscheidung vom 1. November 1991, S. 10.

264 CT 38/96 British Sky Broadcasting Ltd. et. al. v. PRS Interim Decision, 3. Dezember 1997, S. 12/18.

265 CT 8/91 NGN v. ITP, Entscheidung vom 16. März 1992, S. 9.

266 CT 8/91 NGN v. IPP, Entscheidung vom 16. März 1992, S. 9.

267 British Airways Plc. v. PRS, Interim Decision v. 12. Januar 1998, S. 6; British Sky Broadcasting Ltd. et. al. v. PRS CT 38/96 Interim Decision v. 3. Dezember 1997, S. 12.

268 CT 45/97 British Airways v. PRS a.a.O., S. 5.

269 Stand Juli 2001; Information des Copyright Tribunal; vgl. auch Copinger and Skone James on Copyright, S. 1603; Freegard/Black Copyright Tribunal, S. 228/229.

(1) Allgemeines

Nach Auffassung des Copyright Tribunal muß ein Tarif so einfach wie möglich sein, damit er leicht verstanden und angewendet werden kann.[270] Die Verwertungsgesellschaften sind verpflichtet, für dieselbe Nutzung durch unterschiedliche Verwertergruppen eigene Tarife aufzustellen, wenn die Umstände dies erfordern.

So soll z.B. ein Tarif für die Nutzung durch einen nicht auf Gewinn gerichteten Verein nach Auffassung des Copyright Tribunals Vergütungen enthalten, die im Vergleich zu Vergütungssätzen bei kommerziellen Verwertern, auch in Anbetracht der beschränkten Verwertbarkeit des Gesamtrepertoires, niedriger sein sollen.[271] Ohne hierzu jedoch eindeutige Aussagen zu machen, scheint das Copyright Tribunal bei der Bestimmung der angemessenen Gebühr auch soziale Belange der Nutzung mitzuberücksichtigen. Die Verwertungsgesellschaft kann Verwertergruppen, die die Arbeit der Gesellschaft etwa dadurch erleichtern, daß sie ihr regelmäßig Aufstellungen der Verwertungshandlungen etc. zukommen lassen, durch günstigere Tarife privilegieren.

Ein wichtiger Aspekt für die Bestimmung der Lizenzgebühr ist der Wert, den die Nutzung des Repertoires für den Nutzer hat.[272] Dieser stellt nach Auffassung des Copyright Tribunal einen wichtigen Anhaltspunkt für die Angemessenheit des Tarifes dar. So sollte z.B. der Tarif darauf Rücksicht nehmen, daß die Verwerter wegen der Altersstruktur ihrer Kunden nur einen Ausschnitt aus dem Repertoire nutzen wollen, Verbesserungen im Repertoire also für die Bestimmung der Lizenzgebühr nicht berücksichtigt werden können.[273]

Daneben ist auch zu berücksichtigen, inwieweit die Nutzung des Repertoires allein für den Umsatz der Verwerter verantwortlich ist. So ist z.B. zu berücksichtigen, wenn die Nutzung des Repertoires sich nur als begleitende Leistung zu einer sonst im Vordergrund stehenden Leistung des Verwerters darstellt, wie

---

270 CT 4/89 BACTA v. PPL, Entscheidung vom 1. Juli 1991, IDP November 1991, S. 4 (5); vgl. auch CT 45/97 British Airways v. PRS a.a.O., S. 11.

271 CT 1/89 WMCIU v. PRS, Entscheidung vom 15. März 1991, IPD Juni 1992, S. 11 (13).

272 Vgl. CT 1/89 WMCIU v. PRS, Entscheidung vom 15. März 1991, IPD November 1992, S. 11 (13); CT 9/91 AIRC v. PPL, Entscheidung vom 26. Februar 1993, S. 50/51; CT 36/96 und 37/96 AEI Rediffuision Music Ltd. v. PPL, Interim Decision vom 11. November 1997, S. 7/8.

273 CT 1/89 WMCIU v. PRS, Entscheidung vom 15. März 1991, IPD Juni 1992, S. 11 (13).

z.B. bei Hintergrundmusik.[274] Auch sonstige Leistungen, wie die eigene Zusammenstellung der Sendefolge des Repertoires der Verwertungsgesellschaft, sind bei der Bewertung der Einnahmen für die Ermittlung des Wertes der Verwertung des Repertoires zu berücksichtigen.[275] Die dadurch erzielten Einnahmen können dann nicht gänzlich der Bestimmung der Tarifhöhe zugrunde gelegt werden.

Zu weiteren Faktoren, die Aufschluß über den Wert der Nutzung für den Verwerter geben, gehören die sog. *comparables*. Das sind vergleichbare Tarife, d.h. für identische oder ähnliche Nutzungshandlungen, von in- und ausländischen Verwertungsgesellschaften. Dabei überprüft das Copyright Tribunal, ob die darin enthaltene Tarifhöhe *reasonable* ist, und angesichts der Unterschiede mit dem überprüften Tarif vergleichbar ist. Das Copyright Tribunal lehnt es dabei insbesondere wegen der Besonderheiten des britischen Marktes und wegen Unklarheiten bei der Anwendung der Tarife oft ab, ausländische Tarife als *comparables* heranzuziehen.[276] Bei der Ermittlung von *comparable* sei darauf zu achten, ob insbesondere die Verwerter nicht frei von Druck bei den Verhandlungen gewesen sind, der Tarif sich folglich als Ausfluß der Monopolstellung der Verwertungsgesellschaft darstellt.[277] Sollte dies der Fall sein, so ist der Tarif als *comparable* nicht im vollem Maße geeignet. Vielmehr ist er nur eingeschränkt zu berücksichtigen.[278]

Ein weiterer Anhaltspunkt für die Bestimmung des Wertes eines Tarifs ist auch die "Geschichte" des Tarifs. War die Höhe der Lizenzgebühr in der Vergangenheit zwischen den Parteien unstreitig, so stellt dies einen Anhaltspunkt dafür dar, daß der Tarif *reasonable* ist, es sei denn, es liegen Anhaltspunkte dafür vor, daß der Tarif wiederum Ausfluß der Monopolstellung der Verwertungsgesellschaft ist, oder daß das Repertoire für die Verwerter wertvoller geworden ist.

---

274 CT 4/89 BACTA v. PPL, Entscheidung vom 1. Juli 1991, IPD November 1991, S. 4 (4/5).

275 CT 9/91 AIRC v. PPL, Entscheidung vom 26. Februar 1993, S. 51. CT 36/96 und 37/96 AEI Rediffusion Music Ltd. v. PPL a.a.O., S. 20; CT 38/96 British Sky Broadcasting Ltd. et. al. v. PRS, Interim Decision, 3. Dezember 1997, S. S. 24.

276 CT 7/90 BPI v. MCPS/CJC, Entscheidung vom 12. März 1992, Schulze RzÜ Ausl GB 27, S. 56; CT 9/91 AIRC v. PPL, Entscheidung vom 26. Februar 1993, S. 35/36; vgl. auch British Airways PLC v. PRS a.a.O., S. 14 und 16; insofern kritisch M.M.C. Cm. 3147, (1996) S. 32/33.

277 CT 9/91 AIRC v. PPL, Entscheidung vom 26. Februar 1993, S. 38; CT 36/96 und 37/96 AEI Rediffusion Music Ltd. v. PPL., a.a.O., S. 15.

278 CT 7/90 BPI v. MCPS, Entscheidung vom 12. März 1992, Schulze RzÜ Ausl GB 27, S. 56:

Bestehen aber für das Copyright Tribunal keine anderen Anhaltspunkte für die Bestimmung, welcher Tarif *reasonable* ist, als die vergleichbaren Tarife *(comparables)*, weil beispielsweise keine frühere Vereinbarung zwischen den Parteien besteht, so orientiert sich das Copyright Tribunal vornehmlich an diesen vergleichbaren Tarifen, und bestimmt in Anlehnung an diese Tarife die Lizenzgebühr sowie die sonstigen Lizenzbedingungen, die in Streit sind.[279]

In einigen Entscheidungen berücksichtigt das Copyright Tribunal auch den sog. *willing - buyer* und *willing - seller* - Test. Dieser Ansatz geht auf die Spruchpraxis des PRT zurück, das versucht hat, das Problem der *reasonable* Lizenzgebühr durch eine Fiktion zu lösen, dem sog. *willing buyer - willing seller* - Test.[280] Mit dem *willing buyer - willing seller* -Test fingierte das PRT gleichsam Bedingungen, nach denen der Preis für die Nutzung auf einem freien Markt ausgehandelt wird. Das PRT versuchte festzulegen, wieviel der Käufer, d.h. Lizenznehmer, zu zahlen hat, und zu welchem Preis der Verkäufer, d.h. die Verwertungsgesellschaft, gewillt war, die Lizenz zu erteilen, wobei Verhandlungen auf gleicher Ebene vorausgesetzt werden. Bei der Anwendung des *willing - buyer/willing - seller* - Tests zog das PRT frühere Verträge, die zwischen den Parteien geschlossen wurden als prima-facie Beweis für das heran, was ein *willing buyer* und ein *willing seller* vereinbaren würden.[281] Bei der Beurteilung solcher Verträge für die fragliche Streitigkeit, fragte das PRT dann, welche Veränderungen eingetreten sind, oder ob eine Seite nicht frei von Druck bei der Aushandlung der Vertragsbedingungen war.[282]

Das Copyright Tribunal ist an diese Spruchpraxis nicht gebunden.[283] Obwohl das Copyright Tribunal in ersten Entscheidungen diesen Ansatz mit heranzog, geht es in den letzten Entscheidungen immer mehr davon ab. In der Entscheidung CT 8/91 NGN v. ITP lehnte das Copyright Tribunal diesen Ansatz ab, da tatsächlich wegen der Monopolstellung des Lizenzgebers freie Verhandlungen nicht möglich seien, und daher auch durch den *willing buyer - willing seller* - Test nur ein theoretisches Ergebnis ermittelt werden könne, das dann auch nur eingeschränkt verwertbar sei.[284]

---

279 CT 36/96 und CT 37/96 AEI Rediffusion Music Ltd. v. PRS, Interim Decision vom 11. November 1997, S. 12 m.w.N.

280 PRT 1/58, Scottish Ballroom Association v. PRS, Entscheidung vom 4. April 1959, S. 4.

281 PRT 1/58 a.a.O., S. 4.

282 Lester/Mitchell in Joynson-Hicks on Copyright, S. 274.

283 Lester/Mitchell in Joynson-Hicks on Copyright, S. 274.

284 CT 8/91 NGN v. ITP, S. 10; diese Entscheidung erging zwar zu Schedule 17 Broadcasting Act 1990, kann aber insoweit wohl auf die sonstigen Zuständigkeiten des Copyright Tribunal übertragen werden.

Der Tarif selber besteht entweder in einer prozentualen Beteiligung an Umsatz, Werbeeinnahmen etc. oder in Pauschalgebühren. Das Copyright Tribunal geht davon aus, daß eine prozentuale Beteiligung nur dann *reasonable* ist, wenn dies bei einem früheren Tarif bereits zwischen den Parteien vereinbart war, oder wenn zwischen Urheberrechtsnutzung und die Grundlage der Beteiligung, wie die erzielten Einnahmen, ein enger kausaler Zusammenhang besteht.[285] So wurde beispielsweise eine prozentuale Umsatzbeteiligung an den Einnahmen eines Anbieters von Satellitensendungen vom Copyright Tribunal abgelehnt, da die erzielten Umsätze nur zu einem geringen Teil auf die Nutzung der lizenzierten Werke, hier: Musik, zurückzuführen waren, sondern vielmehr auf die Verwertung sonstiger Werke und auch die unternehmerischen Anstrengungen und Aktivitäten des Senders. Ein ausreichender Zusammenhang zwischen Nutzung von Musik und Einnahmen bestand insofern nicht.[286]

Eine Pauschalberechnung findet sich somit dort, wo sich entweder der Wert der Nutzung nicht eindeutig ermitteln ließ, wie bei der Hintergrundmusik[287] oder die Berechungsgrundlage ganz fehlte, da keine Eintrittsgebühren etc. vom Verwerter erhoben wurden.[288] Vom Copyright Tribunal wurde insbesondere die Berechnungsgrundlage PPD[289] für die Berechnung der Lizenzgebühr für die mechanische Vervielfältigung[290] und die Werbeeinnahmen für die Sendung von Tonträgern als *reasonable* angesehen.[291]

Das Copyright Tribunal bestimmt dann, welche prozentuale Beteiligung an diesen Einnahmen oder welche Pauschalgebühr angemessen ist. Bei der Bestimmung der Höhe der prozentualen Beteiligung zieht das Copyright Tribunal eine Vielzahl von Einzelüberlegungen zur Begründung des von ihm zu findenden Ergebnisses in Betracht. Hierzu ist es nach s. 135 CDPA 1988 verpflichtet. Wie bereits erwähnt, sind kürzlich erzielte Einigungen des Verwerters mit anderen Verwertungsgesellschaften sowie solche der Verwertungsgesellschaft mit ande-

---

285 Vgl. Freegard/Black Copyright Tribunal, S. 14/15 m.w.N.

286 CT 38/96 British Sky Broadcasting Ltd. et. al. v. PRS, Interim Decision vom 3. Dezember 1997, S. 24

287 CT 4/89 BACTA v. PPL Entscheidung vom 1. Juli 1991, IDP November 1991, S. 4 (5); vgl. auch 3/89 NAHCA v. PRS Order vom 29. April 1991, für die Musiknutzung innerhalb eines normalen Hotelbetriebes.

288 CT 1/89 WMCIU v. PRS, Entscheidung vom 15. März 1991, IDP November 1992, S. 11 (13).

289 PPD: *price per dealer* (Veröffentlichter Abgabenpreis für den Detailhandel).

290 CT 7/90 BPI v. MCPS, Entscheidung vom 12. März 1992, Schulze RzÜ Ausl GB 27, S. 35.

291 CT 9/91 AIRC v. PPL, Entscheidung vom 30. März 1993, S. 46 - 49 mit weiteren Einzelheiten.

ren Verwertern, ein wichtiger Anhaltspunkt für die Angemessenheit des Tarifs.[292]

Aber auch generelle Überlegungen, wie die Auswirkungen einer Tariferhöhung auf den Markt und die Allgemeinheit, die Änderungen und Besonderheiten des Verwertungsmarktes,[293] der Wert der Lizenzierung und Nutzung für den Verwerter, aber auch für den Berechtigten selber, spielen eine Rolle.[294] Das Copyright Tribunal berücksichtigt auch die von dem Verwerter bei der Nutzung aufgewendeten Investitionen.[295] Bei der Bestimmung der Höhe der Lizenzgebühr sind daher auch die Funktion des Verwerters bei der Verwertung des Werkes mitzuberücksichtigen. Das Copyright Tribunal bezieht auch gesetzliche Wertungen, wie den "inneren Wert" den der CDPA 1988 dem Recht zubilligt in die Überlegungen ein.[296] Daneben spielen auch Entscheidungen europäischer Institutionen, wie Europäische Kommission oder EuGH eine Rolle.[297]

Das Copyright Tribunal berücksichtigt für die Bestimmung der Tarifhöhe nicht, was die Verwertungsgesellschaft mit den Einnahmen macht. Freiwillige Zahlungen der Verwertungsgesellschaft an Dritte zu sozialen Zwecken, wie etwa von PPL an die Musician Union, bleiben unberücksichtigt.[298] Für die Bestimmung der Lizenzgebühr unerheblich sind daher soziale und auch kulturelle Zwecke, die die Verwertungsgesellschaft mit den eingenommenen Gebühren fördert.[299]

Generell bestimmt das Copyright Tribunal die Tarifhöhe danach, welche Lizenzgebühr zum einen für die Rechteinhaber als Gebühr für die Nutzung ihrer

---

292 Vgl. nur CT 4/89 BACTA v. PPL Entscheidung vom 1. Juli 1991, IDP November 1991, S. 4 (5).

293 CT 7/90 BPI v. MCPS/CJC, Entscheidung vom 12. März 1992, Schulze RzÜ Ausl GB 27, S. 38/40; CT 9/91 AICR v. PPL Entscheidung vom 30. März 1993, S. 54.

294 CT 9/91 AICR v. PPL Entscheidung vom 30. März 1993, S. 52/53; CT 7/90 BPI v. MCPS/CJC, Entscheidung vom 12. März 1992, Schulze RzÜ Ausl GB 27, S. 42.

295 CT 7/90 BPI v. MCPS/CJC, Entscheidung vom 12. März 1992, Schulze RzÜ Ausl GB 27, S. 59.

296 CT 7/90 BPI v. MCPS/CJC, Entscheidung vom 12. März 1992, Schulze RzÜ Ausl GB 27, S. 43.

297 CT 7/90 BPI v. MCPS/CJC, Entscheidung vom 12. März 1992, Schulze RzÜ Ausl GB 27, S. 46 und CT 9/91 AICR v. PPL Entscheidung vom 30. März 1993, S. 36, "Ministere Public"; CT 8/91 NGN v. ITP Entscheidung vom 16. März 1992, S. 14"Magill".

298 CT 9/91 AICR v. PPL Entscheidung vom 30. März 1993, S. 53.

299 Gleichwohl scheint das Copyright Tribunal soziale Aspekte bei der Nutzung des Repertoires zur Herabsetzung der Tarife zu berücksichtigen, vgl. CT 1/89 Entscheidung vom 15. März 1991, IDP Juni 1992, S. 11 (13).

Werke fair ist, zum anderen auch dem Nutzer selber eine Entschädigung für seine Aufwendungen, Investitionen und Tätigkeiten, die mit der Nutzung im Zusammenhang stehen bzw. diese voraussetzen, gewährt. Folglich soll die Tarifhöhe nicht allein den Rechteinhaber begünstigen, sondern auch dem Nutzer die Möglichkeit geben, Gewinn aus der Nutzung zu ziehen.[300]

(2) Entscheidungen des Copyright Tribunals

Von den 18 Fällen, die vom Copyright Tribunal entschieden wurden, betrafen die meisten ein *licensing scheme*, das von einem *licensing body* verwendet wurde, oder verwendet werden sollte.[301] Dabei stritten die Parteien in der Hauptsache um die Höhe der Lizenzgebühr.

Angesichts der Kritik, auf die die Entscheidung des CT 7/90 BPI v. MCPS/CJC gestoßen ist,[302] und der Folgen dieser Entscheidung für die Praxis der europaweiten Lizenzierung von mechanischen Rechten,[303] soll im folgenden diese Entscheidung näher behandelt werden.

---

300 CT 36/96 und 37/96 AEI Rediffussion Music Ltd. v. PRS Interim Decision, 11. November 1997, S. 7.

301 CT 1/89 Working Men's Club and Institute Union (WMCIU) v. PRS (s. 119); 3/89 National Association of Holiday Centers v. PRS (s. 119); 4/89 British Amusement Catering Trades Association (BACTA) v. PPL (s. 118); 5/90 BPI v. MCPS (s.118); 6/90 British Hotel and Catering Association v. PRS (s. 119); 7/90 BPI v. MCPS und CJC (s. 118); 10/91 Sianel Pedwar CYMRU (S4C) betraf s. 190 (1) CDPA 1988, bei der es sich um die Erlaubnis eines Aufführenden für eine weitere Aufnahme ging. CT 8/91 NGN v. ITP und CT 9/91 Association of Independent Radio Companies v. PPL betrafen besondere Vorschriften des Broadcasting Act 1990, die denen des CDPA 1988 ähneln; CT 13/92 BPI v. MCPS, Wiedervorlage nach s. 120 CDPA; CT 23/95 Candy Rock Recording Ltd. v. PPL (s. 126); CT 33/95 Virgin Retail Ltd. v. PPL (s. 135 D), CT 34/96 Candy Rock Recording Ltd. v. PPL (s. 125); CT 36/96 und 37/96 AEI Rediffusion Music Ltd. v. PPL (135 D und E); CT 38/96 British Sky Broadcasting Ltd. et. al. v. PRS (s. 126); CT 46/97 und 47/97 Durrants Press Cutting Ltd. und Romeike and Curtice Ltd. v. NLA (s. 125); CT 63/98 Chris Sawyer (S. 190 vgl. oben CT 10/91).

302 Vgl. Schulze GRUR Int. 1993, S. 825/826; ders. Der Musikmarkt 22/1993, S. 38 - 42; Block, Lizenzierung, S. 47/48.

303 Vgl. Kreile in GEMA-Handbuch 1993, S. 65 - 89; Montgommery EIPR 1994, S. 199 - 203.

Die Entscheidung CT 7/90 MCPS/CJC v. BPI

Im Fall CT 7/90 British Phonographic Industry (BPI) v. Mechanical Copyright Protecting Society (MCPS) und Composers Joint Council (CJC) ging es um die Neueinführung eines *licensing schemes* für mechanische Rechte (*reference* nach s. 118 CDPA 1988). Hintergrund der Entscheidung war, daß nach dem Copyright Act 1956 für das Recht der mechanischen Vervielfältigung eine gesetzliche Lizenz bestand. Die Höhe der Lizenzgebühr wurde nach einem bestimmten Verfahren durch das Parlament festgesetzt.[304] Diese gesetzliche Lizenz ist durch den CDPA 1988 weggefallen.

Der Antragsteller, BPI, ein Wirtschaftsverband, der die Interessen der Tonträgerhersteller vertritt, stritt mit MCPS und CJC, dem Interessenverband britischer Komponisten und Textdichter, um einzelne Bedingungen des *licensing schemes* (*system point*), für die Nutzung mechanischer Vervielfältigungsrechte sowie um die Höhe der Lizenzgebühr. Das Copyright Tribunal fällte seine erste Entscheidung am 11. Juli 1991,[305] und eröffnete die mündliche Verhandlung wieder, nachdem MCPS ein Rechtsmittel eingelegt hatte. Das Copyright Tribunal fällte dann seine endgültige Entscheidung am 12. März 1992.

In den wenigsten Fällen kam das Copyright Tribunal bei den "sonstigen Lizenzbedingungen" zu einer abschließenden Entscheidung. Wie das Copyright Tribunal selber ausführte, sah es sich nur in der Lage, zu den einzelnen Lizenzbedingungen Prinzipielles zu entscheiden, um es den Parteien zu ermöglichen, eine endgültige Version des *licensing schemes* zu vereinbaren.[306] Wenn die Parteien dazu nicht in der Lage seien, werde es weitere Anhörungen geben, bis die Parteien sich geeinigt hätten. Die Ausführungen des Tribunals zu den "sonstigen Lizenzbedingungen" (*system points*), sollte nicht in jeder Hinsicht verbindlich sein (*should not be regarded as set in stone*). Sollten die Parteien zusätzliche oder alternative Vereinbarungen treffen, so sei das Copyright Tribunal gewillt, diese zu berücksichtigen.[307]

Der Hauptstreitpunkt betraf die Höhe der Lizenzgebühr. Die Gebühr für die Nutzung mechanischer Rechte (d.h. das Vervielfältigungs,- Verbreitungsrecht

---

304 Vgl. Ruete Verwertungsgesellschaften, S. 93/94 und Public Inquiry into Music Royalties payable under Section 8 of the Copyright Act 1956, Reported by Mr. Francis, Cmnd.690 (1977).

305 Veröffentlicht in Schulze RzÜ Ausl GB 27 und gekürzt in GRUR Int. 1992, S. 391.

306 CT 7/90 BPI v. MCPS und CJC, Entscheidung vom 1. November 1991, Schulze RzÜ Ausl GB 27 S. 3/4.

307 CT 7/90 BPI v. MCPS und CJC, Entscheidung vom 1. November 1991, Schulze RzÜ Ausl GB 27 S. 4; vgl. i. ü. die Ausführungen zu den "System Points"; S. 19 - 35.

auf Tonträger sowie das Recht zur öffentlichen Wiedergabe) betrug zuletzt ungefähr 8,2% von dem Preis, den die Hersteller den Händlern berechnen (PPD).[308] Hintergrund des Streites war insbesondere, daß bis zur Einführung des CDPA 1988 in Großbritannien die mechanischen Rechte zwangslizenziert wurden, und es somit keine Verhandlung über die Höhe der Vergütungen gab. Diese mußten nun nach Wegfall der Zwangslizenz verhandelt werden.

MCPS versuchte die Gebühr im Rahmen des neuen *licensing schemes* auf 9,5% vom PPD zu erhöhen. Sie begründete dies damit, daß das Copyright Tribunal kürzlich ausgehandelte Verträge bei der Bestimmung dessen, was eine *reasonable* Gebühr ist, mit zu berücksichtigen habe (s. 129 CDPA 1988). Ein solcher Vergleichsvertrag (*comparable*) sei der 1988 zwischen BIEM[309] und IFPI[310] ausgehandelte und abgeschlossene Vertrag. Der eine, BIEM, ist ein internationaler Vertreter von Verwertungsgesellschaften, die mit der Wahrnehmung mechanischer Rechte betraut sind. Der andere IFPI ist eine internationale Organisation von Tonträgerherstellern. In dem genannten Vertrag wurde als Lizenzgebühr für mechanische Rechte 9,504 % festgeschrieben, wobei Abzüge für nationale Besonderheiten vorgesehen wurden.[311]

BPI wollte auf jeden Fall eine Erhöhung der Lizenzgebühr verhindern. Sie begründete dies damit, daß das Copyright Tribunal bei der Bestimmung, was eine *reasonable* Gebühr ist, auch die Gewinnaussichten und tatsächlichen Gewinne, die die Tonträgerhersteller machen, berücksichtigen solle. Da die Tonträgerhersteller in Großbritannien keine außerordentlich hohen Gewinne machten, sei auch eine Erhöhung der Lizenzgebühr nicht gerechtfertigt.[312]

Da das Copyright Tribunal bei der Bestimmung der Lizenzgebühr auf *comparables* zu achten hat,[313] und der BIEM/IFPI - Vertrag einen zwischen internationalen Organisationen, deren Mitglieder die Parteien sind, frei verhandelten Vertrag darstellt, war Hauptstreitpunkt des Verfahrens, ob dieser Vertrag als ein *comparable* anzusehen wäre, den das Copyright Tribunal bei seiner Entscheidung zu berücksichtigen hatte.[314]

---

308 Vgl. Zeffman/Enser International Media Law 1992, S. 90 (90).

309 Bureau International des Sociétés Gerant les Droits d`Engeristrement et de Reproduction Mecanique.

310 International Federation of Producers of Phonogrames and Videograms.

311 CT 7/90 BPI v. MCPS und CJC, Entscheidung vom 1. November 1991, Schulze RzÜ Ausl GB 27 S. 37/38.

312 CT 7/90 BPI v. MCPS und CJC, Entscheidung vom 1. November 1991, Schulze RzÜ Ausl GB 27 S. 36/37.

313 Vgl. s. 129 CDPA 1988.

314 Vgl. CT 7/90 BPI v. MCPS und CJC, Entscheidung vom 1. November 1991, Schulze RzÜ Ausl GB 27 S. 36 - 39; Zeffman/Enser International Media Law 1992, S. 90 (91).

Das Copyright Tribunal entschied, daß der BIEM/IFPI - Vertrag kein geeigneter *comparable* sei, und begründete dies damit, daß, obgleich die Lizenzgebühr des Vertrags 9,504% betrage, die tatsächliche Lizenzgebühr nicht feststehe, da von dieser Gebühr Abzüge möglich seien, die von Land zu Land variieren könnten.[315] Selbst wenn die prozentuale Beteiligung in den einzelnen Ländern gleich wäre, so würde doch die Berechnungsgrundlage, der PPD, von Land zu Land erheblich variieren, so daß die erzielten Gebühren tatsächlich nicht gleich seien.[316]

Weiter habe die historische Entwicklung der Verhandlungen des BIEM/IFPI - Vertrages über die Jahre gezeigt, daß dieser kein frei verhandelter Vertrag, sondern vielmehr Ausfluß von Monopolrechten sei.[317] Auch sei die Verhandlungsposition der kontinental - europäischen Verwertungsgesellschaften stärker als die der britischen Verwertungsgesellschaften.[318] Der Vertrag enthalte im übrigen auch Bestimmungen, die mit der Lizenzgebühr nichts zu tun hätten.[319]

Auch sei BPI durch IFPI bei den Verhandlungen nicht vertreten gewesen, der Vertrag erstrecke sich daher nicht auf Großbritannien.[320] Des weiteren sei der BIEM/IFPI - Vertrag nicht anwendbar, da sich der Tonträgermarkt in Großbritannien erheblich von dem kontinental - europäischen unterscheide.[321] In Großbritannien werde pro Kopf mehr für Tonträger ausgegeben.[322] Auch seien die für die Vermarktung von Tonträgern durch die Hersteller aufgewendeten Investitionen und Risiken höher als auf dem Kontinent.[323] Schließlich gebe es in Großbritannien mehr unabhängige Firmen,[324] und auch der Wettbewerb um bedeu-

315 CT 7/90 BPI v. MCPS und CJC, Entscheidung vom 1. November 1991, Schulze RzÜ Ausl GB 27 S. 40 - 41.

316 CT 7/90 BPI v. MCPS und CJC, Entscheidung vom 1. November 1991, Schulze RzÜ Ausl GB 27 S. 43.

317 CT 7/90 BPI v. MCPS und CJC, Entscheidung vom 1. November 1991, Schulze RzÜ Ausl GB 27 S. 41.

318 CT 7/90 BPI v. MCPS und CJC, Entscheidung vom 1. November 1991, Schulze RzÜ Ausl GB 27 S. 41/42.

319 CT 7/90 BPI v. MCPS und CJC, Entscheidung vom 1. November 1991, Schulze RzÜ Ausl GB 27 S. 45.

320 CT 7/90 BPI v. MCPS und CJC, Entscheidung vom 1. November 1991, Schulze RzÜ Ausl GB 27 S. 45/46.

321 CT 7/90 BPI v. MCPS und CJC, Entscheidung vom 1. November 1991, Schulze RzÜ Ausl GB 27 S. 42.

322 CT 7/90 BPI v. MCPS und CJC, Entscheidung vom 1. November 1991, Schulze RzÜ Ausl GB 27 S. 43.

323 CT 7/90 BPI v. MCPS und CJC, Entscheidung vom 1. November 1991, Schulze RzÜ Ausl GB 27 S. 44.

324 CT 7/90 BPI v. MCPS und CJC, Entscheidung vom 1. November 1991, Schulze RzÜ Ausl GB 27 S. 45.

tende Interpreten sei in Großbritannien größer.[325] Schließlich habe das Urheberrecht auf dem Kontinent traditionell einen höheren "inneren Wert" als in Großbritannien. Dieser Faktor schlage sich auch auf die Höhe der Lizenzgebühr nieder. Daran habe sich auch durch den CDPA 1988 nichts geändert.[326]

Das Copyright Tribunal lehnte es auch ab, einen weiteren Vertrag, den PPL mit einer Organisation von unabhängigen Tonträgerunternehmen abgeschlossen hatte, und dem der BIEM/IFPI - Vertrag zugrunde lag, (Umbrella - Vertrag) als *comparable* heranzuziehen. Obwohl deutlich wurde, daß die Mitglieder der Organisation insbesondere die Lizenzhöhe als angemessen betrachteten, und dies auch im Verfahren zum Ausdruck gebracht wurde, entschied sich das Copyright Tribunal ebenfalls dagegen, diesen Vertrag als *comparable* anzuerkennen, da zum einen die höheren Gebühren des BIEM/IFPI - Vertrages erst nach einer Übergangszeit gezahlt würden und der Vertrag eine Anpassungsklausel an die Entscheidung des Copyright Tribunals enthielt.[327]

Das Copyright Tribunal kam zu dem Schluß, daß insbesondere der BIEM/IFPI - Vertrag nicht als *comparable* anzusehen war, da die Lizenzgebühr im Vergleich zu der Gebühr, die unter der gesetzlichen Lizenz nach dem Copyright Act 1956 gezahlt wurde, nur geringfügig angehoben werden solle.

Es legte die Gebühr auf 8,5% vom PPD fest und begründete seine Entscheidung, obwohl es selber dies eher für ein Werturteil, als für eine genaue mathematische Berechnung hielt,[328] in der Hauptsache damit, daß der alte Tarif über 60 Jahre bestanden habe, die britische Tonträgerindustrie gut mit diesem gearbeitet habe, und insbesondere international damit Erfolg zum Nutzen aller Beteiligten gehabt hätte. Nach Auffassung des Copyright Tribunals sollte dieser Tarif nur dann deutlich angehoben werden, wenn es hierfür gute Gründe gäbe.[329]

Für eine Änderung ließ sich nach Auffassung des Copyright Tribunals aber nichts finden. Es gab keine Anhaltspunkte dafür, daß die Copyright-Inhaber ge-

---

325 CT 7/90 BPI v. MCPS und CJC, Entscheidung vom 1. November 1991, Schulze RzÜ Ausl GB 27 S. 45.

326 CT 7/90 BPI v. MCPS und CJC, Entscheidung vom 1. November 1991, Schulze RzÜ Ausl GB 27 S. 44/45.

327 CT 7/90 BPI v. MCPS und CJC, Entscheidung vom 1. November 1991, Schulze RzÜ Ausl GB 27 S. 46/47.

328 CT 7/90 BPI v. MCPS und CJC, Entscheidung vom 1. November 1991, Schulze RzÜ Ausl GB 27 S. 54.

329 CT 7/90 BPI v. MCPS und CJC, Entscheidung vom 1. November 1991, Schulze RzÜ Ausl GB 27 S. 54/55.

nerell unterbezahlt seien.[330] Auch müsse die im BIEM/IFPI - Vertrag enthaltene Gebühr wegen der Unterschiede zum Kontinent reduziert werden.[331] Tatsächlich sei dann auch ein Tarif von 8,5% im Vergleich nicht zu niedrig.[332] Eine leichte Erhöhung des Tarifes sei aber im Hinblick auf die im Umbrella - Vertrag enthaltene höhere Vergütung gerechtfertigt.[333]

Das Copyright Tribunal bezog in seine Überlegung auch die Bemühungen mit ein, den Tarif für die mechanische Vergütung zu harmonisieren. Es entschied aber, sich hiervon nicht leiten zu lassen, da es zum einen hierzu nicht verpflichtet sei, zum anderen nach der Diskotheken - Entscheidung des EuGH[334] auch eine unterschiedliche Tarifhöhe in den europäischen Mitgliedsstaaten zulässig sei. Schließlich sei auch eine Harmonisierung auf niedrigem Niveau denkbar.[335] Eine Erhöhung der Tarife in Großbritannien sei daher nicht unbedingt erforderlich. Das Copyright Tribunal erhöhte den ursprünglichen Tarif daher nur um 0,3%.

(3) Zusammenfassung

Obwohl der Weg der Entscheidungsfindung und das was als *reasonable in all the circumstances* anzusehen ist, nicht immer eindeutig und klar ist - je nach Fall wird der eine oder andere Aspekt mehr betont - so scheint doch der Weg der Entscheidungsfindung wie folgt abzulaufen:

(a) Bestimmung der Höhe der Lizenzgebühr

Das Copyright Tribunal fragt, wenn es um die Bestimmung der Lizenzgebühr geht, zunächst welchen Wert die Lizenzierung für den Verwerter hat.[336] Dabei

---

330 CT 7/90 BPI v. MCPS und CJC, Entscheidung vom 1. November 1991, Schulze RzÜ Ausl GB 27 S. 55.

331 CT 7/90 BPI v. MCPS und CJC, Entscheidung vom 1. November 1991, Schulze RzÜ Ausl GB 27 S. 56/57.

332 CT 7/90 BPI v. MCPS und CJC, Entscheidung vom 1. November 1991, Schulze RzÜ Ausl GB 27 S. 57.

333 CT 7/90 BPI v. MCPS und CJC, Entscheidung vom 1. November 1991, Schulze RzÜ Ausl GB 27 S. 48.

334 Ministère Public v. Tournier etc. GRUR 1990, S. 622 ff.

335 CT 7/90 BPI v. MCPS und CJC, Entscheidung vom 1. November 1991, Schulze RzÜ Ausl GB 27 S. 46.

336 Vgl. CT 1/89 WMCIU v. PPL Entscheidung vom 15. März 1991, IDP Juni 1992, S. 11 (12); CT 4/89 BACTA v. PPL Entscheidung vom 1. Juli 1991, IDP 1991, S. 4 (5).

geht es meistens von dem Hintergrund des Streites und davon aus, welche Vergütungsregelungen bisher zwischen des Parteien gegolten haben. Wenn der alte Tarif den Wert der Nutzung in der Vergangenheit, d.h. bis zur Einführung des Tarifes, über den gestritten wird, angemessen widerspiegelt,[337] prüft es als weiteren Schritt, was eine Erhöhung der Gebühren rechtfertigen könnte.

Ein Grund für die Erhöhung der Tarife kann in der Veränderung des Marktes[338] oder auch in der Verbesserung des Repertoires einer Verwertungsgesellschaft zu sehen sein.[339]

Liegt kein Grund für eine Erhöhung der Lizenzgebühr vor und ist daher die Lizenz für den Verwerter nicht "wertvoller" geworden, so soll der neue Tarif nach Vorstellung des Copyright Tribunals für den Verwerter auch keine größere Belastung darstellen, als der alte.[340] Hat kein Wertzuwachs stattgefunden, so erhöht das Tribunal die ursprüngliche Rate höchstens um einen Wert, der den durch die Inflation verringerten Wert der Lizenzgebühr ausgleichen soll.

Hat das Copyright Tribunal Gründe für eine Werterhöhung gefunden, so untersucht es in einem zweiten Schritt dann, welche Gebührenerhöhung als *reasonable in all the circumstances* anzusehen ist. Bei dieser Bestimmung legt das Copyright Tribunal insbesondere Wert auf,

- das Ergebnis früherer Verhandlungen zwischen den Parteien
- kürzliche Verhandlungsergebnisse in vergleichbaren Umständen (*comparables*),[341] sowie
- den Wert der Nutzung für den Verwerter, und für den Inhaber des Copyrights,[342] wobei auch der Gewinn des Verwerters eine Rolle spielen kann.[343]

---

337 Vgl. etwa CT 1/89 WMCIU v. PPL Entscheidung vom 15. März 1991, IDP Juni 1992, S. 11 (12).

338 CT 9/91 Entscheidung vom 26. Februar 1991, S. 45/54.

339 CT 1/89, WMCIU v. PPL, Entscheidung vom 15. März 1991, IDP Juni 1992, S. 11 (13); CT 7/90 BPI v. MCPS/CJC, Entscheidung vom November 1991, Schulze RzÜ Ausl GB 27, S. 55. CT 9/91 AICR v. PPL, Entscheidung vom 26. Februar 1991 S. 54.

340 CT 1/89, WMCIU v. PPL, Entscheidung vom 15. März 1991, IDP Juni 1992, S. 11 (11).

341 Vgl. nur CT 4/89 BACTA v. PPL, Entscheidung vom 1. Juli 1991, IDP November 1991, S. 4 (5) und s. 129 CDPA 1988.

342 CT 7/90 BPI v. MCPS/CJC, Entscheidung vom 1. November 1991, Schulze RzÜ Ausl GB 27, S. 51/59; CT 9/91 AICR v. PPL, Entscheidung vom 26. Februar 1991, S. 50 - 53.

Bestand zwischen den Parteien bislang keine Vereinbarung über den im Streit befindlichen Tarif, so zieht das Copyright Tribunal zur Bestimmung der Lizenzhöhe vergleichbare oder ähnliche Tarife derselben oder anderer Verwertungsgesellschaften für dieselben oder ähnliche Nutzungsformen heran. Dabei eignen sich aber nur solche Vergleichstarife, die ohne Druck oder sonstigen Einfluß frei verhandelt werden, und die von ähnlichen Überlegungen getragen sind, die auch in den zu entscheidenden Fall gelten.[344] Bei der Bestimmung der Lizenzgebühren und sonstiger Lizenzbedingungen sind aber auch Ungleichbehandlungen im Hinblick auf die Vergleichstarife zulässig, solange sie begründet sind. Nach s. 129 CDPA sind nur *unreasonable* Ungleichsbehandlungen nicht zulässig.[345]

Das Copyright Tribunal stellt eine Vielzahl von unterschiedlichen Überlegungen an, die vom Wert der kollektiven Wahrnehmung für die Verwerter[346] bis hin zu wirtschaftlichen Überlegungen, wie dem Anteil der Nutzung der Rechte an den Gesamteinnahmen,[347] reichen können. Dies entspricht s. 135 CDPA 1988, wonach das Copyright Tribunal auf alle Umstände des Einzelfalles zu achten hat. Soziale und kulturelle Aspekte, die bei der Verwertung eine Rolle spielen könnten, berücksichtigt das Copyright Tribunal, wenn überhaupt, nur auf Verwerterseite.[348]

Generell läßt sich sagen, daß das Copyright Tribunal insbesondere auf die wirtschaftlichen Auswirkungen von Tarifgebühren und auf den Verwertungskreislauf bei der Bestimmung der Lizenzgebühr Rücksicht nimmt. Es fragt nicht in erster Linie, was der Berechtigte für die Nutzung seines Werkes erhalten soll, sondern welche Tarife für den ungestörten Kreislauf noch vertretbar sind. Auch

---

343 CT 7/90 BPI v. MCPS und CJC, Entscheidung vom 1. November 1991, Schulze RzÜ Ausl GB 27, S. 48 - 54; sowie Harmann J., High Court, A.I.R.C. v. PPL, Urteil vom 16.01.1986, S. 17.

344 CT 45/97 British Airways PLC. v. PRS Interim Decision 12. Januar 1998, S. 13; vgl. auch CT 35/97 Candy Rock Recordings Ltd. v. PPL, Interim Decision, 10. November 1998, S. 9.

345 CT 38/96 British Sky Broadcasting Ltd. et. al. v. PRS, Interim Decision 3. Dezember 1997, S. 11/12; CT 35/96 Candy Rock Recording Ltd. v. PPL, Interim Decision 10. November 1998 S. 10.

346 Die Verwerter sparen durch die kollektive Wahrnehmung etwa Kosten für die Ausschüttung an die Berechtigten, CT 7/90 BPI v. MCPS/CJC, Entscheidung vom 1. November 1991, Schulze RzÜ Ausl GB 27, S. 56/57.

347 CT 9/91 AICR v. PPL, Entscheidung vom 26. Februar 1991, S. 43/44.

348 Vgl. CT 1/89, WMCIU v. PPL, Entscheidung vom 15. März 1991, IDP Juni 1992, S. 11 (11).

die Interessen der Allgemeinheit an der Nutzung spielen somit eine, wenn auch untergeordnete, Rolle.[349]

(b) Bestimmung sonstiger Lizenzbedingungen

Bei der Entscheidung über sonstige Lizenzbedingungen verfährt das Copyright Tribunal wie folgt:

Es wiegt die Vor- und Nachteile der in Frage stehenden Regelung ab, und entscheidet, auch unter Berücksichtigung üblicher Lizenzbedingungen, was in diesem Fall als eine *reasonable* Lizenzbedingung anzusehen ist. Dabei begnügt sich das Copyright Tribunal damit, generelle und prinzipielle Aussagen bzgl. der Lizenzbedingung zu machen, so daß die Parteien auf Grund dieser eine Vereinbarung treffen können. In diesem Fall wird das Copyright Tribunal eher als Vertragshelfer tätig. Mit seinen Ausführungen zu den Lizenzbedingungen gibt es den Parteien Leitlinien an die Hand, die diese in die Lage versetzten, Verhandlungen wieder aufzunehmen, und so zu einem abschließenden Ergebnis zu kommen.

4. Zusammenfassung und Kritik

Verwertungsgesellschaften unterliegen in Großbritannien im Hinblick auf das Verhältnis zu den Verwertern einer Kontrolle, die durch das Copyright Tribunal ausgeübt wird. Schöpfer werden durch den CDPA 1988 nicht geschützt.

Das Copyright Tribunal ist für die kollektive Verwertung von Copyrights durch Verwertungsgesellschaften zuständig, indem es *licensing schemes* und *licensing bodies* kontrolliert.

Das Copyright Tribunal war bisher in der Hauptsache mit der Kontrolle von Lizenzgebühren beschäftigt. Es hat einen weiten Gestaltungsspielraum in der Bestimmung dessen, was als *reasonable in the circumstances* zu bezeichnen ist. Es besteht keine rechtliche Vermutung dafür, daß ein ihm vorgelegtes *licensing scheme reasonable* ist. Vielmehr entscheidet das Copyright Tribunal unabhängig von diesem, danach, was es für richtig hält.

---

349 Vgl. CT 7/90 BPI v. MCPS/CJC, Entscheidung vom 1. November 1991, Schulze RzÜ Ausl. 27, S. 51/52; CT 35/96 Candy Rock Recording Ltd. v. PPL. Interim Decision 10. November 1998, S. 9; CT 36/96 und 37/96 AEI Rediffusion Music Ltd. v. PPL Interim Decision 11. November 1997, S. 7.

Das Copyright Tribunal hat einen "konservativen" Ansatz insbesondere im Hinblick auf die Änderung von Lizenzgebühren. Es sieht davon ab, die bestehenden Verhältnisse zwischen Verwertern und Verwertungsgesellschaften, und damit die Verhältnisse auf dem betroffenen Markt, erheblich zu stören, wenn es hierfür keinen Grund sieht. Auch bezieht das Copyright Tribunal weitere, insbesondere wirtschaftspolitische Ziele in seine Entscheidungsfindung mit ein.

Insbesondere die Entscheidung CT 7/90 BPI v. MCPS/CJC ist kritisiert worden.[350] Grund war, daß der vom Copyright Tribunal als *comparable* abgelehnte BIEM/IFPI - Vertrag, die Vergütungssätze der Mitgliedsstaaten der Europäischen Union angleichen wollte.[351] Eine Angleichung der Vergütung auf hohem Niveau wurde durch die Entscheidung des Copyright Tribunals vereitelt. Folge der Entscheidung war, daß die Vergütung in dem BIEM/IFPI - Vertrag auf 9,306 % herabgesetzt wurde[352] und nun die EMRO eine europaweite Lizenz für die mechanische Vervielfältigung zu den niedrigen britischen Lizenzgebühren anbietet.[353]

Wenngleich diese Entwicklung, insbesondere im Hinblick darauf, daß eine Harmonisierung der Tarife der Verwertungsgesellschaften auf niedrigem Niveau zu befürchten ist, zu kritisieren wäre, so ist es nicht die Entscheidung des Copyright Tribunals. Das Copyright Tribunal hat lediglich die Entscheidung entsprechend den gesetzlichen Vorgaben gefällt. Indem der CDPA 1988 dem Copyright Tribunal einen weiten Gestaltungsspielraum bei der Bestimmung dessen, was *reasonable* ist, eröffnet, ist fast jede Entscheidung vertretbar.

Das Copyright Tribunal stellt sich als ein Mittel der Kontrolle von Verwertungsgesellschaften zugunsten der Verwerter dar. Bei der Bestimmung der Tarifhöhe läßt sich das Copyright Tribunal davon leiten, welche Tarifhöhe den wirtschaftlichen Kreislauf nicht gefährdet, bzw. welcher Tarif auch noch Raum für Gewinne des Verwerters läßt. Durch den konservativen Ansatz des Copyright Tribunals werden Tariferhöhungen nur in Ausnahmefällen gewährt. Da das Copyright Tribunal nicht gezwungen ist, auf die Tarifgestaltung auf dem europäischen Kontinent zu achten, mußte das Copyright Tribunal nicht auf diese Rücksicht nehmen, und daher auch nicht auf den BIEM/IFPI-Vertrag. Die noch im Gesetzesentwurf enthaltene Vorschrift, Tarife von anderen europäischen

---

350 Schulze GRUR Int.1993, S. 825 (825/826), ders. Der Musikmarkt 22/93, S. 38 (38/39); Block Lizenzierung, S. 47/48.

351 Vgl. Thurow in Verwertungsgesellschaft, S. 95 (105); s. a. Mestmäcker in FS Reichardt S. 141 (165/166).

352 Montgomery EIPR 1994, S. 199 (201).

353 Vgl. Kreile in GEMA - Nachrichten 1993, S. 65 (65 - 89); Montgomery EIPR 1994, S. 199 (199 - 203).

Verwertungsgesellschaften als *comparables* zu beachten wurde in den CDPA 1988 nicht aufgenommen.[354]

Dadurch, daß das Copyright Tribunal die Gebühren für die mechanische Vervielfältigung in Großbritannien nicht erhöht hat, hat es die Position der britischen Tonträgerhersteller gestärkt, weil diese ihre Produkte wegen der niedrigeren Lizenzgebühren auf dem europäischen Markt günstiger anbieten können. Das Copyright Tribunal wird dadurch zum Instrument der Wirtschaftsförderung auf den Rücken der Berechtigten. Da die Entscheidung CT 7/90 BPI v. MCPS/CJC aber den gesetzlichen Vorgaben entspricht, ist in erster Linie nicht die Entscheidung, sondern die Regelung des CDPA 1988 zu kritisieren.

In jüngster Zeit ist auch das Copyright Tribunal in Großbritannien erneut kritisiert worden. Die M.M.C. hat sich in ihrem Bericht Performing Rights[355] nicht nur mit kartellrechtlichen Aspekten der PRS auseinandergesetzt, sondern auch allgemeine Feststellungen, die das Copyright Tribunal betreffen, gemacht. Es wurden nicht nur die personelle Ausstattung des Copyright Tribunals kritisiert, welche eine lange Verfahrensdauer bedinge,[356] sondern auch die Spruchpraxis, welche europäische Entwicklungen und Vergleichstarife nicht berücksichtige. Dies könnte dazu führen, daß die Berechtigten durch unangemessen niedrige Tarife, die das Copyright Tribunal festsetzt, benachteiligt werden.[357] Diese Öffnung der Entscheidungskritierien des Copyrights Tribunals ist im Interesse der Berechtigten ausdrücklich zu begrüßen, da nicht einzusehen ist, daß die britischen Berechtigten gegenüber ihren europäischen Nachbarn benachteiligt werden.

Kompetenz und Entscheidungspraxis des Copyright Tribunals lassen aber erkennen, daß die britische Regelung der Kontrolle durch einen weitreichenden Respekt vor der Privatautonomie der Verwertungsgesellschaften und dem Charakter des Copyright als individuelles Herrschaftsrecht gekennzeichnet ist.

Die Rechte sollen nach britischem Recht privatautonom wahrgenommen werden. In diese Verhältnisse soll auch nicht durch die Normierung eines Abschlußzwanges eingegriffen werden. Das M.M.C. hat es in seinem Bericht Performing Rights[358] abgelehnt, der PRS einen Kontrahierungszwang im Hinblick auf Nutzer aufzuerlegen. Die Verwertungsgesellschaften seien grundsätzlich daran in-

---

354 Vgl. Zeffman/Enser International Media Law 1992, S. 90 (93 FN 14).

355 A report on the supply in the UK of the services of administering performing rights and film synchronisation rights, Cm 3147 (1996).

356 M.M.C. Performing Rights Cm. 3147 (1996), S. 25.

357 M.M.C. Performing Rights Cm. 3147 (1996), S. 32/33.

358 Cm. 3147 (1996).

teressiert, und sogar ihren Berechtigten gegenüber verpflichtet, die wahrgenommenen Rechte auch zu lizenzieren. Von daher komme es in der Praxis auch nicht zu einer Verweigerung, Nutzungsrechte einzuräumen, so daß die Normierung eines Abschlußzwanges, auch, unabhängig davon, daß es einen erheblichen Eingriff in den Ausschlußcharakter der Rechte darstellt, nicht notwendig erscheint.[359]

Das Innenverhältnis der Verwertungsgesellschaft unterliegt keiner Kontrolle. Dadurch ist zwar sichergestellt, daß die Verwertungsgesellschaften ihre interne Organisation privatautonom gestalten kann. Die Schöpfer und sonstigen Berechtigten werden aber nicht vor ungerechtfertigten Kollektivierungen ihrer Rechte und Beschränkungen ihrer Befugnisse geschützt. Die Regelung des CDPA 1988 entspricht insoweit nicht den Anforderungen, die das Konzept des individuellen Herrschaftsrechts an eine Kontrolle stellt.

III. Kontrolle von Verwertungsgesellschaften nach allgemeinem Recht - insbesondere dem Kartellrecht

Neben der Kontrolle durch das Copyright Tribunal unterliegen Verwertungsgesellschaften in Großbritannien auch einer Kontrolle nach allgemeinen Vorschriften, insbesondere nach dem Kartellrecht.

1. Kontrolle nach allgemeinen Regeln

Verwertungsgesellschaften können ihre rechtliche Organisation frei wählen.[360] In der Praxis sind sie entweder private oder öffentliche Organisationen mit beschränkter Haftung (*companies limited by guarantee* oder *shares*). Bei der Gründung haben die Verwertungsgesellschaften die Vorschriften des Company Act 1985, z.B. im Hinblick auf Satzung oder Gesellschaftsvertrag zu beachten.[361]

Insbesondere der *Copyright* Inhaber[362], aber auch Verwerter sind nach dem *Common Law* Grundsatz der *Restrain of Trade - Doctrine*[363] (Verbot von Han-

359 M.M.C. Cm 3147 (1996), S. 25/33.

360 Cornish in Möhring/Schulze/Ulmer/Zweigert Quellen, Großbritannien/I, S. 19.

361 Für Einzelheiten siehe z.B. Morse Company Law, S. 39/40; Farrar/Furey/Hannigan, Company Law, S. 66/67.

362 Stone Copyright Law, S. 212, FN 142; Merkin/Williams Competition Law, S. 345/346.

delsbeschränkung) geschützt. Danach kann ein Gericht einen Vertrag, der unter Druck, insbesondere unter Ausnutzung einer dominierenden Stellung, zustande gekommen ist, für ungültig oder nichtig erklären.[364]

Da Autoren und Verwerter aber auf einen gültigen Vertrag mit Verwertungsgesellschaften angewiesen sind - der Autor kann vielfach sein Recht nicht selbst wahrnehmen, der Verwerter kann das Werk nicht nutzen - ist dieser Grundsatz für die Kontrolle von Verwertungsgesellschaften ungeeignet.

2. Kontrolle nach dem Kartellrecht

Neben der Aufsicht durch das Copyright Tribunal nach dem CDPA 1988 können Verwertungsgesellschaften in Großbritannien auch einer Kontrolle nach wettbewerbsrechtlichen Vorschriften, d.h. dem Restrictive Trading Act 1976, dem Fair Trading Act 1973 und dem Competition Act 1980, unterliegen.[365] Diese Kontrolle wird nicht durch die Vorschriften des CDPA 1988 verdrängt.[366]

Das britische Kartellrecht ist grundsätzlich auf das Copyright anwendbar.[367] Obwohl der CDPA 1988 ausschließliche Befugnisse gewährt, die es dem Inhaber ermöglichen, in jeder Hinsicht uneingeschränkt zu handeln, so werden diese Befugnisse dann beschränkt, wenn deren Handhabung gegen das öffentlichen Interesse verstößt.[368] Wann eine Handlung, die Ausfluß einer im öffentlichen Interesse gewährten gesetzlichen Befugnis ist, gegen das öffentliche Interesse verstößt, hängt von den Umständen des Einzelfalles ab. Es scheint aber, daß die Kontrollinstitutionen hierbei Zurückhaltung walten lassen und im Interesse der Bewahrung des Ausschlußcharakters der Rechte im Zweifel keinen Wettbewerbsverstoß annehmen.[369]

---

363 Vgl. Schroeder v. Macaulay (1974) 3 All E R 616; Clifford Davis v. WEA Records (1975) 1 All E R 237; O`Suillivan v. M.A.N. Ltd.(1985) Q.B. 428.

364 Dworkin/Tylor Blackstone's Guide, S.85/86; Cornish in FS Dietz, S. 643 (657); vgl. auch Copinger and Skone James on Copyright, S. 1691 - 1697.

365 A.A.: Löhr Aufsicht, S. 102/103 und 115, sowie Ruete Verwertungsgesellschaften, S. 113.

366 Whish Competition Law, S. 674.

367 Vgl. für den Copyright Act 1956, M.M.C. BBC and ITP Cmnd. 9614 (1985), S. 43/44; Frazer Monopoly, S. 223/224.

368 Vgl. Whish Competition Law, S. 647/648.

369 Vgl. M.M.C. BBC and ITP Cmnd. 9614 (1985), S. 43/44, wo die M.M.C., obwohl das Copyright dazu eingesetzt wurde, Wettbewerber von einem Markt fernzuhalten, keinen Verstoß gegen das öffentliche Interesse feststellen konnte (S. 47/48/54). Dagegen haben EG-Komission, EuG und EuGH dieses Verhalten als Wettbewerbsverstoß betrachtet haben, vgl. unten und EuGH EuZW 1995, S. 339 - Magill.

Nach dem Britischen Kartellrecht sind zu unterscheiden: die Kontrolle von wettbewerbsbeschränkenden Verträgen nach dem Restrictive Trading Act 1976, und die Kontrolle von sonstigem wettbewerbsbeschränkendem Verhalten nach dem Fair Trading Act 1973 und dem Competition Act 1980.[370] Dabei setzt der Fair Trading Act 1973 eine Monopolstellung voraus, während der Competition Act 1980 insbesondere auf die sonstigen Wettbewerbsbeschränkungen anwendbar ist.[371] Als Kontrollbehörden werden der Director General of Fair Trading, als Leiter des Offices for Fair Trading (OFT),[372] die Monopolies und Merger Commission (M.M.C.),[373] sowie der Secretary of State for Trade and Industry tätig.[374]

Der Fair Trading Act 1973 und der Competition Act 1980 wurden durch ein neues Gesetzes, den Competition Act 1998, ersetzt. Der Competition Act 1980 wurde in der Praxis ohnehin vielfach als überflüssig erachtet, da im Anwendungsbereich dieses auch die Vorschriften über die Monopole i.S.d. Fair Trading Act 1973 anwendbar waren.[375] Der Competition Act 1998 trat im Jahre 2000 in Kraft und paßt das Britische Kartellrecht dem Europäischen Kartellrecht an. Der Competition Act 1998 enthält ein Art. 81 EGV nachgebildetes Kartellverbot[376] sowie ein generelles Verbot im Hinblick auf die mißbräuchliche Ausnutzung einer marktbeherrschenden Stellung,[377] welches Art. 82 EGV nachgebildet ist. Im übrigen ist das Gesetz auch im Hinblick auf Zuständigkeiten und Befugnisse der britischen Kartellbehörden dem Europäischen Kartellrecht nachgebildet.[378] Da Verwertungsgesellschaften insbesondere der Kontrolle nach Art. 81 und 82 EGV seit längerer Zeit unterlegen haben,[379] ist nicht zu erwarten, daß die Kontrolle von Verwertungsgesellschaften nach dem Competition Act 1998 sich grundlegend ändert oder abnimmt. Da bislang aber kein Verfahren nach dem Competition Act 1998 abgeschlossen ist, beschränkt sich die nachfolgende Darstellung auf die bisherige Rechtslage, die auch Anhaltspunkte für die Anwendung des Competition Act 1998 geben können.

---

370 Cornish Intellectual Property, S. 499/500.

371 Martin-Jones/Prosser Frankfurter Kommentar, Ausland GB, Rdnr. 4/38.

372 Amt für Verbraucherschutz.

373 Entspricht Britischen Kartellamt.

374 Britischer Wirtschaftsminister.

375 Copinger and Skone James on Copyright, S. 1690.

376 Competition Act 1998, Part I, Chap. I.

377 Competition Act 1998, Part I, Chap. II.

378 Vgl. Einzelheiten in Cornish Intellectual Property S. 776 - 778; Copinger and Skone James on Copyright, S. 1675 - 1682.

379 Vgl. unten 5. Kap. I.

Bei der Kontrolle von Verwertungsgesellschaften ist zwischen der Kontrolle über die Gründung und der über die Aktivitäten von Verwertungsgesellschaften zu unterscheiden.

a) Gründungskontrolle

Die Gründung einer Verwertungsgesellschaft, verstanden als Übertragung der Rechte auf die Verwertungsgesellschaft durch die Inhaber, stellt eine Beschränkung des Wettbewerbs dar. Die Berechtigten können, aufgrund der ausschließlichen Übertragung, die Rechte selbst nicht mehr wahrnehmen, die Verwerter sind gezwungen, die Rechte von den Verwertungsgesellschaften zu erwerben.[380]

Diese Beschränkung verstößt nicht gegen den Restrictive Practice Act 1976. Unter wettbewerbsbeschränkenden Verträgen i.S.d. Restrictive Practice Act 1976[381] sind Verträge zu verstehen, die den Vertragsparteien Beschränkungen im Hinblick auf Preise oder das Waren- oder Dienstleistungsangebot auferlegen und gegen das öffentliche Interesse verstoßen.[382] Nach Schedule 3 para. 5A Restrictive Practice Act 1976 sind Verträge, durch die lediglich Rechte nach dem CDPA 1988 übertragen werden, von dem Anwendungsbereich des Restrictive Practice Act 1976 ausgenommen. Daher braucht ein Vertrag, durch den der Inhaber exklusiv seine Copyrights überträgt, nicht registriert zu werden, und unterliegt daher auch nicht der Kontrolle nach dem Restrictive Practice Act 1976.[383] Die Gründung von Verwertungsgesellschaften bzw. die Verträge der Berechtigten mit einer Verwertungsgesellschaft, unterliegen daher nicht der Kontrolle durch den Restrictive Practice Act 1976.[384]

Die Gründung von Verwertungsgesellschaften verstößt auch nicht gegen die Bestimmungen des Fair Trading Act 1973. Obwohl ein Zusammenschluß, durch den eine Monopolstellung entsteht, der Kontrolle durch den Fair Trading Act 1973 unterliegt,[385] liegen dessen Voraussetzung nicht vor, da ein Verstoß gegen das öffentliche Interesse nicht feststellbar ist. Der Secretary of State hat es zwar als *uncompetitive* angesehen, daß die Berechtigten der Verwertungsgesellschaft

---

380 Vgl. M.M.C. Cm 530 (1988), S. 30 - 33.

381 Vgl. im einzelnen die Definitionen in ss. 6, 7, 11, und 12 Restrictive Practice Act 1976.

382 Lester/Mitchell in Joynson-Hicks on Copyright, S. 292/293.

383 Merkin/Harding/Wareham/Williams Encyclopecdia, S. 1611.

384 Whish Competition Law, S. 649/650/674; Martino/Moseley EIPR 1988, S. 150 (153).

385 Vgl. Martin-Jones/Prosser Frankfurter Kommentar Ausland GB, Rdnr. 14/18.

ihre Rechte exklusiv übertragen,[386] da sowohl die Freiheit der Berechtigten, als auch insbesondere die der Verwerter dadurch eingeschränkt werde. Diese Beschränkung widerspricht aber nicht dem öffentlichen Interesse. Durch diese Übertragung wird vielfach erst die Wahrnehmung und Verwertung von Rechten ermöglicht, was im Interesse von Berechtigten und Verwertern liegt.[387] Auch soll durch die Gründung von Verwertungsgesellschaften die Verhandlungsposition von Berechtigten gegenüber mächtigen Verwertern verbessert werden.[388] Diese Auswirkungen liegen im öffentlichen Interesse.

Danach unterliegen die Verwertungsgesellschaften weder nach dem Restrictive Practice Act 1976, noch nach dem Fair Trading Act 1973 einer Gründungskontrolle. Da im übrigen die Gründung von Verwertungsgesellschaften grundsätzlich nicht gegen Art. 81 EGV verstößt,[389] findet auch nach den entsprechenden Vorschriften des Competition Act 1998, die Art. 81 EGV nachgebildet sind, eine Gründungskontrolle nicht statt.

b) Kontrolle über die Aktivitäten von Verwertungsgesellschaften

Die Aktivitäten von Verwertungsgesellschaften unterliegen der Kontrolle nach dem Fair Trading Act 1973 und dem Competition Act 1980.[390]

aa) Grundlagen

Monopole oder monopolartige Stellungen werden u.a. durch den Fair Trading Act 1973 kontrolliert. Der Competition Act 1980 soll wettbewerbsschädigendes bzw. -beschränkendes (*anticompetitive*) Verhalten verhindern, ohne daß eine Monopolstellung vorzuliegen braucht.[391] Dabei sind Überschneidungen zwischen den Anwendungsbereichen der Gesetze, z.B. bei einem wettbewerbsschädigenden Verhalten von Monopolen, denkbar. Eine klare gesetzliche Abgrenzung fehlt. In der Praxis wird der Competition Act 1980 auf wettbewerbsschädigendes Verhalten einzelner Unternehmen angewandt, während auf Grundlage des Fair Trading Act 1973 industrieweite Verhalten untersucht werden.[392]

---

386 Vgl. Cm. 530 (1988), S. 43; insoweit findet auch nach dem Fair Trading Act 1973 eine "Gründungskontrolle" statt.

387 M.M.C. Cm 530 (1988), S. 32.

388 Whish Competition Law, S. 649/658/674.

389 Vgl. unten Kap. 5 I 1.

390 Whish Competition Law, S. 674.

391 Martin-Jones/Prosser Frankfurter Kommentar Ausland GB, Rdnr. 38.

392 Whish Competition Law, S. 109/131.

Nach dem Fair Trading Act 1973 können u.a. Monopole (ss. 47 bis 56) kontrolliert, sowie allgemeine Untersuchungen (s. 78) angestellt werden. Verwertungsgesellschaften können insbesondere Gegenstand einer allgemeinen wettbewerbsrechtlichen Untersuchung nach s. 78 (1) (b) Fair Trading Act 1973 sein.[393] Nach s. 78 (1)(b) kann der Secretary of State eine Untersuchung bei der M.M.C. in Auftrag geben, ob ein bestimmtes wettbewerbsschädigendes Verhalten gegen das öffentliche Interesse verstößt. Ein Verhalten ist dann wettbewerbsschädigend, wenn es sich auf einen geschäftlichen Verkehr wettbewerbsverhindernd, -einschränkend oder -störend auswirkt.[394] Es verstößt dann gegen das öffentliche Interesse, wenn es nicht "angemessen" ist.[395] Bei der Beantwortung dieser Frage sind alle relevanten Umstände zu beachten und zu fragen, ob im konkreten Fall effektiver Wettbewerb wünschenswert ist, ob durch das Verhalten Kosten gespart werden, und inwieweit die Interessen der Verbraucher betroffen sind.[396]

Nach Abschluß der Untersuchung legt die M.M.C. einen Bericht vor. Der Secretary of State ist nach s. 144 CDPA 1988 ermächtigt, eine Zwangslizenz für Monopolrechte auszusprechen und die Lizenzbedingungen festzulegen, wenn die M.M.C. festgestellt hat, daß eine bestimmte Lizenzpraxis wettbewerbsschädigend sei und gegen das öffentliche Interesse verstößt. Eine solche Befugnis besteht nach s. 78 Fair Trading Act 1973 nicht.[397]

Daneben unterliegen die Aktivitäten von Verwertungsgesellschaften der Kontrolle auch nach dem Competition Act 1980. Nach s. 2 (1) Competition Act 1980 ist unter einem Verhalten, das als wettbewerbswidrig angesehen wird, eine Verhaltensweise zu verstehen, welches sich auf den Wettbewerb hinderlich, einschränkend oder störend auswirkt und im Zusammenhang mit der Zirkulation von Gütern und Dienstleistungen steht. Diese Definition ist so weit gefaßt, daß sie alle Formen von wettbewerbsschädigenden Verhaltensweisen erfaßt, die sich auf britischen Märkten auswirken,[398] und auch auf die Wahrnehmung von Rechten anwendbar ist. Der Competition Act ist daher auch auf die Wahrnehmung von Copyright anwendbar.

Obwohl eine marktbeherrschende Stellung nicht Voraussetzung für die Anwendung des Competition Act 1980 ist, so finden sich *anticompetitive* Praktiken

---

393 S. 78 (1) (a) Fair Trading Act 1973 setzt wieder voraus, daß Verträge über Güter und Dienstleistungen betroffen sind. Vgl. ss. 137, 5 (3) Fair Trading Act 1973.

394 S. 137 Fair Trading Act 1973.

395 Whish Competition Law, S. 51.

396 Vgl. die Aufzählung in s. 84 Fair Trading Act 1973, Whish Competition Law, S. 84/85.

397 Whish Competition Law, S. 83.

398 Frazer, Monopoly, S. 195.

i.S.d. Competition Act 1980 in der Regel bei Unternehmen, die eine marktbeherrschende Stellung innehaben.[399] Was im einzelnen unter einer *anticompetitive* bezeichneten Praxis zu verstehen ist, ist unklar.[400] Auf jeden Fall kann jedes rechtmäßige und unrechtmäßige Verhalten im geschäftlichen Verkehr eines Inhabers von Copyright als *anticompetitive* angesehen werden.[401] Dieses Verhalten ist aber nur dann verboten, wenn es gegen das öffentliche Interesse verstößt. Dabei ist unter öffentlichem Interesse dasselbe, wie nach dem Fair Trading Act 1973 zu verstehen.[402]

Der Competition Act 1980 ermächtigt den Director General of Fair Trading, Nachforschungen anzustellen. Kommt er zu der Auffassung, daß ein als *anticompetitive* einzuschätzendes Verhalten vorliegt, so kann er die M.M.C. beauftragen, zu untersuchen, ob dieses gegen das öffentliche Interesse verstößt. Bejaht die M.M.C. dies, so ist der Secretary of State ermächtigt, das Verhalten zu verbieten.[403] Nach s. 144 CDPA 1988 kann er dann auch die Bedingungen einer Lizenz festlegen, sowie Zwangslizenzen erlassen.

Die von einer Wettbewerbsbeschränkung Betroffenen haben keinen Rechtsanspruch darauf, daß Untersuchungen nach dem Fair Trading Act 1973 und dem Competition Act 1980 eingeleitet werden.[404] In der Praxis ist der Director General aber auf Informationen von den Betroffenen angewiesen,[405] so daß sie insoweit Einfluß nehmen können.

Bei der Darstellung der Kontrolle über die Aktivitäten der Verwertungsgesellschaften ist erneut zwischen der Kontrolle über das Innenverhältnis und der über das Verhältnisses zu den Verwertern zu unterscheiden.

bb) Berechtigte

(1) Anwendbarkeit des Fair Trading Act 1973 und des Competition Act 1980

Fraglich ist, ob der Fair Trading Act 1973 und der Competition Act 1980 auf das Verhältnis zwischen Berechtigten und Verwertungsgesellschaft anwendbar ist.

---

399 Whish Competition Law, S. 111.
400 Frazer Monopoly, S. 196; Whish Competition Law, S. 112/113.
401 Phillips/Firth Intellectual Property Right, S. 177.
402 Frazer Monopoly, S. 202.
403 S. 10 Competition Act 1980, vgl. Whish Competition Law, S. 123.
404 Frazer Monopoly, S. 201.
405 Whish Comptition Law, S. 125.

Dies wurde z.T. damit verneint, daß der Schöpfer mit der Übertragung seiner Rechte zur Wahrnehmung lediglich die ihm durch den CDPA 1988 eingeräumten Befugnisse wahrnimmt. Eine solche Ausübung gesetzlicher Befugnisse sei keine Handlung im Rahmen eines geschäftlichen Verkehrs, und daher auch nicht den Regeln des Wettbewerbsrechts unterworfen. Das Verhältnis zwischen Berechtigten und einer Verwertungsgesellschaft läge daher außerhalb des Anwendungsbereiches des Wettbewerbsrechts.[406]

Die Frage, inwieweit die Ausübung von Copyright-Befugnissen der Kontrolle durch das Wettbewerbsrecht unterliegt, stellt auch in Großbritannien ein klassisches Problem dar.[407] Dieses ist dadurch zu lösen, daß zwischen dem eigentlichen Bestand des Rechtes und der Verwertungshandlung zu unterscheiden ist.[408] Nach dieser Unterscheidung wird der Bestand des Copyright nicht angetastet, lediglich dessen Ausübung. Sieht der Schöpfer danach von der Veröffentlichung des Werkes, d.h. der Handlung ab, mit dem er das Werk der wirtschaftlichen Verwertung zugänglich macht, so kann er auch unter Anwendung des Wettbewerbsrechtes nicht zur Veröffentlichung gezwungen werden. Führt er aber sein Werk einer wirtschaftlichen Verwertung zu, d.h. überträgt er es oder lizenziert er Nutzungshandlungen, so unterliegt dieser Vorgang der Kontrolle nach dem Wettbewerbsrecht.[409]

Der oben genannten Auffassung, nach der der Fair Trading Act 1973 und der Competition Act 1980 nicht anwendbar sind, ist daher nicht zu folgen. Der Schöpfer nimmt bei der Übertragung des Copyright oder der Lizenzierung von Verwertungshandlungen am wirtschaftlichen Verkehr teil, und wird selber zum Unternehmer. Ein geschäftlicher Verkehr liegt daher vor. Das Verhältnis von Berechtigten zur Verwertungsgesellschaft unterliegt dann der Kontrolle nach dem Fair Trading und dem Competition Act. Diese Kontrolle erstreckt sich auf das gesamte Innenverhältnis der Verwertungsgesellschaft.

So hat z.B. der Secretary of State es als ein *uncompetive* Verhalten i.S.d. Fair Trading Act 1973 angesehen, daß der Berechtigte der Verwertungsgesellschaft seine Rechte exklusiv überträgt, da dadurch die Freiheit der Berechtigten und Verwerter, miteinander Nutzungsverträge abzuschließen, beschränkt werde.[410] Nach Auffassung der M.M.C. verstößt diese Praxis nicht gegen das öffentliche

---

406 So Merkin/Williams Competition Law, S. 345/346.

407 Frazer Monopoly, S. 223.

408 Whish Competition Law, S. 671; Frazer Monopoly, S. 223/224; Phillips/Firth Intellectual Property, S. 177/178; Dworkin/Taylor Blacksone's Guide, S. 106.

409 Whish Competition Law, S. 108; BBC/ITP M.M.C. Cmnd. 9614 (1985), S. 46/47.

410 Nachweis bei M.M.C. Cm 530 (1988), S. 43.

Interesse, da sie für die kollektive Wahrnehmung erforderlich sei.[411] Wohl könne eine übermäßige Bindung an die Verwertungsgesellschaft durch eine lange Laufzeit der Verträge gegen das öffentliche Interesse verstoßen.

Der Wahrnehmungsvertrag und die dort niedergelegten Vertragsbedingungen, wie der Umfang der Rechteübertragung, Kündigungsrechte etc., unterliegen ebenfalls der Kontrolle nach dem Competition Act, wenn dadurch der Wettbewerb hinderlich, störend oder beschränkend beeinflußt wird. Dabei genügt es, wenn ein anderer Markt, als der für die Verwertung von Copyright betroffen ist.[412] Sobald die Verwertungsgesellschaft die Berechtigten zu stark an sich bindet, wird den Verwertern die Möglichkeit genommen, später einmal selbst mit den Berechtigten in Geschäftsverbindung zu treten.

Des weiteren unterliegt auch das Ausschüttungssystem und die Verteilungspläne der Verwertungsgesellschaften der Kontrolle insbesondere nach dem Fair Trading Act 1973. Diese verstoßen gegen den Fair Trading Act 1973, wenn die konkrete Praxis Ausfluß der Monopolstellung der Verwertungsgesellschaften ist, und insbesondere die Berechtigten bei der Ausschüttung der Einnahmen ungerechtfertigt benachteiligt werden.[413] Auch die Beteiligung Dritter an den Einnahmen, ist nicht ungerechtfertigt, wenn dies sich aus der Natur des genutzten Werkes ergibt, wie etwa die Beteiligung von Musikern an Einnahmen aus der öffentlichen Verwertung von Tonträgeraufnahmen.[414]

Unter öffentlichem Interesse i.S.d. Fair Trading Act 1973 und i.S.d. Competition Act 1980 ist dasselbe zu verstehen, so daß Praktiken von Verwertungsgesellschaften dann gegen das öffentliche Interesse verstoßen, wenn sie unangemessen sind bzw. sich nicht mit vernünftigen Gründen erklären lassen.[415]

Da nach dem britischen Kartellrecht nur bestimmte Gewerbetreibende kontrahierungspflichtig sind,[416] und die Verwertungsgesellschaften nicht hierzu zählen, kann die Verwertungsgesellschaft nicht zur Wahrnehmung der Rechte gezwungen werden. Der Berechtigte kann sich daher nicht gegen die Weigerung, seine Rechte wahrzunehmen, wehren.

---

411 M.M.C. Cm 530 (1988), S. 31/33/41.
412 Vgl. Frazer Monopoly, S. 196.
413 Vgl. Presseveröffentlichung des OFT vom März 1995.
414 M.M.C. Cm 530 (1988), S. 39/40.
415 Vgl. s. 84 Fair Trading Act 1973.
416 Vgl. von Westerholt und Gysenberg Unlauterer Wettbewerb, S. 300 FN 8.

(2) Der M.M.C. Report Performing Rights

Der M.M.C Report Performing Rights wurde im Februar 1996 durch den Secretary of State for Trade and Industry dem Parlament vorgelegt.[417] Der Untersuchung lagen Beschwerden von Mitgliedern der PRS zugrunde, daß die Wahrnehmungspraxis der PRS ihren berechtigten Interessen entgegenlaufen bzw. diese nicht hinreichend berücksichtigt würden. Komponisten weniger populärer Musik beschwerten sich über die Verteilungspraxis, mangelnde ausreichende Vertretung ihrer Interessen innerhalb der PRS Geschäftsorgane sowie über ihre Benachteiligung gegenüber Komponisten von populärer Musik. Gut verdienende Mitglieder von PRS beschwerten sich über die ausschließliche Übertragung ihrer Rechte an PRS und die beschränkten Möglichkeiten, die Wahrnehmungsverträge zu kündigen und PRS zu verlassen. Weiterhin wurde die Höhe der Verwaltungskosten und die generelle Effizienz der Wahrnehmungspraxis von PRS beanstandet.[418]

Die M.M.C. wurde vom OFT unter Anwendung der Regelung der Fair Trading Act 1973 beauftragt, zu untersuchen, ob PRS eine monopolartige Stellung im Hinblick auf die Berechtigten innehatte, und ob ein Mißbrauch dieser im Hinblick auf Verteilungspläne, Übertragungspraxis an PRS und der Effektivität der Wahrnehmungspraxis vorlag.[419] Nach eingehender Untersuchung und Befragung auch der beteiligten Mitglieder sowie der PRS stellte die M.M.C. fest, daß eine Reihe von Wahrnehmungsbedingungen der PRS gegen das öffentliche Interesse verstießen, und Ausfluß von deren Monopolsituation war, obgleich die kollektive Wahrnehmung als solche nicht zu beanstanden, da der Schöpfer auf die Tätigkeit von Verwertungsgesellschaften angewiesen war. In dieser Hinsicht beanstandete die M.M.C. insbesondere die interne Organisation der Geschäftsführung der PRS, die eine effektive Wahrnehmung verhindere, die Verteilungspraxis im Hinblick auf Effizienz, Kostenstruktur und Verteilungsgerechtigkeit, die Informationspolitik von PRS, die nicht sicherstellte, daß jedes Mitglied ausreichend informiert und somit die Geschäftspolitik transparent werde, die Weigerung der PRS, ihre Mitglieder bestimmte Gruppen von Rechten selbständig wahrnehmen zu lassen sowie das Fehlen eines PRS eigenen Rechtsmittels, durch das Mitglieder Entscheidungen von PRS, die insbesondere die Verteilung betreffen, intern überprüfen lassen konnten.[420] Dadurch hätte PRS seine Monopolstellung gegenüber den Berechtigten mißbraucht und gegen das öffentliche Interesse verstoßen. Durch die beanstandeten Verhaltensweisen würden die Mit-

---

417 Performing rights - A report on the supply in the UK for the services of administering performing rights and film synchronisation rights - Cm. 3147 (1996).

418 Vgl. Zusammenfassung in Copinger and Skone James on Copyright, S. 1513.

419 Cm. 3147 (1996), S. 3 22/23.

420 Cm. 3147 /1996), S. 3/4 und 26/27.

glieder im Hinblick auf ihre Einkommen z.T. untereinander diskriminiert bzw. erhielten weniger als die ihnen zustehenden Einnahmen. Auch hätten die Mitglieder keine Kontrollmöglichkeit im Hinblick auf die Geschäftspolitik und Entscheidungen von PRS.[421] M.M.C. untersuchte noch weitere Punkte, wie die Ausschüttung von Einnahmen, die im Ausland erzielt werden, die derzeitige Tarifpraxis, sowie die Wahrnehmung der Filmsynchronisationsrechte in den USA. M.M.C. stellte hier keinen Verstoß fest, da entweder ein Mißstand nicht feststellbar war, wie im Hinblick auf die Tarife, oder die Situation nicht auf ein mißbräuchliches Verhalten von PRS zurückzuführen war.[422]

Um dieses Verhalten abzustellen, machte M.M.C. eine ganze Reihe von Empfehlungen, um die Rechte und den Einfluß der Mitglieder innerhalb von PRS zu stärken, einschließlich der Errichtung eines internen Schiedsgerichtes (Appeals Board), um Meinungsverschiedenheiten beizulegen, und der Einführung eines förmlichen Beteiligungsverfahrens, durch das die Auffassung der Mitglieder in die Geschäftsstrategie und Änderungen der Wahrnehmungspraxis miteinfließen sollen. Weiterhin empfahl M.M.C. Änderungen der Wahlrechte, Änderungen im Hinblick auf die Geschäftsführung sowie Änderung der Rechtewahrnehmung, durch die die Mitglieder ihre Rechte auch selbst wahrnehmen können sollten.[423] Den größten Teil dieser Vorschläge hat PRS mittlerweile durch ihre Articles of Association und Memoranden, Rules etc. verwirklicht.[424] Wegen der Allgemeingültigkeit der Aussagen und Empfehlungen der M.M.C. ist zu erwarten, daß auch die weiteren Verwertungsgesellschaften in Großbritannien ihre Satzungen, Verteilungspläne etc. entsprechend ändern und diesen Empfehlungen anpassen.[425]

Somit gehen auch die britischen Kartellbehörden von der grundsätzlichen Zulässigkeit von Verwertungsgesellschaften aus, und befürworten das System der kollektiven Rechtewahrnehmung, da es den Interessen der Schöpfer dient. Das britische Kartellrecht wird aber im Verhältnis zu den Schöpfern als Kontrollmechanismus zu deren Gunsten verstanden, um diese vor unberechtigten Kollektivierungen ihrer Rechte und Befugnisse durch Verwertungsgesellschaften zu schützen, indem sie darauf achten, daß die Verwertungsgesellschaften ihr gegenüber den Berechtigten bestehendes Monopol nicht mißbrauchen.

---

421 Cm. 3147 (1996), S. 28.
422 Cm. 3147 (1996), S. 28/29.
423 Cm. 3147 (1996), S. 34/35.
424 Vgl. oben 3. Kap. I 3.
425 Copinger and Skone James on Copyright, S. 1514.

cc) Verwerter

Auch das Verhältnis zwischen Verwertungsgesellschaft und Verwerter unterliegt der Kontrolle nach s. 78 (1) (b) Fair Trading Act 1973. Zu denken ist insbesondere daran, daß sich Lizenzbedingungen, die Höhe der Lizenzgebühr, sowie die Verweigerung seitens der Verwertungsgesellschaft, Lizenzen zu erteilen, sich *uncompetitive* auswirken können.[426]

Der M.M.C. Report on Collective Licensing

Aufgrund einer Vorlage des Secretary of State und des Secretary of State for Trade and Industry, die ihrerseits einer Beschwerde von Verwertern, d.h. privaten Radiostationen, nachgingen,[427] war M.M.C. insbesondere mit der Lizenzierung von Rechten an Tonträgeraufnahmen durch PPL beschäftigt. Der Untersuchung war ein Verfahren vor dem Performing Right Tribunal vorausgegangen, das sich über acht Jahre hinzog, und in dessen Verlauf auch der High Court angerufen wurde.[428]

Die Situation auf dem Tonträgermarkt in Großbritannien und dem Markt für öffentliche Aufführungsrechte berücksichtigend,[429] schloß M.M.C., auch mit Blick auf die Verwerter, daß das System der kollektiven Verwertung von *Copyright* nicht gegen das öffentliche Interesse verstoße,[430] obgleich die PPL eine Monopolstellung innehabe.

M.M.C. stellte aber fest, daß einige Lizenzbedingungen, die PPL verwendete, gegen das öffentliche Interesse verstießen, und somit einen Mißbrauch darstellten, wie die Bestimmung, nach der Tonträger nur während einer beschränkten Zeitdauer gespielt und gesendet werden durften.[431] Die M.M.C. untersuchte auch die Höhe der Lizenzgebühren von PPL, konnte aber keinen Verstoß gegen das öffentliche Interesse feststellen.[432] Darüber hinaus hatte sie aber selbst Schwierigkeiten, zu bestimmen, welche Lizenzgebühr angemessen sei.

---

426 Cm. 530 (1988), S. 43.

427 Vgl. Whish Competition Law, S. 82.

428 Vgl. hierzu Copinger and Skone James on Copyright, S. 1689/1690.

429 Cm. 530 (1988), S. 5 - 30.

430 Cm. 530 (1988), S. 32.

431 "*Needle-time restriction*". Cm. 530 (1988), S. 40/41. Damit sollte erreicht werden, daß mehr Life-Musik im Radio gespielt wird, um den Musikern eine Beschäftigungsgrundlage zu sichern.

432 Cm 530 (1988), S. 39.

Daneben ist auch der Competition Act 1980 auf das Verhältnis zwischen Verwertungsgesellschaft und Verwertern anwendbar. Verwertungsgesellschaften sind in der Lage, aufgrund ihrer Lizenzpraxis den Markt für die Verwertung von *Copyright* zu beeinflussen.

Die Verweigerung einer Lizenz, aber auch einzelner Lizenzbedingungen, können als *anticompetitive* Praktiken angesehen werden.[433] Auch die Festsetzung der Lizenzgebühr kann ein solches Verhalten darstellen, und daher von dem Competition Act 1980 umfaßt werden.[434]

Stellt die M.M.C. fest, daß die Verweigerung einer Lizenz, sowie einzelne Lizenzbedingungen gegen das öffentliche Interesse verstoßen, so ist der Secretary of State gemäß s. 144 (1) CDPA 1988 ermächtigt, diese Lizenzbedingungen zu ändern, und das fragliche Recht als Zwangslizenz zugänglich zu machen,[435] soweit dadurch nicht gegen die Berner Konvention verstoßen wird (s. 144 (3) CDPA 1988)[436]. Können die Parteien sich nicht über die einzelnen Bedingungen der Zwangslizenz einigen, insbesondere nicht über die Lizenzgebühr, so kann nach s. 144 (4) CDPA 1988 das Copyright Tribunal angerufen werden, um diese zu bestimmen.[437] Dabei entscheidet das Copyright Tribunal nach denselben Kriterien, wie auch in den anderen Verfahren.

3. Zusammenfassung

Neben der Kontrolle durch das Copyright Tribunal unterliegen Verwertungsgesellschaften auch der Kontrolle nach dem Kartellrecht.

In der Praxis wird aber diese Kontrolle im Verhältnis zu den Verwertern weitgehend von der Kontrolle durch das Copyright Tribunal verdrängt. Verwertungsgesellschaften sind aber, wie die M.M.C. Untersuchungen gegen PRS und PPL deutlich gezeigt haben, nicht von der Kontrolle durch das Kartellrecht ausgenommen.[438] Wie das M.M.C.-Verfahren gegen PPL verdeutlicht, kommt diese

433 BBC/ITP Cmnd. 9614 (1985), S. 45 - 47.

434 Greaves EIPR 1987, S. 3 (5).

435 Vor Erlaß des CDPA 1988 herrschte Einigkeit darüber, daß nach dem Fair Trading Act and Competition Act eine solche Ermächtigung nicht bestand. vgl. Ford Report Cmnd. 9437 (1985), S. 43/46; BBC/ITP Cmnd.9614 (1985), S. 54; Turner EIPR 1985, S. 325 (326); Mr. Maude Standing Committee E, col.486/487.

436 Zwangslizenzen im Hinblick auf "echte" *Copyright* sind problematisch. vgl. Greaves EIPR 1987, S. 3 (5).

437 Merkin/Harding/Wareham/Williams Encyclopedia, S. 1610/1610.

438 A.A. Merkin/Williams Competition Law, S. 347; Löhr Aufsicht, S. 101/102.

aber häufig erst zum Tragen, wenn ein Verfahren nach den Vorschriften des CDPA 1988 nicht zur Beendigung des Streits zwischen Verwertern und Verwertungsgesellschaft geführt hat.

Die Wettbewerbsregeln sind auch auf das Innenverhältnis anwendbar. Die Berechtigten sind durch den CDPA 1988 nicht gegen den Mißbrauch durch Verwertungsgesellschaften geschützt, so daß eine Kontrolle nach dem Kartellrecht ein geeignetes Mittel sein kann, wie das M.M.C. Verfahren gegen die PRS verdeutlicht, die Interessen der Berechtigten zu schützten. Die Kontrolle erstreckt sich auf das gesamte Innenverhältnis und umfaßt insbesondere den Umfang der Rechteübertragung, das Ausschüttungssystem und die Verteilungspläne. Dagegen haben die Berechtigten nach dem britischem Kartellrecht kein Anspruch auf Wahrnehmung ihrer Rechte.

Da erst vereinzelt Verfahren gegen Verwertungsgesellschaften eingeleitet wurden, sind die Entscheidungskriterien von OFT und M.M.C. (bislang) wenig konkretisiert. Das Kartellrecht ergänzt daher die Regelung der Kontrolle von Verwertungsgesellschaften nach dem CDPA 1988. Indem der seit dem Jahre 2000 gültige Competition Act 1998 dem europäischen Kartellrecht nachgebildet ist, ist zukünftig, entsprechend der europäischen Praxis, nicht mit einer grundlegenden Änderungen der britischen Kartellrechtspraxis gegenüber Verwertungsgesellschaften zu rechnen. Auch das europäische Kartellrecht geht, wie das bisherige britische Recht nach dem Fair Trading Act 1973 und dem Competition Act 1980 auch, von dem System der kollektiven Wahrnehmung durch Verwertungsgesellschaften aus, erachtet dieses als nützlich, und beschränkt sich weitgehend auf eine Mißbrauchsaufsicht.

IV. Zusammenfassung: Die Kontrolle von Verwertungsgesellschaften in Großbritannien

Verwertungsgesellschaften genießen in Großbritannien eine relativ große Freiheit. Obwohl sie als Monopole angesehen werden und es nicht verkannt wird, daß sie ihre Stellung mißbrauchen können, unterliegen lediglich ihre Aktivitäten der Kontrolle.

Neben der Aufsicht nach allgemeinen Vorschriften können Verwertungsgesellschaften insbesondere nach dem CDPA 1988 und dem Kartellrecht kontrolliert werden. Dabei liegt der Schwerpunkt der Kontrolle nach dem CDPA 1988 durch das Copyright Tribunal auf der Überprüfung der Lizenzierungspraxis von Verwertungsgesellschaften. Berechtigte werden durch den CDPA 1988 nicht geschützt.

Das Copyright Tribunal ist als Vertragshelfer ausgestaltet. Verfahren, Kompetenz und Entscheidungspraxis werden diesem Konzept gerecht, wenngleich die Entscheidungskriterien wegen ihrer wirtschaftlichen Zielsetzung zugunsten der Nutzer zu beanstanden sind.

Die Konzeption des Copyright Tribunal ist jedenfalls bemüht, den Charakter der Rechte als individuelle Herrschaftsrechte gerecht zu werden. Die britische Regelung baut auf Vertragsverhandlungen und daher auf der Privatautonomie der Rechte und der Verwertungsgesellschaften auf. Beschränkungen sind dort vorgesehen, wo die Verwertungsgesellschaften ihr Marktmacht mißbraucht haben.

Die Kontrolle nach dem Kartellrecht hat in der Praxis bisher eine untergeordnete Rolle gespielt. Lediglich zwei Verfahren wurden eingeleitet und abgeschlossen.

Hauptschwachpunkt des Systems der Kontrolle von Verwertungsgesellschaften nach dem CDPA 1988 ist, daß die Copyright Inhaber praktisch nicht geschützt sind. Diese können sich daher nicht vor ungerechtfertigten Kollektivierungen ihrer Rechte und Befugnisse schützen. Der CDPA 1988 entspricht so nicht den Anforderungen, die das Konzept des individuellen Herrschaftsrechts an eine Kontrolle stellt.

4. KAPITEL: ZUSAMMENFASSENDER VERGLEICH DER DEUTSCHEN UND BRITISCHEN REGELUNG

I. Einleitung

1. Das Konzept des individuellen Herrschaftsrechts nach deutschem und britischem Recht

Beide nationalen Regelungen, UrhG und CDPA 1988, verwirklichen das Konzept des individuellen Herrschaftsrechts. Das Urheberrecht bzw. Copyright ist ein dem Schöpfer zustehendes individuelles Privatrecht, das diesem ermöglichen soll, seine Interessen gegenüber Dritten privatautonom durchzusetzen.

Dieses Konzept unterliegt in beiden Regelungen Beschränkungen, die sich aus den Interessen der Allgemeinheit ergeben, und unterschiedlich ausgestaltet sind.

2. Die kollektive Wahrnehmung durch Verwertungsgesellschaften

In beiden Ländern bestehen in fast jedem Bereich jeweils nur eine Verwertungsgesellschaft.[1] Nach der Vorstellung beider Gesetzgeber ist diese Monopolstellung der Verwertungsgesellschaften für die kollektive Wahrnehmung vorteilhaft, und dient dem Interesse aller Beteiligten.

Beide Gesetzgeber betrachten die Tätigkeit der Verwertungsgesellschaften als nützlich. Die Vorteile der kollektiven Wahrnehmung dürften nach beiden aber nicht durch Mißbräuche seitens der Verwertungsgesellschaften beeinträchtigt werden. Der Sicherung der Vorteile dieses Systems dient die Kontrolle der Verwertungsgesellschaften, die in beiden Gesetzen unterschiedlich ausgestaltet ist.

II. Kontrolle über die Aktivitäten von Verwertungsgesellschaften

Die Kontrolle über Verwertungsgesellschaften nach dem WahrnG und die nach dem CDPA 1988 beruhen auf unterschiedlichen systematischen Überlegungen.

Ziel des WahrnG ist es, die Verwertungsgesellschaften einer umfassenden Kontrolle zu unterwerfen. Daher wird der Begriff der Verwertungsgesellschaften legal definiert und nur die Gesellschaften der Kontrolle unterworfen, die die

---

[1] Vgl. aber den Filmbereich in der Bundesrepublik Deutschland und oben 2. Kap. I 3 und 3. Kap. I 3.

Voraussetzungen dieser Definition erfüllen, wobei es im Einzelfall immer zu Unsicherheiten kommen kann, ob diese Voraussetzungen vorliegen. So wird sichergestellt, daß nur Verwertungsgesellschaften der Kontrolle unterliegen. Die Kontrolle der kollektiven Wahrnehmung von Urheberrechten wird so auf die von Verwertungsgesellschaften beschränkt.

Dagegen ist der Kontrollmechanismus nach dem CDPA 1988 offener. Anknüpfungspunkt der Kontrolle ist nicht die Organisation, die die Rechte kollektiv wahrnimmt, sondern die Lizenzierungspraxis. Nach dem CDPA 1988 kann jeder, der ein *licensing scheme* nach ss. 116 und 117 CDPA errichtet und betreibt, der Kontrolle durch das Copyright Tribunal unterliegen. Diese Form der indirekten Kontrolle[2] zielt in erster Linie nicht auf die Machtposition der Verwertungsgesellschaften ab, sondern auf die Gefahren der kollektiven Wahrnehmung.

1. Gründungskontrolle

Lediglich das WahrnG sieht eine Gründungskontrolle vor. Diese soll sicherstellen, daß die Verwertungsgesellschaften mit den Anforderungen des WahrnG übereinstimmen. Mißstände sollen so präventiv erst gar nicht entstehen. Die Gründungskontrolle soll dem Interesse der Urheber und sonstigen Berechtigten dienen.

Die Gründungskontrolle nach dem WahrnG ist durch einen weiten Gestaltungsspielraum der Verwertungsgesellschaften im Hinblick auf die Ausgestaltung ihrer internen Organisation als Ausfluß ihrer Privatautonomie gekennzeichnet. Da noch hinzu kommt, daß sich eindeutige Aussagen nicht immer dazu nicht machen lassen, ob die Voraussetzungen für das Vorliegen der Erlaubnis erfüllt sind, ist die Prüfungskompetenz des DPMA erheblich beschränkt.

Diese Gründungskontrolle nach dem WahrnG ist nicht in der Lage, das Konzept des Urheberrechts als individuelles Herrschaftsrecht aufrechtzuerhalten, und die Urheber und sonstige Berechtigten vor ungerechtfertigten Kollektivierungen Ihrer Rechte und Beschränkungen ihrer Befugnis zu schützen, wie die unterschiedlichen Ausgestaltungen der Mitwirkungsrechte der Berechtigten innerhalb der Verwertungsgesellschaften gezeigt haben. Die Gründungskontrolle nach dem WahrnG erweist sich daher als unzureichend und somit vom Ergebnis her als überflüssig.

---

2 Vgl. zum Begriff Dietz Urheberrecht EG, S. 289.

Hinzu kommt noch, daß auch die Eingriffs- und Einwirkungsmöglichkeiten des DPMA im Hinblick auf die Ausgestaltung von Satzung, Verteilungspläne etc. innerhalb der Gründungskontrolle beschränkt sind. Das DPMA kann nur die Erlaubnis versagen, wenn eindeutige Verstöße gegen das WahrnG feststellbar sind, was, wie bereits gesagt, wegen Mehrdeutigkeit von Bestimmungen etc. nicht immer der Fall ist. Soweit Mißstände bei der Gründung der jüngsten als GmbH organisierten Verwertungsgesellschaften behoben wurden, so lag dies insbesondere auch daran, daß die Verwertungsgesellschaften freiwillig ihre Satzungen den Empfehlungen des DPMA angepasst haben, und nicht so sehr an den Eingriffsmöglichkeiten der Aufsichtsbehörde.

Verwertungsgesellschaften unterliegen nach britischem Recht keiner Gründungskontrolle. Der CDPA 1988 ist so durch eine größere Freiheit der Verwertungsgesellschaften gekennzeichnet.

Dem, neben der Kontrolle, weiteren Zweck des Erlaubnisverfahrens, die Aufsichtsbehörde über tätige Verwertungsgesellschaften zu informieren, könnte auch eine Anzeigepflicht genügen.. Gleichwohl sollte auf eine Gründungskontrolle nicht verzichtet werden, gibt die Gründungskontrolle doch eine Möglichkeit, sehr früh auf die Verwertungsgesellschaften einzuwirken, und so Mißstände gar nicht erst entstehen zu lassen. Voraussetzung ist allerdings, daß die Befugnisse der Aufsichtsbehörde klarer gefaßt werden. Dasselbe gilt für eine detaillierte Regelung, sei es durch Gesetze, Verordnungen oder Erlasse der Aufsichtsbehörde, im Hinblick auf die Innenstruktur der Verwertungsgesellschaft. Eine solche detaillierte Regelung mag zwar die Privatautonomie der Verwertungsgesellschaften einschränken, sie ist aber wegen des insofern vorgehenden Schutzes der Berechtigten unbedingt zulässig.

2. Kontrolle über die Aktivitäten von Verwertungsgesellschaften

Nach beiden Regelungen unterliegt die Tätigkeit von Verwertungsgesellschaften einer Kontrolle, die allerdings unterschiedlich stark ausfallen.

a) Kontrolle des Verhältnisses zu den Berechtigten

Lediglich in der Bundesrepublik Deutschland unterliegt das Innenverhältnis der Verwertungsgesellschaft einer speziellen Kontrolle. Der CDPA 1988 entspricht so nicht den Anforderungen, die die Ausgestaltung des Copyright/Urheberrechts als individuelles Herrschaftsrecht an die Kontrolle des Innenverhältnisses stellt. Auch nach britischem Recht muß sichergestellt werden, daß im Innenverhältnis der Inhaber der Rechte vor ungerechtfertigten Kollektivierungen seiner Rechte und Beschränkungen seiner Befugnisse vor der Verwertungsgesellschaft geschützt wird.

Obwohl die Verwertungsgesellschaften zum Teil von sich aus bemüht sind, auch Nichtmitgliedern eine Einflußnahme auf die Wahrnehmung der Rechte zu sichern und die Verteilung nach individuellen Gesichtspunkten vorzunehmen, ist nach britischem Recht nicht sichergestellt, daß die Inhaber vor ungerechtfertigten Kollektivierungen und Beschränkungen geschützt sind. Ansätze im Gesetzgebungsverfahren, auch das Innenverhältnis der Verwertungsgesellschaften einer Kontrolle zu unterwerfen, wurden im CDPA 1988 nicht verwirklicht. Dies mag an einem übertriebenen Respekt vor der Privatautonomie der Verwertungsgesellschaften liegen, aber auch daran, daß der Gesetzgeber darauf vertraut, daß die Inhaber der Copyright von sich aus in der Lage sind, ihre Interessen gegenüber der Verwertungsgesellschaft zu wahren, und sich im übrigen die Notwendigkeit einer Kontrolle noch nicht ergeben hatte.[3]

Aber auch die Ausgestaltung der Kontrolle nach dem WahrnG stößt auf Bedenken. Obwohl das gesamte Verhältnis der Verwertungsgesellschaft zu den Berechtigten einer Angemessenheitskontrolle unterliegt, ist dieser Kontrollmechanismus nicht in der Lage, die Urheber und sonstigen Berechtigten vor ungerechtfertigten Kollektivierungen seitens der Verwertungsgesellschaften zu schützen. So wird bei der Ausgestaltung des Wahrnehmungsvertrags, der Einflußmöglichkeit und der Ausschüttung zu wenig auf die individuellen Bedürfnisse und Interessen der Urheber bzw. des individuellen Wertes der Rechte Rücksicht genommen. Dies liegt vor allem an der weiten Fassung des Angemessenheitsgebotes nach §§ 6, 7 WahrnG und der eingeschränkten Eingriffsbefugnisse des DPMA, die den Verwertungsgesellschaften einen zu großzügigen Freiraum lassen. Der Schutz der Urheber und sonstigen Berechtigten kann so nicht sichergestellt werden.

Daher entspricht weder die britische noch die deutsche Regelung den Anforderungen, die das Konzept des individuellen Herrschaftsrechts an eine Kontrolle stellt. Auch hier wäre im Interesse der Berechtigten eine klare und detaillierte Regelung der Binnenstruktur der Verwertungsgesellschaften und Kontrollbefugnisse der Aufsichtsbehörde erforderlich, die zwar die Privatautonomie dieser einschränkt, aber den Schutzbedürfnissen der Berechtigten dient, was letztlich überwiegt, denn auch die Beachtung der Privatautonomie als solche besteht nicht als Selbstzweck, sondern im Interesse der Berechtigten.

---

3 Ulmer in Ulmer/Bußmann/Weber Verwertungsgesellschaften, S. 7.

b) Kontrolle des Verhältnisses zu den Verwertern

Das Verhältnis zu den Verwertern unterliegt nach beiden nationalen Regelungen einer Kontrolle, die sich z.T. erheblich voneinander unterscheiden.

Wie bereits oben ausgeführt, unterscheiden sich die Regelungen zum einem dadurch, daß nach dem WahrnG nur die Verwertungsgesellschaften einer Kontrolle unterliegen, während nach der indirekten Kontrolle des CDPA 1988 auch andere Organisationen der Kontrolle des Copyright Tribunals unterliegen können.

aa) Abschlußzwang

Die Verwertungsgesellschaften werden nach dem WahrnG durch die Normierung des Abschlußzwangs gegenüber den Verwertern benachteiligt. Dieser hebt den Charakter der Urheberrechte als individuelle Herrschaftsrechte auf, und verkürzt so letztendlich die Rechte der Schöpfer. Durch den Abschlußzwang ist eine Wahrnehmung der Rechte auf vertraglicher Grundlage nicht mehr möglich, da die Verwertungsgesellschaften gezwungen sind, die Rechte unbedingt einzuräumen. Vertragliche Verhandlung deren Abschluß die Einräumung der Rechte zur Nutzung sind, sind so überflüssig. Die Privatautonomie wird beseitigt.

Der Abschlußzwang ist im Verhältnis zu den Regelungen des UrhG, die von einem optimalen Schutz der Interessen des Urhebers ausgehen, systemwidrig. Auch ist er nicht notwendig, da die Verwertungsgesellschaften grundsätzlich an der Lizenzierung der Rechte interessiert sind, vorausgesetzt, die Interessen der Urheber und sonstigen Berechtigten werden beachtet.

Ergänzt wird der Abschlußzwang nach § 11 Abs. 1 WahrnG noch durch den Zwang mit Verwerterorganisationen einen Gesamtvertrag abzuschließen (§ 12 WahrnG). Dabei wird darauf verzichtet, auch den Verwerterorganisationen einen Kontrahierungszwang aufzuerlegen. Hier wird die Benachteiligung der Verwertungsgesellschaften besonders deutlich. Verwerterorganisationen können nämlich den Abschluß eines Gesamtvertrages verweigern, obwohl dieser doch der Effizienz der kollektiven Wahrnehmung dienen könnte. Daß die Verwerterorganisationen private Organisationen sind, steht der Normierung eines Kontrahierungszwang nicht entgegen, wie die Regelungen der §§ 11 und 12 WahrnG für die ebenfalls privat organisierten Verwertungsgesellschaften zeigen. Wenn man von daher den Verwertungsgesellschaften einen Kontrahierungszwangs auferlegt, so ist nicht ersichtlich, warum ein solcher nicht auch für Verwerterorganisationen gelten soll, vorausgesetzt, man hält die Auferlegung eines Kontrahierungszwanges grundsätzlich für zulässig, wie dies ja das WahrnG tut.

Diese mißglückte Regelung des WahrnG wird insbesondere vor der des CDPA 1988 deutlich.

Im Gegensatz zu der deutschen Regelung, die mit dem Abschlußzwang eine gesetzliche Lizenz normiert, sollen nach der Vorstellung des britischen Gesetzgebers Verwertungsgesellschaften grundsätzlich auf vertraglicher Basis die Rechte kollektiv wahrnehmen.[4] So bleibt der Charakter des Copyright als individuelles Herrschaftsrecht grundsätzlich erhalten. Lediglich in den Fällen, in denen die Verwertungsgesellschaften ihre Machtposition mißbräuchlich ausüben, kann das Copyright Tribunal eine gesetzliche Lizenz erlassen (s. 119 CDPA 1988). Diese Regelung des indirekten Kontrahierungszwanges ist ebenfalls in der Lage, Mißbräuche zu verhindern. Wie die Entscheidungen des Copyright Tribunals bisher gezeigt haben - seit dessen Errichtung ist lediglich ein Verfahren nach s. 119 CDPA 1988 eingeleitet worden, welches aber unbegründet war[5] - genügt bereits die Normierung eines indirekten Kontrahierungszwanges, um einen vertragslosen Zustand zu verhindern, der auf die Weigerung der Verwertungsgesellschaft, Rechte zu lizensieren, zurückzuführen ist.

Auch vor diesem Hintergrund stellt sich die Regelung der §§ 11 und 12 WahrnG als ungerechtfertigter Eingriff in das Konzept des individuellen Herrschaftsrechts dar. Vorzuziehen ist daher eine die vertragliche Wahrnehmung berücksichtigende Kontrolle, wie sie s. 119 CDPA 1988 vorsieht.

bb) Schiedsverfahren

Die Kontrolle von Verwertungsgesellschaften im Verhältnis zu den Verwertern wird nach beiden Regelungen durch eine Schiedsstelle ausgeübt, deren Konzeption, Verfahren und Entscheidungskriterien Übereinstimmungen aufweisen. Unterschiede zwischen den Regelungen sind auf die generellen Unterschiede in den Gesetzen sowie darauf zurückzuführen, daß das Copyright Tribunal wie ein Gericht verbindlich entscheiden kann, während die Schiedsstelle beim DPMA dem Verfahren vor den ordentlichen Gerichten nur vorgeschaltet ist, und daher nicht verbindlich entscheidet.

---

4 Clark/Hadley Collective Administration, S. 5.

5 CT 34/96 Candy Rock Recording Ltd. v. PPL, Decision v. 6. November 1996.

Beide Schiedsstellen sind als Vertragshelfer konzipiert. Zusammensetzung und Verfahren sind diesem Zweck weitgehend untergeordnet. So können beide Schiedsstellen ihre Verfahrensvorschriften eigenständig bestimmen.

Die Kompetenz der Schiedsstelle beim DPMA und des Copyright Tribunal ist unterschiedlich ausgestaltet. Hauptaufgabe beider soll die Tarifüberprüfung sein. Beide können ihre Entscheidung auf die Tarifhöhe beschränken.

Zu begrüßen ist die Regelung, daß nach dem CDPA 1988 eine Intervention Dritter ausdrücklich vorgesehen ist. Hierdurch kann sichergestellt werden, daß insbesondere Interessenvertretungen von Urhebern und sonstigen Berechtigten am Verfahren beteiligt werden. Die Berechtigten können dann indirekt über ihre Interessenvertretungen auf die Gestaltung der Tarife durch das Copyright Tribunal Einfluß nehmen. Dies entspricht insbesondere der Ausgestaltung des Urheberrechts/Copyright als individuelles Herrschaftsrecht. Aber auch nach deutschem Recht ist eine Beteiligung dieser Interessenvertreter möglich.

Nach beiden Regelungen können die Schiedsstellen das Verfahren ihren Bedürfnissen entsprechend bestimmen. Dies ist zu begrüßen, da starre Verfahrensvorschriften dem Charakter als Vertragshelfer entgegen stehen können.

Nach beiden Regelungen sind die Parteien uneingeschränkt postulationsfähig. Dies dient der Kostenersparnis und ist insbesondere in Anbetracht der hohen Verfahren- und Rechtsanwaltsgebühren in Großbritannien zu begrüßen. So wird auch dem finanziell nicht starken Verwerter ermöglicht, das Schiedsstellenverfahren einzuleiten, zumal es ja ein wichtiges Kontrollmittel für diesen ist.

Dagegen sieht nur die britische Regelung grundsätzlich eine mündliche Verhandlung vor. Nach der deutschen Regelung ist eine mündliche Verhandlung in den Fällen vorgesehen, in denen Streitgegenstand ein Gesamtvertrag ist. Diese Regelung ist im Hinblick auf den Zweck des Schiedsstellenverfahrens, eine Einigung zwischen den Parteien herbeizuführen, wenig hilfreich. In einer mündlichen Verhandlung ist die Bereitschaft sich zu einigen, größer als im schriftlichen Verfahren.

Die Kompetenz von Schiedsstelle und Copyright Tribunal ist unterschiedlich ausgestaltet. Im Gegensatz zum WahrnG ist die Kompetenzregelung des CDPA 1988 kompliziert. Die Kompetenz des Copyright Tribunals hängt insbesondere davon ab, welches Recht lizensiert wird. Diese Regelung gründet sich auf dem Bedürfnis des britischen Gesetzgebers mit der RBÜ nicht in Konflikt zu geraten.

Dadurch, daß nach britischem Recht lediglich die Verwerter und deren Organisationen und nur in den Fällen der Wiedervorlage nach s. 120 CDPA 1988 die Verwertungsgesellschaften antragsbefugt sind, wird das Copyright Tribunal zu einem echten Kontrollinstrument der Verwerter.

Sowohl Schiedsstelle als auch Copyright Tribunal verstehen sich als Vertragselfer, die die Parteien dabei unterstützen, eine Einigung im Hinblick auf die zwischen ihnen strittigen Punkte zu finden.

Diesem Konzept dient der Vergleichsvorschlag, den die Schiedsstelle beim DPMA vor einem Einigungsvorschlag erlassen kann.

Das Copyright Tribunal fördert eine Einigung dadurch, daß sie zunächst ihre Auffassungen in einer Entscheidung (Interim Decision) darlegt, und so ihre endgültige Entscheidung andeutet. Aufgrund dieser Überlegungen sollen die Parteien dann zu einer Einigung gelangen. Erst wenn dies nicht möglich ist, entscheidet das Copyright Tribunal endgültig durch eine Order.

Beide Regelungen sind ausdrücklich zu begrüßen. Dadurch wird dem Grundsatz der Vertragsautonomie Rechnung getragen. Erst wenn vertragliche Verhandlungen gescheitert sind, wird der Streit hoheitlich geschlichtet.

Diese Regelungen entsprechen insbesondere dem Konzept des individuellen Herrschaftsrechts. Die Urheber, vertreten durch die Verwertungsgesellschaften, behalten solange die Entscheidungsfreiheit bis sich herausstellt, daß kein vernünftiges Ergebnis zustande kommen kann. Erst dann ist es auch gerechtfertigt, in diese Entscheidungsbefugnis einzugreifen, wenn ansonsten die Nutzung der Rechte und damit der freie Zugang zu den Werken zum Nachteil der Allgemeinheit verhindert wäre. Von daher hat sich die Kontrolle durch Schiedsgerichte auch grundsätzlich bewährt.

Die Entscheidungskriterien beider Schiedsstellen sind ähnlich weit gefaßt, wenngleich die Kriterien nach dem CDPA 1988 detaillierter sind. Schiedsstelle und Copyright Tribunal sind berufen, die Entscheidungskriterien angemessen/*reasonable* durch Auslegung auszufüllen.

Während das Copyright Tribunal mehr eine auf Einzelfallgerechtigkeit ausgelegte Entscheidungspraxis vollzieht, ist die Schiedsstelle eher um die Grundlegung allgemeiner Prinzipien für die Tarifaufstellung bemüht.

Der Grund für diese Unterscheidung mag sein, daß nach dem englischem Rechtssystem ein Richter generell von Fall zu Fall (*case law*) entscheidet, wobei er die individuellen und unverwechselbaren Einzelheiten des ihm vorliegenden Falles berücksichtigt, und dabei Gerechtigkeit in einzelnen Fällen erzielt (*equity*).[6] Dagegen beschäftigt sich ein deutscher Richter mehr mit der Rechtssystematik und der Aufstellung allgemein gültiger Regelungen.[7]

Nach Auffassung der Schiedsstelle beim DPMA ist ein Tarif i.d.R. dann angemessen, wenn er eine prozentuale Beteiligung an den Bruttoeinnahmen vorsieht, wobei ein Abweichen von diesem Grundsatz wegen der Umstände des Einzelfalles möglich ist. Zur Begründung der Angemessenheit des Tarifes zieht die Schiedsstelle beim DPMA weitere Anhaltspunkte, wie frühere Tarife, mit ein. Auch sind für die Angemessenheit eines Tarifes soziale und kulturelle Zwecke zu beachten.

Dagegen enthält sich das Copyright Tribunal jeder grundsätzlichen Entscheidung. Das Copyright Tribunal entscheidet nur über die Angemessenheit der von ihr vorgelegten Tarife ohne in der Regel allgemeingültige Aussagen für die Angemessenheit anderer Tarife zu machen.

Für das deutsche System spricht, daß die Schiedsstelle allgemeine Regelungen aufstellt, die die Verwertungsgesellschaften dann ihrer Tarifgestaltung zugrundelegen können. Die Spruchpraxis wird kalkulierbarer und die Tarife können auf eine von der Schiedsstelle akzeptierte Grundlage gestellt werden. Gegen dieses System spricht aber, daß sie in einigen Bereichen unnötig starr ist. Dies ist insbesondere bei der Festlegung der Obergrenze von 10% der Fall, die in ihrer Absolutheit abzulehnen ist, da auch Fälle denkbar sind, die eine Beteiligung am Umsatz von mehr als 10% rechtfertigen.

Obwohl das Copyright Tribunal in Einzelfällen nicht frei von wirtschaftspolitischen Überlegungen ist,[8] und auch bei der Entscheidung eher auf die Interessen der Verwerter achtet, so ist das britische Schiedsstellenverfahren dem deutschen vorzuziehen. Dies liegt neben den eben erwähnten Gründen, insbesondere an dem auf Einzelfallgerechtigkeit fußenden Ansatz des Copyright Tribunals.

Für die Festsetzung der Tarife ist es nicht möglich, sich an einem freien Markt zu orientieren. Für die Bestimmung der Tarifhöhe gibt es daher keine feststehenden Anhaltspunkte. Das auf der Einzelfallgerechtigkeit abstellende Konzept des Copyright Tribunals entspricht daher eher diesen Umständen und den Be-

---

6 Radbruch Englisches Recht, S. 38 - 50; Rheinstein Rechtsvergleichung, S. 102.

7 Rheinstein Rechtsvergleichung, S. 103; vgl. auch Farrar/Dugdale Legal Method, S. 110/111.

8 Was im Rahmen der Kontrolle von Verwertungsgesellschaften abzulehnen ist, vgl. Troller Eingriffe, S. 100.

sonderheiten der kollektiven Wahrnehmung von Urheberrechten/Copyright durch Verwertungsgesellschaften.

Daß die Tarife allgemein in Großbritannien niedriger sind, als auf dem europäischem Kontinent, liegt daran, daß das Copyright - System verwerterfreundlicher ist, und die gewährten Rechte einen geringeren "inneren" wirtschaftlichen Wert haben. An diese gesetzlichen Vorgaben ist auch das Copyright Tribunal gebunden.[9]

Die Schiedsstelle ist durch den Grundsatz ne ultra petita eingeschränkt. Sie kann tatsächlich keine höhere Tarifgebühr zusprechen, als von den Verwertungsgesellschaften beantragt.[10] Dasselbe gilt für die Entscheidungen des Copyright Tribunals, das zwar unabhängig von den Vorstellungen der Parteien entscheiden, aber nicht mehr als beantragt zuerkennen kann. Nach beiden Regelungen besteht keine prima-facie Vermutung für die Angemessenheit der vorgelegten Tarife.

cc) Zusammenfassung

Zusammenfassend läßt sich sagen, daß das Schiedsstellenverfahren in Großbritannien und in der Bundesrepublik Deutschland in der Lage ist, Mißbräuche bei der Tarifgestaltung durch die Verwertungsgesellschaften zu beseitigen. Die Ausgestaltung dieser Kontrollen entspricht auch dem Konzept des individuellen Herrschaftsrechtes.[11] Es hat sich auch in der Praxis vom Prinzip her bewährt, da die Überprüfung der Tarife einer Institution übertragen wird, die über erhebliche Kompetenz in diesem Bereich verfügt.

Die Tarife werden keiner generellen staatlichen Kontrolle unterworfen. Die Verwertungsgesellschaften legen ihre Tarife vielmehr selbständig fest.[12] Kommt es zu keiner Einigung mit den Verwertern, so werden die Tarife der Schiedsstelle/dem Copyright Tribunal zur Überprüfung vorgelegt.

---

9 Vgl. CT 7/90, Entscheidung vom 1. November 1991, Schulze RzÜ Ausl GB 27, S. 43.

10 Vgl. aber Sch-Urh 16/87 ZUM 1989, S. 533 (534/535); hier hielt die Schiedsstelle den Tarif in einem Bereich für zu niedrig und sprach daraufhin den gesamten beantragten Betrag zu, nicht aber einen weiteren; s. a. Rossbach Vergütungsanspruch, S. 298 (283/334).

11 Vgl. allgemein Troller Eingriffe, S. 128; Riklin Herrschaftsrecht, S. 218; a.A. wohl Nipperdey in Recht und Unrecht, S. 244 (248).

12 Vgl. aber s. 120 CDPA 1988, wo diese Befugnisse der Verwertungsgesellschaft für die Fälle eingeschränkt sind, in denen das Copyright Tribunal bereits über den Tarif entschieden hatte.

Dieses System geht grundsätzlich davon aus, daß es besser ist, auf dem Verhandlungswege eine Einigung zu erzielen, als durch staatliche Organe diese verbindlich von vornherein festzulegen. Dies entspricht auch der Ausgestaltung der Schiedsstelle/des Copyright Tribunals als Vertragshelfer.[13] Dadurch wird das spezifische Recht des Urhebers/Inhabers nicht beschränkt, dessen Ausübung wird lediglich einer Kontrolle unterworfen, die verhindern soll, daß aufgrund des Ausschlußcharakters der gewährten Rechte diese Rechtsposition zum Nachteil der Allgemeinheit mißbraucht wird. So wird den Interessen der Allgemeinheit am Zugang zu kulturellen Werken Rechnung getragen. Diese Beschränkungen sind wegen übergeordneter Interessen zulässig.

Auch wird das Kontrollsystem dem Grundsatz des Vorranges der Privatautonomie gerecht. Obwohl das deutsche und britische Verfahren diesen Grundsätzen entsprechen, ist dem britischen System wegen dessen Einzelfallgerechtigkeit der Vorrang zu geben, wenngleich auch hier wegen der Spruchpraxis Nachbesserungsbedarf besteht.

3. Kontrolle nach dem nationalen Kartellrecht

Sowohl in Großbritannien als auch in der Bundesrepublik Deutschland unterliegen Verwertungsgesellschaften einer Kontrolle nach dem nationalem Kartellrecht. Gemeinsam ist beiden Regelungen, daß hiernach Verwertungsgesellschaften keine verbotenen Kartelle sind. Verwertungsgesellschaften sind aber nach beiden Regelungen einer Mißbrauchskontrolle unterworfen, die sich auf das gesamte Innen- und Außenverhältnis erstreckt, und ähnliche Kriterien anwendet. In beiden Ländern stellt die Mißbrauchskontrolle nach kartellrechtlichen Vorschriften eine Ergänzung der Kontrolle nach dem CDPA 1988 bzw. WahrnG dar.

Die Anwendung von kartellrechtlichen Vorschriften auf Verwertungsgesellschaften in Großbritannien ist ausdrücklich zu begrüßen.[14] Da die Verwertungsgesellschaften keiner generellen Kontrolle nach dem CDPA 1988, sondern lediglich einer Mißbrauchskontrolle der Lizenzierungspraxis durch das Copyright Tribunal unterliegen, ist die Anwendung des Kartellrechtes geeignet, sonstige Mißbräuche, insbesondere im Hinblick auf das Verhältnis zu den Berechtigten zu beseitigen. Dabei wird auf die besondere Situation der kollektiven Wahrneh-

---

13 Vgl. für das Copyright Tribunal Clark/Hadley Collective Administration, S. 3/5.

14 Vgl. aber Harmann J., AIRC v.PPL/MU Entscheidung vom 16. Juni 1986, S. 2, der noch davon ausging, daß das damalig bestehende PRT die Anwendung des Kartellrechtes ausschließe, ähnlich Ruete Verwertungsgesellschaften, S. 113; Löhr Aufsicht, S. 102/103 und 115.

mung durch Verwertungsgesellschaften Rücksicht genommen. Nicht deren Existenz wird in Frage gestellt, sondern lediglich Mißbräuche begegnet, die sich aus ihrer Monopolstellung ergeben.

Die Kontrolle kann sicherstellen, daß die Berechtigten auch wirklich den Anteil an der Ausschüttung zurückerhalten, der dem Wert der Nutzung ihres Rechts entspricht und dient somit der Verwirklichung des Konzeptes des individuellen Herrschaftsrechtes. Indem die Kontrolle nach dem Kartellrecht die Kontrolle nach dem CDPA 1988 in den Bereichen ergänzt, in denen die Verwertungsgesellschaften sonst keiner Kontrolle unterworfen wären, wird diese auch dem Grundsatz der Subsidiarität[15] der kartellrechtlichen Kontrolle von Verwertungsgesellschaften gerecht, und ist daher zu begrüßen.

Auch nach deutschem Recht ist die Kontrolle durch das GWB zu begrüßen. Es ergänzt das WahrnG in den Bereichen, in denen dieses keine ausreichende Regelung enthält. So wird insbesondere das Innenverhältnis einer Kontrolle unterstellt, die die Urheber und sonstigen Berechtigten vor ungerechtfertigten Kollektivierungen schützt. Auch ist das BKartA in der Lage, den Verwertungsgesellschaften Verhalten zu untersagen, die das DPMA wegen seiner eingeschränkten Kontrollbefugnisse wohl nicht beanstanden und untersagen kann.

Obgleich somit, insbesondere wegen der sehr zurückhaltenden Anwendung der nationalen Kartellrechte, deren Anwendung auf Verwertungsgesellschaften nicht zu beanstanden ist, ist diese doch auf Lücken in dem Kontrollmechanismus des WahrnG und CDPA 1988 zurückzuführen. Wegen der Rechtssicherheit wäre es besser, diese Gesetze insofern nachzubessern, so daß eine zusätzliche Kontrolle nach dem Kartellrecht nicht mehr notwendig ist und dann auch ausgeschlossen werden kann.

III. Ergebnis

Zusammenfassend läßt sich sagen, daß keine der dargestellten Regelungen vollständig zu überzeugen vermag. Während das CDPA 1988 die Verwertungsgesellschaften weitgehend dem freien Spiel der Kräfte der Beteiligten überläßt, ist die Kontrolle nach dem WahrnG zu ungenau gefaßt (Innenverhältnis) und gleichzeitig vom Ansatz her zu dirigistisch (Außenverhältnis).

Beide Regelungen werden den Anforderungen nicht gerecht, die die Ausgestaltung des Urheberrechtes/Copyright als individuelles Herrschaftsrecht an eine

---

15 Vgl. Dietz Urheberrecht EG, S. 276, und oben, 1. Kap. II 2.

solche stellt. Zum einen werden nämlich die Schöpfer nicht ausreichend geschützt, zum anderen geht die Kontrolle im Verhältnis zu den Verwertern zu weit.

Für eine Angleichung des Rechts der Verwertungsgesellschaften ist aber die britische Regelung eher geeignet, eine Grundlage zu bilden. Dies liegt daran, daß der britische Gesetzgeber konsequenter bemüht ist, im CDPA 1988 das Konzept des individuellen Herrschaftsrechtes zu verwirklichen, und Beschränkungen bei der kollektiven Wahrnehmung nur zuzulassen, wenn dies dem Interesse an einer effektiven Wahrnehmung dient. Freilich müßte die Regelung des CDPA 1988 noch um Vorschriften, die das Innenverhältnis betreffen, ergänzt werden, und die den Anforderungen des individuellen Herrschaftsrechtes entsprechen, damit die Rechteinhaber vor ungerechtfertigten Kollektivierungen und Beschränkungen ausreichend geschützt werden können. Weiterhin müßten die Vorschriften über Copyright Tribunal in einigen Punkten reformiert werden.

5. KAPITEL: DIE KONTROLLE VON VERWERTUNGSGESELLSCHAFTEN NACH EUROPÄISCHEM RECHT

Die Kontrolle nach Europäischen Vorschriften erstreckt sich auf nationale Verwertungsgesellschaften.[1] Abhängig von der Kontrolle in den Mitgliedsstaaten stellt diese europäische Kontrolle i.d.R. eine zusätzliche Kontrolle dar.[2]

Innerhalb der Europäischen Union gibt es i.d.R. nationale Verwertungsgesellschaften, die auf das Gebiet des Mitgliedstaates beschränkt, die Rechte wahrnehmen. Daneben existiert insbesondere im Bereich der Wahrnehmung der mechanischen Rechte eine europaweite Lizenzierungspraxis.[3] Die Zentrallizenz ermöglicht es den Tonträgerherstellern die für die Produktion erforderlichen Rechte zentral einzukaufen und die Tonträger in jedem Mitgliedsstaat pressen zu lassen.[4]

In der nahen Zukunft wird es wohl nicht zu der Gründung einer europäischen Verwertungsgesellschaft kommen, da in der Regel nationale Organisationen in der Lage sind, den engen Zusammenhang zwischen Verwertungsgesellschaft und Berechtigten sowie eine Verbesserung des Verhältnisses zu den Verwertern zu garantieren, nicht aber eine supranationale Gesellschaft.[5] Ausschließen kann man eine solche Entwicklung aber nicht.

I. Bisherige Kontrolle nach dem EGV

Abgesehen von einigen Regelungen in Richtlinien der Europäischen Union zum Urheberrecht, wie beispielsweise in der Richtlinie zur Koordinierung bestimmter urheber- und leistungsschutzrechtlicher Vorschriften den grenzüberschreitenden Satelliten- und Kabelrundfunk betreffend,[6] besteht (bislang) keine euro-

---

1 Die von den nationalen Verwertungsgesellschaften gegründete GESAC (Groupement Européen des Sociétés d`Auteures et Compositeurs) ist lediglich eine Interessenvertretung; vgl. Schulze in FS Reichardt, S. 193 (201/202); und ders. FS Mestmäcker, S. 461 (462).

2 Vgl. die Übersicht zu den nationalen Kontrollmechanismen Katzenberger in Hilty Verwertung, S. 1 - 15.

3 Einzelheiten bei Montgomery EIPR 1994, S. 199 (199 - 203); Morris Ent. LR. 1991 S. 50 (50 - 53); Thurow in Verwertungsgesellschaften, S. 95 (103/105); Block Lizenzierung, S. 82 - 87; Schulze in FS Mestmäcker S. 461 (464/465).

4 Einzelheiten bei Thurow in Verwertungsgesellschaften, S. 95 (105 - 109).

5 Vgl. hierzu Karnell GRUR Int. 1991, S. 583 (591); Schulze in FS Mestmäcker, S. 461 (462); offener Dillenz in Walter Urheberrecht S. 74.

6 Richtlinie des Rates vom 27.09.93 (93/83), ABL Nr. L 248 v. 06.10.93, S. 15 ff.

päische Regelung, die sich ausschließlich mit dem Recht der Verwertungsgesellschaften beschäftigt. Die Kontrolle von Verwertungsgesellschaften auf europäischer Ebene vollzieht sich daher vornehmlich nach allgemeinen Vorschriften des EGV.[7]

Die die Tätigkeit der Verwertungsgesellschaften betreffenden Artikel des EGV sind Art. 28, 30, 81, 82, 86 sowie 49 und 50 EGV.[8] Der EGV enthält übergreifende Regelungen, die eine objektive Rechtsordnung bilden.[9] Aufgabe des Gemeinschaftsrechtes ist es, einen einheitlichen europäischen Wirtschaftsraum zu schaffen und die Hindernisse zu beseitigen, die diesem im Wege stehen. Handelsbarrieren zwischen Mitgliedsstaaten sollen beseitigt bzw. deren Errichtung verhindert werden.[10] Wegen dieser Zielsetzung ergibt sich ein potentieller Konflikt zu den Urheberrechten und deren Wahrnehmung durch Verwertungsgesellschaften, da diese Rechte von ihrem Wesen her nationale Rechte sind und auch traditionell territorial beschränkt wahrgenommen werden.[11] Die Regeln des EGV stellen somit eine Begrenzung der nationalen Urheberrechte dar.[12]

Bei der Kontrolle von Verwertungsgesellschaften soll erneut zwischen der Gründungskontrolle und der über den Geschäftsbetrieb unterschieden werden.

1. Gründungskontrolle

Auch im europäischen Recht stellt sich die Frage, ob nationale Verwertungsgesellschaften Kartelle sind, und somit gegen Art. 81 EGV verstoßen.

Die Kommission hatte zunächst im ersten GEMA - Verfahren die Auffassung vertreten, Verwertungsgesellschaften seien Kartelle i.S.d. Art. 81 EGV, weil dadurch, daß die Urheber den Verwertungsgesellschaften ihre Rechte zur Wahrnehmung exklusiv übertragen, der Wettbewerb eingeschränkt werde. Durch diese Übertragung würden die Berechtigten gehindert, die betreffenden Rechte selbst zu lizenzieren, die Verwerter auf der anderen Seite gezwungen, die

7 Vertrag zur Gründung der Europäischen Gemeinschaft vom 25. März 1957 in der Fassung des Amsterdamer Vertrages vom 02.10.1997.

8 Karnell GRUR Int. 1991, S. 583 (584); Reinbothe in Verwertungsgesellschaften, S. 19 (20/21).

9 Reinbothe in Verwertungsgesellschaften, S.19 (19).

10 Loewenheim in Schricker § 17 UrhG, Rdnr.18; Wünschmann Verwertung, S. 15/16.

11 Reinbothe in Verwertungsgesellschaften, S.19 (19).

12 Vgl. Cornish Intellectual Property, S. 748/749.

Rechte von den Verwertungsgesellschaften zu erwerben.[13] Dieser Auffassung lag ein Modell des Wettbewerbs zwischen den Berechtigten untereinander zugrunde. Die Verwerter sollten von den Berechtigten direkt eine Lizenz erwerben können.[14] Diesen Standpunkt hat die Kommission später aufgegeben.

Ein Verstoß gegen Art. 81 Abs. 1 EGV liegt erst dann vor, wenn der Wettbewerb tatsächlich eingeschränkt wird. Dies ist aber bei der Wahrnehmung der Rechte durch Verwertungsgesellschaften nicht der Fall. Deren Gründung und die Rechteübertragung dient dazu, bestimmte Rechte überhaupt durchzusetzen. Verwertungsgesellschaften gründen erst einen Markt für Rechte, die anderweitig nicht wahrgenommen werden könnten.[15] Ohne die Verwertungsgesellschaften wären die Verwerter nicht in der Lage die Rechte zu erwerben. Daher beschränkt die ausschließliche Übertragung zur Wahrnehmung und damit die Gründung von Verwertungsgesellschaften auch keinen Wettbewerb. Ein direkter Erwerb der Rechte von den Urhebern ist, wie oben bereits ausgeführt,[16] wegen der tatsächlichen Verhältnisse nicht möglich.

Daher verstößt die Gründung von Verwertungsgesellschaften und damit die Zusammenfassung der Rechte in den Händen der Verwertungsgesellschaften nicht gegen Art. 81 Abs. 1 EGV.[17] Gleichwohl sind die Verwertungsgesellschaften immer wieder als rechtswidrige Kartelle angegriffen worden.[18]

In jüngster Vergangenheit wurde die Lizenzvergaben der britischen Verwertungsgesellschaft VPL im Hinblick auf seine Vereinbarkeit mit Art. 81 EGV kritisiert.[19] Die Europäische Kommission, Generaldirektion Wettbewerb, hielt es nicht für ausgeschlossen, daß die Einbringung der Rechte in eine Verwertungsgesellschaft zur gemeinsamen Wahrnehmung eine unzulässige wettbewerbsbeschränkende Maßnahme i.S.d. Art. 81 EGV sei, da dadurch eine grundsätzliche Lizenzierung durch die Rechteinhaber direkt verhindert würde. Wegen der Besonderheit des Musikmarktes, der weitgehend durch die sog. 5 Majors, d.h.

---

13 Ziff. 78 der Vorabentscheidung im GEMA - Verfahren, Nachweis in Mestmäcker/Schulze IntR EG, S. 86/87.

14 Ruete Verwertungsgesellschaften, S. 204.

15 Mestmäcker in FS Lukes, S. 445 (448).

16 Vgl. oben, 1. Kap. I 2.

17 Deringer Int.Bus.L. 1985, S. 65 (67); Whish Competition Law, S. 677; Stockmann in Verwertungsgesellschaften, S. 25 (40); Gerlach in FS Dittrich, S. 119 (127/128); Wünschmann Verwertung, S. 115/116 sieht dagegen Art. 81 EGV bei der Gründung von Verwertungsgesellschaften berührt, will aber eine Freistellung nach Art. 81 Abs. 3 EGV zulassen; ähnlich Pickrahn, Verwertungsgesellschaften, S. 113 - 131.

18 Nachweise in Schulze/Mestmäcker IntR EG, S.85.

19 Vgl. Porter EIPR 1997, S. 161 (161); Gerlach in FS Dittrich, S. 119 (128 - 131); Copinger and Skone James on Copyright S. 1522/1523.

Tonträgerhersteller, dominiert sei, wäre eine Direktlizenzierung durch diese auch möglich. Da diese aber der VPL ihre Rechte eingeräumt hatten, verweigerten diese 5 Majors die direkte Lizenzierung der entsprechenden Senderechte an MTV-Europe.[20] Die Kommission hatte insofern aber außer acht gelassen, daß neben den sog. 5 Majors auch noch 400 unabhängige Tonträgerunternehmen VPL ihre Rechte einräumten. Diese würden durch die Direktlizenzierung zwischen den 5 Majors und MTV-Europe nicht betroffen werden, so daß tatsächlich eine direkte Lizenzierung des gesamten von MTV benötigten Repertoires, zu denen ja nicht allein das der 5 Majors gehört, ohne Einschaltung von VPL, nur sehr schwer möglich war, da zeitaufwendig und kompliziert. Weiterhin hatte MTV am Beginn ihrer Sendetätigkeit um gerade die zentrale Lizenzierung durch VPL gebeten, die später angegriffen wurde.[21] Zu einer abschließenden Entscheidung kam es nicht, da sich die Parteien einvernehmlich einigten. Die genannte vorläufige Stellungnahme der Europäischen Kommission, Generaldirektion Wettbewerb, läßt aber eine nach wie vor eine kritische Haltung gegenüber der Funktion und Tätigkeit der Verwertungsgesellschaften erkennen. Würde die Forderung der Direktlizenzierung tatsächlich umgesetzt, so würde dies das gesamte System der kollektiven Wahrnehmung in Frage stellen, was nicht nur zum Nachteil der Berechtigten, sondern auch der Nutzer führen würde.

2. Kontrolle über die Tätigkeit von Verwertungsgesellschaften

Soweit Europäische Kommission und EuGH mit der Kontrolle von Verwertungsgesellschaften betraut waren, haben sie ihre Entscheidungen vor allem auf Art. 28, 30 bzw. 49, 50, 81 und 82 EGV gestützt.[22] Diese bilden daher den europäischen Rahmen für die Tätigkeit von Verwertungsgesellschaften.[23]

a) Art. 28 und 30 EGV - Freier Warenverkehr

Nach Art. 28 EGV sind alle quantitativen Beschränkungen des Imports und Exports von Waren zwischen Mitgliedsstaaten und Maßnahmen, die einen ähnlichen Effekt haben, verboten. Eine Ausnahme bildet Art. 28 EGV, nach dem solche Beschränkungen aus Gründen des gewerblichen und kommerziellen Eigentums gerechtfertigt sind.

---

20 Vgl. Gerlach in FS Dittrich, S. 119 (129/130); Porter EIPR 1996, S. 672 (675/676); Wünschmann Verwertung, S. 112.

21 Porter EIPR 1996, S. 672 (676); Gerlach in FS Dittrich, S. 119 (129/130).

22 Zur Frage, inwieweit der EGV überhaupt auf Urheberrechte anwendbar ist, Ubertazi GRUR Int.1984, S.327 - 329.

23 Reinbothe in Verwertungsgesellschaften, S. 19 (20/21).

Diese Regelungen stehen zum Teil zu der Konzeption des Urheberrechtes im Widerspruch. Das Urheberrecht ist traditionell ein nationales Recht und wird auch national ausgeübt. Es ist ein exklusives und ausschließliches Monopolrecht, das dem Inhaber auch das Recht gewährt, Importe aus Mitgliedsstaaten abzuwehren, die zu seinem Recht im Widerspruch stehen. Eine solche Befugnis ist notwendig, um das Urheberrecht nicht etwa durch Importe, die das Recht selber verletzen, wertlos zu machen. Auf der anderen Seite kann diese Rechtsposition auch mißbraucht werden, um künstliche Handelsbarrieren aufzubauen, und so der Errichtung eines gemeinsamen Binnenmarktes widersprechen.[24]

Der EuGH hat in der Entscheidung Polydor[25] den Konflikt zwischen nationalen Urheberrechten und den Vorschriften über den freien Warenverkehr dadurch entschärft, daß er zwischen dem Bestand der Schutzrechte und deren Ausübung unterscheidet.[26]

Wie sich aus Art. 28 EGV ergebe, der auch auf Urheberrechte anwendbar sei,[27] unterscheide der EGV zwischen dem Bestand der Rechte, welche vom EGV unberührt blieben, und deren Ausübung, was unter die Verbote des EGV fallen könnte.[28] Eine Beschränkung des freien Warenverkehrs ist daher dann erlaubt, wenn sie den spezifischen Gegenstand des Urheberrechtes bildet, und daher zur Wahrung des Urheberrechtes erlaubt sein muß.[29]

Nach dieser Rechtsprechung ist danach zu fragen, ob eine Beschränkung des freien Warenverkehrs mittels nationaler Urheberrechte durch den spezifischen Gegenstand des Urheberrechtes gerechtfertigt ist, oder nicht, was dann eine Verletzung des Art. 28 EGV darstellt.[30] Die nationalen Schutzrechte werden so zugunsten des freien Warenverkehrs beschränkt.[31] Obwohl dieser Grundsatz für das Urheberrecht allgemein gilt, sollen im folgendem nur die Fälle dargestellt

---

24 Vgl. zu dem Konflikt EGV und Urheberrecht allgemein: Wyatt in Wyatt/Dashwood European Community Law, S. 571 - 576; Copinger and Skone James on Copyright, S. 1227 - 1240.

25 GRUR Int.1971, S. 450 - Polydor.

26 Copinger and Skone James on Copyright, S. 1235/1236.

27 Vgl. zur Frage, ob Art. 28 EGV, der nicht ausdrücklich von Urheberrechten spricht, auf diese anwendbar ist, Ubertazzi GRUR Int. 1984, S.327 (329/340); Delaque EIPR 1989, S. 435 (435) m.w.N; Ferid in FS Ulmer, S. 75 (78 - 80).

28 EuGH GRUR Int. 1971, S. 450 (454) - Polydor.

29 EuGH GRUR Int. 1971, S. 450 (454) - Polydor.

30 Vgl. Übersichten bei Dietz in FS GRUR, S. 1445 (1456 - 1464); Oliver Free Movements of Goods, S. 242 - 247; Joliet/Delsaux in Cornish, Free and Competitive Markets, S. 21 - 39.

31 Ubertazzi GRUR Int. 1984, S. 327 (331).

werden, die Verwertungsgesellschaften unmittelbar betrafen. Dabei ging es vornehmlich um die Lizenzierungspraxis der Verwertungsgesellschaften.

In der Rechtssache Musik Membran ./. GEMA[32] entschied der EuGH, daß die frühere Praxis der GEMA, für Importe von in Großbritannien und anderen Mitgliedsstaaten hergestellten Tonträger eine Gebühr zu verlangen, welche die Differenz zu den niedrigeren Gebühren in den anderen Mitgliedsstaaten ausgleichen sollte, gegen Art. 28 EGV verstößt. Das Recht zur mechanischen Vervielfältigung, das dieser Gebühr zugrunde liege, sei durch das Inverkehrbringen in einem Mitgliedsstaat erschöpft.[33] Aufgrund dieser Erschöpfung ist der Inhaber des Rechtes daran gehindert, eine zusätzliche Gebühr für die mechanische Vervielfältigung zu verlangen.

Die Entscheidung Basset ./. SACEM betraf Umfang und Grenzen des Vorführungs- und Vervielfältigungsrechtes. Nach dem französischen Urheberrecht von 1957 war der Urheber befugt, die Vervielfältigung seines Werkes zu einem genau bestimmten Zweck zu genehmigen und zu einem anderem Zweck auszuschließen. So konnte zwischen dem mechanischem Vervielfältigungsrecht zum persönlichen Gebrauch und dem zur öffentlichen Vorführung unterschieden werden. Der EuGH sah es nicht als Verletzung von Art. 28 EGV an, daß zusammen mit der Gebühr für die Vorführung des Werkes durch Tonträger auch eine Gebühr für die mechanische Vervielfältigung für die öffentliche Vorführung erhoben wurde, obwohl in dem Land, in dem die Tonträger hergestellt wurden, eine dem französischen Recht entsprechende Unterscheidung nicht existierte. Die Praxis der SACEM, eine sogenannte zusätzliche mechanische Vervielfältigungsgebühr für die öffentliche Vorführung etc. von Tonträgern zu erheben, verstoße nicht gegen Art. 28 EGV, da sie nach dem französischen Recht Teil des Urheberrechtes sei und so einen Teil der Vergütung für die öffentliche Aufführung darstelle.[34]

Die Rechtsprechung des EuGH ist als widersprüchlich kritisiert worden.[35] Der EuGH habe in den Entscheidungen Musik Membran ./. GEMA und Basset ./. SACEM die Frage der Lizenzunterschiede in den Mitgliedsstaaten uneinheitlich beantwortet. Während in der ersten Entscheidung eine zusätzliche Lizenzgebühr als gegen Art. 28 EGV verstoßend abgelehnt worden sei, sei in der letzten Entscheidung die Erhebung einer zusätzlichen Gebühr gebilligt worden.

---

32 EuGH GRUR Int.1981, S. 229 Musik Membran ./. GEMA.

33 EuGH GRUR Int.1981. S. 229 (230) Musik Membran ./. GEMA.

34 EuGH GRUR Int. 1987, S. 243 (245/246) - Basset ./. SACEM; freilich kann die Höhe der Vergütung gegen Art. 82 EGV verstoßen; vgl. auch EuGH GRUR Int. 1990, S. 622 (623) - Ministére Public ./. Tournier.

35 Delaque EIPR 1989, S. 435 (437).

Der Unterschied in der Behandlung der zusätzlichen Lizenzgebühr liegt darin, daß die Lizenzgebühr im Fall Musik Membran ./. GEMA aus Anlaß der Einfuhr von Tonträgern erfolgte, während in Basset ./. SACEM die zusätzliche Lizenzgebühr wegen der öffentlichen Aufführung der Werke in Frankreich generell erhoben wurde, und diese ihre Grundlage im französischem Urheberrecht hat. Die Erhebung der zusätzlichen Gebühr ist daher Teil der Vergütung des mechanischen Rechts, welches durch die generelle Vervielfältigung zum persönlichen Gebrauch nicht erschöpft ist.[36]

Anhand der aufgezeigten Entscheidungen wird deutlich, daß die Tätigkeit von Verwertungsgesellschaften den Beschränkungen des Art. 28 EGV unterliegen, wobei es auf die Umstände des Einzelfalles ankommt, ob ein Verstoß gegen Art. 28 EGV vorliegt.

In den dargestellten Entscheidungen ging es in erster Linie nicht um die Kontrolle der den Verwertungsgesellschaften innewohnenden Machtposition, sondern vielmehr um Inhalt und Grenzen der von ihnen wahrgenommenen Rechten. Die Entscheidungen betrafen daher das materielle Urheberrecht selbst, und erst in zweiter Linie die Wahrnehmung derselben durch Verwertungsgesellschaften. Dessen ungeachtet sind Verwertungsgesellschaften aber verpflichtet bei der Wahrnehmung der Rechte die Vorschriften der Art. 28 ff. EGV zu beachten.[37]

b) Art. 81 und 82 EGV - Kartellrecht

Verwertungsgesellschaften sind Unternehmen i.S.d. EGV.[38] Art. 81 und 82 EGV sind also auf diese anwendbar. Die Verwertungsgesellschaften erbringen gegenüber Berechtigten und Verwertern Dienstleistungen und nehmen so am Wirtschaftsverkehr teil.

Bei der Anwendung von Art. 81 und 82 auf Verwertungsgesellschaften ist zu beachten, daß das Kartellrecht nur eingeschränkt anwendbar ist. Wie beim freien Warenverkehr verstößt ein Verhalten dann nicht gegen Art. 81, 82 EGV, wenn es die bloße Ausübung eines national gewährten Urheberrechtes darstellt. Das europäische Kartellrecht läßt den Ausschlußcharakter der nationalen Urheberrechte unberührt, lediglich dessen wettbewerbsbeschränkende Ausübung, die

---

36 Vgl. auch Joliet GRUR Int. 1989, S. 177 (178); EuGH GRUR Int. 1990, S. 622 (623) - Ministére Public ./. Tournier.

37 Vgl. auch Karnell GRUR Int. 1991, S. 583 (586 - 598); Mestmäcker Int. B.L. 1985, S. 71 (75).

38 Kommission GRUR Int.1973, S. 86 (86) - GEMA I; EuGH GRUR Int. 1974, S. 342 (343/344).

über den Schutzzweck des Rechtes hinausgeht, unterliegt der Kontrolle nach Art. 81 und 82 EGV. Die Ausübung eines Urheberrechtes verstößt dann gegen Art. 81 EGV, wenn es Gegenstand, Mittel oder Folge eines Kartells ist.[39]

Nach Art. 81 EGV sind Vereinbarungen und abgestimmte Verhaltensweisen von Unternehmen verboten, die den Wettbewerb beschränken. Dabei sind die Verträge nicht nur isoliert zu betrachten, sondern dahingehend, ob sie gemeinsam mit anderen gleichartigen Verträgen geeignet sind, die Freiheit des zwischenstaatlichen Verkehrs zu beeinträchtigten.[40] Bei der Anwendung auf Verwertungsgesellschaften ist darauf zu achten, ob die Beschränkungen über das Maß hinausgehen, das für die Verwirklichung des legitimen Zwecks, d.h. der Wahrnehmung von Urheberrechten, unerläßlich ist.[41]

Einen Verstoß gegen Art. 82 EGV liegt vor, wenn die Ausübung des Urheberrechtes zu einer beherrschenden Stellung des Inhabers führt, deren mißbräuchliche Ausübung dazu beitragen kann, den Handel zwischen den Mitgliedsstaaten zu beeinträchtigen.[42]

Da ein Unternehmen dann marktbeherrschend ist, wenn es einen Marktanteil von mehr als 50% hat bzw. auf dem Markt, der auch ein einzelner nationaler Markt sein kann, ohne Konkurrenten ist,[43] sind Verwertungsgesellschaften, die auf den nationalen Märkten in den einzelnen Sparten i.d.R. allein tätig sind, marktbeherrschende Unternehmen.[44] Diese beherrschende Stellung besteht gegenüber den Verwertern und Berechtigten, die beide auf die Tätigkeit von Verwertungsgesellschaften angewiesen sind.

Die Frage, ob ein Verhalten mißbräuchlich i.S.d. Art. 82 EGV ist, ist von Fall zu Fall zu entscheiden.[45] Ein Mißbrauch kann in jedem Marktverhalten bestehen. Dabei kommt es auf die Umstände des Einzelfalles an, ob ein Verhalten sich tat-

---

39 Pickrahn Verwertungsgesellschaften, S. 111.

40 Mestmäcker/Schulze IntR EG, S. 86 m.w.N.; Schröter in v. d. Groeben/Thiesing/Ehlermann Art. 85, Rdnr. 139/37.

41 Mestmäcker/Schulze IntR EG, S. 86 m.w.N.; v. Gamm Art. 85 EGV Rdnr. 24; EuGH GRUR Int.1990, S. 622 (625) - Ministère Public ./. Tournier etc.

42 Reischel GRUR Int. 1982, S. 151 (157); Wyatt in Wyatt/Dashwood European Community Law, S. 595/596.

43 Emmerich Kartellrecht, S. 563/564.

44 Kommission GRUR Int. 1973, S. 86 (86) - GEMA I; EuGH GRUR Int. 1974, S. 342 (343) - BRT ./. SABAM.

45 Vgl. Mayras A.G. in BRT ./.SABAM CLMR 1974, S. 238 (278).

sächlich als mißbräuchlich darstellt, d.h. objektiv zu den Zielen des EGV in Widerspruch steht[46] und für Dritte ungerechtfertigte Nachteile hat.[47]

Um ungerechtfertigte von gerechtfertigten Beeinträchtigungen zu unterscheiden, wurden vom EuGH eine Reihe von Rechtfertigungsgründen (*objective justifications*)[48] entwickelt, nach denen ein bestimmtes Verhalten, wie Preisdiskriminierung, gerechtfertigt sein kann, ein anderes dagegen nicht.[49] Der EuGH wägt bei der Beurteilung, ob ein Verhalten mißbräuchlich ist, die Interessen der Beteiligten ab,[50] so daß es zu einem ausgewogenen Verhältnis der Interessen der Beteiligten kommt.[51]

aa) Freistellung nach Art. 86 Abs. 2 EGV

Nach Auffassung der Europäischen Kommission und des EuGH stellen Verwertungsgesellschaften keine Unternehmen dar, die "mit Dienstleistungen von allgemeinem und wirtschaftlichen Interesse betraut" und daher nach Art. 86 Abs. 2 EGV privilegiert sind.[52] Diese Frage war insbesondere bei deutschen Autoren umstritten,[53] ist aber aufgrund der eindeutigen Rechtsanwendung und Rechtsprechung von Europäischer Kommission und EuGH entschieden.[54] Nach Auffassung von Europäischer Kommission und EuGH sind Verwertungsgesellschaften Privatunternehmen, die mit der Wahrnehmung von Privatinteressen betraut sind, nicht aber mit der Wahrnehmung von Interessen von allgemeiner wirtschaftlicher Bedeutung. Als Ausnahmevorschrift sei Art. 86 Abs. 2 EGV eng auszulegen. Verwertungsgesellschaften fielen nicht darunter. Auch das

46 Vgl. Emmerich Kartellrecht, S. 567; Schröter in v. d. Groeben/Thiesing/Ehlermann Art. 86, Rdnr. 128 m.w.N.

47 Mestmäcker Wettbewerbsrecht, S. 388.

48 Vgl. EuGH GRUR Int. 1983, S. 734 (736/737) - GVL ./. Kommission.

49 Whish Competition Law, S. 303.

50 Stockmann in Verwertungsgesellschaften, S. 25 (41).

51 EuGH GRUR Int. 1974, S. 342 (343/344) - BRT ./. SABAM.

52 EuGH GRUR Int. 1974, S. 342 (344) - BRT ./. SABAM; Kommission GRUR Int. 1982, S. 242 (247) - GVL; EuGH GRUR Int. 1983, S. 734 (735) – GVL ./. Kommission.

53 Vgl. Melichar Wahrnehmung, S. 59; Dietz in FS GRUR S. 1445 (1467); Ipsen in FS Sasse, S. 405 (417 - 423); zum ganzen Wünschmann, Verwertung, S. 68/69, der aber i. ü. bei der Frage der Freistellung nach den nationalen Gegebenheiten unterscheiden will, Wünschmann, Verwertung, S. 75.

54 Stockmann in Verwertungsgesellschaften, S. 25 (39).

WahrnG stelle keine Betreuung mit allgemeinen wirtschaftlichen Interessen dar, da in diesem lediglich eine Kontrolle geregelt sei.[55]

Das europäische Kartellrecht ist danach uneingeschränkt auf Verwertungsgesellschaften anwendbar.[56]

bb) Kontrolle nach dem europäischen Kartellrecht

Das europäische Kartellrecht ist auf das Innenverhältnis der Verwertungsgesellschaften sowie auf das Verhältnis zu den Verwertern und anderen Verwertungsgesellschaften anwendbar.

(1) Verhältnis zu den Berechtigten

Art. 81 und 82 EGV sind auch auf das Verhältnis zu den Berechtigten anwendbar. Aufgrund des weiten Unternehmerbegriffes des EGV, nach dem jede selbständige, nicht auf Deckung des persönlichen Bedarfes beschränkte Teilnahme am Wirtschaftsverkehr eine unternehmerische Tätigkeit ist,[57] sind ebenfalls Berechtigte, die ihre Rechte verwerten oder - auf Verwertungsgesellschaften übertragen - Unternehmer i.S.d. EGV.[58] Art. 82 EGV schützt auch Nichtunternehmen vor einem Mißbrauch,[59] so daß Art. 82 EGV unproblematisch auf das Verhältnis der Verwertungsgesellschaft zu den Berechtigten anwendbar ist.

Daher unterliegen der Kontrolle sowohl die Übertragung der Rechte als auch die unternehmerischen Dienstleistungen, die Verwertungsgesellschaften gegenüber den Berechtigten erbringen, wie Ausschüttungen etc., aber auch Satzungsbestimmungen. Diese Kontrolle über das Innenverhältnis stand in der Vergangenheit im Vordergrund.[60]

---

55 Kommission GRUR Int. 1982, S. 242 (247) - GVL; EuGH GRUR Int. 1983, S. 734 (735) GVL ./. Kommission.

56 So auch Gerlach in FS Dittich, S. 119 (125); und im Ergebnis Wünschmann, Verwertung, S. 75/76; Pickrahn Verwertungsgesellschaften, S. 108/109.

57 Vgl. Koch in Grabitz/Hilf Art. 85, Rdnr. 7 ff; Groeben/Thiesing/Ellermann Vorb. Art. 85/86, Rdnr. 13.

58 Europäische Kommission GRUR Int. 1973, S. 86 (87) - GEMA I; Mestmäcker/Schulze Int. EG, S. 55/56; vgl. aber auch v. Brunn WuW 1971, S. 770 (774); Deringer Int. B.L. 1985, S. 65 (67); Ipsen in Sasse, S. 405 (415).

59 Mestmäcker Wettbewerbsrecht, S. 373; Schröter in v. d. Groeben/Thiesing/Ehlermann Art. 86, Rdnr. 136; Deringer Int. Bus.L. 1985 S. 65 (67).

60 Stockmann in Verwertungsgesellschaften, S. 25 (41); s. a. Joliet EuR 1973, S. 97 (98/99).

Anknüpfungspunkt der Praxis von Kommission und EuGH war dabei die Annahme, daß die Verwertungsgesellschaften auf dem gemeinsamen Markt um die Mitgliedschaft von Berechtigten im Wettbewerb stehen.[61]

(a) Wahrnehmungsvertrag

Eine Verwertungsgesellschaft mißbraucht ihre Stellung gegenüber den Berechtigten, wenn sie diesem Wahrnehmungsbedingungen auferlegt, die für die Erreichung des Gesellschaftszweckes nicht absolut erforderlich sind und daher ungerechtfertigt die Freiheit der Berechtigten einschränken, ihre Rechte auszuüben oder eine andere Verwertungsgesellschaft mit der Wahrnehmung ihrer Rechte zu betrauen.[62] Die Verwertungsgesellschaften unterliegen so einem aus Art. 82 EGV folgenden Übermaßverbot.[63]

Daher verstößt die uneingeschränkte Rechtsübertragung, ohne die Möglichkeit die Übertragung nach Sparten, Gruppen von Rechten oder Ländern aufzuteilen gegen Art. 82 EGV.[64] Die Verwertungsgesellschaft kann von den Berechtigten nicht die Einräumung von Rechten für die Gebiete verlangen, auf denen sie selbst nicht tätig ist.[65] Die ausschließliche Übertragung der Rechte durch die Berechtigten verstößt nicht gegen Art. 81 und 82 EGV, da dies notwendig ist, um den Verwertungsgesellschaften auch gegenüber starken Verwertern eine angemessene Verhandlungsposition zu verschaffen.[66]

Die Mindestlaufzeit der Verträge muß auf höchstens drei Jahre beschränkt werden, um den Berechtigten ein Wechseln zu einer anderen Gesellschaft zu ermöglichen.[67] Diese Mindestlaufzeit ist notwendig, um den Verwertungsgesellschaften eine effektive Wahrnehmung zu ermöglichen sowie die Berechtigten vor einer Übervorteilung durch starke Verwerter nach der Kündigung des Ver-

---

61 Vgl. Mestmäcker in FS Lukes, S. 445 (456).

62 EuGH GRUR Int. 1974, S. 342 (344) - BRT ./. SABAM.

63 Vgl. Kommission GRUR Int. 1981, S. 539 (541/542/543) - GEMA - Satzung.

64 Kommission GRUR Int. 1973, S. 86 (87/88) - GEMA I.

65 Kommission GRUR Int. 1973, S. 86 (87/88) - GEMA I.

66 Kommission 1.Wettbwerbsbericht 1972, S. 83.

67 Vgl. Kommission UFITA Bd. 65 (1972), S. 369 (370) - GEMA II; ursprünglich hatte die Kommission im ersten GEMA-Verfahren (GRUR Int.1973, S. 86 (88)) die Mindestmitgliedschaft auf ein Jahr begrenzten wollen, um den Berechtigten zu ermöglichen den Wahrnehmungsvertrag zum Jahresende zu kündigen, änderte im 2. GEMA - Verfahren aber ihre Haltung; vgl. EG Kommission 1. Tätigkeitsbericht 1972, S. 83/84.

trages zu schützen.[68] Diese könnten sonst Druck auf die Berechtigten ausüben, den Wahrnehmungsvertrag zu kündigen und sich die Rechte günstiger unter Umgehung der Verwertungsgesellschaft einräumen zu lassen.

Verwertungsgesellschaften dürfen aufgrund ihrer marktbeherrschenden Stellung die Wahrnehmung von Rechten seitens Berechtigter aus anderen Mitgliedsstaaten, die in ihren Wahrnehmungsbereich fallen, nicht verweigern.[69] Dies bedeute eine Diskriminierung aufgrund der Staatsangehörigkeit,[70] was den Verwertungsgesellschaften nach Art. 82 verboten ist.[71] Art. 82 EGV normiert daher so einen eingeschränkten Wahrnehmungszwang für die Berechtigten aus anderen Mitgliedsstaaten.

Da auch die sonstigen Wahrnehmungsberechtigten auf die Tätigkeit von Verwertungsgesellschaften angewiesen sind, darf die Verwertungsgesellschaft aufgrund ihrer Stellung den Abschluß eines Wahrnehmungsvertrages grundlos nicht verweigern, da dies sonst einen Mißbrauch ihrer Stellung bedeutet. Daher besteht gegenüber allen Berechtigten ein aus Art. 82 EGV begründeter Wahrnehmungszwang unter engen Voraussetzungen.[72]

(b) Satzung/Mitgliedschaft

Verwertungsgesellschaften sind nicht daran gehindert, nur einigen Berechtigten die Mitgliedschaft zu gewähren. Sie sind aber verpflichtet Wahrnehmungsberechtigte und Mitglieder gleich zu behandeln.

Eine Diskriminierung aufgrund der Staatsangehörigkeit eines anderen Mitgliedsstaates verstößt gegen Art. 82 EGV.[73] Die Kommission hat entschieden, daß es einen Mißbrauch darstellt, wenn eine Verwertungsgesellschaft Angehörige aus anderen Mitgliedsstaaten von der Wahrnehmungstätigkeit und der Mitgliedschaft in der Gesellschaft ausschließt. Auch darf die Verwertungsgesellschaft nicht die Möglichkeit dieser Angehörigen einschränken, die Gesellschaft zu verlassen und einer anderen beizutreten.

---

68 Kommission UFITA Bd. 65 (1972), S. 369 (370) - GEMA II; Schulze GRUR Int. 1973, S. 90 (91).

69 Kommission GRUR Int. 1973, S. 88 (88/89) - GEMA I; Kommission GRUR Int. 1982, S. 242 (246/247) - GVL; EuGH GRUR Int. 1983, S. 734 (739/740) - GVL ./. Kommission.

70 Vgl. nunmehr hierzu allgemein EuGH GRUR Int. 1994, S. 280 - Phil Collins.

71 Vgl. Art. 82 Abs. 2 Ziff. c EGV.

72 Vgl. Koch in Grabitz/Hilf Art. 86, Rdnr. 64/65.

73 Kommission GRUR Int. 1973, S. 86 (88/89) - GEMA I.

Den Verwertungsgesellschaften ist Gegnerfreiheit zuzubilligen.[74] Die Verwertungsgesellschaft ist nach Art. 82 EGV aber daran gehindert, von Verwertern beherrschten Berechtigten, wie Musikverlagen, grundsätzlich die ordentliche Mitgliedschaft zu verweigern, da auch andere Maßnahmen, wie ein Stimmrechtsverbot, denkbar seien, um der Gefahr einer Interessenkollision zu begegnen.[75] Dagegen sind die Verwertungsgesellschaften befugt, durch eine Satzungsänderung zu verhindern, daß Verwerter an den Ausschüttungen der Verwertungsgesellschaft indirekt durch die Berechtigten beteiligt werden und so Einfluß auf die Nutzung des Repertoires nehmen können. Eine solche Maßnahme verstößt nicht gegen Art. 81 oder 82 EGV, da sie einen indirekten Einfluß auf die Nutzung von Urheberrechten verhindert und dadurch die ungestörte Wahrnehmung von Urheberrechten sichert. Der Wettbewerb wird so nicht über die normale Tätigkeit und Zielsetzung von Verwertungsgesellschaften hinaus beschränkt.[76]

(c) Ausschüttung

Die Verwertungsgesellschaften sind verpflichtet, die eingenommenen Vergütungen nach festen Regeln gerecht und unter Ausschluß von Diskriminierungen kostensparend zu verteilen.[77]

Es verstößt daher gegen Art. 82 EGV, wenn die Verwertungsgesellschaft über Sonderzahlungen etc. an eine bestimmte Gruppe von Berechtigten mehr ausschüttet, als an die übrigen, obwohl diese Sonderzahlungen aus Mitteln erfolgen, die eigentlich allen Berechtigten zustehen.[78] Dagegen sind Pauschalisierungen bei der Verteilung aus Gründen der Kostenersparnis zulässig.[79]

(d) Zusammenfassung

Das Verhältnis zu den Berechtigten unterliegt einer umfassenden Kontrolle, insbesondere nach Art. 82 EGV. Nach anfänglichen Schwierigkeiten, insbesondere auf Seiten der Kommission, wird nunmehr die Tätigkeit der Verwertungsgesellschaften grundsätzlich als nützlich betrachtet.

---

74 Kommission GRUR Int. 1973, S. 86 (88) - GEMA I.
75 Kommission GRUR Int. 1973, S. 86 (88) - GEMA I.
76 Kommission GRUR Int. 1981, S. 539 (541/542/543) - GEMA - Satzung.
77 Kommission GRUR Int. 1982, S. 242 (248) - GVL.
78 Kommission GRUR Int. 1973, S. 86 (88) - GEMA I.
79 Kommission GRUR Int. 1982, S. 242 (248) - GVL.

Der Wettbewerb, den Art. 82 EGV schützt, ist in dem Wettbewerb der Verwertungsgesellschaften um die Wahrnehmungsberechtigten zu sehen. Es soll sichergestellt werden, daß die Errichtung eines gemeinsamen Marktes auch durch Verwertungsgesellschaften nicht verhindert wird. Der Berechtigte soll frei wählen können, welche Gesellschaft er mit der Wahrnehmung seiner Rechte betraut,[80] was zu einem Wettbewerb zwischen den Verwertungsgesellschaften führt und letztlich zu einer Verbesserung der Wahrnehmungsbedingungen für die Berechtigten.

Obwohl das Konzept des Wettbewerbs zwischen den Verwertungsgesellschaften kritisiert wurde,[81] dient es doch letztlich der Verbesserung der Wahrnehmungsbedingungen für die Berechtigten. Fraglich ist allein, ob ein Wettbewerb zwischen Verwertungsgesellschaften angesichts der Vorteile, die die Wahrnehmung der Rechte nur durch eine Verwertungsgesellschaft bietet, tatsächlich praktikabel ist. Der mögliche Wettbewerb wird beschränkt, wenn die freie Wahl der Berechtigten dadurch verhindert wird, daß die Gesellschaften diese zu sehr an sich binden und den Wechsel zu anderen Gesellschaften verhindern und sich weigern, Rechte "ausländischer" Berechtigter wahrzunehmen.[82]

Daneben schützt Art. 82 EGV die Berechtigten auch davor, daß die Verwertungsgesellschaften ihre Stellung dadurch ausnutzen, daß ihnen unangemessene Bedingungen auferlegt werden oder bestimmte Gruppen benachteiligt werden. Dadurch kann sichergestellt werden, daß die Berechtigten tatsächlich das an Erlösen erhalten, was ihnen aufgrund der Nutzung ihrer eingebrachten Rechte auch zusteht.

(2) Verhältnis zu den Verwertern

Bei der Darstellung der Kontrolle der Verhältnisses zwischen Verwertungsgesellschaften und Verwertern ist zwischen der Kontrolle der allgemeine Bedingungen des Lizenzvertrages und der der Lizenzgebühren zu unterscheiden.

(a) Abschlußzwang

In der Entscheidung Ministère Public ./. Tournier[83] stellte der EuGH fest, daß es Verwertungsgesellschaften grundsätzlich nicht erlaubt sein sollte, Verwertern

80 Kommission 1. Wettbewerbsbericht 1972, S. 83/84.

81 Vgl. Ruete Verwertungsgesellschaften, S. 209; Dietz Urheberrecht EG, S. 272/273.

82 Vgl. Mestmäcker/Schulze IntR EG, S. 93/94; Mestmäcker in FS Lukes, S. 445 (456).

83 EUGH GRUR Int. 1990, S. 622 - Ministère Public ./. Tournier.

aus anderen Mitgliedsstaaten die Lizenzierung ihres Repertoires zu verweigern.[84] Allerdings können Schwierigkeiten bei der Verwaltung der Rechte und bei der Kontrolle der Nutzung zu einer Lizenzverweigerung berechtigen.[85]

Allgemeine Aussagen zu einem sich insbesondere aus Art. 82 EGV ergebenden Abschlußzwang gegenüber inländischen Verwertern lassen sich nicht machen. Ein solcher Abschlußzwang ist angesichts der zurückhaltenden Rechtsprechung des EuGH zur Frage der Kontrahierungspflicht bei der Verwertung von Urheberrechten[86] auch nicht zu begründen.[87]

Verwertungsgesellschaften unterliegen daher keinem aus Art. 81 oder 82 EGV folgenden allgemeinem Kontrahierungszwang und können daher grundsätzlich die Lizenzierung ihres Repertoires verweigern, vorausgesetzt, die Verweigerung erfolgt nicht grundlos, da sonst beispielsweise ein Mißbrauch der marktbeherrschenden Stellung i.S.d. Art. 82 EGV gegeben sein könnte.

(b) Lizenzvertrag

Den Verwertungsgesellschaften ist es nach Art. 82 EGV verwehrt, den Verwertern aufgrund ihrer Monopolstellung ungerechtfertigte Lizenzbedingungen aufzuerlegen.

Die Verwertungsgesellschaften dürfen ihr Repertoire vertraglich nicht auf gemeinfreie Werke ausdehnen und für deren Nutzung eine Gebühr erheben.[88] Auch die Erhebung einer zusätzlichen Lizenzgebühr für den Import von Tonträgern, für die bereits in einem anderen Mitgliedsstaat, eine Gebühr entrichtet wurde, verstößt gegen Art. 82 EGV.[89] Diese Praxis widerspricht der Wettbewerbspolitik der Europäischen Gemeinschaft und insbesondere der Möglichkeit, Parallelimporte durchzuführen.[90] Die Verwertungsgesellschaft ist aber nach Art. 82 EGV nicht daran gehindert, die Differenz der beiden Gebühren zu fordern. Die Verwertungsgesellschaften sind weiter nicht daran gehindert eine zusätzli-

---

84 EUGH GRUR Int. 1990, S. 622, (624) - Ministère Public ./. Tournier.

85 EUGH GRUR Int. 1990, S. 622, (625) - Ministère Public ./. Tournier.

86 Vgl. EuGH EuZW 1995, S. 339 - Magill und die Besprechung von Vinje EIPR 1995, S. 297 (303); s. a. EuG EuZW 1993, S. 189 - BBC ./. Kommission.

87 Vgl. die Magill - Entscheidung des EuGH, der in der Beschränkung von Urheberrechten vorsichtiger ist; s. a. Vigne EIPR 1995, S. 297 (301/303); weitergehender Koch in Grabitz/Hilf Art. 86 EGV Rdnr. 64/65.

88 Kommission 1. Wettbewerbsbericht 1971, S. 86.

89 Kommission GRUR Int. 1973, S. 86 (89) - GEMA I.

90 EuGH GRUR Int. 1988, S. 243 (246) - Basset ./. SACEM.

che Gebühr für die öffentliche Vorführung von Tonträgern zu erheben, soweit dies durch nationale Urhebergesetze gedeckt ist.[91]

Schließlich verstoßen Bestimmungen in den Lizenzierungsverträgen, nach denen der Export des hergestellten Produktes eingeschränkt[92] oder Lohnpressungen in anderen Mitgliedsstaaten verhindert werden sollen[93] gegen Art. 82 EGV. Diese Verhaltensweisen stellen eine Behinderung des freien Waren- und Dienstleistungsverkehrs dar.[94]

(c) Lizenzgebühr

Die Verwertungsgesellschaften sind verpflichtet die von ihnen geforderten Gebühren einheitlich zu erheben, und nicht von Verwertern aus anderen Mitgliedsstaaten eine höhere Gebühr zu verlangen.[95] Dies kann auch nicht damit rechtfertigt werden, daß die Gebührenerhebung für diese Verwerter einen höheren Kontrollaufwand erfordere. So haben die Verwertungsgesellschaften für die Lizenzgebühr für die Nutzung mechanischer Rechte eine einheitliche Berechnungsgrundlage zu bilden, um eventuelle Kosten und Preisvorteile an die Verbraucher weitergeben zu können.[96]

Die Höhe der Lizenzgebühr unterliegt der Kontrolle nach Art. 82 EGV. Verwertungsgesellschaften mißbrauchen ihre Stellung gegenüber den Verwertern, wenn sie unberechtigt hohe Lizenzgebühren fordern.[97]

Nach Auffassung des EuGH stellt es ein Indiz für überhöhte Lizenzgebühren dar, wenn eine Verwertungsgesellschaft erheblich höhere Gebühren für eine bestimmte Nutzungsart fordert, als die Verwertungsgesellschaften in anderen Mitgliedsstaaten. Der EuGH schloß aber nicht aus, daß es Umstände geben könnte, die solche Differenzen rechtfertigen. Allerdings obliege es den Verwertungsgesellschaften dies darzutun und zu beweisen.[98] Der EuGH hat aber bislang nicht darüber entschieden, welche Gebühr gerechtfertigt und welche überhöht ist.[99]

---

91 EuGH GRUR Int. 1988, S. 243 (246) - Basset ./. SACEM.
92 Kommission CLMR 3 1985, S. 494 - STEMRA.
93 Kommission CLMR 2 1985, S. 1 - 3.
94 Kommission CLMR 3 1985, S. 494 - STEMRA; CLMR 2 1985, S. 1 (1/2).
95 Kommission GRUR Int. 1974, S. 86 (89) - GEMA I.
96 Kommission CLMR 1 1984, S. 308/309.
97 EuGH GRUR Int. 1990, S. 622 (625) - Ministère Public ./. Tournier etc.
98 EuGH GRUR Int. 1990, S. 622 (625) - Ministère Public ./. Tournier etc.
99 Vgl. zu dem weiteren Fortgang des Verfahrens Ministère Public ./. Tournier et., Dillenz in Walter Urheberrecht, S. 81/82.

Auch die Europäische Kommission hat bislang selbst nicht über die Höhe einer Tarifgebühr entschieden, sondern die Entscheidung nationalen Behörden überlassen, da sich die Auswirkungen eines eventuellen Mißbrauches nur auf einen Mitgliedstaat beschränken, somit ein Gemeinschaftsinteresse an der Feststellung nicht gegeben ist. Diese Praxis wurde auch vom EuGH gebilligt.[100]

Obwohl demnach auch die Tarifhöhe der Kontrolle nach Art. 82 EGV unterliegt, wird diese Kontrolle in der Praxis nicht durch europäische Institutionen ausgeübt, sondern durch nationale Behörden.[101]

(d) Zusammenfassung/Kritik

Das Verhältnis zu den Verwertern unterliegt einer umfassenden Kontrolle insbesondere nach Art. 82 EGV. Verwertungsgesellschaften können danach den Verwertern keine Verwertungsbedingungen auferlegen, die sich als mißbräuchlicher Ausfluß ihrer Machtstellung darstellen. Dies ist insbesondere dann der Fall, wenn die Verwerter die fragliche Bedingung in einem freien Markt nicht akzeptiert hätten.

Aus Art. 82 EGV folgt kein allgemeiner Abschlußzwang. Verwertungsgesellschaften dürfen daher Verwertern die Lizenzierung ihres Repertoires verweigern, sofern hierfür berechtigte Gründe bestehen.

Die Tarife der Verwertungsgesellschaften unterliegen zwar einer Kontrolle nach Art. 82 EGV, diese wird aber in der Praxis nicht von europäischen Institutionen ausgeübt.

(3) Verhältnis zu anderen Verwertungsgesellschaften

Verwertungsgesellschaften sind grundsätzlich nicht daran gehindert, mit ausländischen Schwestergesellschaften Gegenseitigkeitsverträge abzuschließen, durch die sie sich gegenseitig ermächtigen die Rechte der anderen in ihrem Gebiet wahrzunehmen.

---

100 EuGH Urteil vom 24.01.1995, CMLR 1996, S. 305 DEMIM ./. Europäische Kommission (Ziff.77).

101 Vgl. z.B. in den Verfahren gegen die französischen Diskotheken (Ministère Public ./. Tournier) die Stellungnahmen des Conseil de la concurrence in GRUR Int. 1994, S. 339 - 347; allgemein Edelman Droit d'Auteur, S. 276; Schulze GRUR Int. 1991, S. 26 (26) in Dillenz in Walter Urheberrecht, S. 81/82/83.

Diese Verträge verstoßen aber dann gegen Art. 81 Abs. 1 EGV, wenn sie Klauseln enthalten, nach denen die Verwertungsgesellschaften verpflichtet sind, im Gebiet der anderen Verwertungsgesellschaft nicht tätig zu werden, und auf diese Weise die Märkte untereinander aufteilen.[102] Ein Parallelverhalten von Verwertungsgesellschaften, das denselben Effekt hat, kann ebenfalls gegen Art. 81 EGV verstoßen.[103]

(4) Stellungnahme/Kritik

Die Anwendung der Art. 81 und 82 auf Verwertungsgesellschaften ist insbesondere zu Beginn kritisiert worden. Urheberrechte und das Kartellrecht verfolgten unterschiedliche Interessen, so daß das Kartellrecht kein geeignetes Instrument der Kontrolle von Verwertungsgesellschaften sei.[104] Die Zielsetzung der Kontrolle, den Wettbewerb zwischen den Verwertungsgesellschaften durch die Anwendung des Kartellrechtes zu fördern, ist als für das gesamte System der kollektiven Wahrnehmung nachteilig beanstandet worden.[105]

Diese Kritik ist aber vor dem Hintergrund der Entwicklung der Kartellrechtspraxis nicht begründet.[106]

Auch die Kritiker der Anwendung von Art. 81, 82 EGV gehen davon aus, daß eine Kontrolle von Verwertungsgesellschaften notwendig ist, um Mißbräuche und damit Nachteile für Berechtigte und Verwerter zu vermeiden. Solange eine Kontrolle nach besonderen europäischen Vorschriften fehle, könnten Art. 81, 82 EGV (noch) als Kontrollinstrument herangezogen werden.[107] Da es zur Zeit

---

102 Kommission 1. Wettbewerbsbericht 1972, S. 84 FN 1; Nachweis in Mestmäcker/Schulze IntR EG, S. 86 - 89; 90/91; s. a. Stockmann in Verwertungsgesellschaften, S. 25 (40); EuGH GRUR Int.1990, S. 622 (624) - Ministère Public ./. Tournier etc.

103 EuGH GRUR Int.1990, S. 622 (624/625) - Ministère Public ./. Tournier etc; vgl. zum ganzen Wünschmann Verwertung, S. 189/190; Pickrahn Verwertungsgesellschaften, S. 138/139.

104 Wallace GRUR Int. 1973, S. 357 (358); differenzierend Dietz in FS GRUR, S. 1445 (1465); Edelman Droit d'Auteur, S. 278.

105 Ruete Verwertungsgesellschaften, S. 209; Dietz Urheberrecht EG, S. 272 /273.

106 Vgl. Stamatoudi EIPR 1997, S. 289 (296/297); i. ü. scheint eine Tendenz erkennbar zu sein, nicht jeden möglichen Verstoß gegen das Kartellrecht zur Entscheidung anzunehmen. In den Entscheidungen EuGH 29.11.1993, BUMA I, EuGH 09.11.1996 BUMA II, EuGH 25.06.1996, SIAE I, EuGH 19.07.1996, SIAE II und EuGH 19.07.1996 SIAE III kam es nicht zu einer Entscheidung in der Sache selber, sondern die Klage bzw. die Vorlagefragen werden wegen formaler Mängel oder Unsubstanti iertheit abgewiesen; Einzelheiten in Dillenz in Walter Urheberrecht, S. 83/84.

107 Dietz Urheberrecht EG, S. 276.

noch keine europaweit harmonisierte Kontrolle von Verwertungsgesellschaften gibt, ist die Kontrolle von Verwertungsgesellschaften nach Art. 81 und 82 EGV gerechtfertigt.

Insbesondere vor dem Hintergrund, daß Kommission und EuGH bei der Anwendung von Art. 81, 82 EGV auf die spezifischen Belange des Systems der Wahrnehmung von urheberrechtlichen Befugnissen durch Verwertungsgesellschaften Rücksicht nehmen und erst dort eingreifen, wo die Gesellschaften mißbräuchlich ihre Marktmacht ausgeübt haben,[108] ist die Anwendung des Kartellrechtes zu begrüßen. Dies gilt vor allem für das Verhältnis der Verwertungsgesellschaften zu den Berechtigten, die ja dem Interesse der Berechtigten dient, und eine Ergänzung auch nationaler Kontrollmechanismen u.U. aber das einzige Kontrollinstrument dieses Verhältnisses ist.

Darüber hinaus führt die Kontrolle der Verwertungsgesellschaften durch Art. 81 und 82 EGV zu einer teilweisen Vereinheitlichung der Wahrnehmungspraxis, da die Verwertungsgesellschaften ihre Tätigkeit den Entscheidungen von Kommission und EuGH anpassen, ohne selbst am Verfahren beteiligt gewesen zu sein[109].

Bei der Beurteilung der Rechtspraxis ist zwischen EuGH und Kommission zu unterscheiden. Bereits in seiner ersten Entscheidung BRT ./. SABAM[110] stellte der EuGH fest, daß bei der Anwendung der Art. 81 und 82 EGV grundsätzlich auf die legitimen Ziele der Verwertungsgesellschaften Rücksicht zu nehmen sei, ein Mißbrauch daher nur vorläge, wenn die Grenze des Unerläßlichen überschritten sei. Auch ist der EuGH bemüht, das Konzept des von den Verwertungsgesellschaften wahrgenommenen Ausschlußrechtes so wenig wie möglich anzutasten.[111] Der EuGH geht somit den "schmalen Weg zwischen Verbot nationaler Verwertungsmonopole einerseits und uneingeschränkter Zulassung wegen berechtigter Urheberrechtswahrnehmung andererseits".[112] In der Praxis wird den Verwertungsgesellschaften ein weiter Beurteilungsspielraum zugestanden, ihre Angelegenheit selbst zu regeln.[113] Dadurch werden nationale Verwertungsmonopole faktisch anerkannt, wobei diese zwar "toleriert aber nicht zementiert"[114] werden, da sie nach wie vor einer Kontrolle nach Art. 81 und 82 EGV unterliegen. Z.T. ist dieser weite Beurteilungsspielraum vor dem Hintergrund

---

108 Stamatoudi EIPR 1997, S. 289 (296/297).

109 Nachweis bei Mestmäcker/Schulze IntR EG, S. 88; vgl. auch Dillenz in Walter Urheberrecht, S. 84.

110 EuGH GRUR Int. 1974, S. 342 - BRT ./. SABAM.

111 Karnell GRUR Int. 1991, S. 583 (584/585).

112 Fikentscher in FS Schricker, S. 149 (186).

113 Stamatoudi EIPR 1997, S. 289 (297).

114 Fikentscher in FS Schricker S. 149 (186).

der Preispolitik der Verwertungsgesellschaften kritisiert und eine strengere Kontrolle gefordert worden.[115] Es bleibt abzuwarten, ob eine solche strengere Kontrolle tatsächlich zukünftig erforderlich ist, oder ob aufgrund der Vereinheitlichung der nationalen Urhebergesetze, es auch zu einer Vereinheitlichung der Tarife kommen wird.

Dagegen trat die Kommission zunächst kritischer auf. So vertrat sie im ersten GEMA - Verfahren[116] die Auffassung, Verwertungsgesellschaften seien verbotene Kartelle. Diese Ansicht hat sie aber später wieder aufgegeben. Daß allerdings die oben genannte MTV ./. VPL Vorabentscheidung der Kommission eine Kehrtwendung in der Beurteilung von Verwertungsgesellschaften darstellt, ist eher unwahrscheinlich, da diese Beurteilung auf die besonderen Gegebenheiten des Musikmarktes zurückzuführen ist. Die Anwendung des Art. 82 EGV beschränkte sich später darauf, Mißstände zu beseitigen, ohne allerdings die Grundstrukturen der Gesellschaften anzutasten. Auch forderte die Kommission nicht konsequent genug, daß die Verwertungsgesellschaften in Wettbewerb treten müßten. Im Ergebnis scheint auch die Kommission mittlerweile bereit zu sein, den territorialen Exklusivanspruch der Verwertungsgesellschaften hinzunehmen,[117] was sich insbesondere an der Haltung gegenüber den Gegenseitigkeitsverträgen zeigt. Diese Haltung wird auch vom EuGH geteilt.[118]

Obwohl die Anwendung von Art. 81, 82 EGV grundsätzlich nicht zu beanstanden ist, so stößt doch die Entscheidung Ministère Public ./. Tournier[119] auf Bedenken.

Diese Entscheidung ist, obwohl bereits durch die BASSET - Entscheidung angekündigt,[120] auf heftige Kritik gestoßen.[121] Die Entscheidung hat zu einer Umkehr der Beweislast für die Angemessenheit der Tarife geführt, wenn die Angemessenheit einer Gebührenregelung in Frage steht, die in einem Mitgliedsstaat erheblich höher ist als in den anderen.

---

115 Reinbothe in Verwertungsgesellschaften, S. 19 (22/23).

116 Kommission GRUR Int.1973, S. 86.

117 Ruete Verwertungsgesellschaften, S. 205.

118 Vgl. EuGH GRUR Int. 1990, S. 622 (624/625) - Ministère Public ./. Tournier.

119 Vgl. EuGH GRUR Int. 1990, S. 622 - Ministère Public ./. Tournier.

120 Vgl. Dillenz in Verwertungsgesellschaften, S. 135 (151).

121 Schulze in FS Reichardt, S. 193 (196 - 198); ders. GRUR Int. 1991, S. 26 (26/27); Karnell GRUR Int. 1991, S. 538 (591); Pollaud-Dulian GRUR Int. 1995, S. 361 (370/371). Edelman I.C.J.1990, Rdnr. 3478, 17 sieht in der Entscheidung einen Angriff auf das Urheberrecht selber.

Diese Beweislastregel ist zum einen deshalb zu kritisieren, weil sie zu ungenau formuliert und daher eher als Billigkeitsregel zu verstehen ist, bei der es den nationalen Gerichten obliegt, festzustellen, ob sich der Unterschied rechtfertigen läßt.[122] Nach der Formel des EuGH läßt sich nicht eindeutig feststellen, wann eine Vergütung im Vergleich zu anderen Mitgliedsstaaten erheblich höher ist.

Zum anderen führt die Beweislastregel zu einer Begünstigung der Verwerter. Liegen deren Voraussetzungen vor, erleichtert sie es den Verwertern, die Tarife der Verwertungsgesellschaften anzugreifen. Auf der anderen Seite wird es den Verwertungsgesellschaften nur schwer möglich sein, die Unterschiede bei der Tarifhöhe zu rechtfertigen. Dies ist vor dem Hintergrund, daß die Angemessenheit einer Vergütungsregelung keine feste Größe ist, zu starr.

Schließlich scheint der EuGH bei der Formulierung seiner Regel übersehen zu haben, daß bei der Ermittlung der Gebührendifferenz berücksichtigt werden muß, daß die Vergleichstarife auch zu niedrig und daher unangemessen sein können. Wie die Spruchpraxis der Schiedsstelle und des Copyright Tribunal zeigt, können Tarife nationaler Verwertungsgesellschaften, die z.B. von staatlichen Institutionen aufgrund wirtschaftspolitischer Überlegungen festgesetzt wurden, als zu niedrig und daher unangemessen angesehen werden.[123]

Will man die europaweite Herabsetzung der Tarife mittels der Einigung auf den kleinsten Nenner, d.h. Vergütungssatz,[124] verhindern, so muß notwendige zusätzliche Voraussetzung der vom EuGH aufgestellten Beweislastregel auch sein, daß die Vergleichstarife der anderen Gesellschaften nicht zu niedrig, d.h. angemessen sind. Dem Kriterium der Angemessenheit der Vergleichstarife ist auch nicht dadurch Genüge getan, diesen Umstand als Rechtfertigungsgrund zu berücksichtigen, weil damit auch den Verwertungsgesellschaften die Beweislast für die Unangemessenheit der Vergleichstarife aufgebürdet würde.

Soll demnach eine Benachteiligung der Verwertungsgesellschaften und damit auch der Berechtigten bei der Tarifkontrolle nach Art. 82 EGV verhindert werden, so hat der EuGH die von ihm aufgestellten Grundsätze weiter zu konkretisieren.[125]

---

122 Vgl. Mestmäcker in FS Rittner, S. 391 (401); Karnell GRUR Int. 1991, S. 583 (591).

123 Vgl. für die Tarife deutscher Verwertungsgesellschaften: Rossbach Vergütungsanspruch, S. 283 FN 308; s. a. Becker ZUM 1995, S. 231 (248).

124 Vgl. Copyright Tribunal CT 7/90, Entscheidung vom 1. November 1991, Schulze RzÜ Ausl GB 27, S. 46.

125 Zu dem weiteren Verfahren Dillenz in Walter Urheberrecht, S. 81/82.

II. Harmonisierungsansätze

Obwohl die Harmonisierung des Urheberrechtes, das auch das Recht der Verwertungsgesellschaften mit einschließen sollte,[126] bereits Mitte der 70er Jahre in Angriff genommen worden ist, führten diese Bemühungen aber zunächst zu keinem Erfolg.[127]

Mit dem 1988 erschienenen Grünbuch "Urheberrecht und die technologische Herausforderung, die ein sofortiges Handeln erfordern",[128] setzte die Kommission erneut an, das Urheberrecht zu harmonisieren. Das Grünbuch stieß aber wegen seines verwerterfreundlichen Ansatzes insbesondere in Deutschland auf Kritik.[129] Die Kommission änderte daraufhin ihre Haltung in ihrem 1991 vorgelegten "Arbeitsprogramm auf dem Gebiet des Urheberrechtes und der verwandten Schutzrechte".[130] Dessen Inhalt machte deutlich, daß die Kommission den *Copyright Approach*[131] des Grünbuches zugunsten eines umfassenden Harmonisierungskonzeptes aufgegeben hatte.

Das Arbeitsprogramm enthält Ausführungen zu einigen urheberrechtlichen Problemen, wie zum Vermiet- und Verleihrecht, den Schutzfristen und zur Satellitensendung und Kabelweiterverbreitung, und auch zur kollektiven Wahrnehmung und zu den Verwertungsgesellschaften.

Zusammen mit der Erkenntnis, daß "das Urheberrecht ein Eckpfeiler des geistigen Schöpfungsprozesses" ist, und "das Urheberrecht schützen heißt die Gegenwart und Zukunft der schöpferischen Tätigkeit im Interesse der Urheber, der Unternehmen des Kultursektors und letztlich der ganzen Gesellschaft sichern",[132] lassen die Maßnahmen des Arbeitsprogrammes erkennen, daß die Kommission ein Gesamtkonzept der Harmonisierung der Urheberrechte auf hohem Niveau verfolgt.[133] Als Ziel steht ein gesamteuropäisches Urheberrecht, das aus den vier Subsystemen materielles Urheberrecht, Urhebervertragsrecht, Recht der Verwertungsgesellschaften und Recht der verwandten Schutzrechte bestehen soll.[134]

---

126 Vgl. Dietz Urheberrecht EG, S. 38/276.

127 Schricker in FS Steindorff, S. 1437 (1438).

128 KOM (88) 172 endg vom Juli 1988.

129 Vgl. Möller ZUM 1990, S. 65 - 70; Schicker in FS Steindorff, S. 1438 (1451/1452).

130 KOM (90) 584 endg. vom Januar 1991.

131 Dietz in FS GRUR, S. 1445 (1480/1481).

132 Arbeitsprogramm KOM (90) 584 endg, S. 2/3.

133 Vgl. Kreile/Becker ZUM 1992, S. 581 (583); dies. GRUR Int. 1994, S. 901 (903/904).

134 Kreile/Becker ZUM 1992, S. 581 (583); dies. GRUR Int. 1994, S. 901 (903/904).

Ein weiterer wichtiger Schritt im Hinblick auf die Harmonisierung des Urheberrechtes bildet die Richtlinie zum Urheberrecht in der Informationsgesellschaft.[135] Der Gesetzgeber reagiert mit dieser Gesetzesinitative auf die Herausforderungen, die das digitale Umfeld mit ihren elektronischen Diensten auch an das Urheberrecht stellt. Es sollen Grundlagen für eine erfolgreiche Entwicklung der Informationsgesellschaft gelegt werden, wobei von einem hohen Schutzniveau des Urheberrechtes ausgegangen wird.[136] Der Verabschiedung der Richtlinie vorausgegangen waren mehrjährige Konsultationen, die auch die beteiligten Kreise miteinschlossen. Dabei wurde sich auch eingehend mit der kollektiven Wahrnehmung von Urheberrechten und verwandten Schutzrechten, sowie der Rolle, die die Verwertungsgesellschaften in der Informationsgesellschaft spielen sollten, beschäftigt.[137] Bereits das Grünbuch der Kommission Urheberrecht und verwandte Schutzrechte in der Informationsgesellschaft[138] hat die Relevanz der kollektiven Wahrnehmung von Urheberrechten und verwandten Schutzrechten für die Informationsgesellschaft erkannt und sich mit der Rolle der Verwertungsgesellschaften bei der Verwaltung bestimmter Rechtegruppen in der Informationsgesellschaft auseinandergesetzt. Das System der kollektiven Wahrnehmung der Rechte durch Verwertungsgesellschaften könne verhindern, Zwangslizenzen für bestimmte Rechte oder Verwertungsformen einzuführen.[139] Die zukünftige Rolle der Verwertungsgesellschaften und deren Kontrolle auf nationaler oder europäischer Ebene war dann auch Gegenstand mehrerer Konsultationen, die an das Grünbuch anschlossen. Dabei zeigte sich auf der einen Seite, daß auch zukünftig die kollektive Wahrnehmung von Rechten durch Verwertungsgesellschaften wünschenswert und nützlich sei, auf der anderen Seite aber eine Harmonisierung des Rechtes und Kontrolle der Verwertungsgesellschaften z.T. für ebenso wünschenswert gesehen wurde.[140] Die Europäische Kommission folgerte daraus, daß es, was die kollektive Wahrnehmung angeht, Anzeichen gäbe, die Rechten und Pflichten der Verwertungsgesellschaften auf Gemeinschaftsebene festzulegen, insbesondere hinsichtlich der Verfahren der Gebührenerhebung und -berechnung, der Überwachungsmechanismen und der Anwendung der Wettbewerbsregeln auf Verwertungsgesellschaften und die

---

135 Richtlinie 2001/29/EG des Europäischen Parlamentes und des Rates vom 22.05.2001 zur Harmonisierung bestimmter Aspekte des Urheberrechtes und der verwandten Schutzrechte in der Informationsgesellschaft Abl. EG 167 vom 22.06.2001, S. 10.

136 Erwägungsgründe 4 und 5 der Richtlinie 2001/29/EG vom 22.05.2001; vgl. auch Reinbothe GRUR 2001, S. 733 (734).

137 Vgl. Einzelheiten bei Reinbothe in FS Dietz, S. 517 (523/524); Kreile/Becker GEMA Jahrbuch 1996/1997, S. 72 (77-91).

138 KOM (95) 382 endg. vom 19.07.1995.

139 Vgl. Grünbuch KOM (95) 382 endg. v. 19.07.1995, S. 69 - 78, insb. S. 75.

140 Reinbothe in FS Dietz, S. 517 (523/524); Dillenz in Walter Urheberrecht, S. 90.

kollektive Rechteverwaltung.[141] Eine solche Regelung wurde aber in die genannte Richtlinie zum Urheberrecht in der Informationsgesellschaft nicht mit aufgenommen. Die Richtlinie 2001/29/EG begnügt sich lediglich mit einem Hinweis im Erwägungsgrund 17, wo es heißt "insbesondere aufgrund der durch die Digitaltechnik bedingten Erfordernisse muß sichergestellt werden, daß die Verwertungsgesellschaften im Hinblick auf die Beachtung der Wettbewerbsregeln ihre Tätigkeit stärker rationalisieren und für mehr Transparenz sorgen". Die Richtlinie geht also von einem - funktionierenden - System der kollektiven Wahrnehmung der Rechte aus, enthält sich aber jeglicher konkreter Regelung dieses.

Neben der genannten Richtlinien zum Urheberrecht in der Informationsgesellschaft sind fünf weitere Richtlinien, die das Urheberrecht betreffen, verabschiedet worden. Dabei handelt es sich um die Computerrechtsrichtlinie[142], die Richtlinie zum Vermiet- und Verleihrecht,[143] die Kabel- und Satellitenrichtlinie[144] die Richtlinie zur Harmonisierung der Schutzdauer des Urheberrechtes und bestimmter verwandter Schutzrechte,[145] sowie die Richtlinie über den rechtlichen Schutz von Datenbanken.[146] Die Gesamtheit dieser Richtlinien wird "aquis communautaire", d.h. das Fundament des Urheberrechtes in der EG, genannt.[147] Allen Richtlinien gemeinsam ist, daß die kollektive Wahrnehmung der Rechte sowie Stellung und Aufgabe von Verwertungsgesellschaften vorausgesetzt und vom Grundsatz akzeptiert werden. Diese Haltung des Gesetzgebers wird nicht allein in dem zitierten Erwägungsgrund 17 der Richtlinie 2001/29/EG deutlich. Vielmehr reicht die Akzeptanz weiter. In Art. 4 der Vermiet- und Verleihrichtlinie wird festgehalten, daß die Wahrnehmung des unverzichtbaren Rechtes auf angemessene Vergütung auf Verwertungsgesellschaften übertragen werden kann. Art. 1 Abs. 4 der Satelliten- und Kabelrichtlinie enthält eine Definition von Verwertungsgesellschaften und Art. 9 Abs. 1 dieser Richtlinie verpflichtet zur Einschaltung von Verwertungsgesellschaften im Hinblick auf die Geltendmachung des Rechtes der zeitgleichen, unveränderten und vollständigen Kabelweitersendung.

---

141 Initiativen zum Grünbuch über Urheberrecht und verwandte Schutzrechte in der Informationsgesellschaft, Mitteilung der Kommission, KOM (96) 568 endg. vom 20.11.1996, S. 26/27.

142 (91/250/EWG) vom 14.05.1991 ABl l 122/42 vom 17.05.1991.

143 (92/100/EWG) vom 19.11.1992 ABl l 346/61 vom 27.11.1992.

144 (93/88/EWG) vom 27.09.1993 ABl l 248/15 vom 06.10.1993.

145 (93/93/EWG) vom 29.10.1993 ABl l 290/9 vom 20.10.1993.

146 (96/9/EWG) vom 11.03.1996. ABl l 77/20 vom 27.03.1996.

147 Reinbothe in Entwicklung des Urheberrechts, S 1 (2).

Diese Regelungen machen deutlich, daß auch nach dem "aquis communautaire" Aufgabe, Stellung und Funktionsweise von Verwertungsgesellschaften nicht mehr in Frage gestellt werden.[148] Vielmehr bedient sich der Gesetzgeber dieser zur Verfolgung bestimmter Zwecke. Ob allerdings der europäische Gesetzgeber den weiteren Schritt macht und in den "aquis communautaire" eine Regelung des Rechtes der Verwertungsgesellschaften aufnimmt, bleibt abzuwarten.[149]

Da es z.Zt noch nicht abschließend geklärt ist, ob es zu einer Harmonisierung des Rechtes der Verwertungsgesellschaften kommen wird, und wie diese gegebenenfalls aussieht, sollen im folgenden die Gründe für eine Harmonisierung aufgezeigt werden. Danach sollen erste Ansatzpunkte der Harmonisierung in den bereits bestehenden Richtlinien verfolgt werden.

1. Gründe für eine Harmonisierung

Neben dem Globalansatz der Kommission, das Urheberrecht umfassend zu harmonisieren, was auch das Recht der Verwertungsgesellschaften mit einschließen würde,[150] liegt der eigentliche Grund für die Harmonisierung des Rechtes der Verwertungsgesellschaften in den dem EGV zugrundeliegenden Zielen selbst begründet.

Mittels der Vorschriften des EGV soll sichergestellt werden, daß ein einheitlicher Binnenmarkt entsteht, in dem es keine Handelsbarrieren gibt und auch Wettbewerbsverzerrungen auszuschließen sind.[151] Da die Bedingungen der Wahrnehmung von Urheberrechten durch Verwertungsgesellschaften durch die unterschiedlichen nationalen Vorschriften erheblich variieren,[152] kann es immer wieder zu Wettbewerbsverzerrungen durch die Wahrnehmungspraxis der Verwertungsgesellschaften aber auch durch einzelne nationale Regelungen kommen, wie insbesondere die Spruchpraxis des Copyright Tribunals zeigt. Dadurch, daß die Gebühr für die mechanische Vervielfältigung in Großbritannien nun besonders niedrig ist, besteht ein Anreiz für Verwerter, die erforderliche

---

148 Nach Stamatoudi EIPR 1997, S. 289 (296) soll diese Akzeptanz auch Grund für eine geänderte Haltung des EuGH zur Beurteilung von Verwertungsgesellschaften geführt haben.

149 Nach Reinbothe in FS Dietz soll noch im Laufe des Jahres 2001 entschieden werden, ob es eine entsprechende Initiative gibt, vgl. S. 517 (529).

150 Vgl. Kreile/Becker GRUR Int. 1994, S. 901 (903); Vogel GRUR 1993, S. 513 (531); Karnell GRUR Int. 1991, S. 583 (592).

151 Vgl. Art. 3 Ziff. c und g EGV.

152 Vgl. die Studie von Dietz Urheberrecht EG, S. 271 - 300 und die Übersicht bei Katzenberger in Hilty Europäisches Urheberrecht, S. 1 - 15.

Lizenz in Großbritannien zu erwerben.[153] Dies geschieht zum Nachteil anderer Verwertungsgesellschaften innerhalb der Europäischen Union und letztlich zuungunsten der Berechtigten, die sich mit den niedrigen britischen Gebühren begnügen müssen.[154]

Der Unterbindung solcher Wettbewerbsvorteile, die auf sachfremden Entscheidungskriterien nationaler Kontrollbehörden beruhen, aber sich auch aus dem Gesetz selbst ergeben können, dient eine Angleichung der einzelnen nationalen Kontrollmechanismen durch eine Harmonisierung des Rechtes der Verwertungsgesellschaften.[155] So kann verhindert werden, daß die nationale Kontrolle von Verwertungsgesellschaften zu weiteren nationalen Zielen mißbraucht wird.

Für eine Harmonisierung spricht auch, daß die Verwertungsgesellschaften insbesondere im Rahmen der Rechtevergabe für den Satellitenrundfunk[156] aber auch für die Kabelweiterleitung und die Lizenzierung mechanischer Rechte[157] gezwungen sind, eng miteinander zu kooperieren. Um Irritationen innerhalb dieses Systems zu verhindern, wie Unsicherheiten darüber, ob eine von den Verwertungsgesellschaften beabsichtigte gemeinsame Maßnahme, wie die Neufestsetzung eines Tarifes nicht gegen nationales Recht verstößt, zu verhindern, erscheint es notwendig, die nationalen Kriterien der Aufsicht über Verwertungsgesellschaften durch Harmonisierung des Rechtes der Verwertungsgesellschaften anzugleichen.[158]

Als Ergebnis ist daher festzuhalten, daß eine Harmonisierung des Rechtes der Verwertungsgesellschaften durch die Europäische Union wünschenswert und auch notwendig ist.[159]

Das harmonisierte Recht der Verwertungsgesellschaften würde die Funktion des europäischen Kartellrechtes übernehmen, nämlich die Verwirklichung des Binnenmarktes auch für Verwertungsgesellschaften zu fördern und Wettbewerbs-

---

153 Vgl. dazu oben, 3. Kap. II 3.

154 Vgl. auch Kreile/Becker GRUR Int. 1994, S. 901 (911); ähnlich auch Schack Urheberrecht, S. 511/512 und Dillenz in Walter Urheberrecht, S. 93, ders. GRUR Int. 1997, S. 315 (321).

155 Vgl. Vogel GRUR 1993, S. 513 (531).

156 Kreile in FS Deringer, S. 536 (562/563).

157 Thurow in Verwertungsgesellschaften, S. 95 (107).

158 Für die Notwendigkeit einer Harmonisierung wegen möglicher Zusammenschlüsse, vgl. Spoendlin UFITA Bd. 107 (1988), S. 11 (54).

159 Im Ergebnis auch Löhr Aufsicht, S. 136/137; Dietz Urheberrecht EG, S. 276; ders. Urheberrecht Spanien, S. 199; Vogel GRUR 1993, S. 513 (531); Dillenz in Walter Urheberrecht, S. 90 - 93 und ders. GRUR Int. 1997, S. 315 (320 - 322) der insgesamt 4 Gründe für einen Harmonisierungsbedarf sieht.

verzerrungen zu verhindern. Darüber hinaus würde ein harmonisiertes Recht der Verwertungsgesellschaften auch die Wahrnehmungsbedingungen für die Berechtigten und Verwerter angleichen, wie dies bisher im Ansatz schon durch das Kartellrecht erfolgte, und einen einheitlichen Raum für die kollektive Wahrnehmung auch für Verwertungsgesellschaften schaffen.

2. Harmonisierungsansätze in der Kabel - und Satellitenrichtlinie

Die Richtlinie stärkt die Rechtsposition der Urheber und Inhaber verwandter Schutzrechte. Das Senderecht für den Satellitenrundfunk ist als ausschließliches Recht ausgestaltet.[160] Das Kabelweiterverbreitungsrecht kann nur vertraglich ausgeübt werden.[161] Mit der Regelung haben die europäischen Institutionen auch davon Abstand genommen, das Kabelweiterverbreitungsrecht als gesetzliche Lizenz auszugestalten.[162]

Obwohl dies die Richtlinie nicht ausdrücklich sagt, geht auch sie davon aus, daß das Kabelweiterverbreitungsrecht grundsätzlich als ausschließliches Recht ausgestaltet ist. Die Bestimmung über die vertragliche Wahrnehmung wären sonst unsinnig. Eine Ausgestaltung des Kabelweiterverbreitungsrecht als Vergütungsanspruch ist durch die Richtlinie nicht gedeckt, da dies seinem Wesen nach eine gesetzliche Lizenz wäre,[163] die nach der Richtlinie verboten ist.[164] Auch widerspräche dies der Regelung der vertraglichen Wahrnehmung. Soweit der Verwerter die Vergütung zahlt, darf er das Werk nutzen.

Auch entspricht die Ausgestaltung als ausschließliches Recht den grundsätzlichen Vorstellungen der Kommission. Wie die Kommission in ihrem Arbeitsprogramm aus dem Jahre 1991 feststellt, bildet das ausschließliche Recht des Urhebers, sein Werk kommerziell zu verwerten, in vermögensrechtlicher Hinsicht den Kern des Urheberrechtes.[165] Daher bildet auch nach der Vorstellung der Kommission der Verbotscharakter der Verwertungsrechte die effektive Gewähr dafür, daß der Urheber angemessen an der wirtschaftlichen Verwertung seines Werkes beteiligt wird.

---

160 Art. 2 der Richtlinie (93/83/EWG).

161 Art. 8 der Richtlinie (93/83/EWG).

162 Vgl. Art. 8 Abs. 2 der Richtlinie (93/83/EWG); allgemein Schricker in Kabelrundfunk, S. 109/110.

163 Vgl. Schricker GRUR 1983, S. 446 (451); Ulmer Urheberrecht, S. 278/279/292/293.

164 Vgl. Art. 8 Abs. 2 der Richtlinie (93/83/EWG).

165 KOM (90) 584 endg. Ziff. 1.6, S. 3.

Um zu verhindern, daß die Verwerter die erforderlichen Kabelweiterverbreitungsrechte nicht erwerben können, unterliegt die Ausübung des Rechtes einer Verwertungsgesellschaftspflicht.[166] Die Verwertungsgesellschaftspflicht ergibt sich auch daraus, daß das Recht nicht individuell wahrgenommen werden kann, sondern nur kollektiv.[167] Das Kabelweiterverbreitungsrecht wird hierdurch aber grundsätzlich nicht beschränkt. Vielmehr wird das Recht von den Verwertungsgesellschaften auf einer vertraglichen Grundlage geltend gemacht. Die Position der Verwertungsgesellschaften wird dadurch, daß sie nunmehr die gesamten Kabelweiterverbreitungsrechte wahrnehmen, gestärkt.

Um Störungen innerhalb dieses Systems der kollektiven Wahrnehmung auf vertraglicher Grundlage zu vermeiden, sieht die Richtlinie zwei Maßnahmen vor, die einen "Mißbrauch" insbesondere der Position der Verwertungsgesellschaften verhindern sollen.

Nach Art. 11 der Richtlinie sollen Vermittler eingerichtet werden, die in dem Fall, daß ein Rechtserwerb nicht zustande kommt, Verhandlungshilfe leisten sollen. Gleichzeitig sollen die Mitgliedsstaaten sicherstellen, daß die Beteiligten Verhandlungen nach Treu und Glauben aufnehmen und diese Verhandlungen nicht ohne trifftigen Grund abbrechen.[168] Diese Regelungen lassen folgenden Kontrollmechanismus erkennen:

Die Beteiligten, insbesondere die Verwertungsgesellschaften, die gerade die Rechte einräumen sollen, sind gezwungen Verhandlungen aufzunehmen und im Falle der Nichteinigung verpflichtet, einen Vermittler anzurufen, der Vertragshilfe leisten soll. Dies geschieht in der Regel dann, wenn keine Einigung über die Höhe der Vergütungsregelung zustande kommt. Der Vermittler ist ein Gremium, das sich aus Vertretern beider Parteien zusammensetzt. Der Vermittler unterbreitet als Ergebnis seiner Tätigkeit einen nicht verbindlichen Einigungsvorschlag.[169] Die Richtlinie enthält keine näheren Regelungen zur Kompetenz des Vermittlers und zum Verfahren. Aus dem Umstand, daß der Vermittler den Vertragsschluß fördern soll, ergibt sich aber, daß er über den gesamten Vertragsinhalt, einschließlich der Tarifhöhe, entscheiden können soll.

Sollte dieser Vorschlag von den Parteien nicht akzeptiert werden, so sind die Verhandlungen zunächst einmal gescheitert. Ein Abschlußzwang der Verwer-

---

166 Art. 9 Abs. 1 der Richtlinie (93/83/EWG).

167 Grundsatzpapier der Kommission "Rundfunk und Urheberrecht in Binnenmarkt" vom November 1990, S. 55/56, teilweise abgedruckt in GRUR Int. 1991, S. 31/32.

168 Art. 12 der Richtlinie.

169 Vgl. Art. 11 Abs. 2 S. 2 der Richtlinie.

tungsgesellschaften ist nicht vorgesehen,[170] und auch nicht mit der Konzeption des Kabelweiterverbreitungsrechtes zu vereinen. Dieses ist als absolutes Recht ausgestaltet. Eine gesetzliche Lizenz, die im Ergebnis die Folge des Abschlußzwanges wäre, ist verboten. Dadurch wird deutlich, daß die Kommission dem Ausschlußcharakter des Kabelweiterverbreitungsrechtes Vorrang vor dem Bedürfnis der Kabelweiterverbreiter an einer Lizenzierung des Rechtes einräumt. Der vertragliche Charakter des Rechteerwerbs wird nicht in Frage gestellt,[171] vielmehr auch von dem Vermittler gefördert. Daher wird auch ein vertragsloser Zustand nicht ausgeschlossen.

Dieser Kontrollmechanismus wird noch durch die allgemeine kartell-rechtliche Kontrolle nach Art. 81, 82 EGV ergänzt. Art. 16 des Richtlinienvorschlages der Kommission[172] sah noch die Bestimmung vor, daß die Anwendung des allgemeinen Kartellrechtes nicht ausgeschlossen werden sollte. Nach Vorstellung der Kommission sollte dies der Verhinderung des Mißbrauches von Verhandlungspositionen dienen und so die Verhandlungsbereitschaft fördern.[173] Im Rahmen dieser Mißbrauchskontrolle könnte dann überprüft werden, ob die Verhandlung durch mißbräuchlich überhöhte Forderungen oder Bedingungen blockiert wurde.[174] Art.16 des Richtlinienvorschlages wurde dann nicht in die Richtlinie aufgenommen, da er rein deklaratorischer Natur und daher überflüssig war.[175]

Daß die Verwertungsgesellschaften der Kontrolle nach Art. 81, 82 EGV unterliegen ist selbstverständlich und wird durch die Regelung der Richtlinie nicht in Frage gestellt. Der Kontrolle nach Art. 82 EGV unterliegt das gesamte Verhältnis zu den Verwertern einschließlich der Tarife.[176] Die Mißbrauchskontrolle insbesondere nach Art. 82 EGV begrenzt daher die Marktmacht der Verwertungsgesellschaften. Auf der anderen Seite bewirkt sie, daß die Verwertungsgesellschaften erst gar keinen Mißbrauch entstehen lassen, sondern ebenfalls bemüht sind, zu einer Einigung mit den Nutzern zu kommen. Mittels der als Druckmittel

---

170 So auch Vogel ZUM 1992, S. 21 (24); ders. Harmonisierung, S. 21; Dreier ZUM 1995, S. 458 (459).

171 Dreier GRUR Int. 1991, S. 13 (18); vgl. auch Nr. 27 der Begründung der Richtlinie; Ziff. 24 des Richtlinienvorschlages.

172 Vorschlag der Kommission für eine Richtlinie des Rates zur Koordinierung bestimmter urheber- und leistungschutzrechtlicher Vorschriften betreffend Satellitenrundfunk und Kabelweiterverbreitung, vom 11. September 1991 KOM (91) 276 endg.

173 Vgl. Begründung zu Art. 16, S. 47 des Richtlinienvorschlages.

174 Grundsatzpapier Rundfunk und Urheberrechte, S. 67.

175 Vgl. Geänderter Vorschlag für die Richtlinie des Rates zur Koordinierung bestimmter urheber- und leistungschutzrechtlicher Vorschriften betreffend Satellitenrundfunk und Kabelweiterverbreitung, vom 2. Dezember 1992 KOM (92) 526 endg., S. 2/3.

176 Vgl. Einzelheiten, oben, 5. Kap. I 2b bb (2).

einzusetzenden Mißbrauchskontrolle, der Einschaltung des Vermittlers und unter Berücksichtigung, daß auch die Verwertungsgesellschaften an dem Abschluß von Nutzungsverträgen interessiert sind, wird es tatsächlich nicht zu einem vertragslosen Zustand kommen.

Der Kontrollmechanismus über Verwertungsgesellschaften, wie die Kommission ihn in der Kabel- und Satellitenrichtlinie entworfen hat, und wie er sich zur Zeit abzeichnet, ist zu begrüßen, wenngleich insofern - wieder einmal - die Kontrolle des Verhältnisses zu den Verwertern im Vordergrund steht, was grundsätzlich zu beanstanden ist.

Er wird auf der einen Seite dem Ausschlußcharakter des Urheberrechtes und dem vertraglichen Charakter der Rechteeinräumung gerecht und daher auch der Privatautonomie, die auch für Verwertungsgesellschaften gilt. Auf der anderen Seite führt die Verpflichtung, Verhandlungen aufzunehmen, u.U. einen Vermittler einzuschalten sowie die allgemeine Mißbrauchskontrolle dazu, daß die Verwertungsgesellschaften nicht willkürlich Lizenzen verweigern oder überhöhte Gebühren fordern können. Der Normierung eines Kontrahierungszwanges, wie teilweise gefordert,[177] bedarf es nicht. Zu beanstanden ist aber, daß der "Vermittler" paritätisch besetzt ist, da der Streit zwischen den Parteien so in das Gremium selbst verlagert wird und ein unabhängiger und von den Parteien akzeptierbarer Vermittlungsvorschlag nicht erfolgen wird.

Sollte es zu einer Harmonisierung des Rechtes der Verwertungsgesellschaften kommen, ist jedoch eine nicht auf dem Kartellrecht basierende Kontrolle des Innen- und Außenverhältnisses der Verwertungsgesellschaften ausreichend. Die besondere Regelung könnte auf dem Grundgedanken des Urheberrechtes fußen und den Besonderheiten der kollektiven Wahrnehmung durch Verwertungsgesellschaften vollständig gerecht werden. Das europäische Kartellrecht, das ja auf die Beseitigung von Monopolen gerichtet ist, kann, obwohl bei dessen Anwendung den Besonderheiten der kollektiven Wahrnehmung durch Verwertungsgesellschaften Rechnung - mittlerweile - getragen wird, insoweit immer wieder zu Irritationen führen,[178] wie dies auch in der jüngsten Vergangenheit der Fall war.

177 Vogel ZUM 1992, S. 21 (24); ders. Harmonisierung, S. 21.

178 Vgl. oben 1. Kap. II 2.

III. Zusammenfassung: Die Kontrolle von Verwertungsgesellschaften nach europäischem Recht

Nach anfänglichen Schwierigkeiten bei der Anwendung des Kartellrechtes auf Verwertungsgesellschaften gehen nunmehr auch die europäischen Institutionen von der Notwendigkeit der Tätigkeit von Verwertungsgesellschaften aus. Dies wird auch bei der Anwendung des Kartellrechtes mitberücksichtigt.

Offen ist zur Zeit noch, ob es zu einer Harmonisierung des Rechtes der Verwertungsgesellschaften kommt. Eine solche erscheint notwendig, wenn man Wettbewerbsverzerrungen verhindern und auch im urheberrechtlichen Bereich einen einheitlichen europäischen Lebensraum schaffen will, zugleich aber auch europäische Kooperationen von nationalen Verwertungsgesellschaften oder gar einer europäischen Verwertungsgesellschaft angemessen und einheitlich kontrollieren möchte.

Jedenfalls ist der Ansatz für ein Kontrollmodell in der Kabel- und Satellitenrichtlinie ausdrücklich zu begrüßen. Versucht diese doch das Konzept des Urheberrechtes als ausschließliches Herrschaftsrecht zu achten sowie den beteiligten Interessen gerecht zu werden, und nicht eine Kontrolle allein zugunsten der Verwerter, wie dies viele nationale Regelungen vorsehen, zu etablieren.

6. KAPITEL: ERGEBNIS UND THESEN

Im folgenden soll ein Konzept für eine europaeinheitliche Regelung des Rechtes der Verwertungsgesellschaften dargestellt werden. Dabei werden die Erkenntnisse, die bei der Untersuchung der nationalen Regelungen gewonnen wurden unter Beachtung der Ansätze der Europäischen Kommission sowie der Vorschlägen von Gotzen,[1] Davies/Rauscher auf Weeg,[2] Dietz,[3] und Dillenz[4] sowie eines Models der WIPO,[5] berücksichtigt.

Ein europäisches System der Kontrolle von Verwertungsgesellschaften hat von dem Ausschlußcharakter der wahrgenommenen Rechte auszugehen, und die Ausgestaltung des Urheberrecht/Copyright als individuelles Herrschaftsrecht zu beachten.

Ziel der Kontrolle ist es, die Effizienz der kollektiven Wahrnehmung durch Verwertungsgesellschaften zu sichern, und Beschränkungen der Ausgestaltung des Urheberrechts/Copyright als individuellen Herrschaftsrecht zu begegnen und insbesondere die Berechtigten zu schützen.

Da die Verwertungsgesellschaften nationale Gesellschaften sind, sollte die Kontrolle grundsätzlich nach nationalen Vorschriften, die europaeinheitlich harmonisiert sind, erfolgen. Die Harmonisierung sollte folgende Punkte beachten:

I. Gründungskontrolle

Angesichts der Erfahrungen, die mit der Gründungskontrolle im deutschen Recht gemacht wurden, ist diese detailliert zu regeln. Andernfalls kann sie nicht, wie die Erfahrungen zeigen, verhindern, daß Satzung bzw. Gesellschaftsvertrag der Verwertungsgesellschaften nicht ausreichend die Interessen der Berechtigten sichern.

Zum einen sind von daher Anforderungen an Satzung/Gesellschaftsvertrag, Verteilungspläne und Wahrnehmungsvertrag im einzelnen zu regeln sowie der Aufsichtsbehörde ausreichende Kontrollbefugnisse an die Hand zu geben, um

---

1 GRUR Int. 1980, S. 471.

2 Challanges to Copyright, S. 231.

3 Urheberrecht Spanien, S. 201.

4 GRUR Int. 1997, S. 315 (322 - 329); ders. in Walter Urheberrecht, S. 93 - 107.

5 Ficsor, Collective Administration, S. 86.

bereits im Gründungsverfahren, die Berechtigte ausreichend schützen zu können.

II. Kontrolle über den Geschäftsbetrieb

Die Kontrolle nach besonderen Vorschriften sollte eine Kontrolle nach dem Kartellrecht im Interesse der Rechtssicherheit ausschließen. Dabei sollte die Kontrolle nach den besonderen Vorschriften im übrigen auch so engmaschig sein, daß eine Kontrolle nach dem Kartellrecht ohnehin überflüssig wäre. Die Regelung sollte Vorschriften über die Errichtung einer Aufsichtsbehörde sowie einer Schiedsstelle enthalten und deren Kompetenz, Verfahren, Eingriffsbefugnisse, Rechtsmittel und -wege etc. regeln.

Bei der Kontrolle ist zwischen der zugunsten der Urheber, Verwerter und der Kontrolle über Kooperationen nationaler Verwertungsgesellschaften zu unterscheiden.

1. Kontrolle des Verhältnisses zu den Berechtigten

Die Urheber und sonstigen Berechtigten sind an der weitgehenden Aufrechterhaltung der Rechte als individuelle Herrschaftsrechte interessiert, was sich auf den Einfluß auf die Gesellschaft, die Verfügungsfreiheit über seine Rechte und den Anteil an der Ausschüttung auswirkt.

Die Kontrollregelung sollte Vorschriften über den Umfang der Rechteeinräumung sowie sonstiger Bestimmungen des Wahrnehmungsvertrages, über die Satzung der Verwertungsgesellschaften, insbesondere die Sicherung eines Einflusses jedes Berechtigten auf die Geschäftspolitik der Verwertungsgesellschaften sowie über die Aufstellung und Durchführung der Verteilungspläne enthalten. Dadurch ist sicherzustellen, daß die Berechtigten zum einen nicht mehr als nötig beschränkt werden, zum anderen eine Vergütung erhalten, die dem Wert der eingebrachten Rechte entsprechen.

Die Einhaltung dieser Vorschriften sollte einem zu errichtenden ständigen und unabhängigen Kontrollorgan übertragen werden, das personell und von der Kompetenz und den Eingriffsbefugnissen in der Lage ist, die Verwertungsgesellschaften wirksam zu kontrollieren. Soweit möglich sollte die Beachtung dieser Vorschriften bereits im Rahmen der Gründungskontrolle überprüft werden (vgl. I).

Diese sollte daher mit umfassenden Befugnissen ausgestattet werden, und insbesondere den Verwertungsgesellschaften bestimmte Verhalten nach Beanstandung untersagen können. Die Regelung sollte detaillierte Vorschriften vorsehen, die sicherstellen, daß die Urheber und sonstige Berechtigten vor ungerechtfertigten Kollektivierungen geschützt werden.

Die Verwertungsgesellschaften sollten weiter verpflichtet werden, die Berechtigten umfassend über Geschäftspläne, Verteilungspläne, etc. angemessen zu informieren. So kann sichergestellt werden, daß die Berechtigten mittels dieser Transparenz in die Lage versetzt werden, zu beurteilen, ob die Verwertungsgesellschaften die Rechte angemessen wahrnehmen. Auch sollte es den Berechtigten ermöglicht werden, kurzfristig bestimmte Rechte wieder verwalten zu können bzw. sich kurzfristig von der Verwertungsgesellschaft zu lösen.

Schließlich müßten die Rahmenbedingungen für Abzüge zu sozialen und kulturellen Zwecke und die entsprechende Verteilung dieser Abzüge geregelt werden, so daß sichergestellt ist, daß sich die Abzüge im Rahmen halten und bei der Verteilung die Berechtigten weitgehend gleich bzw. angemessen behandelt werden.

Der Normierung des Wahrnehmungszwanges bedarf es nicht, da die Verwertungsgesellschaften in der Regel daran interessiert sind, Rechte umfassend wahrzunehmen und daher Wahrnehmungsverträge abzuschließen. Um jedoch einen Mißbrauch auszuschließen, sollte eine Regelung vorsehen, daß die Aufsichtsbehörde bestimmen kann, daß die Verwertungsgesellschaft den Vertrag abzuschließen hat, wenn die Weigerung des Abschlusses ungerechtfertigt ist (indirekter Wahrnehmungszwang).

2. Kontrolle des Verhältnisses zu den Verwertern

Die Verwerter sind an einem schnellen Zugang zu dem von den Verwertungsgesellschaften wahrgenommenen Repertoire zu günstigen Konditionen und insbesondere günstigen Gebühren interessiert.

Die Regelung sollte Vorschriften über die Errichtung von Tarifen, den Abschluß von Gesamtverträgen und eine allgemeine Informationspflicht bezüglich des Repertoires enthalten.

Abzulehnen ist die Normierung eines Kontrahierungszwangs, da dies den Charakter des Rechts als individuellen Herrschaftsrechts zum Nachteil der Urheber und sonstigen Berechtigten mehr als notwendig einschränkt.[6] Die Regelung sollte aber Vorschriften über einen indirekten Kontrahierungszwang für den Fall enthalten, daß die Verwertungsgesellschaft den Abschluß eines Nutzungsvertrages ohne Grund ablehnt. Hierzu sollte als Entscheidungsorgan eine zu errichtende Schiedsstelle zuständig sein.

Die Schiedsstelle sollte von Verwertern, deren Organisationen und von Verwertungsgesellschaften angerufen werden können. Sie sollte in erster Linie als Vertragshelfer fungieren und erst in zweiter Linie Aufsichtsorgan sein.

Die Schiedsstelle sollte ermächtigt sein, vorläufige Entscheidungen über die begehrte Verwertung zu erlassen, d.h. über Bedingung und Vergütung der Nutzung, um die Nutzung der betroffenen Werke nicht zum Nachteil der Verwerter und letztlich der Allgemeinheit zu verhindern.

Die Kompetenz der Schiedsstelle sollte sich weitgehend auf die Festlegung der Tarife beschränken und insbesondere der darin enthaltenen Vergütungen. Der Gesetzgeber sollte im Interesse der Rechtssicherheit konkrete Entscheidungsrichtlinien der Schiedsstelle an die Hand geben, die auf dem Partizipationsgedanken des Urheberrechts aufbauen, und der Ausgestaltung dieses Rechts als individuelles Herrschaftsrecht gerecht werden.

3. Kontrolle von Kooperationen von Verwertungsgesellschaften

Es ist nicht auszuschließen, daß Verwertungsgesellschaften in der Zukunft sich zu übernationalen Kooperationen zusammenfinden, um den Bedürfnissen des Binnenmarktes, u.U. auch der Informationsgesellschaft, gerecht zu werden, so daß auch diese Kooperationen einer Kontrolle unterworfen werden müssen.

Da auch hier dieselben Gefahren bestehen, wie bei der Kontrolle von nur nationalen Gesellschaften, genügt es, wenn Regelungen gefunden werden, aufgrund derer bestimmt wird, welche Schiedsstelle bzw. welches Aufsichtsorgan für diese Kontrolle übernationaler Kooperationen zuständig ist, und nach welchem Recht sich das Verfahren richtet. Eine solche Regelung erscheint notwendig, um zu verhindern, daß für die Kontrolle von übernationalen Kooperationen oder Verwertungsgesellschaften mehrere nationale Schiedsstellen oder Aufsichtsorgane zuständig sind, die widersprüchliche Entscheidungen fällen.

---

6 So auch Gotzen GRUR Int. 1980, S. 471 (489); a.A.: Dietz Urheberrecht Spanien, S. 204; Vogel ZUM 1992, S. 21 (41); ders Harmonisierung, S. 21.

III. Vorschlag

Eine Europäische Regelung von Verwertungsgesellschaften könnte daher wie folgt aussehen:[7]

Teil A: Allgemeine Vorschriften: Rechte und Pflichten von Verwertungsgesellschaften

I. Regelung die Berechtigten betreffend

1. Satzung/Einfluß der Berechtigten
2. Allgemeine Informationspflichten
3. Wahrnehmungsvertrag, Umfang, Rechteübertragung
4. Verteilungspläne
5. Vorsorge- und Unterstützungseinrichtungen/ Abzüge zu kulturellen Zwecken
6. Indirekter Wahrnehmungszwang

II. Regelung die Verwerter betreffend

1. Tarife, einschließlich Lizenzgebühren und -bedingungen
2. Gesamtverträge
3. Informationspflichten
4. Indirekter Abschlußzwang

Teil B: Aufsichtsbehörde

I. Errichtung und Kompetenz
   1) Gründungskontrolle
   2) Kontrolle über Geschäftsbetrieb insbesondere im Hinblick auf Wahrnehmungsberechtigte

II. Eingriffsbefugnisse

III. Rechtsmittel gegen Entscheidungen

---

7 Nach Dietz Urheberrecht Spanien, S. 204.

Teil C: Die Schiedsstelle

I. Errichtung

II. Zusammensetzung

III. Kompetenzen

1. Kontrolle der Tarife/Lizenzierungspraxis
2. vorläufige Entscheidungen/ Hinterlegung von Gebühren
3. Entscheidungskriterien

IV. Verfahren

V. Parteien

VI. Rechtsschutz

Teil D: Europäische Kooperationen von Verwertungsgesellschaften

I. Anwendbare Vorschriften

II. Zuständige Schiedsstelle

LITERATURVERZEICHNIS

I. Bücher, Monographien, Aufsätze

Adams, John	An Outline of the Copyright Law of the United Kingdom, UFITA Band 120 (1992), S. 5 - 17
Albach, Horst	Zur Tarifgestaltung von urheberrechtlichen Darbietungen, GRUR 1988, S. 432 - 441
Arnold, Claudius Rehbinder, Manfred	Zur Rechtsnatur der Staatsaufsicht über die deutschen Verwertungsgesellschaften, UFITA Bd. 118 (1992), S. 203 - 215
Arnold, Richard	Inconsistency in the Coypright Tribunal, EIPR 1993, S. 179 - 181
Bartenbach, Kurt Volz, Franz-Eugen	Gesetz über Arbeitnehmererfindungen, Kommentar Gesetz über Arbeitnehmer-erfindungen, Kommentar 2. Auflage Köln Berlin Bonn München Stand: März 1990, zit.: Bartenbach/Volz
Bechthold, Rainer	Zum Referentenentwurf der 6. GWB-Novelle, BB 1997, S. 1853 - 1858
ders.	Kartellgesetz - Gesetz gegen Wettbewerbs-beschränkungen - Kommentar 2. Auflage, München 1999, zit.: Bechthold Kartellgesetz
Bechthold, Stefan	Multimedia und Urheberrecht - einige grund-sätzliche Anmerkungen, GRUR 1998, S. 18 - 27
Becker, Jürgen	Gewaltenteilung und Gruppenstaat, Baden-Baden 1986, zit.: Becker Gewaltenteilung

ders. — Verwertungsgesellschaften als Träger öffentlicher und privater Aufgaben in: Wanderer zwischen Musik, Politik und Recht, Festschrift für Reinhold Kreile zum 65. Geburtstag, Baden-Baden 1994, S. 27 - 51, zit: Becker in FS Kreile

ders. — Die digitale Verwertung von Musikwerken aus der Sicht der Musikurheber in: Urheberrecht und digitale Technologie, Hrsg.: Jürgen Becker, Thomas Dreier, Baden-Baden 1994, S. 45 - 76, zit.: Becker in digitale Technologie

ders. — Neue Übertragungstechniken und Urheberrechtsschutz, ZUM 1995, S. 231 - 249

ders. — Konsequenzen für die Verwertungsgesellschaften und deren Lizenzierungssystem, in Entwicklung des Urheberrechts im europäischen Rahmen, Hrsg. von Hans Prütting, u.a. München 1999, S. 53 - 63, zit: Becker in Europäisches Urheberrecht

Bellamy, Christopher
Child, Graham — Common Market Law of Competition 3. Auflage London 1987, zit.: Bellamy/Child Competition

Block, Ulrich — Die Lizenzierung von Urheberrechten für die Herstellung und den Vertrieb von Tonträgern im Europäischen Binnenmarkt, Baden-Baden 1997, zit: Block, Lizenzierung

Bogsch, Arpad — The Berne Convention: Towards the Future in: Internationales Urheberrechts-Symposium, Hrsg.: International Publishers Association und Börsenverein des Deutschen Buchhandels München 1986, S. 46 - 55, zit.: Bogsch in Internationales Urheberrechtssymposium

Boytha, György	Ambivalente Züge des Urheberrechts in: Festschrift für U. Uchtenhagen zum 60. Geburtstag, Baden-Baden 1987, S. 53 - 71, zit: Boytha in FS Uchtenhagen
Bragiel, Edward	Is the Copyright Tribunal Showing Irrational Tendencies?, EIPR 2001, S. 371 - 374
Brinkmann, Tomas	Urheberschutz und wirtschaftliche Verwertung, Neuwied Frankfurt 1989, zit.: Brinkmann Urheberschutz
Brügger, Paul	Individuum und Gesellschaft im Urheberrecht, Basel 1970, zit.: Brugger Individuum
Brugger, Gustav	Kartellrecht und Urheberrecht Erster Teil - Grundlage, UFITA Bd. 29 (1959), S. 189 - 232
Brunn, Heinrich von	Der GEMA-Fall WuW 1971, S. 770 - 779
Clausen, Carl Albrecht	Die Vergütung für die Überspielung zum privaten Gebrauch gemäß § 54 Abs. 1 UrhG und die Verteilung unter die Berechtigten im Filmbereich, Frankfurt Berlin Bern Bonn New York Paris Wien 1993, zit.: Clausen Vergütung
Clark, Charles Hadley, Colin	Collective Administration of Reprographic Reproduction Rights Principles and Practice: The British Experience, Hrsg. CLA, London 1992, zit.: Clark/Hadley Collective Administration
Cohen Jehoram, Herman	Basic Principles of Copyright Organisations, Copyright 1990, S. 214 - 220
Coing, Helmut	Die Treuhand kraft privaten Rechtsgeschäftes, München 1973, zit.: Coing Treuhand

Copinger, W.A. Skone, James, E.P.	Copinger and Skone James on Copyright, herausgegeben und bearbeitet von Kevin Garnett, Jonathan Rayner James und Gillian Davies, Volume One, Volume Two - Materials, 14. Auflage London 1999, zit.: Copinger and Skone James on Copyright
Cornish, William R.	Intellectual Property: Patents, Copyright, Trade Marks and Allied Rights, 4. Auflage London 1999, zit.: Cornish Intellectual Property
ders.	Der Schutz des Urheberpersönlichkeitsrechts nach dem neuen britischen Urhebergesetz von 1988, GRUR Int. 1990, S. 500 - 505
ders.	Großbritannien in: Urhebervertragsrecht, herausgegeben Friedrich-Karl Beier/Horst-Peter Götting/Michael Lohmann/Rainer Monfang Festgabe für Gerhard Schricker zum 60. Geburtstag, München 1995, S. 643 - 684, zit: Cornish in FS Schricker
David, Eugen	Vom gerechten Preis in: Festschrift für U. Uchtenhagen zum 60. Geburtstag, Baden-Baden 1987, S. 137 - 141
Davies, Gillian	The Public Interest in Collective Administration of Rights, Copyright 1989, S. 81 - 89
Davies, Gillian Rauscher auf Weeg, Hans Hugo von	Challenges to Copyright and Related Rights in the European Community, Oxford 1983, zit.: Davies/Rauscher auf Weeg Copyright
Delaque, Lucette	Copyright - Free Movement of Goods and Territoriality: Recent Developments, EIPR 1989, S. 435 - 439
Derringer, Arved	EEC and Antitrust Problems with Respect to Copyright and Performing Rights Licensing Societies, Int.Bus.L. 1985, S. 65 - 70

ders.	Wandlungen des Urheberrechts unter dem Einfluß des Europäischen Gemeinschaftsrechts, NJW 1985, S. 513 - 517
Dietz, Adolf	Das Urheberrecht in der Europäischen Gemeinschaft Baden-Baden 1978, zit.: Dietz Urheberrecht EG
ders.	Das Urheberrecht in Spanien und Portugal, Baden-Baden 1990, zit.: Dietz Urheberrecht Spanien
ders.	Die Entwicklung des Urheberrechts in der Bundesrepublik Deutschland von 1984 bis Anfang 1989, UFITA Bd. 112 (1990), S. 5 - 95
ders.	Das Urheberrecht in der Europäischen Gemeinschaft in: Festschrift zum hundertjährigen Bestehen der Deutschen Vereinigung für gewerblichen Rechtsschutz und Urheberrecht Hrsg: Friedrich-Karl Beier, Alfons Kraft, Gerhard Schricker, Elmar Wadle, Weinheim 1991, S. 1445 - 1484, zit.: Dietz in FS GRUR
ders.	Die Entwicklung des Urheberrechts in der Bundesrepublik Deutschland (1989 - 1993), UFITA Bd. 122 (1993), S. 5 - 56
ders.	Das neue Schweizer Urhebergesetz aus der Sicht der kontinental-europäischen Urheberrechtsentwicklung, UFITA Bd. 124 (1994), S. 42 - 61
ders.	Brückenschlag zwischen Droit d'Auteur und Copyright in der Informationsgesellschaft, in: Schutz von Kultur und geistigem Eigentum, hrsg. von Internationale Gesellschaft für Urheberrecht, Baden-Baden 1998, S 83 - 97, zit.: Dietz in INTERGU

ders.	Das Urheberrecht in seiner rechtspolitischen Bedeutung, in Urhebervertragsrecht, herausgegeben von Friedrich-Karl Beier/Horst-Peter Götting/Michael Lohmann/Rainer Monfang Festgabe für Gerhard Schricker zum 60. Geburtstag, München 1995, S. 1 - 50, zit.: Dietz in FS Schricker
Dillenz, Walter	Functions and Recent Developments of Continental Copyright Societies, EIPR 1990, S. 191 - 195
ders.	Die EG-Wettbewerbsregeln und die österreichischen Verwertungsgesellschaften in: Die Verwertungsgesellschaften im Europäischem Binnenmarkt, Hrsg. von Jürgen Becker, Baden-Baden 1990, S. 135 - 158, zit.: Dillenz in Verwertungsgesellschaften
ders.	Harmonisierung des Rechts der Verwertungsgesellschaften in Europa, GRUR Int. 1997, S. 315 - 329
Dinage, James	The United Kingdom Competition Act 1980, EIPR 1980, S. 157 - 162
Dittrich, Robert	Der Kontrahierungszwang von Verwertungsgesellschaften, Wien 1992, zit.: Dittrich Kontrahierungszwang
Doutrelepont, Carine	Mißbräuchliche Ausnutzung von Urheberrechten?, GRUR Int.1994, S. 302 - 308
Dördelmann, Jörg-Eckhard	Gedanken zur Staatsaufsicht über Verwertungsgesellschaften, GRUR 1999, S. 890 - 896
ders.	Die gemeinsame Vertretung der Wahrnehmungsberechtigten nach § 6 Abs. 2 WahrnG, in: Festschrift für Paul W. Hertin, München 2000, S. 31 - 52, zit.: Dördelmann in FS Hertin

Dreier, Thomas — Rundfunk und Urheberrecht im Binnenmarkt, GRUR Int. 1991, S. 13 - 19

ders. — Die Umsetzung der Richtlinie zum Satellitenrundfunk und zur Kabelweiterleitung, ZUM 1995, S. 458 - 463

Dünnwald Rolf — Die Verpflichtung der Verwertungsgesellschaften zur Rechtswahrnehmung zu angemessenen Bedingungen in: Wanderer zwischen Musik, Politik und Recht, Festschrift für R. Kreile zum 65. Geburtstag, Baden-Baden 1994, S. 161 - 166, zit.: Dünnwald in FS Kreile

Dworkin, Gerald
Taylor, Richard D. — Blackstone's Guide to the Copyright, Designs and Patents Act 1988, London 1989, zit.: Dworkin/Taylor Blackstone's Guide

Edelman Bernard — Droits d`Auteur Droit Voisins, Paris 1993, zit.: Edelman Droits D`Auteur

ders. — Chronique de propriété littéraire et artistique J.C.P. 1990 I, Nummer 3478, zit.: Edelmann J.C.P.

Edwards, Stephen — A collecting society for authors - A practical requirement?, EIPR 1983, S. 231 - 232

Emmerich, Volker — Kartellrecht, 7. Auflage München 1994, zit.: Emmerich Kartellrecht

Erffa, Margarethe von — Gesetz über die Vermittlung von Musikaufführungsrechten vom 4. Juli 1933, GRUR 1933, S. 693 - 625

Erichsen, Hans-Uwe — Die sog. unbestimmten Rechtsbegriffe und Kontrollmaßnahmen im Verhältnis von Gesetzgebung, Verwaltung und Rechtsprechung, DVBL 1985, S. 22 - 29

Farrar, John H.
Dugdale, Anthony M. — Introduction to Legal Method, London 1990, zit.: Farrar/Dugdale Introduction

Farrar, John H. Nigel, Furey E. Hannigan, Brenda	Company Law, 3. Auflage, London Dublin Edinburgh 1991, zit.: Farrar/Nigel/Hannigan Company Law
Ferid, Hildegard	Zur Anwendung von Art. 36 EWG-Vertrag auf nationale Urheberrechte und verwandte Schutzrechte in Gewerblicher Rechtsschutz Urheberrecht Wirtschaftsrecht Festschrift für Eugen Ulmer zum 70. Geburtstag, Köln Berlin Bonn München 1973, S. 75 - 82, zit.: Ferid in FS Ulmer
Ficsor, Mihály	Collective Administration of Authors' Rights, Copyright 1985, S. 341 - 353
ders.	Collective Administration of Copyright and Neighboring Rights, Genf 1990, zit: Ficsor Collective Administration
ders.	Grußadresse, Symposium zum neuen Schweizer Urheberrecht, UFITA Bd. 124 (1994), S. 27 - 35
Fikentscher, Wolfgang	Wettbewerb und Gewerblicher Rechtsschutz, München Berlin 1958, zit.: Fikentscher Wettbewerb
ders.	Urhebervertragsrecht und Kartellrecht in: Urhebervertragsrecht, herausgegeben von Friedrich-Karl Beier/Horst-Peter, Götting/Michael Lohmann/Rainer Monfang, Festgabe für Gerhard Schricker zum 60. Geburtstag, München 1995, S. 149 - 192, zit.: Fikentscher in FS Schricker
Flint, Michael F.	A User's Guide to Copyright 3. Auflage London Dublin, Edinburgh 1990, zit.: Flint, User's Guide
Flynn, James	Intellectual Property and Antitrust: EC Attitudes, EIPR 1992, S. 49 - 54
Françon, André	Grußadresse, Symposium zum neuen Schweizer Urheberrecht UFITA Bd. 124 (1994), S. 35 - 42

Frankfurter Kommentar zum Gesetz gegen Wettbe-bewerbsbeschränkungen | Hrsg. Helmut Glassen, Helmuth von Hahn, Hans-Christian Kersten, Walter Kolvenbach, Jürgen Lehmann, 3. Auflage Köln, Stand: 35. Lieferung Januar 1995, zit.: Verf. in Frankfurter Kommentar

Franssen, Everhardt | (Un)bestimmtes zum unbestimmten Rechtsbegriff, in: Festschrift für Walter Zeidler, München 1987, S. 429 - 454, zit.: Franssen in FS Zeidler

Frazer, Tim | Monopoly, Competition and the Law, 2. Auflage, New York London Toronto Sydney Tokyo Singapore 1992, zit.: Frazer Monopoly

ders. | Beating Panels: The Monopolies and Mergers Commission Report on Ford Motor Company Ltd., EIPR 1985, S. 235 - 240

Freegard, Michael | Quis Custodiet? The Role of the Copyright Tibunal, EIPR 1994, S. 286 - 292

Freegard, Michael; Black, Jack | The Decisions of the UK Performing Right and Copyright Tribunal, London Edingburgh Dublin 1997, zit.: Freegard/Black Copyright Tribunal

Friden, Georges | Recent Development in EEC Intellectual Property Law: the Distinction between Existence and Exercise Revisited, CLMR 1989, S. 193 - 217

Fritsch, Klaus | Besteht ein subjektiv-öffentliches Recht auf ermessensfehlerfreie Ausübung der Staatsaufsicht über die Verwertungsgesellschaften?, GRUR 1984, S. 22 - 27

Fromm, Friedrich Karl; Nordemann, Wilhelm | Urheberrecht Kommentar, 9. Auflage Stuttgart, Berlin, Köln 1998, zit.: Verfasser in Fromm/Nordemann

dies.	Urheberrecht Kommentar, 6. Auflage Stuttgart, Berlin, Köln 1983, zit.: Verfasser in Fromm/ Nordemann, 6. Auflage
Fuhr, Ernst Walter, Rudolf Wasserburg, Klaus	Recht der Neuen Medien - Ein Handbuch, Heidelberg 1989, zit.: Verf. in Fuhr/Walter/ Wasserburg
Gamm, Otto-Friedrich von	Urheberrechtliche Verwertungsverträge und Einschränkungen durch den EWG-Vertrag, GRUR Int. 1983, S. 403 - 409
ders.	Kartellrecht, 2. Auflage Köln Bonn Berlin München 1991, zit.: v. Gamm GWB
ders.	Die Tarifgestaltung durch die urheberrecht-Verwertungsgesellschaften, in: Festschrift für Rudolf Nirk zum 70. Geburtstag, München 1992, S. 315 - 320
Gemeinschaftskommentar-Gesetz gegen Wettbewerbsbeschränkungen und Europäisches Kartellrecht	Hrsg. Werner Benisch, 4. Auflage, Stand: 12. Lieferung 1988 (§§ 102 - 102a GWB) Köln Berlin Bonn München, zit.: Verf. in Gemeinschaftskommentar
Gentz, Günther	Kollektive und individuelle Wahrnehmung von Rechten, GRUR 1964, S. 422 - 425
Gerlach, Tilo	Verwertungsgesellschaften und europäischer Wettbewerb, in: Festschrift für Robert Dittrich zum 75. Geburtstag, Wien 2000, S. 119 - 132
Glattfelder, Hans	Die Spruchpraxis der Schiedskommission für die Verwertung von Urheberrechten in: 100 Jahre URG, Festschrift zum einhundertjährigen Bestehen eines eidgenössischen Urhebergesetzes, Hrsg.: Schweizerische Vereinigung für Urheberrechte, Bern 1983, S. 87 - 107, zit.: Glattfelder in FS URG

Goldbaum, Wenzel	Urheberrecht und Urhebervertragsrecht, Baden-Baden 1961, zit.: Goldbaum Urheberrecht
Gotzen, Frank	Angleichung des Rechts der ausübenden Künstler in Rahmen der Europäischen Gemeinschaft GRUR Int. 1980, S. 471 - 490
Grabitz, Eberhard Hilf, Meinhard	Kommentar zur Europäischen Union 7. Ergänzungslieferung München, September 1994, zit.: Verf. in Grabitz/Hilf
Greaves, Rosa	Copyright: Public interest and statutory powers under the Competition Act 1980 in: EIPR 1987, S. 3 - 5
Groeben, Hans von der Thiesing, Jochen Ehlermann, Claus-Dieter	Kommentar zum EWG - Vertrag Band 2 (Artikel 85 - 109) 4. Auflage Baden-Baden 1991, zit.: Verf. in Groeben/Thiesing/Ehlermann
Groves, Peter	Copyright and Designs Law, London Dordrecht Boston 1991, zit.: Groves Copyright
Grower, L.C.B.	Grower's Principles of Modern Company Law, 15. Auflage, London 1992
Grundmann, Siegfried	Die GEMA - ein marktbeherrschendes Unternehmen, NJW 1954, S. 297 - 298
Haensel, Carl	Die Verankerung der Verwertungsgesellschaften im neuen Urheberrecht, UFITA Bd. 33 (1961), S. 288 - 307
ders.	Das Verwertungsgesellschaftengesetz in der Urheberrechtsreform, UFITA Bd. 45 (1965), S. 68 - 85
Haertel, Kurt	Verwertungsgesellschaften und Verwertungsgesellschaftsgesetz, UFITA Bd. 50 (1967), S. 7 - 22
Häußer, Erich	Praxis und Probleme der Aufsicht über Verwertungsgesellschaften FuR 1980, S. 57 - 71

ders.	Aufsicht über Verwertungsgesellschaften und Vereinsautonomie, in: Festschrift für Georg Roeber zum 10. Dezember 1981, Freiburg 1982, S. 113 - 130, zit.: Häußer in FS Roeber
ders.	Das Recht der Verwertungsgesellschaften aus der Sicht der Aufsichtsbehörde, Mitt. 1984, S. 64 - 74
ders.	Die Verteilung der im Rahmen der Wahrnehmung von Urheberrechten und Leistungsschutzrechten erzielten Einnahmen an Ausländer, in: Wanderer zwischen Musik, Politik und Recht, Festschrift für R. Kreile zum 65. Geburtstag, Baden-Baden 1994, S. 281 - 290, zit.: Häußer in FS Kreile
Haines, Sasha	Copyright takes the Dominant Position, EIPR 1994, S. 401 - 403
Hartlieb, Horst von	Handbuch des Film-, Fernseh- und Videorechts, 3. Auflage München 1991, zit.: Hartlieb Videorecht
Hauptmann, Christian	Die Vergesellschaftung des Urheberrechts, Baden-Baden 1994, zit: Hauptmann, Vergesellschaftung
ders.	Der Zwangseinbehalt von Tantiemen der Urheber und ihre Verwendung für kulturelle und soziale Zwecke bei der GEMA und VG Wort, UFITA Bd. 126 (1994), S. 149 - 177
Herschel, Wilhelm	Die Verwertungsgesellschaften als Träger staatsentlastender Tätigkeit, UFITA Bd. 50 (1967), S. 22 - 32
Hiestand, Thomas	Buchbesprechung von Christian Hauptmann: Vergesellschaftung des Urheberrechts, UFITA Bd. 126 (1994), S. 293 - 296

Hillig, Hans-Peter	Vertragsfreiheit im deutschem Urheberrecht in: Vertragsfreiheit im Urheberrecht, hrsg.: von Dietrich Reimer, Weinheim, New York 1977, zit.: Hillig in Vertragsfreiheit
ders.	Die Urheberrechtsnovelle 1985, UFITA Bd. 102 (1986), S. 11 - 31
ders.	Urheber- und Verlagsrecht, Textbuch, 8. Auflage München 2001, zit.: Hillig Textbuch
ders.	Zur Rechtsstellung des Beirates in der urheberrechtlichen Verwertungsgesellschaft in: Wanderer zwischen Musik, Politik und Recht, Festschrift für R.Kreile zum 65. Geburtstag, Baden-Baden 1994, S. 295 - 301, zit: Hillig in FS Kreile
ders.	Das Vierte Gesetz zur Änderung des Urhebergesetzes, UFITA Bd. 138 (1999), S. 5 - 28
Hilty, Reto M. (Hrsg.)	Die Verwertung von Urheberrechten in Europa, Basel, Frankfurt a.M., Köln, Berlin, Bonn, München, 1995, zit: Verfasser in Hilty Verwertung
Hoffmann, Willy	Betrachtungen zum neuen Musikaufführungsgesetz, UFITA Bd. 6 (1933), S. 289 - 291
ders.	Das Gesetz über die Vermittlung von Musikaufführungsrechten vom 4. Juli 1933 und die Berner Übereinkunft, UFITA Bd. 6 (1933), S. 372 - 378
Horzenek, Willi	Die Staatsaufsicht über die Verwertungsgesellschaften - eine Aufgabe der Urheberrechtsabteilung in: Das deutsche Patentamt 1975, Festschrift für Kurt Haertel zum 65. Geburtstag, S. 67 - 78, Köln Berlin Bonn München 1975, zit: Horzenek in FS Haertel

Hubmann, Heinrich	Das Verwertungsgesellschaftengesetz und die Berner Übereinkunft, UFITA Bd. 48 (1966), S. 22 - 45
Hübner, Heinz Stern, Klaus	Zur Zulässigkeit der Aufsicht des Deutschen Patentamtes über die Verwertungsgesellschaften nach dem Gesetz über die Wahrnehmung von Urheberrechten und verwandten Schutzrechten, GEMA - Nachrichten 1978, S. 85 - 98
Immenga, Ulrich Mestmäcker, Ernst-Joachim	Gesetz gegen Wettbewerbsbeschränkungen, 3. Auflage München 2001, zit.: Verf. in Immenga/Mestmäcker
dies.	Gesetz gegen Wettbewerbsbeschränkungen, 2. Auflage München, 1992, zit.: Verf. in Immenga/Mestmäcker 2. Auflage
Ipsen, Hans Peter	Gemeinschaftsrechtliche Interpretationsanstöße für mitgliedsstaatliche Rechtsinstitute in: Das Europa der zweiten Generation, Gedächtnisschrift für Ch. Sasse, Hrsg.: Roland Bieber, Albert Bleckmann, Francesco Capatorti, Baden-Baden 1981, S. 405 - 423, zit.: Ipsen in Gedächtnisschrift Sasse
Jackson, Angela	Das neue britische Urheberrecht und die internationale Filmindustrie - im Dickicht der Paragraphen, ZUM 1993, S. 125 - 129
Jackson, Christopher	European Union Competition Policy: Collecting Societies, EIPR 1997, S. 161
Jacobs, Rainer	Das Verbrechen im Film, in: Wanderer zwischen Musik, Politik und Recht, Festschrift für R. Kreile zum 65. Geburtstag, München 1994, S. 307 - 321, zit.: Jacobs in FS Kreile
Jehoram, Herman Cohen	The Future of Copyright Collecting Societies, EIPR 2001, S. 134 - 139

Joliet, René	Der Begriff der missbräuchlichen Ausnutzung in Art. 86 EWG-Vertrag, EuR 1973, S. 97 - 123
ders.	Geistiges Eigentum und freier Warenverkehr GRUR Int. 1989, S. 177 - 185
Joliet, René Delsaux, P.	Copyright in the Case Law of the European Community, in: Copyright in Free and Competitive Markets, Hrsg.: W.R. Cornish, Oxford 1986, S. 21 - 39, zit.: Joliet/Delsaux in Cornish Free and Competitive Markets
Karnell, Gunnar	Die Verwertungsgesellschaften in einem zusammenwachsenden Europa, GRUR Int. 1991, S. 583 - 592
ders.	Collective Administration of Authors' Rights, Copyright 1986, S. 45 - 66
ders.	Wer liebt Phil Collins? GRUR Int. 1994, S. 733 - 741
Kaube, Gernot Volz, Franz-Eugen	Die Schiedsstelle nach dem Gesetz über Arbeitnehmererfindungen beim Deutschen Patentamt RdA 1981, S. 213 - 219
Kernochan, John M.	Collective Administration of Authors' Rights, Copyright 1985, S. 389 - 410
Kirchhof, Paul	Der Gesetzgebungsauftrag zum Schutz des geistigen Eigentums gegenüber modernen Vervielfältigungstechniken, Heidelberg 1988, zit: Kirchhof Gesetzgebungsauftrag
Klauer, Georg	Die Vermittlung von Aufführungsrechten nach dem Gesetz vom 4. Juli 1933, UFITA Bd. 6 (1933), S. 291 - 298
Koch, Harald Magnus, Ulrich Winkler v. Mohrenfels, Peter	IPR und Rechtsvergleichung, München 1987 zit.: Koch/Magnus/Winkler von Mohrenfels Rechtsvergleichung

Kreile, Reinhold — EUROPA- sein kultureller Auftrag und die musikalische Grundversorgung, ZUM 1990, S. 291 - 293

ders. — Einnahme und Verteilung der gesetzlichen Geräte- und Leerkassettenvergütung für private Vervielfältigung in Deutschland - Ein System hat sich bewährt, GRUR Int. 1992, S. 24 - 36

ders. — Die Lizenzierung musikalischer Urheberrechte für den Satellitenrundfunk in: Europarecht, Kartellrecht, Wirtschaftsrecht, Festschrift für Arved Deringer, Baden-Baden 1992, S. 536 - 565, zit.: Kreile in FS Deringer

ders. — EMRO - Zukunft oder Gefährdung der Musiklizenzierung in Europa? in GEMA- Jahrbuch 1993, Baden-Baden 1993, S. 65 - 75 mit Anhang S. 76 - 89, zit.: Kreile in GEMA - Jahrbuch 1993

ders. — Rechtsdurchsetzung und Rechtewahrnehmung in der Informationsgesellschaft, in; hrsg. von Internationale Gesellschaft für Urheberrecht, Baden-Baden 1998, zit. Kreile in INTERGU

ders. — Die Zusammenarbeit der Verwertungsgesellschaften unter der Aufsicht des Deutschen Patent- und Markenamtes, GRUR 1999, S. 885 - 890

ders. — GEMA Jahrbuch 2000/2001, Baden-Baden 2000, zit.: GEMA-Jahrbuch 2000/2001

Kreile, Reinhold
Becker, Jürgen — Neuordnung des Urheberrechts in der Europäischen Union GRUR Int. 1994, S. 901 - 911

dies. — Stand der Harmonisierungsbemühungen der EG auf dem Gebiet des Urheberrechts am Vorabend des Europäischen Binnenmarktes, ZUM 1992, S. 581 - 594

dies.	Multimedia und die Praxis der Lizenzierung von Urheberrechten, GRUR Int. 1996, S. 677 - 692
dies.	Verwertungsgesellschaften in der Informationsgesellschaft, in GEMA Jahrbuch 1996/97, Baden-Baden 1996, zit.: Kreile/Becker in GEMA-Jahrbuch 1996/97
Kretschmer, Friedrich von	Aktuelle Berichte, GRUR 1982, S. 28 - 29
Kröber, Christian	Vergütungspflicht für digitales Kopieren bestätigt, ZUM 2000, S. 545 - 551
Krüger-Nieland, Gerda	Das Urheberrecht und die Entwicklung der Technik, insbesondere die private Vervielfältigung mittels Magnettonband und Fotokopie, GRUR 1957, S. 535 - 542
Laddie, Hugh Prescott, Peter Vitoria, Mary	The Modern Law of Copyright, London 1980, zit.: Laddie/Prescott/Vitoria Modern Law
Langen, Eugen Bunte, Herrmann-Josef	Kommentar zum deutschen und europäischen Kartellrecht, 7. Auflage Neuwied, 1994, zit.: Langen, Bunte
Larenz, Karl	Methodenlehre der Rechtswissenschaft 5. Auflage, Berlin Heidelberg New York Tokyo 1983, zit.: Larenz Methodenlehre
Leaper, W.J.	Copyright and Performing Rights, London 1957, zit.: Leaper Copyright
Lehmann, Michael	Eigentum, geistiges Eigentum, gewerbliche Schutzrechte GRUR 1983, S. 356 - 362
ders.	Die kartellrechtliche Grenze der Lizenzierung von Computerprogrammen in: Rechtsschutz und Verwertung von Computerprogrammen, Hrsg.: Michael Lehmann, S. 775 - 830, Köln 1993, zit.: Lehmann in Computerprogramm

Leisner, Walter	Urheberechtsverwertung und Verfassungsrecht, UFITA Bd. 48 (1966), S. 46 - 81
Lerche, Peter	Rechtsfragen der Verwirklichung kultureller und sozialer Aufgaben bei der kollektiven Wahrnehmung von Urheberrechten, insbesondere im Blick auf den sog. 10% Abzug der GEMA in: GEMA Jahrbuch 1997/1998, Baden-Baden 1997, S. 80 - 127, zit.: Lerche in GEMA Jahrbuch 1997/1998
Lester, David Mitchell, Paul	Joynson-Hicks on UK Copyright Law, London 1989, zit.: Lester/Mitchell Joynson-Hicks on Copyright
Leutheusser-Schnarrenberger, Sabine	Die Bundesregierung setzt sich dafür ein, daß die ausschließlichen Verwertungsrechte der Urheber im Zeitalter der digitalen Technologie klargestellt und bekräftigt werden, ZUM 1995, S. 115 - 117
Liebich, Dieter Mathews, Kurt	Treuhand und Treuhänder in Recht und Wirtschaft, 2. Auflage, Herne Berlin 1983, zit.: Liebich/Mathews Treuhand
Liermann, Hans	Zum Konflikt zwischen Urheberrecht und Kartellrecht, UFITA Bd. 29 (1959), S. 315 - 321
Löhr, Joachim	Die Aufsicht über Verwertungsgesellschaften München 1992, zit.: Löhr Aufsicht
Loewenheim, Ulrich	Urheberrecht und Kartellrecht, UFITA Bd. 79 (1977), S. 175 - 211
ders.	Gemeinschaftsrechtliches Diskriminierungsverbot und nationales Urheberrecht NJW 1994, S. 1046 - 1048
Lutter, Marcus Hommelhoff, Peter	GmbH-Gesetz, Kommentar 13. Auflage, Köln 1991, zit.: Lutter/Hommelhoff

Lux, Herwig — Verwaltungsgesellschaften, Kartellrecht und 6. GWB-Novelle, WRP 1998, S. 31 - 38

Martino, Tony
Moseley, Dexter — PPL and Performing Rights Organisations: Halfsisters in Copyright-Partners in Antitrust?, in.: EIPR 1988, S. 150 - 155

Mauhs, Angela — Der Wahrnehmungsvertrag, Baden-Baden 1991, zit.: Mauhs, Wahrnehmungsvertrag

Maurer, Hartmut — Verwaltungsrecht, 7. Auflage München 1990, zit.: Maurer Verwaltungsrecht

Mayson, Stephen W.
French, Derek
Ryan, Christopher — Company Law Stand: 1991, zit.: Mayson/ French/Ryan Company Law

McFarlane, Gavin — A Practical Introduction to Copyright, 2. Auflage London 1989, zit.: McFarlane Copyright

ders. — Copyright: the Development and Exercise of the Performing Right London 1980, zit.: McFarlane Copyright

Melichar, Ferdinand — Die Wahrnehmung von Urheberrechten durch Verwertungsgesellschaften München 1983, zit.: Melichar Wahrnehmung

ders. — Der Abzug für soziale und kulturelle Zwecke durch Verwertungsgesellschaften im Lichte des internationalen Urheberrechts, in: Die Verwertungsgesellschaften im Europäischen Binnenmarkt, Hrsg. Jürgen Becker, Baden-Baden 1990, S. 47 - 61, zit.: Melichar in Verwertungsgesellschaften

ders. — Verleger und Verwertungsgesellschaften, UFITA Bd. 117 (1991), S. 5 - 19

Mentha, Bénigne	Der Referentenentwurf eines Gesetzes über Verwertungsgesellschaften und Fragen der Vereinbarkeit mit der Revidierten Berner Übereinkunft in der Fassung von Brüssel (BRÜ), UFITA Bd. 19 (1954), S. 156 - 161
ders.	Urheberrecht, Verwertungsgesellschaft und Berner Übereinkunft, UFITA Bd. 45 (1965), S. 61 - 68
Menzel, Hans-Jürgen	Die Aufsicht über die GEMA durch das Deutsche Patentamt, Heidelberg 1986, zit.: Menzel Aufsicht
Merkin, Robert Williams, Karen	Competition Law London 1984, zit.: Merkin/ Williams Competition Law
Merkin, Robert Harding, Geoffrey Wareham, Philip Williams, Karen	Encyclopedia of Competition Law London Stand: 1993, zit.: Merkin/Harding/Wareham/ Williams Encyclopedia
Mestmäcker, Ernst-Joachim	Sind urheberrechtliche Verwertungsgesellschaften Kartelle?, Berlin Frankfurt a.M. 1960, zit.: Mestmäcker Verwertungsgesellschaft
ders.	Europäisches Wettbewerbsrecht, München 1974, zit.: Mestmäcker Wettbewerbsrecht
ders.	Copyright in Community Law, Journal of World Trade Law 1976, Special Supplement 3
ders.	Performing Rights Organisation in the Common Market: Comparative Observations, Int.Bus.L., 1985, S. 71 - 75
ders.	Zur Urhebervergütung für Tonträger im europäischen Gemeinschaftsrecht in: Urheberrechtliche Probleme der Gegenwart, Festschrift für E. Reichardt zum 70. Geburtstag, Baden-Baden 1990, S. 141 - 167, zit.: Mestmäcker in FS Reichardt

ders.	Zur Anwendung von Kartellaufsicht und Fachaufsicht auf urheberrechtliche Verwertungsgesellschaften und ihre Mitglieder, in: Festschrift für Rudolf Lukes zum 65. Geburtstag, Köln Berlin Bonn München 1990, S. 445 - 460, zit.: Mestmäcker in FS Lukes
ders.	Zur Rechtsstellung urheberrechtlicher Verwertungsgesellschaften im europäischen Wettbewerbsrecht, in: Beiträge zum Handels- und Wirtschaftsrecht, Festschrift für Fritz Rittner zum 70. Geburtstag, München 1991, S. 391 - 404, zit.: Mestmäcker in FS Rittner
ders.	Schutz der ausübenden Künstler und EWG-Diskriminierungsverbot, GRUR 1993, S. 532 - 536
Mestmäcker, Ernst-Joachim Schulze, Erich	Kommentar zum deutschen Urheberrecht, Stand: 17. Lieferung 1995, Frankfurt a.M., zit.: Mestmäcker/Schulze
Möhring, Philipp	Der Regierungsentwurf eines Gesetzes über Verwertungsgesellschaften auf dem Gebiet des Urheberrechts (Verwertungsgesellschaftengesetz), in: Persönlichkeit und Technik im Lichte des Urheber-, Film-, Funk-, und Fernsehrechts, Festschrift für Ernst E. Hirsch, Hrsg. Georg Roeber, Baden-Baden 1963, S. 228 - 248, zit.: Roeber in FS Hirsch
Möhring, Philipp Lieberknecht, Otfried	Kartellrecht und Urheberrecht, UFITA Bd. 29 (1959), S. 269 - 314
Möhring, Philipp Schulze, Erich Ulmer, Eugen Zweigert, Konrad	Quellen des Urheberrechts Neuwied, Berlin, Stand: Dezember 1991, zit.: Verfasser in Möhring Schulze/Ulmer/Zweigert Quellen
Möller, Marget	Die Urheberrechtsnovelle '85, Heidelberg 1986, zit.: Möller Urheberrechtsnovelle

dies.	Urheberrecht oder Copyright?, ZUM 1990, S. 65 - 70
Möschel, Wernhard	Recht der Wettbewerbsbeschränkungen, Köln Berlin Bonn München 1983, zit.: Möschel Wettbewerbsbeschränkungen
Montgomery, Robert	Central Licensing of Mechanical Rights in Europe: The Journey Towards the Single Copyright, EIPR 1994, S. 199 - 203
Morris, Tony	All For One And One For All: The Licensing and Distribution of Copyright Recordings in the Single European Market, Ent.LR 1991, S. 50 - 53
Morse, Geoffrey	Company Law, 14. Auflage London 1991, zit.: Morse Company Law
Moser, Rolf Scheuermann, Andreas	Handbuch der Musikwirtschaft, 5. Auflage Starnberg und München 1999, zit.: Verfasser in Moser/Scheuermann Handbuch
Movsessian, Vera Seifert, Fedor	Einführung in das Urheberrecht der Musik, Wilhelmshaven 1982, zit.: Movessian/Seifert Urheberrecht
Nipperdey, H.C.	Marktbeherrschende Unternehmen beim musikalischen Urheberrecht ?, NJW 1953, S. 881 - 884
Nordemann, Wilhelm	Der Begriff der "angemessenen Bedingungen" in § 6 Abs.1 Wahrnehmungsgesetz, GRUR Int. 1973, S. 306 - 320
ders.	Nutzungsrechte oder Vergütungsansprüche, GRUR 1979, S. 280 - 283
ders.	Die Urheberrechtsreform 1985, GRUR 1985, S. 837 - 843

ders.	Mängel der Staatsaufsicht über die deutschen Verwertungsgesellschaften?, GRUR Int. 1992, S. 584 - 589
ders.	Die Verteilung der Geräte- und Leerkassettenvergütung nach der deutschen Urheberrechtsnovelle von 1985 in: Festschrift für Joseph Voyame, Lausanne 1989, S. 173 - 195, zit.: Nordemann in FS Voyame
ders.	Entwicklung und Bedeutung der Verwertungsgesellschaften, in: Festschrift zum hundertjährigen Bestehen der Deutschen Vereinigung für gewerblichen Rechtsschutz und Urheberrecht, hrsg. von Friedrich-Karl Beier, Alfons Kraft, Gerhard Schricker, Elmar Wadle, Weinheim 1991, S. 1197 - 1207, zit.: Nordemann in FS GRUR
Nordemann, Wilhelm Vinck, Kai Hertin, Paul W.	International Copyright, 2. Auflage Weinheim 1990, zit.: Nordemann/Vinck/Hertin Copyright
Oliver, Peter	Free Movement of Goods in the E.E.C., 2. Auflage London 1988, zit.: Oliver Free Movements
Peinemann, Berthold	Die Pflichten der Verwertungsgesellschaften gegenüber den Urhebern und Leistungsschutzberechtigten, UFITA Bd. 52 (1966), S. 153 - 168
Pennigton, Robert R.	Company Law, 6. Auflage London Dublin Edinburgh 1990, zit.: Pennington Company Law
Pfennig, Gerhard	Die Entwicklung der Verwertungsgesellschaften für Bildende Kunst, Photographie und Film im europäischem Rahmen, in: Die Verwertungsgesellschaften im Europäischen Binnenmarkt, hrsg. von Jürgen Becker, Baden-Baden 1990, S. 63 - 77, zit.: Pfennig in Verwertungsgesellschaften

ders.	Anmerkung zum Urteil des Hanseatischen Oberlandesgerichtes vom 29.01.1998 (VG Bild-Kunst ./. Le Museé Imaginaire), ZUM 1998, S. 942 - 944
Phillips, Jeremy Durie, Robyn Karet, Ian	Whale on Copyright, 4. Auflage London 1993, zit.: Phillips/Durie/Karet Whale on Copyright
Phillips, Jeremy Firth, Alison	Introduction to Intellectual Property Law, 2. Auflage London Dublin Edinburgh 1990, zit.: Phillips/Firth Intellectual Property
Pickrahn, Günther	Verwertungsgesellschaften nach deutschem und europäischem Kartellrecht, Frankfurt a.M. Berlin Bern New York Paris Wien 1996, zit.: Pickrahn Verwertungsgesellschaften
Pietzko, Joachim,	GEMA-Tarife auf dem Prüfstand, in: Festschrift schrift für Paul W. Hertin zum 60. Geburtstag, München 2000, S. 171 - 196, zit.: Pietzko in Festschrift Hertin
Plugge, Walter Roeber, Georg	Das musikalische Tantiemerecht in Deutschland Berlin 1930, zit.: Plugge/Roeber Tantiemerecht
Pollaud-Dulian, Frédédric	Die neuere Entwicklung des Urheberrechts in Frankreich, GRUR Int. 1995, S. 361 - 373
ders.	Das "Bestimmungsrecht" (droit de destination), GRUR Int. 1989, S. 811 - 820
Porter, Harmish	European Union Competition Policy: Should the Role of Collecting Societies be Legitimised?, EIPR 1996, S. 672 - 677
ders.	European Union Competition Policy: Collecting Societies, EIPR 1997, S. 215
Radbruch, Gustav	Der Geist des Englischen Rechts, Göttingen 5. Auflage 1965, zit.: Radbruch Englisches Recht

ders.	Rechtsphilosophie, 5. Auflage Stuttgart 1956, zit.: Radbruch Rechtsphilosophie
Reber, Nikolaus	Aktuelle Fragen zu Recht und Praxis der Verwertungsgesellschaften, GRUR 2000, S. 203 - 211
Rehbinder, Manfred	Urheberrecht, 11. Auflage München 2001, zit.: Rehbinder Urheberrecht
ders.	Über Ursprung und Rechtsgrund einer Beteiligung der VGF an der Geräteabgabe, ZUM 1990, S. 234 - 238
ders.	Mängel der Staatsaufsicht über die deutschen Verwertungsgesellschaften, DVBL 1992, S. 216 - 222
Reimer, Dietrich	Schiedsstellen im Urheberrecht, GRUR Int. 1982, S. 215 - 226
Reinbothe, Jörg	Schlichtung im Urheberrecht, München 1978, zit.: Reinbothe Schlichtung
ders.	Rechtliche Rahmenbedingungen für Verwertungsgesellschaften im Europäischen Binnenmarkt, in: Die Verwertungsgesellschaften im Europäischen Binnenmarkt, hrsg. von Jürgen Becker, Baden-Baden 1990, S. 19 - 24, zit.: Reinbothe in Verwertungsgesellschaften
ders.	Harmonisierungspläne der Europäischen Union, in: Schutz von Kultur und geistigem Eigentum, Hrsg. von Internationale Gesellschaft für Urheberrecht, Baden-Baden 1998, S. 17 - 33, zit.: Reinbothe in INTERGU

ders.	Die Entwicklung des EU-Richtlinienentwurfes zum Urheberrecht im Kontext mit den im internationalen Konventionen, in: Entwicklung des Urheberrechtes im europäischen Rahmen, herausgegeben von Hans Prütting, u.a., München 1999, S. 1 - 11, zit.: Reinbothe im Europäischen Urheberrecht
ders.	Die kollektive Wahrnehmung von Rechten in der Europäischen Gesellschaft, in: Festschrift für Adolf Dietz zum 65. Geburtstag, München 2001, S. 517 - 531, zit.: Reinbothe in FS Dietz
ders.	Die EG-Richtlinie zum Urheberrecht in der Informationsgesellschaft, GRUR Int. 2001, S. 732 - 745
Reinhart, Beate	Die schwindende Autonomie der Disziplin, in: Festschrift für U. Uchtenhagen zum 60. Geburtstag Baden-Baden 1987, S. 73 - 90, zit.: Reinhart in FS Uchtenhagen
Reischel, Gerhard	Gewerblicher Rechtsschutz und Urheberrecht in der Rechtsprechung des Europäischen Gerichtshofs, GRUR Int. 1982, S. 151 - 158
Rheinstein, Max	Einführung in die Rechtsvergleichung, 2. Auflage 1987, zit.: Rheinstein Rechtsvergleichung
Ricketson, Sam	The Berne Convention for the Protection of Literary and Artistic Works: 1886 - 1986, London 1987, zit.: Ricketson Berne Convention
Riklin, Franz	Das Urheberrecht als individuelles Herrschaftsrecht und seine Stellung im Rahmen der zentralen Wahrnehmung urheberrechtlicher Befugnisse sowie der Kunstförderung, Freiburg Schweiz 1978, zit.: Riklin Urheberrecht

Ridder, Helmut — Anmerkung zur Entscheidung des Bay. OVG vom 16.03.1978 - 263 IV 76, in Schulze RzÜ VG 13, S. 9 - 13, zit.: Ridder in Schulze RzÜ VG 13

ders. — Verfassungsrechtliche Probleme der gesetzlichen Regelung von Verwertungsgesellschaften auf dem Gebiet des künstlerischen Urheberrechts, Berlin Frankfurt 1963, zit.: Ridder Verwertungsgesellschaften

Roeber, Georg — Urheberrecht oder Geistiges Eigentum, Baden-Baden 1956, zit.: Roeber Urheberrecht

Rossbach, Claudia — Die Vergütungsansprüche im deutschen Urheberrecht Baden-Baden 1990, zit.: Rossbach Vergütungsansprüche

Ruete, Matthias — Copyright, "geistiges Eigentum" und britische Verwertungsgesellschaften, München 1986, zit.: Ruete Verwertungsgesellschaften

Ruzicka, Peter — Zur individualrechtlichen Konzeption des Gesetzes über die Wahrnehmung von Urheberrechten und verwandten Schutzrechten, in: Festschrift für Georg Roeber zum 10. Dezember 1981, Freiburg 1982, S. 355 - 361

ders. — Verlagsproduzenten und Verwertungsgesellschaften, FuR 1980, S. 507 - 512

Sack, Rolf — Zur Vereinbarkeit wettbewerbsbeschränkender Abreden in Lizenz- und Know-how-Verträge mit europäischem und deutschen Kartellrecht, WRP 1999, S. 592-615

Samson, Benvenuto — Das neue Urheberrecht, UFITA Bd. 47 (1966), S. 1 - 133

Sandberger, Georg Treeck, Joachim	Fachaufsicht und Kartellaufsicht nach dem Gesetz über die Wahrnehmung von Urheberrechten und verwandten Schutzrechten, UFITA Bd. 47 (1966), S. 165 - 210
Sauter, Alfred	Auswirkungen des europäischen Einigungsprozesses auf das deutsche Urheberrecht anhand einiger Beispiele in: Wanderer zwischen Musik, Politik und Recht, Festschrift für R. Kreile zum 65. Geburtstag, München 1994, S. 609 - 626, zit.: Sauter in FS Kreile
Schack, Haimo	Urheber- und Urhebervertragsrecht, 2. Auflage Tübingen, 2001, zit.: Schack Urheberrecht
ders.	Neuregelung des Urhebervertragsrechts, ZUM 2001, S. 453 - 466
Scheuermann, Andreas	Urheber- und vertragsrechtliche Probleme der Videoauswertung von Filmen, München 1990, zit.: Scheuermann Videoauswertung
Scheuermann, Andreas Strittmatter, Angelika	Die Angemessenheit der Vergütung nach § 27 UrhG für das Vermieten und Verleihen von Bildtonträgern in Videotheken, in: Urheberrechtliche Probleme der Gegenwart, Festschrift für Ernst Reichardt zum 70. Geburtstag, Baden-Baden 1990, S. 169 - 192, zit.: Scheuermann/ Strittmatter in FS Reichardt
Schmeder, Winfried	Die Rechtsangleichung als Integrationsmittel der Europäischen Gemeinschaft, Köln Berlin Bonn München 1978, zit.: Schmeder Rechtsangleichung
Schmidt, Karsten	Verbandszweck und Rechtsfähigkeit im Vereinsrecht, Heidelberg 1984, zit.: Schmidt Verbandszweck

Schramm, Carl	Grundlagenforschung auf dem Gebiet des Gewerblichen Rechtsschutzes und Urheberrechtes, Berlin Köln 1954, zit.: Schramm Grundlagenforschung
Schricker, Gerhard	Urheberrecht Kommentar, 2. Auflage München 1999, zit.: Verfasser in Schricker
ders.	Urheberrechtliche Probleme des Kabelrundfunks, Baden-Baden 1986, zit.: Schricker Kabelrundfunk
ders.	Zur Angemessenheit der Vergütung der Urheber von Werken der Musik für die Vervielfältigung und Verbreitung von Spielfilmen auf Videoprogrammen, in: Videorecht, Videowirtschaft, hrsg. von Günter Poll, München 1986, S. 76 - 85, zit.: Schricker in Videorecht
ders.	Zur Bedeutung des Urheberrechtsgesetzes von 1965 für das Verlagsrecht, GRUR Int. 1983, S. 446 - 455
ders.	Zur Harmonisierung des Urheberrechtes in der Europäischen Gemeinschaft, in: Festschrift für E. Steindorff zum 70. Geburtstag, Berlin New York 1990, S. 1437 - 1453, zit.: Schricker in FS Steindorff
ders.	Urheberrecht zwischen Industrie- und Kulturpolitik, GRUR 1992, S. 242 - 247
Schricker, Gerhard Bastian, Eva-Maria Dietz, Adolf	Konturen eines europäischen Urheberrechts, Baden-Baden 1996, zit.: Verfasser im Europäischen Urheberrecht
Schulze, Erich	Anmerkung zu GEMA I, GRUR Int. 1973, S. 90 - 91

ders. | Das Gesetz über die Wahrnehmung von Urheberrechten und verwandten Schutzrechten verlangt eine Reform, in: Festschrift für P. Möhring zum 75. Geburtstag, München 1975, S. 427 - 431, zit.: Schulze in FS Möhring

ders. | Verleger werden ist nicht schwer, Verleger sein dagegen sehr, FuR 1980, S. 179 - 181

ders. | Stellungnahme zum deutschen Referentenentwurf für eine Urheberrechtsnovelle, FuR 1981, S. 25 - 27

ders. | Tarife und Gesamtverträge von urheberrechtlichen Verwertungsgesellschaften, GRUR 1989, S. 257 - 258

ders. | Hier irrt die Schiedsstelle, ZUM 1990, S. 123 - 124

ders. | Das Recht der Verwertungsgesellschaften in der jüngsten Rechtsprechung des Gerichtshofs der Europäischen Gemeinschaft, in: Urheberrechtliche Probleme der Gegenwart, Festschrift für E. Reichardt zum 70. Geburtstag, Baden-Baden 1990, S. 193 - 202

ders. | Das Urheberrecht im Prozeß der Deutschen Einigung, GRUR 1991, S. 573 - 576

ders. | Die britische Tonträgerindustrie vor dem Copyright Tribunal, GRUR Int. 1993, S. 825 - 826

ders. | Zum Tarifstreit zwischen der französischen Verwertungsgesellschaft SACEM und den französischen Diskothekenbesitzern, GRUR Int. 1991, S. 26 - 27

ders. | Klagen über die Schärfe des Wettbewerbes bei der Nutzung des Vervielfältigungsrechtes, Der Musikmarkt 22/93, S. 38 - 42

ders.	Rechtsprechung zum Urheberrecht, Entscheidungssammlung, Stand: 41. Ergänzungslieferung 1994, zit: Schulze RzÜ
ders.	Sind wir auf dem Weg zu einer Europäischen Verwertungsgesellschaft? in: Festschrift für Ernst-Joachim Mestmäcker, zum 70. Geburtstag, Baden-Baden 1996, S. 461 - 466, zit: Schulze in FS Mestmäcker
Schulze, Gernot	Teil-Werknutzung, Bearbeitung und Werkverbindung bei Musikwerken - Grenzen des Wahrnehmungsumfanges der GEMA, ZUM 1993, S. 255 - 269
ders.	Zur Tarifhoheit der GEMA, ZUM 1999, S. 827 - 834
Schwab, Roland	Recht und Praxis der Urheberverwertungsgesellschaften in Frankreich, München 1989, zit.: Schwab Verwertungsgesellschaften
Schwarz, Mathias	Kabelweitersendung in Europa, in: Beiträge zum Film- und Medienrecht, Festschrift für Wolf Schwarz zum 70. Geburtstag, Baden-Baden 1988 S. 75 - 83, Schwarz in FS Schwarz
Schweitzer, Michael Hummer, Waldemar	Europarecht 3. Auflage Neuwied Frankfurt 1990, zit.: Schweitzer/ Hummer Europarecht.
Seifert, Fedor	Das Schiedsstellenverfahren als Prozeßvoraussetzung im Urheberrechtsstreit in: Wanderer zwischen Musik, Politik und Recht, Festschrift für R. Kreile zum 65. Geburtstag, München 1994, S. 627 - 642, zit.: Seifert in FS Kreile
Spengler, Albrecht	Einige Rechtsfragen betreffend die GEMA, GRUR 1953, S. 78 - 81
Spoendlin, Kaspar	Zur Staatlichen Prüfung der Tarife der urheberrechtlichen Verwertungsgesellschaften, UFITA Bd. 102 (1986), S. 41 - 61

ders. — Zur Rechtsnatur und Bemessung der urheberrechtlichen Vergütung, in: 100 Jahre URG, Festschrift zum einhundertjährigen Bestehen eines eidgenössischen Urhebergesetzes, hrsg.: von Schweizerische Vereinigung für Urheberrechte Bern 1983, S. 377 - 400, zit.: Spoendlin in Festschrift URG

Stamatoudi, Irini A. — The European Court's Love-hate Relationship with Collecting Societies, EIPR 1997, S. 289 - 297

Sterling, J.A.L. — Creator's rights and the bridge between author's right and copyright, in: Schutz von Kultur und geistigem Eigentum, Hrsg. von Internationale Gesellschaft für Urheberrecht, Baden-Baden 1998, S. 77 - 82, zit.: Sterling in INTERGU

Stewart, Stephen M.
Sandision, Hamish — International Copyright and Neighbouring Rights, 2. Auflage London Boston Dublin, et. al. 1989, zit.: Verf. in Stewart/Sandision

Stockmann, Kurt — Die Verwertungsgesellschaften und das nationale und europäische Kartellrecht, in: Die Verwertungsgesellschaften im Europäischen Binnenmarkt, hrsg. von Jürgen Becker, Baden-Baden 1990, S. 25 - 45, zit.: Stockmann in Verwertungsgesellschaften

Stolz, Frank — Die Rechte der Sendeunternehmen nach den Urheberrechtsgesetzen und ihre Wahrnehmung, Baden-Baden 1987, zit.: Stolz Sendeunternehmen

Stone, Peter — Copyright Law in the United Kingdom and the European Community, London Atlantic Highlands 1989, zit.: Stone Copyright

Strittmatter, Angelika — Tarife vor der urheberrechtlichen Schiedsstelle, Berlin 1994, zit.: Strittmatter Schiedsstelle

Sülwald, Paul H. — Fünfundzwanzig Jahre VG Musikedition, hrsg. von VG Musikedition, Kassel 1993, zit.: Sülwald 25 Jahre VG Musikedition

Thomas, Heinz
Putzo, Hans — Zivilprozeßordnung 23. Auflage München 2001, zit.: Thomas/Putzo ZPO

Thurow, Norbert — Lizenzierung von Tonträgern durch Verwertungsgesellschaften für den Bereich der EG in: Die Verwertungsgesellschaften im Europäischen Binnenmarkt, hrsg. von Jürgen Becker, Baden-Baden 1990, S. 95 - 108, zit.: Thurow in Verwertungsgesellschaften

ders. — Rechtsschutz für den Urheber und den Urheberrechtsnutzer, ZUM 1987, S. 320 - 327

Troller, Alois — Eingriffe des Staates in die Verwaltung und Verwertung von urheberrechtlicher Befugnisse, Berlin Frankfurt a.M. 1960, zit.: Troller Eingriffe

Turner, Jonathan — Copyright and Competition in Ancillary Markets: Why the MMC is wrong, EIPR 1985, S. 325 - 328

Ubertazzi, Luigi Carlo — Urheberrecht und freier Warenverkehr, GRUR 1984, S. 327 - 341

Uchtenhagen, Ulrich — Haben die Zwangslizenzen im Urheberrecht ausgedient?, in: Wanderer zwischen Musik, Politik und Recht, Festschrift für R. Kreile zum 65. Geburtstag, Baden-Baden 1994, S. 779 - 787, zit.: Uchtenhagen in FS Kreile

Ullmann, Eike — Anmerkung zu BGH GRUR 1983, S. 563 ff. Tarifüberprüfung II, GRUR 1983, S. 568

Ulmer, Eugen — Zur Rechtsstellung der Musikverleger in der GEMA, GEMA-Nachrichten 1978, S. 99 - 108

ders.	Urheber- und Verlagsrecht, 3. Auflage Berlin Hamburg New York 1980, zit.: Ulmer in Urheberrecht
Ulmer, Eugen Bußmann, Kurt Weber, Sybille	Das Recht der Verwertungsgesellschaften, Weinheim 1955, zit.: Ulmer/Bußmann/Weber Verwertungsgesellschaften
Ulmer, Peter Brander, Hans Erich Hensen, Horst-Diether	AGB-Gesetz, 7. Auflage München 1993, zit.: Ulmer/Brander/Hensen
Ungern-Sternberg, Joachim von	Die Wahrnehmungspflicht der Verwertungsgesellschaften und die Urheberrechtskonvention, GRUR Int. 1973, S. 61 - 65
Van Isacker, Frans	Vom tieferen Sinn des Urheberrechtes und der Rolle, die die Autorenverbände (Verwertungsgesellschaften) dabei spielen, UFITA Bd. 61 (1971), S. 49 - 61
Vinge, Thomas C.	The Final Word on Magill, EIPR 1995, S. 297 - 303
Vogel, Martin	Harmonisierung des Urheberrechts in Europa, Hrsg. Universität des Saarlandes, Saarbrücken 1994, zit.: Vogel Harmonisierung
ders.	Kollektives Urhebervertragsrecht unter besonderer Berücksichtigung des Wahrnehmungsrechts, in: Urhebervertragsrecht, herausgegeben von Friedrich-Karl Beier/Horst-Peter Götting/ Michael Lohmann/Rainer Monfang, Festgabe für Gerhard Schricker zum 60. Geburtstag, München 1995, S. 117-147, zit.: Vogel in FS Schricker
ders.	Vorschlag der EG-Kommission für eine Richtlinie zur Koordinierung bestimmter urheber- und leistungsschutzrechtlicher Vorschriften betreffend Satellitenrundfunk und Kabelweiterverbreitung, ZUM 1992, S. 21 - 25

ders.	Wahrnehmungsrecht und Verwertungsgesellschaften in der Bundesrepublik Deutschland, GRUR 1993, S. 513 - 531
ders.	Besprechung von Joachim Löhr, Die Aufsicht über Verwertungsgesellschaften, ZUM 1993, S. 199
Wallace, William	Control over Monopoly Exercise of Copyright, GRUR Int. 1973, S. 357 - 360
Walter, Michel M. (Hrsg.)	Europäisches Urheberrecht Kommentar, Wien New York 2001, zit.: Verfasser in Walter Urheberrecht
Wandtke, Arthur	Zur Entwicklung der Urhebergesellschaften in der DDR bis zur Wiedervereinigung, in: Wanderer zwischen Musik, Politik und Recht, Festschrift für R. Kreile zum 65. Geburtstag, Baden-Baden 1994, S. 789 - 797, zit.: Wandtke in FS Kreile
ders.	Die Kommerzialisierung der Kunst und die Entwicklung des Urheberrechts im Lichte der Immaterialgüterrechtslehre von Josef Kohler, GRUR 1995, S. 385 - 392
ders.	Zur kulturellen und sozialen Dimension des Urheberrechts UFITA, Bd. 123 (1993), S. 5 - 13
Wawretzko, Herbert	Die GEMA und sonstige Verwertungsgesellschaften im System der deutschen und der internationalen Wettbewerbsbeschränkungen, UFITA Bd. 31 (1960), S. 287 - 316
Wenzel, Karl Egbert	Urheberrecht für die Praxis, 2. Auflage Stuttgart 1990, zit.: Wenzel Urheberrecht

Westerholt und Gysenberg, Hartwig von	Das Recht des unlauteren Wettbewerbs in den Mitgliedsstaaten der Europäischen Wirtschaftsgemeinschaft, Band IV Vereinigtes Königreich von Großbritannien und Nordirland, München, 1981, zit.: Westerholt und Gysenberg Wettbewerb
Whale, R.F. Phillips, Jeremy J.	Whale on Copyright, 3. Auflage, Oxford 1983, zit.: Whale/Phillips Whale on Copyright
Whish, Richard	Competition Law, 2. Auflage, London 1989, zit.: Whish Competition Law
Wittweiler, Bernhard	Zum Geltungsbereich der schweizerischen Verwertungsgesetzgebung, ZUM 1990, S. 155 - 163
Witz, Wolfgang Schmidt, Ester	Klassik Open Air Konzerte im Dschungel der GEMA-Tarife, ZUM 1999, S. 819-826
Wolf, Hans W. Bachof, Otto	Verwaltungsrecht I, 9. Auflage München 1974, zit.: Wolf/Bachof Verwaltungsrecht
Wünschmann, Christoph	Die kollektive Verwertung von Urheber- und Leistungsschutzrechten nach europäischem Wettbewerbsrecht, Baden-Baden 2000, zit.: Wünschmann Verwertung
Wyatt, Derrick Dashwood, Alan	European Community Law, 3. Auflage London 1993, zit.: Wyatt/Dashwood European Community Law
Zeffman, David Enser, John	Mechanical Royalties in the UK: The BPI v. MCPS Case, International Media Law 1992, S. 90 - 94
Zipelius, Reinhold	Methodenlehre, 5. Auflage München 1990, zit.: Zippelius Methodenlehre
Zweigert, Konrad Kötz, Hein	Einführung in die Rechtsvergleichung, 2. Auflage Tübingen 1984, zit.: Zweigert/Kötz Rechtsvergleichung

II. Dokumente - Großbritannien

Francis Report	Public Inquiry into Music Royalties payable under Section 8 of the Copyright Act 1956 Cmnd. 6903 (1977)
Green Paper	Reform of the Law relating to Copyright, Designs and Performers Protection Cmnd. 8302 (1981)
Green Paper (2nd)	Intellectual Property Rights and Innovation Cmnd. 9117 (1983)
Gregory Committee	Report of the Copyright Commitee Chairman: H.Gregory Cmnd. 8662 (1952)
M.M.C. Report	The British Broadcasting Corporation and Independant Television Publications Limited Cmnd. 9614 (1985)
M.M.C. Report	Ford Motor Company Limited Cmnd. 9437 (1985)
M.M.C. Report	Collective Licensing Cm. 530 (1988)
M.M.C. Report	Warner Communications Inc and enterprises belonging to Chapell and Co Inc Cm. 301 (1988)
M.M.C. Report	Performing Rights - A report on the Supply in the UK of the services of administering per-ming rights and film synchronisation rights Cm. 3147 (1996)
White Paper	Intellectual Property and Innovation Cmnd. 9712 (1986)
Whitford Commitee	Copyright and Designs Law Report of the Committee to consider the Law on Copyright and Designs Chairman: Whitford J. Cmnd. 6732 (1977)

ABKÜRZUNGSVERZEICHNIS NICHT GÄNGIGER BEGRIFFE

AGICOA	Association de Gestion Internationale Collective des Oeuvres Audiovisuelles
AIRC	Association of Independent Radio Companies Ltd.
ALCS	Authors' Lending and Copyright Society Ltd.
All E R	All England Law Report
BACTA	British Amusement Catering Trades Association
BECS	British Equity Collecting Society Ltd.
BHRCA	British Hotels Restaurant and Caterers
BIEM	Bureau International des Sociétés Gerant les Droits d`Enregistrement et de Reproduction Mecanique
BMJ	Bundesministerium der Justiz
BKartA	Bundeskartellamt
BPI	British Phonographic Industry Limited
BRT	Belgische Radio en Televisie
CDPA 1988	Copyright Designs and Patents Act 1988
CJC	Composers' Joint Council
CLA	Copyright Licensing Agency Ltd.
Cm	Command Paper (auch Cmnd)
CMMV	Clearingstelle Multimedia für Verwertungsgesellschaften von Urheber- und Leistungsschutzrechten
col.	Seitenzahl bei H.L. - Dokumenten

CT	Copyright Tribunal
DACS	Design and Artists Copyright Agency Ltd.
DPMA	Deutsches Patent- und Markenamt
DPRS	Directors and Producers Rights Society Ltd.
EGV	Vertrag zur Gründung der Europäischen Wirtschaftsgemeinschaft EIPR European Intellectual Property Review
EMRO	European Music Right Organisation
ERA	Educational Recording Agency Ltd.
EuG	Europäischer Gerichtshof 1. Instanz
EuGH	Europäischer Gerichtshof 2. Instanz
F.S.R.	Fleet Street Report
GS	Gedächtnisschrift
GELU	Gesellschaft zur Wahrnehmung literarischer Urheberrechtes mbH
GEMA	Gesellschaft für musikalische Aufführungs- und mechanische Vervielfältigungsrechte r. V.
GESAC	Groupement Européen des Sociétés d`Auteures et Compositeurs
GÜFA	Gesellschaft zur Übernahme und Wahrnehmung von Filmaufführungsrechten mbH
GVL	Gesellschaft zur Verwertung von Leistungsschutzrechten mbH
GWFF	Gesellschaft für die Wahrnehmung von Film- und Aufführungsrechten mbH

H.L.	House of Lords
IFPI	International Federation of Phonographic Industry Ltd.
Int.B.L.	International Business Lawyer
I PD	Intellectual Property Decision
ITP	Independent Television Publication
J.	Judge
J.C.P.	Juris Classeur Periodique
Kap.	Kapitel
MCPS	Mechanical Copyright Protection Society Ltd.
M.M.C.	Monopolies and Merger Commission
MU	Musicans Union
NGN	News Group Newspaper Limited
OFT	Office for Fair Trading
PAMRA	Performing Artist's Media Rights Association Ltd.
PLR	Public Lending Right
PLS	Publishers Licensing Agency Ltd.
PPL	Phonographic Performance Ltd.
PRS	Performing Richt Society Ltd.
PRT	Performing Right Tribunal
r	rules
RBÜ	Revidierte Berner Übereinkunft

rr	rules
s	section
SABAM	Belgische Vereinigung der Auteurs, Compononisten en Uitgevers
SACEM	Société des Auteurs, Compositeurs et Editeurs de Musique
Sch-Urh	Schiedsstelle beim DPMA (Entscheidungen)
ss.	sections
STAGMA	Staatlich genehmigte Gesellschaft zur Verwertung musikalischer Urheberrechte
UrhG	Gesetz über Urheberrecht und Verwandte Schutzrechte (Urheberrechtsgesetz)
v.	versus
VFF	Verwertungsgesellschaft der Film- und Fernsehproduzenten mbH
VG	Verwertungsgesellschaft
VGF	Verwertungsgesellschaft für Nutzungsrechte an Filmwerken mbH
VG Musikedition	Verwertungsgesellschaft zur Wahrung von Nutzungsrechten an Editionen (Ausgaben) von Musikwerken r. V.
VG Wort	Verwertungsgesellschaft Wort r.V.
vol.	volume
VPL	Video Performing Ltd.

WahrnG	Gesetz über die Wahrnehmung von Urheberrechten und verwandten Schutzrechten (Urheberwahrnehmungsgesetz)
WMCIU	Working Men's Club and Institute Union
WUA	Welturheberrechtsabkommen
ZBT	Zentralstelle Bibliothekstantieme
ZFS	Zentralstelle Fotokopieren an Schulen
ZPÜ	Zentralstelle für private Überspielrechte
ZVV	Zentralstelle für Videovermietung
ZWT	Zentralstelle für die Wiedergabe von Film- und Fernsehwerken

Gregor Kämper

Polizeiliche Zusammenarbeit in der Europäischen Union

Entwicklung, Rechtsformen, grundgesetzliche Zulässigkeit

Frankfurt/M., Berlin, Bern, Bruxelles, New York, Oxford, Wien, 2001. 261 S.
Europäische Hochschulschriften: Reihe 2, Rechtswissenschaft. Bd. 3225
ISBN 3-631-38367-3 · br. DM 79.– / € 40.40*

Straftäter agieren international. Durch den Schritt über Staatengrenzen entziehen sie sich dem Arm des Gesetzes. Nationale Eitelkeiten und Vorbehalte standen einer effektiven grenzüberschreitenden Zusammenarbeit der Polizeien Europas bislang im Wege. Es herrscht Aufbruchstimmung, seitdem die Europol-Konvention und das Schengener Durchführungsübereinkommen vereinbart wurden. Die zwei völkerrechtlichen Verträge wurden vom Großteil der Staaten der Europäischen Union in innerstaatliches Recht transformiert. Die Bundesrepublik Deutschland befindet sich nunmehr in einem Konflikt. Einerseits hat sie die Pflicht, an den erfolgsversprechenden Kooperationsformen mitzuwirken. Andererseits aber müssen die vorgesehenen Formen der Zusammenarbeit mit dem Grundgesetz in Einklang gebracht werden.

Aus dem Inhalt: Die historische Entwicklung polizeilicher Zusammenarbeit in Europa und die Entstehung rechtlicher Rahmenbedingungen · Die Kooperationsformen unter Berücksichtigung der einschlägigen Rechtsgrundlagen sowie die Akteure auf nationalem und internationalem Feld · Allgemeine verfassungsrechtliche Maßstäbe und verfassungsrechtliche Überprüfung im Hinblick auf die Formen polizeilicher Zusammenarbeit

Kolibri 360 GmbH
Ferdinand-Jühlke-Straße 7
99095 Erfurt, Deutschland
produktsicherheit@kolibri360.de

Druck:
CPI Druckdienstleistungen GmbH
im Auftrag der
Kolibri 360 GmbH
Ferdinand-Jühlke-Str. 7
99095 Erfurt